제 2 판

휴먼서비스 전문가를 위한 상담의 기초

An Introduction to Human Services

CENGAGE Learning®

An Introduction to Human Services
2nd Edition

Cynthia Cannon Poindexter, Deborah P. Valentine

Original edition © 2007 Brooks/Cole, a part of Cengage Learning.
An Introduction to Human Services: Values, Methods, and Populations Served, 2nd Edition
by Cynthia Cannon Poindexter, Deborah P. Valentine.
ISBN: 978-0-495-00792-0

This edition is translated by license from Brooks/Cole, a part of Cengage Learning, for sale in Korea only.

ISBN-13: 978-89-6218-347-4

Cengage Learning Korea Ltd.
Suite 1801, 133, Yanghwa-ro, Mapo-gu,
Seoul 121-837, Korea
Tel: (82) 2 322 4926
Fax: (82) 2 322 4927

Cengage Learning is a leading provider of customized learning solutions with office locations around the globe, including Singapore, the United Kingdom, Australia, Mexico, Brazil, and Japan. Locate your local office at: www.cengage.com/global

Cengage Learning products are represented in Canada by Nelson Education, Ltd.

For product information, visit www.cengage.com

Printed in Korea
1 2 3 4   17 16 15 14

휴먼서비스 전문가를 위한 상담의 기초

An Introduction to Human Services

Values, Methods, and Populations Served

제 2 판

Cynthia Cannon Poindexter · Deborah P. Valentine 지음

신혜종 · 김기덕 · 남상인 · 박순희 · 김예랑 옮김

CENGAGE Learning®

Andover • Melbourne • Mexico City • Stamford, CT • Toronto • Hong Kong • New Delhi • Seoul • Singapore • Tokyo

옮긴이 소개

신혜종
순천향대학교 사회복지학과

김기덕
순천향대학교 사회복지학과

남상인
순천향대학교 청소년교육상담학과

박순희
순천향대학교 특수교육과

김예랑
한신대학교 사회복지학과

휴먼서비스 전문가를 위한 상담의 기초 —2판—

An Introduction to Human services: Values, Methods, and Populations Served, 2nd Edition

제2판 1쇄 인쇄 | 2013년 2월 18일
제2판 1쇄 발행 | 2013년 2월 22일

지은이 | Cynthia Cannon Poindexter, Deborah P. Valentine
옮긴이 | 신혜종 김기덕 남상인 박순희 김예랑
발행인 | 송성헌
발행처 | 센게이지러닝코리아㈜
등록번호 | 제313-2007-000074호(2007.3.19.)
주　소 | 서울시 마포구 양화로 133, 1801호(서교동, 서교타워)
전　화 | 02) 322-4926
이메일 | asia.infokorea@cengage.com
홈페이지 | www.cengage.co.kr

ISBN-13: 978-89-6218-347-4

공급처 | 박영사
주　소 | 서울시 종로구 평동 13-31번지
도서안내 및 주문 | TEL 02) 733-6771-2 FAX 02) 736-4818
홈페이지 | www.pybook.co.kr

값 24,000원

책 전체를 통해서 자신의 이야기와 경험을 이야기해 준
동료, 서비스 이용자, 학생, 친구, 가족 여러분께 이 책을 바칩니다.
또한 그 선생님들께 깊은 감사를 드립니다.

역자 서문

지난 반세기 동안 우리 사회는 모든 분야에서 급격한 변화를 경험하였다. 많은 사람들이 이 변화에 적응하는데 어려움을 겪고 있으며 그 결과 휴먼서비스 분야에 대한 사회적 요구가 크게 증가하고 있다. 휴먼서비스라는 용어가 우리에게 아직은 조금 생소하지만 휴먼서비스 전문가들은 이미 다양한 분야에서 활발한 활동을 하고 있다. 전문적인 지식과 기술로 무장하여 휴먼서비스를 실천하는 대표적인 전문직에는 상담, 보건의료, 정신건강, 교육, 사회복지 등이 있다. 이들 각 분야는 오랜 기간의 체계적인 연구를 통하여 각 전문직의 존재 이유, 활동 목적, 실천이론과 기술 등의 정체성을 확고하게 정립하였다. 그러나 사회구성원의 욕구와 필요가 점점 다양하고 복합적으로 변화하고 있어서 분절적으로 발전한 전통적인 이론과 기술만으로는 충족하기 어려울 때가 종종 있다. 따라서 보편적이면서 통합적인 개념의 휴먼서비스에 대한 체계적인 이해가 선행되어야 한다.

휴먼서비스 전문가는 개인, 가족, 집단, 지역사회의 삶의 질 향상을 목적으로 하며, 영·유아, 아동, 청소년, 중장년, 노인들을 대상으로 사회적, 경제적, 교육적, 문화적, 정신·신체적 차원에서 교육, 상담, 치료, 옹호, 관리 등 다양한 형태의 서비스를 제공한다. 휴먼서비스 전문가는 원조전문가로서 전문직 가치를 바탕으로 지식과 기술을 겸비해야 한다. 효과적인 원조를 제공하기 위해서는 기본적이고 일반적인 원조 기술의 습득이 우선적으로 이루어져야 한다. 그러나 우리나라에서는 아직까지 이에 대한 연구나 저술이 활발하게 이루어지지 않고 있어서 부득이하게 외국의 좋은 책을 소개하게 되었다.

이 책은 휴먼서비스 전문가가 우선적으로 가져야 할 기본적인 원조 기술에 관한 입문서이다. 효과적인 원조전문가가 되기 위해서 갖추어야 할 기본적인 태도와 가치, 문제해결을 위한 관계 형성과 인터뷰 기술, 위기 개입, 가족/집단/지역사회에 대한 개입방법, 서비스 관리와 지도감독, 그리고 전문가 자신의 관리에 대한 실제적인 도움을 줄 수 있는 책이다. 이 책의 강점은 이론적 이해뿐만 아니라 실제적인 도움이 될 수 있는 사례를 다양하게 제공해준다는 것이다. 또한 "생각해보기"를 통하여 학습한 내용에 대해서 집단으로 토론 하거나 스스로 반추할 수 있도록 하였다.

이 책은 다양한 배경을 가지고 교육, 상담, 사회복지 영역에서 연구하고 교육하고 실천하고 있는 휴먼서비스 전문가들에 의해 번역되었다. 번역을 하면서 각각의 전문직이 사용하고 있는 용어를 통일하는 데 어려움이 있었지만 타 영역에 대한 이해를 높일 수 있는 좋은 기회를 가질 수 있었다. 이 책이 출간되기까지는 많은 분의 도움이 있었다. 처음부터 끝까지 함께 해주신 센게이지의 권오영대리께 감사드린다. 역자 수만큼이나 자유로웠던 원고를 정리하고 수정하여 보기 좋은 책으로 만들어 준 우일미디어 편집부 직원들께도 깊은 감사를 드린다.

이 책이 휴먼서비스라는 새로운 분야에 관심을 갖고 우리 사회의 구성원 모두의 삶의 질 향상을 위해 열심히 활동할 유능한 원조전문가를 육성하는데 조금이라도 기여할 수 있기를 바란다.

2013년 7월
역자 일동

저자 서문

이 책은 초보 원조전문가를 위한 입문서이다. 다시 말해 원조를 위해 사회서비스체계에 들어오는 사람들을 효과적으로 지지하고 지도할 수 있는 기술, 가치, 지식을 발달시키고자 하는 휴먼서비스 전문가, 학생, 자원봉사자들을 위한 책이다. 이 책은 주로 휴먼서비스 프로그램 분야의 초보 전문가를 위한 안내서로 기획되어 휴먼서비스 전문가, 학생, 자원봉사자를 훈련하고 교육하고 가르치는 원조전문가들도 활용할 수 있다. 기초적인 방법을 소개하는 책이므로 다른 교재의 참고서로 사용할 수도 있다. 그러나 초보 원조전문가를 위한 안내서이므로 고급 수준의 휴먼서비스에 대한 내용은 더 높은 수준의 교재를 이용하여야 한다.

이 책이 일관하는 목표는 개인, 커플, 가족, 집단, 지역사회를 대상으로 삶의 질을 향상시키고자 하는 '원조(helping)'활동의 목적과 매우 유사하다. 이 책을 통해 원조 과정에서 강점과 관계이 중요성을 강조하는 경험적이고 기술 지향적인 접근을 보여줄 것이다.

휴먼서비스 전문가, 학생, 자원봉사자들은 다양한 현장에서 가치 있는 지원을 제공하고 있는 다학문적, 하제간 원조 집단의 일부를 이룬다. 휴먼서비스 원조전문가는 사회복지사, 간호사, 종교인, 심리학자, 의사, 음악 또는 미술 치료사, 교정전문가, 상담가, 재활전문가, 목회상담가, 교육자와 같이 더욱 특성화된 학위를 가진 여타의 전문직과 접촉할 수 있다. 휴먼서비스 원조전문가는 이러한 전문가들과의 협조와 협력 의사소통이 점점 더 중요해지고 있다.

휴먼서비스 전문가, 학생, 자원봉사자들은 아동복지, 보건의료, 교정, 위기 개입, 노년학, 정신보건, 중독, 오락, 경제적 지원, 영양, 장애인을 위한 지원, 지역사회조직, 관계폭력과 지역사회 폭력에 대한 개입 등의 다양한 서비스 영역에서 핵심 요소를 이룬다. 휴먼서비스 원조전문가는 종종 도움을 필요로 하는 사람들을 위한 처음이자 유일한 자원이므로, 개인, 커플, 가족, 집단, 지역사회가 육체적, 정신적 건강을 유지하는 데 있어 매우 중요한 역할을 담당하고 있다. 휴먼서비스 원조전문가는 동료 상담가, 사례관리자, 옹호자, 재가 관리자, 돌봄전문가, 집단운영자, 파견전문가, 교육자 등의 다양한 역할을 수행한다. 휴먼서비스 원조전문가는 종종 다양한 분야에서 보조로 일하기도 하기 때문에 넓은 지식 기반을 필요로 한다.

휴먼서비스 전문가가 어느 곳에 고용되어 일하거나, 자원봉사 하거나, 특정 분야나 인구집단에 관심을 가지거나, 어떤 유형의 전문가들과 함께 일하거나 할 때는 특정한 본질적이고 기본적이며 보편적인 원조 기법을 필요로 한다. 효과적인 원조전문가는 다음과 같은 기법들을 소유하고 있어야 한다: 관계형성, 적극적 경청, 고지된 선택에 대한 지지, 위기 개입, 문제해결, 인터뷰, 기록 관리, 지역사회 자원에의 접근, 서비스와 치료 계획의 관리, 개인, 커플, 가족, 집단, 지역사회가 자신들의 목표를 달성할 수 있도록 옹호하는 것. 이 책은 이러한 개념들과 기법들을 소개할 것이다. 당신이 휴먼서비스 준학사나 학사 프로그램의 학생이든, 휴먼서비스 조직에서 일하는 자원봉사자이든, 기관의 동료지지 전문가이거나 휴먼서비스 전문가이든 혹은 특정 원조전문가 영역의 전문 학위 과정을 고려하고 있든, 이 교재는 당신이 원조 과정을 수행하면서 함께 일할 사람들과 어떻게 관계를 맺을지에 대하여 알려 줄 것이다.

효과적인 원조는 지식, 기술, 품성과 가치들의 혼합물이다. 이 책에서는 휴먼서비스 직에서 흔히 만나는 인구집단과 문제들에 관한 기본적 지식, 윤리적 지침, 필수적인 원조 기법, 이러한 원조기술이 활용될 수 있는 상황, 지도감독과 자문이 필요한 환경, 원조관계에서 자신의 역할을 결정하는 데 필요한 지침 등이 소개된다. 원조기법을 펼치고 서비스를 제공하는 어려움과 딜레마를 강조하기 위해 다양한 사례들이 활용될 것이다. 게다가 수업 과제의 일부로 혹은 학습 동아리에서 스스로의 학습을 해 나갈 수 있도록 돕기 위해 "생각해보기" 연습도 제공된다.

이 책은 다음과 같은 방식으로 사용될 수 있다.

1. 2년제 혹은 4년제 휴먼서비스 관련 대학에서 '휴먼서비스 개론', '인터뷰하기', '상담기법', '원조 개론'과 같은 수업의 교재로 사용될 수 있다.
2. 유급 혹은 무급 원조전문가를 교육하는 교육자를 위한 훈련지침서로 사용될 수 있다.
3. 타인과 더 나은 협력을 준비하고 있는 초보 원조전문가를 위한 자기 학습 가이드로 활용될 수 있다. 만약 이러한 목적으로 이 책을 사용하고자 한다면, 자신의 반응, 응답, 질문 등을 기록한 일기를 적어나가면서 모든 "생각해보기" 문제들에 상세한 답을 해보고, 문제를 명확히 하고 적용하도록 도울 수 있는 자문가와 함께 하기를 권한다.

비록 독서와 학습이 특정 주제에 대한 새로운 관점을 얻는데 중요한 기술이지만, 어떤 휴먼서비스 원조전문가도 단순히 독서를 통해 그와 같은 적절한 기술을 배울 수는 없다.

이 책은 초보 원조전문가뿐만 아니라 종합적인 훈련 프로그램의 일부로 가장 잘 활용될 수 있다. 이 책에서 다루는 쟁점과 인구집단에는 휴먼서비스 전문가가 현장에서 직면할 수 있는 대상들이 포함되겠지만 그들이 가능한 모든 쟁점을 대표하고 있지는 않다. 지금 포함된 쟁점들은 단지 겉모습만 훑어본 것이다. 하지만 독자들은 이 책에서 누락된 중요한 쟁점들을 찾아낼 수 있을 것이다. 어떤 주제나 인구집단을 보다 상세히 탐구하고 싶다면 선생님과 학생들이 다른 자료들을 통해 이 책의 활용을 보완해 주었으면 한다. 이 책은 미국 휴먼서비스 현장에서 활동하는 독자들을 위해 만들어진 것이며 국제적 맥락은 이 책에서 다루지 않는다.

비판적 사고와 이론의 역할

비판적 사고란 듣고 읽은 것을 자동적으로 받아들이지 않고 충분히 생각하고 유념하는 것을 의미한다. 이러한 맥락에서 '비판적'이라는 것이 '부정적'인 것을 의미하지는 않는다. 오히려 당신이 알게 된 이론과 사상의 강점과 약점을 평가하는 것이다. 비판적 사고는 누구나 개발할 수 있는 기술이다. 이것은 사상이나 이론의 근원을 평가하는 것이다. 가정이나 감정 혹은 편견이 아니라 증거에 의해 행동하고자 하며, 소비자나 기관에 관한 정확한 정보를 구하고자 한다. 비판적 사고는 자료를 평가하고 주장의 정확성을 조사하고 주장이나 관점을 평가하고 오류나 편견을 발견하고 자신의 마음을 결정하는 것이다(혹은 결론을 내리지 않기로 결정하는 것이다). 목표는 추가적인 조사 없이 무언가를 '받아들이지' 않고 당신 자신의 생각이나 믿음에 책임을 지는 것이다. 성숙한 사고를 하는 사람은 자신이 실수할 수 있다는 것을 알고 있다. 비판적 사고를 하는 사람은 가정, 편견, 믿음, 사상에 대한 정치의 역할을 이해한다. 효과적인 휴먼서비스 전문가는 사실과 사실에 대한 해석을 분리하며 단일한 혹은 몇 개의 경우(혹은 전해 들은 말이나 자신만의 경험)를 통해 일반적인 결론을 내리려 하지 않는다. 사상이나 이론을 접하면 스스로에게 다음과 같은 비판적 질문을 던져보라. 이 주장은 믿을 만한가? 이 주장의 증거는 무엇인가? 이러한 증거는 어떻게 수집되었는가? 이 주장 혹은 사실의 근원은 무엇인가? 이 근원은 객관적이며 믿을만한가? 누가 이러한 연구를 지원하고 있는가? 그들의 의제는 무엇인가? 이러한 주장에 숨겨진 정치적, 정서적, 종교적 의제가 있지는 않는가? 언어사용에 있어 편견이나 고정관념이 있지는 않는가? 이들이 당신의 믿음에 도전이 되는가 혹은 지지가 되는가? 동일한 사실을 설명할 수 있는 다른 이론들은 없는가(Gibbs & Gambrill, 1996)?

비판적 사고에 덧붙여 휴먼서비스 전문가는 또한 이론—행위나 현상을 설명하거나 바라보는 방식—이 어떻게 다른 사람과 함께 일하는 것에 영향을 미치는지를 이해하여야 한다. 이론은 특수한 현상이나 역동을 설명하는 방법이다. 예를 들어 자연과학에서는 중력이론, 상대성 이론, 진화론 등이 힘, 공간의 휨, 지구의 기원을 설명할 수 있는 일단의 가설과 개념구성체를 가지고 있다. 이러한 과학적 설명은 학자들에 의해 광범위하게 받아들여지고 있는데 그 이유는 사실들이 이론을 지지하고 있기 때문이다. 사회과학에서는 도덕이론, 인생주기발달이론, 욕구위계이론이 도덕적 추론, 인간발달, 인간욕구의 영역에서 복잡한 상관관계를 설명하려 하고 있다. 이러한 이론은 많은 사회과학자들로부터의 체계적 관찰에 의해 발달하여 왔다.

효과적인 휴먼서비스 전문가가 되기 위해서는 현상을 묘사하고 행위와 활동들을 설명하는 방법을 알아야 한다. 예를 들어 청소년들이 권위에 대해 반항하거나 규범을 받아들이는 것을 어떻게 설명할 수 있을까? 10대들은 도덕에 대해 비뚤어진 태도를 가지고 있다는 설명이 있을 수 있다. 다른 대답은 10대들이 부모에게 교육을 잘 받지 못해서 그렇다고 할 수 있다. 또 다른 대답은 청소년들의 발달과업은 독립과 자율을 향해 나아간다는 생애이론에 근거할 수 있다. 마지막 사례는 휴먼서비스 실천을 위해 '이론'을 활용하는 한 가지 방식이다. 그러므로 당신이 자율과 독립의 움직임이 청소년의 전형적 혹은 '정상적' 과업이라고 믿는다면 아마 다음과 같은 실천을 하게 될 것이다. (1) 부모들을 대상으로 정상적인 청소년 발달을 교육하기, (2) 십대들로 하여금 독립성을 표현할 수 있는 안전하고 적절한 기회를 개발할 수 있도록 지원하기, (3) 청소년들과 함께하는 청소년 센터를 제공할 수 있도록 지역사회를 조직화하기. 따라서 당신의 생각 속에 깔려 있는 이론이 서비스제공자와 옹호자로서 당신의 행위에 큰 영향을 준다.

일반체계이론—휴먼서비스의 중요 개념 가운데 하나—은 상호작용의 복잡성을 설명하기 위해 적응, 항상성, 상호성과 같은 개념을 사용하고 있다. 물리학, 화학, 생물학에서 기원한 체계이론은 이제 개인, 가족, 집단, 조직, 지역사회, 법, 정치 그리고 문화 사이의 관계를 설명하는 데 활용되고 있다. 예를 들어 미국의 아동학대를 다음의 사회체계 및 그들 간의 상호작용으로 설명할 수 있다: (1) 그녀가 살아가는 '가족체계', (2) 그녀가 거주하고 있는 이웃, (3) 아동학대와 방임의 신고와 관련된 그녀가 다니고 있는 학교의 경찰, (4) 양육 정보의 이용가능성, (5) 주법과 주법이 적용되는 방식, (6) 아동에 대한 미국인들의 태도. 일반체계이론은 행위를 단순히 개인에 속하는 것이라고 보는 관점을 넘어선다. 체계이론은 인간이란 그들을 둘러싼 환경과 강력하고 복잡한 방식으로 상호작용한다는 것과 아울러 인간과 환경이 서로를 변화시킬 수 있다는 것을 일깨워줌으로서 휴먼서비스 전문가의 실천에 영향을 미칠 수 있다.

전형적으로 원조전문직의 전문가들은 개인, 가족, 집단, 조직, 지역사회를 대상으로 실천을 수행할 때 '실천이론'을 활용한다. 이러한 실천이론들은 실천상의 결정을 인도할 수 있는 개념과 가설을 사용한다. 예를 들어 행태이론의 원칙을 활용하는 전문가는 모든 행위가 작용과 반작용의 영역으로부터 학습되는 것으로 믿는다. 행태주의자들은 '부적절' 혹은 '일탈'로 간주되는 행위들을 사정하고 개인들로 하여금 그러한 행위들을 학습하지 못하게 하거나 재학습하게 또는 더욱 적절한 새로운 행위를 학습하도록 원조함으로써 개입을 수행한다. 개인을 대상으로 한 실천에 영향을 미칠 수 있는 다른 이론들에는 심리역동이론, 인지이론, 실존이론, 위기이론 등이 포함된다. 전문가들은 개인과 가족, 집단과 지역사회를 대상으로 실천을 수행하며 300가지 이상의 실천이론들을 활용하고 있다. 원조전문가가 활용할 수 있는 다양한 실천이론들을 논의하는 것은 이 책의 범위를 벗어나는 것이지만 세상이 어떻게 작동하고 있는지에 대한 일련의 가정들에 근거하여 활동하고 있다는 것은 인식하여야 한다. 만일 당신의 목표가 원조영역들 가운데 자격증을 교부받는 전문가(예를 들어 사회복지, 심리학, 상담, 심리치료, 교정, 음악 혹은 예술치료, 직업재활, 교정사목, 가족치료)가 되고자 한다면, 관련된 교육을 받아나가면서 이론 및 이론과 실천의 관련성에 대한 추가적인 정보를 얻을 수 있을 것이다.

생각해보기 #1 다음의 진술 가운데 어떠한 것이 진실이라고 믿는가? 왜 그렇다고 생각하는가? 각각의 진술들이 사실일 수 있다고 믿는 상황을 찾아보라.

- 사람의 감정은 그 사람의 사고하는 방식이나 행동하는 방식에 크게 영향을 미친다.
- 사람의 행위는 그 사람이 느끼는 방식이나 생각하는 방식에 크게 영향을 미친다.
- 사람의 생각은 그 사람이 느끼는 방식이나 행동하는 방식에 크게 영향을 미친다.

이 책의 구조

첫 번째 부분인 "기초 다지기"는 초보 원조전문가들에게 원조, 원조행위의 배후에 있는 가치, 자신과 타인에 대한 인식, 역량강화와 강점, 원조관계와 의사소통, 적극적 경청 등과 같은 개념들을 소개한다. 두 번째 부분인 "원조의 기본 기술 익히기"에서는 인터뷰, 문제해결, 위기 개입, 사례관리, 가족복지, 집단복지, 지역사회조직, 지도감독과 관리를 통한 원조 등과 같은 원조의 모델들을 탐색한다. 마지막 부분에서는 자문, 자기주장, 스트레스 관리 등에 관한 정보들이 제공된다.

각각의 영역에서 사례, "생각해보기" 연습과 질문들이 생각거리를 던져줄 것이다. "생각해보기"의 질문들은 개인적 성찰이나 소집단토론에 활용될 수 있을 것이다. 사례는 소규모 혹은 대규모 토론의 출발점, 개인기록 혹은 시험으로 활용가능하다. 게다가 쟁점에 대한 이해를 높이고 토론을 활성화할 수 있도록 책이나 영화 웹사이트 등도 추천할 만하다. 경청이나 인터뷰기술은 한 쌍이나 소집단 혹은 전 학급을 대상으로 한 역할극에서 연습할 수 있다.

저자들은 수십 년 동안 지역사회의 자원봉사자와 휴먼서비스 학생들 그리고 전문가들을 위한 교육과 훈련에 관여해 왔다. 초보 원조전문가들이 개인, 커플, 집단, 지역사회를 대상으로 한 실천에서 효과적이고 적절한 원조자로 성공하는데 도움을 될 수 있는 기법과 관점을 제공하고자 하는 열망은 바로 이러한 경험에서 우러나온 것이다. 우리는 이 책이 더욱 효과적인 휴먼서비스 원조전문가로 가는 여정에 있어 하나의 등불 역할을 다하기를 소망한다.

차례

PART 3 | 원조전문가 돌보기 / 209

기초 다지기

PART 1

다섯 개의 장으로 이루어진 "기초 다지기" 부분에서는 원조, 휴먼서비스 가치, 자아와 타자에 대한 인식, 원조관계와 의사소통의 개념이 소개된다. 1장은 원조가 무엇인지, 왜 필요한지, 어디에서 제공되는지를 탐색한다. 2장은 강점에 초점 맞추기, 역량강화, 판단 유예, 선택의 지지, 적절한 언어사용, 신뢰 유지, 사생활 보호, 차이의 존중, 자신에 대한 인식 등 휴먼서비스 영역에 기본이 되는 중요한 태도, 철학, 가치를 고찰한다. 3장은 문화, 억압, 문화적 역량의 추구 등을 고려하여 타인에 대해 인식하기를 살펴본다. 4장은 원조관계를 형성하고 유지하는 원칙을 상세하게 탐색한다. 5장은 모든 원조형태에서 가장 중요한 적극적 경청의 원칙과 기법을 살펴본다. 비록 이러한 부분이 휴먼서비스의 모든 기초를 포괄적으로 다루는 것은 아니지만 이러한 기본적 쟁점들에 대한 고려 없이는 어떠한 사회적 서비스 직종에서도 원조업무를 결코 시작할지 못할 것이라 믿는다.

1 CHAPTER 원조전문가가 된다는 것은 무엇을 의미하는가?

이 장은 사람들이 원조전문가가 되고자 하는 이유, 원조의 개념 정의, 원조의 유형과 모델, 휴먼서비스 전문가와 자원봉사자들을 발견할 수 있는 세팅에 대해 소개한다.

왜 원조전문가가 되고자 하는가?

사람들은 많은 이유로 다른 사람들에게 원조를 제공하기로 결정한다. 당신은 아마도 살아오면서 원조전문가와 접촉했던 경험이 있고 타당하고 시의적절한 지지를 발견할 수 있었을 것이다. 최근에 큰 비극이나 위기를 경험하였으며 이제는 비슷한 상황에 처한 사람들과 자신의 지혜나 위로를 나누고자 느낄 수도 있다. 당신은 아마 타인을 돕는 것에 가치를 두고 이를 지지하는 전통을 가진 가족이나 집단 혹은 문화, 종교, 이웃, 지역사회의 일부분일 수 있다. 혹은 누군가가 훌륭한 경청자를 필요로 할 때 찾는 사람이 당신일 수도 있다. 많은 사람들이 도움이 될 수 있는 능력을 가지고 있기 때문에, 혹은 자신들의 개인적인 삶의 경험 때문에, 그리고 도움을 필요로 하는 사람들에게 지지적이고 도움이 되고자 하는 바람 때문에 휴먼서비스 영역에 매력을 느낀다.

타인을 돕고자 하는 바람의 기원이 무엇이든지 간에 좋은 의도만으로는 충분하지 않다. 돕고자 하는 진정한 바람과 진실한 돌봄의 감정이 절대적으로 필요한 것이기는 하지만 이러한 점들은 도움의 도구, 기법, 기술 등으로 보완되어야 한다. 마치 뛰어난 발레무용가나 야구선수가 되기 위해서 자신의 일에 대한 사랑, 타고난 자질, 자세와 기법을 익히기 위해 수년간의 노력이 요구되는 것처럼, 좋은 원조전문가 역시 어려움을 겪고 있는 사람들을 돕는데 있어 자신의 마음과 머리를 동시에 사용할 수 있어야 한다. 수년간의 성실한 실습과 학습을 통해 무용가, 운동선수 그리고 원조전문가는 높은 수준의 기술과 확신을 가지게 되고 마치 자신이 하고 있는 일을 하기 위해 '태어난 사람'으로 여겨진다.

원조란 무엇이고 왜 필요한가?

원조란 타인의 행복에 기여하는 데 필요한 도움을 그들이 필요로 하고 원할 때 제공하는 것이다. 종종 개인이나 커플, 가족, 집단, 지역사회는 외부의 원조를 필요로 한다. 이따금 힘겨운 사회적이거나 개인적인 문제는 신뢰할 만한 원조전문가의 도움 없이는 그 문제를 전적으로 해결하기 힘들다.

현재 우리사회는 많은 문제에 직면하고 있다. 성적 폭력, 아동과 노인 학대, 관계 폭력에 대한 보고들이 지난 몇십 년 동안 증가하였다. 지역사회 노인들의 숫자 역시 최근 들어 극적으로 증가하였다. 생명을 위협하는 고약한 질병인 HIV는 불과 20여 년 전에 등장하였으나 지금은 인간의 생명에 엄청난 피해를 주고 있다. 정신적, 육체적 혹은 발달장애와 만성적 질환을 가진 사람들이 그들의 가정과 지역사회에서 돌봄을 받고 있는 동안 더 많은 가족구성원이 가정 밖에서 일하고, 돌보는 사람들은 더욱 많은 스트레스를 받고 있다. 빈곤, 범죄, 조직폭력, 편부모가정은 점점 더 많이 발생하고 있으나 중앙정부나 지방정부는 재정적 지원을 줄이고 있다. '원조'의 필요성은 너무나 명백하다.

정신건강, 사회적 서비스, 상담 전문가들에 의해 제공되는 원조의 특성과 양, 그리고 빈도는 지난 30여 년 사이에 급격하게 증가하였다. 예를 들어 미국 국민 가운데 약 3분의 1 정도가 정신건강 전문가와 상담을 하고 있거나 사회적 서비스를 원하고 있다는 보고가 있다. 전형적으로 어려움에 처한 사람들이 사회적 서비스나 상담을 최우선적으로 찾지는 않는다. 오히려 스트레스 상황을 벗어나기 위해 여타의 모든 것을 시도해 본 이후에 원조를 가장 마지막으로 요청하고 있다(Meredith, 1987).

생각해보기 #2

1. 당신이 살아오면서 원조전문가를 만나 도움을 얻었던 적이 있는지 생각해보라. 그 사람은 어떠한 방식으로 당신에게 도움을 주었는가? 무엇을 했고 무엇을 하지 않았는가? 어떠한 방식으로 당신의 삶에 영향을 미쳤는가?
2. 살아오면서 원조전문가 역할을 한 적이 있는지 생각해보라. 어떤 보람이 있었는가? 그들은 어떠한 어려움에 처해 있었는가?

왜 많은 사람들이 위로와 돌봄 그리고 새로운 해결책이 필요할 때 다른 사람들을 찾을까? 인간은 사회적 동물이어서 종종 적절하고 흔쾌한 '사회적 지지'를 받으면 편안함을 느끼며 이는 감정적 스트레스 효과를 감소시킨다는 사실이 지속적으로 발견되어 왔다(Berkman, 1984; Cohen, 1983; Cohen and Wills 1985; Gottlieb, 1985; Pearlin, 1985; Sandler and Barrera, 1984). 특별한 욕구를 가진 아이를 돌보는 부모들은 개인적으로 가장 필요한 자원으로 정서적 지지를 들고 있다(Friesan, 1989; McCubbin et al., 1983). "안전한 사회적 네트워크 안에 있는 사람들이 그렇지 못한 사람들에 비해 육체적, 정서적, 사회적 역기능의 고통을 덜 느낀다"(Germain and Patterson, 1988, P. 79). 한 연구에 의하면 3년 동안 2인 이하의 사람들과 지속적인 상호작용을 하고 있다고 보고한 사람들이 보다 확대된 사회적 네크워크와 정기적으로 상호작용을 하고 있는 노인들보다 이후 8년 안에 사망할 비율이 훨씬 높았다(Bower, 1997). 게다가 사회적 관계가 거의 없다고 보고한 흑인 성인들이 더 많은 사회적 접촉을 하고 있는 사람들에 비해 상당히 높은 혈압수치를 보이고 있다(Bower, 1997). 사회적 지지가 아동학대나 방임을 예방하고 감소시키는 보호

요인으로 작용한다는 신뢰할 만한 정보도 있다(Thompson, 1997). 그러므로 원조는 타인에 의해 초대되고 환영받는 지지가 성장과 치료 그리고 변화를 가져올 수 있다는 개념에 근거하고 있다.

생각해보기 #3

1. 타인으로부터의 지지의 중요성과 관련된 정보에 대한 당신의 반응은 어떠하였는가? 이러한 정보가 놀라웠는가? 그렇거나 그렇지 않다면 그 이유는?
2. 사회적 지지가 육체적, 정신적 건강에 왜 그리고 어떻게 영향을 미칠 수 있는지에 대해 생각해보라. 이에 대한 당신의 생각은?
3. 살아오면서 사회적 지지를 간절히 원했던 시기가 있었는가? 무슨 일이 있었는가?

사회적 지지에 관한 마지막 문장에서 우리는 원조가 '초대되고 환영받아야(invited and welcomed)' 한다고 명시한 것에 주목하라. 만약 개인이나 커플, 가족 집단 혹은 지역사회가 휴먼서비스 원조전문가나 기관의 투입을 받아들이지 않으려고 한다면, 그 '원조'는 진정한 원조가 아니다. 다음과 같은 오래된 농담을 떠올려 보라. "오늘 정말 좋은 일을 하긴 했는데 정말 시간이 많이 걸렸습니다."라고 보고한 스카우트 단원이 있었다. 단장이 물었다. "어떻게 했는데?" 그 단원이 대답하기를 "어떤 할머니가 길을 건너는 것을 도와 드렸습니다." 단장이 말했다. "그런데 왜 그렇게 시간이 걸렸지?" 단원이 말했다. "그 할머니는 건너려고 하시지 않았거든요." 비록 이 이야기가 싱거운 농담일 수 있지만 진정한 '원조'라는 것이 참여적 동반관계 내에서만 발생할 수 있다는 것을 강조하고 있다. 그것은 누군가 '에게' 할 수 있는 것이 아니다. 이것은 매우 중요한 개념이다. 이러한 지침을 망각하는 것이야말로 휴먼서비스 전문가나, 학생 그리고 자원봉사자로 하여금 많은 실수와 잘못된 단계를 밟게 하는 원인이다. 종종 사람들이 법률의 명령에 의해 상담을 하거나 벌금을 물거나 감옥에 가는 것과 마찬가지로 자신의 의사에 반하여 기관에 보내어 진다. 이러한 유형의 서비스 수혜자를 종종 '비자발적인 수혜자'라고 부른다. 심지어 이러한 상황에 처한 사람들도 어떤 수준에서 '당신을 받아들여야 하고' 당신의 투입을 허락해야 한다. 당신이 제공하고자 하는 것을 감사히 받아들이도록 누군가를 강제할 수는 없다.

휴먼서비스 원조전문가란 누구인가?

휴먼서비스 전문가란 살아가면서 어려움과 난관에 처하여 도움을 필요로 하는 다양한 사람들에게 여러 가지의 정서적, 실천적 지원을 제공할 수 있도록 훈련받은 사람들이다. 휴먼서비스 전문가와 자원봉사자들은 폭넓은 세팅에서 활동하고 있다. 장애 혹은 정신질환을 갖고 있는 사람들을 위한 거주시설에서 사감으로 일하기도 하고, 경찰서나 법정에서 성적으로 학대당한 사람들의 옹호자로 활동하기도 한다. 육체적으로 장애가 있거나 질병이 있는 사람들을 위한 서비스를 조직하고 관리하기도 하고, 학대당한 가족구성원들을 대상으로 부모 훈련 혹은 가족 관리 훈련을 제공하기도 하며, 양로원이나 주간 보호 시설의 사람들을 돌보기도 한다. 또한 폭력적 관계의 희생자들에게 상담을 제공하기도 하고 학교에서 부모-자식 간의 대화를 운영하기도 하고, 위기 혹은 자살관련 긴급전화에서 일하기도 하고 특수한 욕구가 있는 아동들을 위한 돌봄을 제공하기도 한다.

어떤 휴먼서비스 전문가들은 학사나 석사학위를 취득하여 사회복지, 상담, 목회, 심리학과 같은 특수한 전문직으로 나아가기도 한다. 당신이 미래를 위해 어떠한 계획을 세우더라도 당신과 도움을 필요로 하는 사람들에게 가장 우선적으로 필요한 것은 돕고자 하는 진정한 바람과 타인의 권리와 존엄에 대한 존중, 비판단적이면서 다정하게 함께하는 것이다. 휴먼서비스 전문가와 자원봉사자들은 종종 '가슴의 언어'를 이야기하는 데 뛰어나다(Borkman, 1990). 바로 이러한 수준에서 당신은 개인, 커플, 가족을 지원하는 자격 있는 전문가들과 나란히 효과적인 활동을 할 수 있을 것이며 자격 있는 전문가에 의해 개발된 치료 계획을 보완하고 확장할 수도 있을 것이다.

이 책에서 독자들은 원조전문가(휴먼서비스 전문가, 학생, 자원봉사자)와 원조를 필요로 하는 사람들과의 구별을 인식하게 될 것이다. 비록 이러한 명칭을 사용하는 것이 원조 과정을 이야기하는 데 있어 필요한 과정이기는 하지만 우리는 이러한 구별이 원조 및 문제해결과정에서 '원조전문가'와 '도움을 필요로 하는 사람'이 정말로 '동반자(*partner*)'라고 하는 중요한 사실을 흐릴 수 있다고 믿는다. 앞서 언급한 바와 같이 진정한 원조는 상호적인 노력이어야 한다.

동반자적 관계를 요구하는 것에는 두 가지 중요한 이유가 존재한다. 첫째, 당신 혹은 당신의 기관에 도움을 요구하는 사람 그 자체가 자신이 욕구나 목표 그리고 삶에 있어 전문가라는 것이다. 원조전문가의 역할은 사람들로 하여금 자신의 해결책을 찾도록 돕는 것이다. 이것은 단순히 그들에게 해야 할 일을 알려주는 것보다 더 많은 기술을 요구한다. 원조전문가는 훈련을 받았으며 지식, 경험과 더불어 자신을 지원하는 기관으로 인해 진정 권위와 기술을 소유하고 있다. 그렇다고 하더라도 원조전문가가 타인이 의사결정을 할 수 있는 권리를 인계받을 수 있는 권한은 없다. 우리 모두는 법적, 윤리적 테두리 내에서 어떻게 자신의 삶을 살아갈 것인지에 대하여 선택할 수 있는 권리를 가지고 있다. 원조전문가는 타인들이 자신들이 가진 개인적, 문화적 관점과 욕구에 근거하여 결정할 수 있는 권리를 가지고 있다는 생각을 인정하여야 한다. 비록 그 사람의 결정이 원조전문가의 최선과 같지 않더라도 그렇다.

둘째, 모든 사람들은 현재 처해 있는 상황이 아무리 어렵다 하더라도 스스로의 삶을 책임지고 있는 사람으로서 존엄한 존재로 존중받을 자격을 가지고 있다. 종종 원조전문가의 역할을 담당하고 있는 사람들은 원조를 필요로 하는 사람들이 친절하고 정중하게 대접받아야 할 자격이 있다는 것을 잊곤 한다. 당신이 슬프거나 위기에 처했을 때 혹은 타인으로부터 정서적 지지나 물질적 도움이 필요했을 때를 생각해 보라. 당신은 아마도 자신이 하나의 대상, 하나의 '사례', 나쁜 사람 혹은 단순히 증상의 집합체로 간주되기를 원하지는 않았을 것이다. 당신은 비록 일시적으로 타인과 원조관계를 필요로 하지만 가치

있고 기능적이며 의미 있는 사람으로 취급되기를 원했을 것이다. 그리고 아마도 다른 사람들이 자상하고 동정심이 많고 신중하고 관심이 많고 따뜻하고 호의적이고, 판단하지 않는 사람이기를 원했을 것이다. 심지어 어떤 사람이 화난 것 같고 주저하고 동기가 없어 보여도 휴먼서비스 원조전문가는 그 사람을 존경으로 대하여야 한다.

어떤 유형의 원조가 요청되는가?

사람들은 실질적 도움이나 정서적 지원 혹은 두 가지 모두를 요청할 수 있다. 실질적인 도움에는 음식물, 의류, 쉼터, 주간 보호, 교통수단 등이 포함된다. 질병이나 장애가 있는 사람들은 목욕이나 식사, 배변, 옷 입기, 투약 등과 같이 더욱 개별적인 행위를 요구할 수 있다. 휴먼서비스 원조전문가는 실질적인 도움을 직접 제공할 수도 있고, 다른 자원처로부터 조달할 수도 있다. 예를 들어 당신이 누군가를 직접 의사에게 데려갈 수도 있고, 노화 협의회 지회를 대상으로 교통서비스를 제공하도록 요청할 수도 있다.

실질적 원조와 더불어, 사람들은 정서적 지원으로부터도 많은 혜택을 얻는다. 정서적 지지는 적극적이고 비판단적인 경청과 더불어 온전히 '같이 있어 주는 것'으로 이루어진다. 예를 들어 특수한 욕구를 가진 아동을 돌보는 부모는 가장 필요로 하는 도움으로 정서적 지원을 들고 있다(Friesan, 1989; McCubbin et al., 1983). 잠시 시간을 내어 왜 타인에 대한 돌봄과 관심이 걱정과 좌절에 빠진 돌보는 사람들에게 변화를 가져올 수 있는지에 대해 생각해 보라. 원조를 막 시작하는 사람들은 정서적 지지를 (원조를 필요로 하는 사람들의 관심사를 비판단적으로 들어줌으로써) 직접 제공할 수도 있고, (다른 서비스 제공자나 기관에 의뢰함으로써) 간접적으로 제공할 수도 있다.

사례

텔 부인은 현재 지방 정부의 공공건강과로부터 태교 서비스를 받고 있는 26살 된 결혼한 백인여성이다. 그녀에게는 유치원에 다니는 5살 에이미와 3살 로렌이라는 아이가 있다. 그녀는 예상하지 못하고 통제할 수 없는 감정의 기복을 경험하는 '조울증'으로 치료를 받고 있다. 그녀는 임신 중 치료를 중단하였고 아기에게 미칠 수 있는 영향을 걱정하여 가슴이 뛰는 중에도 약을 복용하려 하지 않았다. 텔 부인은 태교서비스 센터의 간호사에게 자신이 활력이 떨어지고 슬픈 감정이 증가하며 명확하게 생각하기가 힘들고 에이미와 로렌에 대해서도 참을성이 떨어진다고 보고하였다. 이러한 경미한 우울 때문에 그녀는 대형마트에서 하던 일도 그만 두었다. 불법적 마약 복용의 이력이 있는 그녀의 남편은 37세 된 백인 남성으로 그 역시 현재 일을 하지 않고 있다. 텔 부인은 종종 그녀의 부모 집으로 들어가기도 했고 그 결과 자주 다투기도 했다. 그녀의 어머니는 장애 수당을 받고 있고 별다른 일을 하지는 않으며 아버지는 조그마한 사업체를 운영하고 있다.

생각해보기 #4 위의 사례에 대해 생각해 보라.

1. 텔 부인이 가지고 있거나 접근할 수 있는 내적, 외적 자원은 무엇인가?
2. 텔 가족이 직면하고 있는 어려움과 도전은 무엇인가?
3. 전문가로서 당신이 텔 가족에게 직접 제공할 수 있는 것은 무엇인가?
4. 텔 가족의 구성원들에게 주어질 수 있는 다른 서비스는 무엇이 있는가?

누구를 어떻게 도울 수 있는가?

휴먼서비스는 종종 (1) 개인, (2) 커플이나 가족, (3) 집단, (4) 이웃이나 지역사회 수준에서 이루어진다. 이러한 수준에서의 원조를 간략하게 언급하고자 한다.

일대일 개인 서비스

휴먼서비스 전문가, 학생, 자원봉사자들은 정서적 지지, 실질적 원조, 사례관리(서비스 조정, 사례 조정, case work으로 불리기도 한다)를 통해 개인들에게 도움을 제공한다. 이 세 가지 도움들은 서로 배타적이지 않으며 각각의 요소들을 공유하고 있다. 이들을 간략하게 살펴보도록 하자.

정서적 지지 종종 원조는 도움을 필요로 하는 사람과 돕고자 하는 사람 간의 일대일 관계에서 이루어진다. 이 경우 원조는 주로 경청, 정서적 지지와 상담으로 이루어진다. 예를 들어 돈은 죽음에 직면한 사람들에게 재가 서비스를 제공하는 지역사회의 호스피스 단체에서 비상근으로 일하고 있는 은퇴한 회계사이다. 그는 말기 백혈병을 앓고 있는 셜리라는 노인을 돌보고 있다. 일주일에 몇 번씩 그는 셜리의 집에 들러 그녀의 감정 상태나 원하는 것에 이야기를 나누고, 손을 잡아 주기도 하고, 음악을 같이 듣고 그녀가 자신의 인생에 대해 이야기하는 것을 들어 주고 있다. 때때로 셜리는 임박한 죽음에 대해 그녀가 어떤 느낌이 드는지에 대해 돈에게 이야기하기도 한다.

실용적 원조 **휴먼서비스 원조**전문가는 병원, 주간 탁아소, 쉼터, 발달장애나 정신건강 장애인을 위한 시설, 노인, 아동, 청소년 시설 등과 같은 조직 세팅에서 보조나 조력자로 일하기도 한다. 예를 들어 그레첸은 치매 환자를 위한 주간 보호 센터에서 보조로 일하고 있다. 그녀의 업무는 환자들의 개인적 욕구해결이나 오락 활동을 돕는 것이다. 그녀는 환자들이 식사를 하거나 화장실 가는 것을 돕기도 하고, 그들의 흥미나 관심, 능력에 따라 카드놀이, 음악, TV, 공예 등에 집중할 수 있도록 애쓰고 있다.

사례관리 또는 서비스 조정 초보 전문가에게 흔히 주어지는 또 다른 형태의 서비스전달은 사례관리 또는 서비스 조정인데 이는 8장에서 상세하게 논의될 것이다. 여기서 원조전문가의 업무는 사람들이 필요로 하는 것을 파악하고, 서비스를 조달하고, 연관된 기관을 조정하고 서비스 전달의 질을 감시하는 것이다. 예를 들어 도리스는 노년 협의회 지회에서 일하는 서비스 조정자(종종 '사례관리자', '케이스워커'라고 불린다)이다. 기관의 간호사가 노인들을 검사하여 그들이 필요로 하는 실용적 원조나 개인적 돌봄 등을 파악하고 나면, 도리스는 자신이 속한 기관이나 다른 기관의 전문가에게 의뢰하고 필요한 서비스를 조달한다. 또한 집으로 음식을 배달하거나, 가정간호, 교통서비스, 가정방문, 가정관리, 집수리, 전화안부, 목욕, 옷 입기, 배변 등에 필요한 도움을 알아보기도 한다. 그녀는 한 달에 한 번꼴로 전화를 해서 모든 서비스가 문제없이 잘 진행되고 있는지 확인한다.

커플 또는 가족 지원

휴먼서비스 전문가, 학생, 자원봉사자는 위기에 처했거나 도움이 필요한 커플이나 가족에게 서비스를 제공하기도 한다. 예를 들어 커플은 관계에서 스트레스를 경험할 수 있고, 부모는 자녀의 행동과 발달문제로 인해 좌절과 혼란을 경험할 수 있다. '가족'이라고 여기는 사람들과 함께 살아가는 것이 힘겨울 수 있다. 때때로 커플, 부모, 가족은 실업이나 폭력과 같은 극도의 어려움을 경험한다. 커플이나 가족에 대한 지원은 데이비드의 경험에서 볼 수 있는데, 그는 자녀를 방임한 부모를 가족의 결속을 목표로 지원하는 기관에서 부모 도우미로 일하고 있다. 그는 자신이 맡은 가족을 그들의 근무 일정에 따라 낮이나 밤에 일주일에 두 번씩 방문하여 스트레스 감소와 분노조절, 훈육기법, 의사소통기술 등에 대해 조언 해주고 있다.

집단적 지원

지지, 안부확인, 원조 등은 지지집단, 자조집단, 심리교육집단 등과 같은 집단적 세팅에서 주어질 수 있다. 집단이란 단순히 공통의 목적이나 목표로 모인 셋 혹은 그 이상의 사람들이다. 모든 사람들이 편안하게 개인 정보를 공유하지는 않지만 많은 이들에게 있어 집단은 자신과 비슷한 어려움을 경험하고 있는 사람들로부터 지원과 지지를 받을 수 있는 최선의 방법이다. 종종 집단의 구성원들은 '문제가 시작될 때의 상황 유형, 문제의 심각성과 예상되는 지속기간, 문제에 대한 감정적 대응'의 측면에서 서로 비슷하다(Medvene, 1990, P. 133).

집단은 많은 이유로 조직된다. 음주에 문제가 있는 사람들, 자신을 학대한 부모들, 부모가 별거한 아동들, 심각한 만성질환을 가진 사람들, 사랑하는 사람을 잃은 어른이나 아이들, 자신의 배우자에게 폭력을 행사하는 사람들, 어릴 때 근친강간을 경험한 어른들, 아이를 갖지 못하는 어른들, 입양된 가족들, 장애를 가졌거나 허약, 노령, 혹은 질병을 가진 이들을 돌보는 사람들이 집단을 이룬다. 때때로 이러한 집단들은 동료 조력자에 의해 조직되고 운영된다. 다시 말해 이들은 어떤 문제로부터 회복된 사람으로 같은 문제로 고통을 겪고 있는 사람들에게 충분히 도움이 될 수 있는 능력을 가지고 유급 혹은 무급으로 일하는 사람들이다. 예를 들어 샐리는 전배우자로부터 폭력을 경험하였지만 지금은 관계

폭력을 다루는 기관에서 일하고 있는 여성이다. 그곳에서 그녀의 업무 가운데 하나는 학대 당한 여성을 위한 쉼터에서 지지집단을 공동으로 이끌어 나가는 것이다.

지역사회 조직 혹은 옹호

원조전문가는 조직, 이웃 혹은 지역사회의 변화에 영향을 미칠 수 있는 일을 하기도 한다. 종종 문제는 광범위하게 퍼져 있어 더 큰 체계에서 변화가 일어나지 않으면 충분히 다루어질 수 없다. 예를 들어 리로이는 이웃의 젊은이들이 갱단에 포섭되거나 잦은 폭력의 희생양이 됨으로 큰 위험에 처해 있다고 생각하는 지역시민센터에서 일하는 레크리에이션 전문가이다. 그는 자녀들의 안전에 대한 자신의 관심을 함께 이야기하기 위해 지역의 부모와 후견인들의 모임을 조직하였다. 그들의 토론은 지역사회 경비 프로그램, 방과 후 활동 프로그램, '맞벌이 부모를 둔 아이들'을 위한 프로그램을 도입하는 계획으로 이어졌다.

어디에서 일하고 어떤 일을 하는가?

휴먼서비스 업무 유형에 대해 다양한 선택을 할 수 있는 것과 아울러 휴먼서비스 전문가, 학생, 자원봉사자가 일할 수 있는 세팅과 역할 또한 다양하게 존재한다. 많은 사회 서비스 혹은 의료 서비스 기관은 개인, 커플, 가족, 집단, 지역사회에게 실용적, 정서적 지원을 제공할 수 있는 다양한 능력의 휴먼서비스 원조전문가를 고용하고 있다.

휴먼서비스 원조전문가는 중독상담과 정신건강세팅에서도 일하고 있다. 휴민서비스 원조전문가는 종종 아동쉼터에서 사감으로, 노숙자나 관계폭력을 경험한 여성들을 위한 쉼터에서 관리자나 동료 상담자로 일하기도 한다. 또한 그들은 법률 지원단, 법원에서의 대변인, 가정관리자, 부모지원단 등의 업무를 맡기도 한다. 발달이나 육체 장애를 가진 사람들을 위한 프로그램, 문맹퇴치프로젝트, 지역사회 기반의 풀뿌리 조직이나 교정시설 등에서 보조로서 일하기도 한다. 그리고 가석방이나 보호관찰 담당자, 접수상담원, 준사회복지사, 위기 개입상담원 등으로 일하기도 한다.

생각해보기 #5

1. 저자들은 "우리 각자는 우리 자신을 위해 법적이고 도덕적인 제한 안에서 어떻게 우리의 삶을 살아갈지를 선택할 수 있는 권리가 있다"고 언급하였다. 이러한 제한이 무엇일 수 있는지 함께 논의해보라. 그리고 이러한 제한과 관련된 당신의 감정이나 가치가 무엇인지 개인적으로 생각해 보라.
2. 당신이 행동하거나 삶을 바라보는 방식을 영원히 바꾼, 스트레스가 가득하고 힘들었던 사건을 적어보라. 그 당시 무엇이 당신에게 도움이 되었는지 그리고 당신이 원했지만 받지 못했던 것은 무엇인지 기록해 보라. 이런 것들로부터 당신은 원조에 관하여 무엇을 배웠는가?
3. 저자들은 원조를 환대받고 초대받은 그리고 상호적이고 참여적인 것으로 정의하고 있다. 이는 원조에 대한 당신의 생각과 부합하는가? 일치한다면 어떤 식으로 그러한가?
4. 환대받지 않고 부적절한 '원조'의 수혜자가 되었던 적이 있는가? 만약 그렇다면 당신은 그것을 통해 원조의 본질에 대해 무엇을 배웠는가?

5. 무엇이 당신을 원조로 이끌었는가? 무엇이 당신으로 하여금 휴먼서비스 전문가나 자원봉사자가 되게끔 하였는가? 원조전문가라는 경험을 통해 당신은 무엇을 받기를 바라는가? 원조전문가를 통해 당신이 얻고자 하는 것은 무엇인가?
6. 휴먼서비스 전문가가 되기 위한 과정에서 당신이 경험한 두려움, 주저, 불안이 있다면 무엇인가?
7. 원조전문가로서 당신은 어떠한 자원이나 재능을 가지고 있는가? 당신은 어떤 관계 기술 혹은 원조 자질을 갖고 있는가?
8. 지난 몇 달 동안 당신은 관계 기술이나 원조 자질과 관련하여 무엇을 얻었거나 혹은 어떠한 성취를 이루었는가?

요 약

어떤 유형, 어떤 출신일지라도 모든 사람은 종종 어려움을 겪으며 도움을 필요로 한다. 이때 휴먼서비스 전문가는 매우 중요한 자원이 된다. 어떠한 이유로 원조전문가가 되었든, 더전문화된 훈련을 계획하고 있든 아니든, 누구를 어떻게 어디서 원조할 것인지와 관계없이, 원조전문가는 공부하고 실천하며 일련의 기본적인 원조기술을 완수하여야 한다. 개인, 커플, 가족, 집단, 지역사회에 제공될 수 있는 원조는 원조를 제공하는 사람과 요청하는 사람이 서로 동반자 관계에서 초대되고, 환대되고, 함께 할 때 가장 이상적이다.

원조의 태도와 가치

CHAPTER 2

특정 태도, 신념, 가치와 행위는 효과적이며 건설적인 원조의 가능성을 증가시킨다. 책임감 있고 능력 있는 원조전문가가 된다는 것은 자신의 욕구와 느낌을 잘 알고, 타인과 대화를 나누거나 이야기를 들을 때 도움이 된다고 알려진 자질을 갖추며, 윤리적 기준을 지키는 것이다. 이 장은 타인의 복지를 증진시키고 자기 인식을 발전시킬 수 있는 원조전문가의 태도, 신념, 가치, 윤리 등을 다룰 것이다. 또한 이 장은 학생들로 하여금 이러한 기본적인 자질을 이해하고 적용하는 데 도움이 될 수 있는 많은 사례들을 제공할 것이다.

원조전문가의 태도와 신념

이 절에서는 효과적인 원조와 연관된 강점을 먼저 보기, 판단 유예, 선택의 지지, 존중을 표현하는 언어사용, 정직, 진실, 충실 등과 같은 태도와 신념이 논의될 것이다.

강점을 먼저 보기: 강점관점

개인, 커플, 가족, 집단, 지역사회가 가지고 있는 약점, 결핍, 장애에 단순히 주목하기보다는 그들이 소유하고 있는 강점, 능력, 자원에 초점을 맞추는 것이 휴먼서비스에 있어 필수적인 중요 원칙이다. 약점에 먼저 주목하기보다는 강점에 먼저 주목하여야 한다. 효과적인 원조전문가는 사람들이 무엇인가 옳지 못한 일을 하고 있는 것보다는 올바른 일을 하고 있음을 잡아낼 수 있는 관점을 취하면서 그와 같은 강점이나 성공에 대해 언급할 것이다. 강점관점은 개인, 커플, 가족, 지역사회가 소유한 내, 외부적 자원에 보다 적극적으로 주목해서 세상을 바라보는 방식이다. 컵에 물이 반이나 비었느냐 아니면 반이라도 있느냐에 관한 오래된 격언을 기억해 보라. 물론 둘 다 사실이며 사람들은 전체적인 그림을 보기 보다는 텅 빈 쪽과 가능한 쪽 중 하나에 주목하려 한다.

강점관점을 취하면 원조노력이 성공할 수 있는 기회를 높일 수 있다. 사람들이 스스로 삶의 사건들을 감당하고 자원과 능력을 증진시킬 능력이 있다고 가정하는 원조전문가는 개인과 커플, 가족을 전적으로 부족하고 무능하여 우리의 교정 대상이라는 낙인을 찍는 원조전문가보다는 훨씬 효과적일 것이다(Dunst, Trivette, Davis, and Cornwall, 1988).

사례

알렌은 읽기와 쓰기에 어려움이 있어 숙제와 보고서를 완성할 때 반 친구들보다 훨씬 많은 시간이 필요한 중학생이다. 선생님들은 알렌이 총명할 뿐만 아니라 열심히 하고자 한다는 것을 알고 숙제를 열심히 하고 있다는 것만 보여주면 숙제를 늦게 제출할 수 있도록 해 주었다. 그는 밀리가 일하는 방과 후 학교에 참가하고 있었는데 어느 날 밀리는 알렌이 머리를 감싸 쥐고 학교에서의 자신의 성취에 대해 깊이 좌절하고 있는 것을 보았다. 그녀는 알렌이 하는 이야기를 들으면서 그가 글쓰기에 대한 어려움과 주제를 고르고 보고서를 작성하는데 필요한 엄청난 시간에 대해 걱정하고 있음을 알아차렸다. 그리고 알렌은 자신이 교육적 목표를 추구하면서 보여준 용기와 동기 그리고 성실성에 대해 잘 알지 못하고 있는 것처럼 보였다. 밀리는 부드럽게 이야기해 주었다. "알렌, 나는 네가 자신의 공부속도에 얼마나 실망하고 있는지 들었고 때때로 많이 지쳐있다는 것도 알고 있단다. 그렇지만 나는 다른 사람들이 너를 바라보면서 무엇을 느끼는지 네가 잘 모르고 있는 것 같아. 내가 보기에 너는 닫힌 문을 만날 때마다 언제나 창문을 열어젖히는 방법을 알아내는 결단력과 에너지가 넘치는 총명한 젊은이란다. 너는 정말로 놀라운 사람이란다." 알렌은 그녀의 평가에 다시 생기를 찾았고 그녀가 가진 관점에 대해 생각해보기 시작했다.

생각해보기 #6

1. 당신은 할 수 있는 만큼 최대한 강점에 초점을 맞출 수 있는가?
2. 당신은 어떻게 강점을 명확히 하면서 원조가 필요한 사람들과 의사소통을 할 수 있는 능력과 의지를 증진시킬 수 있는가?

문제가 있거나 위기에 처한 사람들은 대개의 경우 자신들의 장애물이나 실패를 알아차리는데 어려움을 갖고 있지는 않다. 그들이 성공과 함께 강점을 발견할 수 있도록 돕는 것이야말로 원조전문가의 일이다. 종종 원조전문가는 사람들이 자신이 가졌을 것이라고는 결코 알지 못하는 강점을 발견할 수 있다. 이러한 상황에서 원조전문가는 자신이 발견한 강점들을 명확히 하고 자신의 관점을 고려할 수 있도록 제안하여야 한다. 당신이 사람이나 체계의 강점에 주목하기 시작할 때 스스로의 관점 또한 변할 수 있다는 것을 알아차리게 될 것이다.

원조전문가가 곤경과 스트레스를 경험하고 있는 개인, 가족, 지역사회의 약점이나 단점을 강조한다면 이는 그들로 하여금 자신들이 부적절하다고 확신하게 만들어 자존감을 떨어뜨리고 자신감과 자기 효능감을 박탈하게 만들 것이다. 한편 한번 강점이 확인되고, 인정받고, 이야기되기 시작하면 사람들은 자신에 대해 훨씬 좋은 감정을 가지게 되고 결핍과 약점을 극복할 수 있게 될 것이다. 게다가 사람들은 자신의 강점을 깨닫게 되면 종종 자신들의 강점을 더 잘 쌓아 갈 수 있다. 원조전문가는 내적, 외적 자원을 명확히 하고 자신의 강점을 찾는데 도움을 필요로 하는 사람들을 돕는 것에 집중하여야 한다.

사례

몰리 발렌시아는 발달장애를 가진 14살의 라틴계 소녀이다. 그녀는 최근에 자신의 능력에 적절한 교육적, 직업적 결정에 지침이 될 정보를 얻기 위해 다양한 분야로 구성된 전문가팀으로부터 평가를 받았다. 그리고 그 결과를 함께 나누기 위해 부모님과 회의가 계획되었다. 팀 리더는 몰리의 한계에 대해 초점을 맞추기보다는 그녀의 재능, 기술, 강점에 대한 언급으로 회의를 시작하였다. 그녀의 가족들은 그녀의 탁월한 대인 기술, 호감을 불러일으키는 미소, 협력적 태도, 어려운 작업을 하는 동안에도 보여주는 결단력 등을 들을 수 있었다.

생각해보기 #7 위의 사례에 대해 생각해 보라.

1. 몰리의 강점과 능력에 대해 듣고서 몰리의 가족들은 어떠한 감정을 느꼈을 것이라고 생각되는가?
2. 그녀의 가족들은 몰리가 고등학교로 진학할 때 전문가팀과 어느 정도 협조할 것이라고 생각하는가? 그렇게 생각하거나 그렇지 않다면 그 이유는?

강점에 초점을 맞추는 것이 사람들이 직면하고 있는 어려움을 무시하거나 과소평가하거나 무효화하는 것을 의미하는 것은 아니다. 강점관점은 문제와 사람에 대해 잘못된 확신을 가지거나 비현실적으로 낙관적인 것과는 다르다. 강점관점을 취한다는 것은 단순히 현실을 바라보는 또 다른 방법, 누군가의 삶에서 기능적 특징이나 요소들을 발견할 수 있도록 다른 종류의 렌즈를 집어넣는 것이다(Saleebey, 1996). "문제를 부정하는 것은 가능성을 부정하는 것만큼 잘못된 것이다"(Saleebey, 1996, p. 297). 원조전문직에서 강점관점을 취한다는 것은 부정적인 측면에 맞추어진 기존의 과도한 초점을 교정하려는 시도이다: '잘못된 것, 부족한 것, 비정상적인 것에 대한 강조.'(Saleebey, 1996, p. 297).

사례

니키샤는 시각 장애를 가진 14살의 흑인소녀이다. 그녀가 다니는 중학교의 선생님과 보조선생님은 남자급우, 남자선생님 그리고 남자직원들에 대한 그녀의 공격적이고 폭력적인 행동에 대해 우려하고 있다. 그녀가 할퀴고 차고 때리고 예측하지 못할 때에 정당한 이유 없는 공격으로 싸움을 건다고 보고되었다. 가정방문과 어머니와의 오랜 대화를 통해 그녀의 가족들이 매우 위험하고 안전하지 못한 저소득 지역에서 살았다는 것을 알게 되었다. 그녀의 어머니는 그녀가 약한 시력으로 인해 더 큰 어려움에 직면할 수 있다는 것을 알고서 그녀에게 자기방어 기술을 가르쳐 도처에 존재하는 폭행과 강간의 위협으로부터 자신을 지킬 수 있도록 했던 것이었다.

이러한 상황에서 결핍관점을 채택하는 사람은 아마도 니키샤가 행동장애나 감정적 혼란을 경험하고 있다고 결론지을 것이다. 결핍관점은 그녀의 가족이 그녀를 돌보지 않고 냉혹하며 적절한 훈육이나 행동에 제한을 정해주지 않았다고 할 것이다. 그러나 강점관점을 취하면 그녀의 문제를 다른 방식으로 이해할 수 있다. 자녀를 사랑하는 어머니가 그녀가 아는 유일한 방식으로 딸의 안전을 지키고자 한 것이다. 학교 관계자가 그녀와 그녀의 어머니에게 학교 내에서 폭력과는 다른 행동방식을 탐색할 수 있도록 지원하는 것이 확실히 적절해 보인다. 딸에 대한 사랑과 관심을 이해하고 존중하는 방식으로 어머니에게 접근하는 것이 나쁜 어머니라고 가정하고 비난하는 방식보다는 협력의 가능성을 높일 것이다.

사람들이 가진 최선의 모습을 발견하는 것이 원조전문직에서 유용한 기술이다. 또한 당신 자신과 타인의 감정을 발견하는 연습을 정기적으로 하여야 한다. 당신과 당신 친구들의 강점 그리고 타인과 당신 가족들의 강점을 논의해 보라. 강점을 발견하고 기술하는 데 어려움을 겪는다면, 왜 그런지 생각해 보라. 다음의 연습은 당신이 강점관점을 취할 수 있도록 당신의 강점과 당신의 인생에서 중요한 사람들의 강점을 적어보는 훈련을 하게 할 것이다.

생각해보기 #8 빈 종이를 세 영역으로 나눈 다음, 첫 번째 영역의 첫머리에 '나의 강점'이라고 적어 넣어라. 두 번째 영역의 첫 머리에는 '현재 나의 가족의 강점', 그리고 세 번째 영역에는 '나의 원 가족의 강점(내가 성장한 가족)'이라고 표시하라. 각각의 영역에 적어도 다섯 가지 이상의 강점을 기록해 보라. 이 작업을 하면서 어떠한 감정을 느끼게 되는가? 강점을 먼저 생각하는 것이 당신에게 얼마나 어려운가?

판단의 유예

원조전문가가 개인이나 커플 혹은 가족들이 판단하고 위기를 관리하는 방법에 대해 부정적인 판단을 내리지 않는 것 역시 중요하다. 사람들은 상이한 방식으로 위기를 맞이하고 대처한다. 효과적인 원조전문가는 사람들이 감정과 생각을 부드럽게 정리해 나갈 수 있도록 안전하고 비판단적인 공간을 제공한다. 이것은 당신이 판단이나 의견, 가치, 믿음, 편견 혹은 생각이 없다는 것을 의미하는 것은 아니다. 이것은 단순히 원조를 필요로 하는 사람들을 접촉하고 있는 동안 혹은 그들의 편에 서서 그것들을 '유예(제쳐놓기)'한다는 것을 의미한다.

예를 들어 어떤 여성이 자신의 남자친구가 암이라는 소식을 접한 뒤 이에 대처하는 방식이 덤덤한 것으로 보였다고 하자. 그녀는 일에 착수해 혈액암에 대한 정보를 수집하고 계속해서 사무적으로 의학정보를 찾아나갔다. 그녀는 다른 사람들이 자신이 너무 냉정하고, 차갑고, 무감정하게 보인다고 비난하고 있는 것을 알고 있었다. 그러나 이것은 단순히 그녀가 중요한 인생 위기에 직면하고 적응하는 방식일 뿐이다.

휴먼서비스 원조전문가는 스트레스를 직면하는 상이한 방식에 대해 판단 없이 애정을 가지고 경청하여야 한다. 비록 존중하거나 수용하기가 힘들지라도 모든 감정을 존중하고 승인하는 것이 중요하다(감정에 주목하고 효과적인 방식으로 이를 경청하는 방식은 다음 장에서 다루어 질 것이다).

사례 지난 두 달 동안, 학교에 다니는 세 명의 아이를 가진 34살 한부모인 리즈 매키니는 성폭력의 희생자인 여성들을 위한 지지집단에 참가하였다. 그녀는 그 집단에서 빈곤가족한시부조(Temporary Aid to Needy Families: TANF)를 받는 유일한 여성이었다. 다른 참가자들은 가정 밖에서 일하기도 하고 재정적 지원을 제공하는 파트너가 있기도 하였다. 한번은 그녀가 저녁으로 아스파라거스 콩과 아티초크 샐러드를 포함해서 제대로 된 두꺼운 티본스테이크를 준비하기 위해 귀가하여야 한다고 말하였다. 두 명의 다른 여성들은 열심히 일해서 스스로 먹고 살아야 하는 자신들로서는 도저히 감당할 수 없는 비싼 음식을 푸드스탬프를 받는 그녀가 구입할 수 있다는 사실에 대해 분명하게 억울함을 표했다. 그들의 억울함이 지지와 존경 그리고 리즈가 그들에게서 필요로 하는 긍정적 배려의 제공에 방해가 될 것이다. 조력자인 수잔이 말했다. "리즈, 내가 스테이크를 좋아하지만 좀처럼 살 수가 없다는 걸 잘 알지요? 당신이 어떻게 푸드 스탬프를 이용해서 그렇게 비싼 음식을 사기로 결심했는지 알려 주세요" 리즈는 방어적이지 않은 방식으로 대답했다. "알다시피 나는 애들을 극장에 데려갈 돈이 없어요. 아기돌보미를 구할 돈도 없고요. 쇼핑을 갈 수도 없고 정말 아무것도 할 수가 없어요. 그래서 나는 나 자신과 우리 아이들에게 특별한 무언가가 필요하다고 느껴요. 내가 할 수 있는 유일한 것은 특별한 음식을 구입하는 것이랍니다. 왜냐하면 저는 푸드 스탬프를 규모 있게 쓸 수는 있거든요. 아마 이달 말까지 절약하여야 할 거예요. 아마 늘 쌀과 콩만 먹게 되겠지만 때때로 우리가 무언가 멋지고 정상적인 것도 할 수 있다는 것을 상기시킬 필요가 있어요."

생각해보기 #9 위의 사례에 대해 생각해 보라.

1. 매우 비싼 음식을 푸드 스탬프로 준비하겠다는 리즈의 말에 대한 당신의 최초 반응은 무엇이었는가? 푸드 스탬프를 이런 식으로 사용하겠다는 그녀의 결정에 대해 비난의 감정을 느꼈는가?
2. 수잔의 질문에 대한 그녀의 답변에서 당신의 반응은 어떠하였나? 리즈의 생각을 보다 잘 이해할 수 있는가?
3. 당신은 타인들이 행한 결정 때문에 그들을 존중하고 지지할 수 없다는 느낌을 가진 적이 있는가? 당신이 그들의 입장에 있을 때 그러한 결정들이 타당할 수 있는 방식에 대해 생각해 보라.

고지된 선택의 지지

효과적인 원조관계는 통제가 아니다; 원조전문가가 타인이 스스로 결정할 수 있는 권리를 박탈하는 것은 아니다. 가장 유용한 원조관계는 인간의 자율성과 결정권을 지지한다. 고지된 선택을 지지한다는 것은 타인에게 필요한 정보를 제공하고 해당 문제에 대한 자신의 의견 표현을 경청한 후에 타인에게 피해를 끼치지 않는 한 어떻게 행동할 것인가에 대한 그의 선택권을 지지한다는 것이다. 이러한 개념은 종종 '자기 의사결정'이라고 불린다. 이는 우리가 우리 자신이나 타인에게 해를 끼치지 않는 한 어떻게 살아가야 할지를 스스로가 결정할 수 있다는 것이다.

목표, 계획, 프로그램은 서비스 수혜자가 바라는 것에 기반해서 개발되어야 한다. 이것은 원조전문가와 행정가가 수동적이거나 무관심하다는 것이 아니다; 오히려 원조전문가는 쟁점에 대해 교육을 제공하고 광범위한 대안들을 토론하여야 한다. 원조전문가는 원조전문가 자신이 그들에게 원하는 것이 아니라 그들이 스스로 필요하고 원하는 것을 획득할 수 있도록 지지하여야 한다.

때때로 고지된 선택을 지지한다는 것은 매우 어렵다. 특히 타인들이 스스로 선택한 것에 당신이 동의할 수 없을 때는 더욱 그렇다. 그럼에도 불구하고 당신은 모든 가능한 결과, 자원, 대안들을 그들에게 알려줄 의무가 있고 고지된 선택을 할 수 있는 권리를 지지하여야 한다. 종종 알코올이나 마약을 복용하며 전통적인 의료치료를 거부하고, 안전하지 못한 성관계를 맺어, 폭력적 관계의 어려운 상황에서 낙태하거나 아이를 낳는 사람들과 일하는 것은 고통스럽다. 그렇지만 궁극적으로 원조전문가는 서비스를 요청하는 사람들에게 돌봄과 관심을 표현할 수는 있지만 그들로 하여금 특정한 방식으로 행동하도록 강요할 수 없다는 것을 인정하여야 한다. 그럴 때에는 당신의 지도감독자와 당신의 감정에 대해 상담하고 원조과정에서 당신의 감정을 분명히 제거할 수 있도록 하여야 한다. 타인의 선택과 행위가 당신에게 영향을 끼칠 수 있다는 것을 인정하는 것이 중요하다. 그래야만 원조과정이 당신 자신의 감정이나 선택에 의해 궤도를 벗어나지 않을 것이다.

타인의 선택권을 지지하는 것이 비판단적, 비공격적 방식으로 자신의 견해를 표현할 수 없다는 것을 의미하는 것은 아니다. 분명하고 비판단적인 방식으로 당신이 그 상황을 어떻게 바라보고 있는지를 언급하는 것은 때때로 유용하다. 원조관계가 강력하고 오래되었을 때 그렇게 하는 것이 가장 안전할 것이다. 예를 들어 원조전문가는 다음과 같이 말할 수 있다. “나는 화학요법을 중단하겠다는 당신의 결정을 지지합니다. 그리고 마지막 몇 달을 편안하게 살아가는 것이 당신에게 얼마나 중요한지도 이해합니다. 하지만 나는 당신을 걱정하기 때문에 힘듭니다. 당신이 죽어 간다는 생각을 하는 것이 나에게 힘듭니다.” 또 이렇게 이야기할 수도 있을 것이다. “당신의 건강과 안전을 걱정하기 때문에 나는 과음하는 당신을 지켜보는 것이 힘듭니다. 내가 당신에게 이렇게 말하는 것에 대해 어떠한 감정을 느끼나요?” 당신이 관심을 가지고 애정 어린 방식으로 당신의 의견을 표현한다면 서비스수혜자들은 그 견해에 과도하게 영향 받지 않고도 대부분 당신의 견해를 받아들이고 자신들의 행위가 어떻게 주위 사람들에게 영향을 줄 수 있는지를 더욱 잘 이해하게 될 것이다.

사례

라나는 가정건강기관에서 일하는 가정방문원이다. 마크는 32살 된 아시아계 미국 남자로 현재 몇 가지 생체검사와 두 번의 수술 후 매우 심각한 임파선암으로 6개월째 혹독한 항암치료를 받고 있다. 그의 주치의는 최근 들어 한차례 더 항암치료를 권유하였다. 마크는 라나가 방문했을 때 자신이 이제 암과 싸우는 것에 지쳤으며 어떤 종류라도 전통적인 의학적 치료는 더 이상 하지 않겠다고 이야기하였다. 그는 침과 약초 치료는 계속 하겠지만 서양의학적 치료는 더 이상 원치 않았다. 그는 자신이 회복되지 않을 것이며 강력한 약물을 받아들이지 않으면 더 빨리 사망하겠지만 치료가 불러오는 무서운 부작용 없이 남은 세상을 살아갈 수 있을 것이라는 것도 안다고 말했다. 그가 그녀에게 그러한 결정에 대해 이야기하는 동안 두 사람 모두 눈물을 흘렸다. 라나는 스스로에게 이야기하였다. “안 돼, 그는 그렇게 해선 안 돼!” 하지만 그녀는 그를 안아주며 자신은 그의 결정을 존중하고 그를 걱정하고 있으며 그리고 그가 잘되기만을 희망한다고 이야기해주었다.

생각해보기 #10

1. 누군가가 당신이 동의하지 않은 선택을 할 때 원조전문가로서 당신은 어떠한 감정을 느끼는가? 당신에게 이러한 일이 일어난다면 당신은 어떻게 행동할 것으로 생각되는가?
2. 당신의 자신의 인생에서 중요한 어떤 사람이 동의하지 않는 결정을 한 적이 있는가? 그들은 그 결정에 대해 어떤 반응을 보였는가? 당신은 어떤 종류의 반응을 기대하였는가?

적절한 언어 사용

"몽둥이와 돌은 나의 뼈를 깨뜨릴지라도 말은 결코 나를 해칠 수 없다." 우리들 대부분이 어린 시절에 들었을 이 격언은 사실이 아니다. 단어와 상징은 종종 존중과 무례함을 나타내기 때문에 엄청난 힘을 가질 수 있다. 원조를 구하는 타인으로부터 신뢰를 얻고자 하는 원조전문가는 그 사람들이 수용할 만하고 공격적이지 않다고 생각할 수 있는 용어를 익혀야만 한다. 예를 들어 여성을 '계집애', 동성애자인 남자를 '호모', 장애인을 '절름발이', 흑인을 '깜둥이'라고 부르는 것은 무례한 것이다. 비록 해를 끼칠 의도는 없다고 할지라도 부주의한 말이 모욕감을 불러일으킬 수 있다. 어떤 사람들은 같은 집단에 있는 두 사람이 서로를 경멸적인 이름으로 부르는 것을 받아들일 만하다고 생각한다—때때로 그 말 속에 담겨있는 불쾌함과 폭력성을 제거하려 노력하면서—하지만 외부인이 그러한 용어를 사용하면 모욕적이고 상당히 해를 끼칠 수 있다. 다른 문화에서 어떤 것이 적절한 것인가를 배우는 것은 휴먼서비스 원조전문가로서 당신의 의무이다. 만약 의심스럽다면 당사자가 어떤 용어와 이름을 선호하는지 배워야 한다.

인간을 존중하는 의사소통을 위한 또 하나의 주요 방법은 '인간을 우선하는' 언어를 사용하는 것이다. 이는 개인과 집단을 언급할 때마다, 인간성과 개성이 조건이나 성격, 쟁점, 문제, 질병보다 먼저 다루어져야 한다는 것이다. 이러한 실천은 존중을 표하는 것으로 원조전문가로 하여금 타인의 인성을 먼저 떠올리게 한다. '좀 모자란 여자', '혈우병자', '에이즈꼬마' 같은 용어보다는 '장애를 가진 여성', '혈우병을 가진 사람', 'HIV를 보유한 어린이'와 같은 용어를 사용하도록 하라.[1] 이름을 붙이는 것은 강력한 사회적, 정치적 결과를 가져온다. 단어와 문장을 잘 안다는 것이 사소한 것이거나 단순히 '정치적으로 올바른' 것일 수도 있지만 원조전문가에 의해 사용되는 언어는 도움을 필요로 하는 인간에 대한 태도를 보여주는 강력한 방법이다.

정직, 진심, 진정, 신뢰

원조는 원조전문가가 진심으로 관심을 가지고 진정으로 행동할 때 가장 효과적이다. 진심어린 돌봄은 거짓일 수 없다. 원조전문가가 정직과 신뢰의 자질을 갖추어야 한다는 것은

1) 영어의 경우 'retarded woman(정신지체 여성)' 대신에 'woman with a developmental disability(발달장애를 가진 여성)'라는 용어를 사용하는 경우 사람을 의미하는 단어인 woman이 문장의 첫머리에 등장하여 이 글에서 전하고자 하는 의도나 뉘앙스를 충분히 표현할 수 있으나 이를 번역하여 한국어로 표현할 경우 이 같은 느낌을 살리기가 힘들 수밖에 없음을 밝힌다(역자 주).

언급의 가치가 없을 정도로 명백하다. 우리 대부분은 스스로가 타인과의 모든 관계에서 정직하고 신뢰할 만하며, 대부분의 관계가 기본적인 신뢰감이 없다면 존재할 수 없다고 생각한다. 원조관계에서 진심이란 정직하며 가식이 없고 투명하다는 것을 의미한다. 이는 우리의 의제나 성격이 원조관계나 상담을 장악하게 하지 않고 자기의 모습을 유지해야 한다는 것이다. 원조관계에서 진심이란 말과 행동이 진지하다는 것을 말한다. 이는 일관성 있고 예견가능하며 신뢰할 만한 것이다. 자기의 모습을 견지한다는 것이 전혀 개의치 않는다는 것은 아니다; 이것은 기술이나 훈련 그리고 성격적 특성을 진지하고 책임감 있게 그리고 정직한 방식으로 활용하는 것이다. 이러한 자질은 종종 '일치(congruence)'라고 하는데 이는 내면과 외면이 서로 조응한다는 것을 의미한다.

원조전문가는 몇 가지 중요한 이유로 원조관계에서 신뢰와 정직을 특별히 중요하게 생각하여야 한다. 첫째, 개인이 극도의 감정적 취약을 경험하고 있을 때 원조전문가는 나쁜 이야기를 피하고 긍정적인 점을 과장하여 그들을 안심시키거나 위로하고자 하는 충동을 느낀다. 의도는 정직할 수 있지만 정보는 전적으로 정확한 것이 아니다. 과도하게 낙관적인 것은 심하게 부정적인 것만큼 정직하지 못한 것이다. 원조전문가가 자신이 알고 있고 경험한 것을 공유하는 것이 중요하며 현실과 희망의 균형을 잡는 것, 나쁜 소식과 지지약속의 균형을 유지하는 것 또한 중요하다. 원조전문가가 정직하지 않다는 것을 알게 되면 그 관계는 위험해진다. 상황이 생각보다 좋아질 것이라고 설득하는 것은 결코 도움이 되지 않는다. 당신이 슬프거나 분노할 때, 아프거나 어쩔 줄 몰라 할 때를 기억해보라. 누군가가 당신에게 좋은 쪽으로 생각해보라고 하는 것이 도움이 된 적이 있는가? 아니면 더 나쁠 수도 있었다고 깨우쳐 주는 것이 도움이 된 적이 있는지? 대개는 그렇지 않다. 원조전문가가 비록 고통스럽긴 하지만 민감하고 배려하는 방식으로 감정을 인정하는 것이 중요하다. 누군가로 하여금 자신의 감정을 표현하게 하는 것은 자신의 감정이 그렇게 나쁘거나 무섭거나 듣기 괴롭거나 하지 않다는 메시지를 보내는 것이며 감정의 혼란에 빠진 이들로 하여금 안도를 느끼게 하고 그 상황에 보다 잘 직면하게 한다.

둘째, 개인이나 커플 혹은 가족에게 많은 것들이 필요해 보일 때 현실적인 것보다 더 많은 노력과 시간을 약속해 주고자 하는 충동이 생긴다. 원조전문가는 약속할 수는 있지만 이후 후회하며 그 약속을 취소하지 않을 수는 없다. 자신의 능력과 한계를 평가하고 이를 정직하고 솔직하게 전달하는 것이 중요하다. 원조전문가가 약속을 지키지 못한다면 실천노력은 신뢰를 잃을 것이며 원조관계는 위태롭게 된다(필요한 경우에 "안 됩니다"라고 말하는 것과 관련해서 도움이 필요하다면 13장에서 자기 표현에 관한 절을 보라).

셋째, 위기에 처한 사람들은 종종 정보와 지시를 필요로 하지만 원조전문가가 그들을 대표하고자 해서는 안 된다. 원조전문가가 훈련 받지 않은 정보나 서비스를 제공하거나 자격증이나 지식 혹은 훈련을 받지 않은 진단을 내리는 것은 비윤리적이면서 동시에 불법적인 것이다. 비록 실망할지라도 정보를 가지고 있는 것처럼 속이는 것보다는 "잘 모릅니다."라고 응답하는 것이 더욱 중요하다. 만약 잘 알지 못한다면 모른다고 하고 그들에게 필요한 정보를 열심히 찾거나 도움을 줄 수 있는 다른 사람에게 의뢰하면 된다.

판단유예의 가치와 진심의 가치가 서로 모순되거나 충돌되는 것처럼 보일 수 있다. 이 둘은 때때로 혼란스러울 수 있다. 정직하고 진심어리다고 해서 원조전문가가 모든 생각, 감정, 의견, 견해, 판단을 불쑥 말할 수 있다는 것을 의미하는 것은 결코 아니다. 자신이 생각하고 느끼고 있는 것에 대해 솔직하여야 하지만 이러한 판단은 도움을 필요로 하는 사람들과 상호작용하는 동안만큼은 유예되어야 한다. 게다가 원조전문가는 허위나 비현실적인 확신을 제공하지 않고 존중의 마음으로 부드럽게 그들과 함께 함으로써 사람들이 자신의 혹독한 인생을 대면할 수 있도록 지지하여야 하는 책무를 가진다.

사례

타마라 윌킨스는 자녀들을 방임하거나 학대한 부모들에게 서비스를 제공하는 '익명의 아버지들'이라는 조직에서 일하고 있다. 그녀의 임무는 방임이나 학대를 경험하는 어린이들을 위한 오락모임과 지지집단을 운영하는 것이며 아버지들은 이 지지집단에 참여하게 된다. 8살 된 소녀인 앤지는 그녀에게 매우 애착을 느끼며 자랐고 그녀에게 자신을 영원히 돌보아 줄 수 있는지 물었다. 그녀는 앤지가 살아오면서 많은 상실을 겪었다는 것을 알고 있었다. 그녀는 지난 3년 동안 5개의 서로 다른 보호가정을 전전하며 살아왔다. 타마라는 그녀가 안심하고 자신을 믿어주기를 원했다. 타마라는 또한 자신이 몇 달 안에 이사를 가기 때문에 더 이상 그 조직을 위해 일할 수 없다는 것도 알고 있다. 그녀는 비록 앤지가 분노하거나 슬퍼할지라도 정직하게 이야기하는 것이 중요하다고 생각했다. 그녀는 "앤지야, 네가 나랑 영원히 함께 있고 싶어 한다는 것을 잘 알고 있어. 여러 면에서 그게 좋을 수 있어. 하지만 우리는 둘 다 어른이 될 것이고 다른 모험을 하게 될 거야. 내년에 나는 다른 곳으로 가야 한단다. 아마 지금부터 우리는 서로를 기억할 수 있는 법과 이별하는 법에 대해 이야기를 시작할 수 있을 것 같구나. 나는 너를 정말로 사랑하고 있고 그리워할 거야. 내가 떠나야 한다고 너에게 이야기할 때 너는 어떤 감정과 생각이 드니?"

생각해보기 #11

1. 전적으로 정직하지 않고자 하는 충동을 느끼게 하는 상황이 있다는 것을 읽고 놀랐는가? 당신에게 어려움을 주거나 도전이 될 만한 비슷한 상황을 생각해 볼 수 있는가?
2. 말기 암인 38살 된 여성이 당신에게 "나는 죽는 건가요? 두 아기가 커가는 것을 볼 수 있을까요?"라고 묻는다면 어떤 느낌이 드는가? 그녀의 질문에 대한 당신의 첫 번째 응답(혹은 '직감')은 어떠한 것인가? 필요 이상으로 가혹하지 않으면서 정직하게 말할 수 있는 문장들을 적어보라.

진정한 원조전문가는 임상적 용어나 타성 그리고 기술 뒤에서 냉정하게 숨어 있으면 안 된다. 예를 들어 꼬리표나 진단으로 사람을 언급하는 것은 그들의 고유한 경험을 무시하는 것이다. "이건 단순히 하나의 단계이거든요"라고 하면서 타인의 상황을 일축하는 것은 당신이 그 사람의 상황을 사소한 것으로 생각하고 있다는 메시지를 보내는 것이다. 진심어린 원조전문가는 가능한 한 인간적이면서 실제적이어야 하지만 자신의 감정이나 반응을 통제 없이 내보내서는 안 된다(Benjamin, 1969; Kennedy & Charles, 1990).

진정한 원조전문가가 된다는 것의 일정 부분은 자기 자신의 성장에 몰두하는 것이다. 원조전문가는 자기 자신에게 정직하여야 하고, 내적인 통찰을 하여야 하며 스스로에 대해 알고 있어야 한다. 통찰과 성찰을 하면 할수록 타인이 독립적이고 기능적인 사람으로 성장하도록 지지할 수 있다. 스스로에게 진실하기 위해서는 자기 자신을 관찰하고 스스로를 잘 알며 차이와 모호함을 견디고 갈등과 불확실성을 참을 수 있어야 한다(Perlman, 1979).

사례 글래디스는 지역사회를 기반으로 하는 중독치료 프로그램의 서비스 담당자이다. 그곳에서 그녀는 알코올 중독인 청소년들을 지원하는 집단을 이끌고 있다. 매주 집단 모임 이후 분노와 슬픈 감정이 남지만 언제나 집에 도착할 때까지 이러한 감정을 잊어버리려고 노력한다. 여섯 번째 모임 중에 그녀는 갑자기 너무 흥분하고 화가 나는 바람에 방을 나가버리고 말았다. 화장실에서 울음을 터뜨리면서 그녀는 이러한 격렬한 반응이 무엇 때문인지, 왜 다른 구성원들의 이야기를 충분히 들을 수 없었는지를 알아내야겠다고 깨달았다. 다음 날 아침 그녀는 기관의 중독 문제 상담자인 자신의 지도감독자에게 이야기를 털어놓았다. 대화 중에 그녀는 다시 울기 시작했고 그녀의 어머니가 심하게 술을 마셨으며 자신이 어렸을 때 어머니의 방임으로 얼마나 분노와 배신감을 느꼈었는지 알게 되었다고 인정했다. 글래디스는 개인 상담가를 구해서 알코올중독자의 아이였던 자기 자신의 고유한 과거사를 알아보기로 하였다.

가치와 윤리

가치라는 용어는 사람들이 견지하고자 하거나 삶의 방식으로 높이 평가하는 신념이나 기준을 말한다. 달리 표현하자면 우리가 가치를 두거나 가치 있다고 간주하는 것을 의미한다. 윤리란 종종 강령(*codes*)이라고 불리며 도덕적 의무나 선악의 본질에 관한 일련의 지침이나 원칙을 말한다. 윤리적 원칙이나 가치가 원조전문가 사이에서 광범위하게 공유된다면 강령으로 쓰일 수 있다. 미국휴먼서비스교육가협회(National Organization of Human Service Educators), 미국사회복지사협회(National Association of Social Workers), 미국심리협회(American Psychological Association), 미국의료협회(American Medical Association)와 같은 전문가조직들은 행동의 지침이 되고 원조관계 및 책무와 관련된 공통적인 가치를 조명하는 전문직 규정을 소유하고 있다.

휴먼서비스 원조전문가로서 활동하는 가운데 무수한 상황들이 윤리적 의사결정과 가치판단을 요구한다. 이러한 경험들은 종종 행위나 규범에 대해 매우 강한 의견, 믿음, 사상, 감정을 가지고 있는 전문가를 (일반인들과 마찬가지로) 힘들게 한다. 차이는 휴먼서비스 전문가는 타인들에게 자유와 자율을 허용하여 자기 스스로 의사결정을 할 수 있도록 하여야 한다는 것이다.

효과적인 원조전문가의 특성에는 판단을 유예하고 자신의 가치와 신념은 한쪽으로 치워놓고 원조관계에 최소한으로만 관여할 수 있는 능력이 포함된다. 다음은 윤리적 의사결정과 관련된 질문의 사례들이다:

1. 개인이 스스로의 삶과 죽음을 선택할 권리가 있는가?

- 말기 HIV 단계에 있거나 알츠하이머 질병을 가진 사람이 자기 자신의 생명을 포기할 권리가 있는가? 친구나, 전문가 혹은 지인들이 이러한 자살을 도울 권리가 있는가?
- 태아에게서 발견된 장애를 이유로 여성이 낙태하는 것은 도덕적인가?
- 유전적으로 혹은 감염으로 태아나 영유아에게 전이될 수 있는 생명을 위협하는 질병을 가진 사람이 임신이나 출산을 선택할 수 있는 권리를 가지는가?

2. 우리는 말기 질병을 가진 사람들에게 어느 정도 개입할 수 있는가?

- 부모는 아이에게 사용될 의료적 개입의 정도를 결정할 수 있는 권리를 가져야 하는가?
- 생명을 연장할 것인가 말 것인가에 대한 윤리적 결정은 누가 내려야 하는가? 가족구성원들인가? 환자자신인가? 철학자인가? 윤리전문가인가? 정치가인가? 성직자인가?
- 회복의 가능성이 거의 없는데도 끝없이 이어지는 치료의 고통을 감수하여야 하는가?
- 의료 개입의 재정적 비용은 치료를 결정하는 데 있어 고려되어야만 하는가?

3. 자원(예를 들어 장기기증자의 간이나 신장, 혹은 투석 시간)이 제한적이라면 누가 이러한 제한된 자원과 부족한 서비스 혜택을 받아야 하는가? 선택은 어떻게 이루어져야 하는가?

4. 특수한 욕구를 가진 개인에 대한 재정적, 감정적, 물리적 돌봄은 누가 책임을 져야하는가? 가족이 전적으로 책임을 져야 하는가? 지역사회나 정부가 원조하여야 하는가? 아니면 정부나 지역사회가 일차적인 책임을 져야 하는가?

생각해보기 #12

1. 휴먼서비스 원조전문가로서 당신이 직면할 수 있거나 혹은 이미 직면했던 여타이 도덕적, 윤리적 갈등은 무엇이 있는가?
2. 생각해 보건데 전문가로서 당신이 부딪힐 수 있는 가장 어렵고 힘든 윤리적 상황은 어떤 것이 있는가? 당신은 그러한 상황을 어떻게 해결할 수 있는가?

원조에서 가장 중요한 도구는 자신의 가치를 이해하는 것과 연관된 원조전문가의 개인적 특성이다. 브래머(1979)는 스스로의 가치의 위치를 인식하는 것이 원조에서 절대적이라고 주장한다. 이러한 인식이 전문가로 하여금 자신과 타인에 대해 정직할 수 있도록 도울 뿐만 아니라 비윤리적 행위를 피할 수 있도록 해 준다.

예를 들어 전문가가 자신의 역할을 사용해서 개인적인 종교적, 정치적 관점을 강요하는 것은 적질하지 못하나. 비록 이러한 가치들이 원소선문가에 의해 강하게 견지되고 있고 그들의 행위를 이끌지라도 원조전문가의 역할이 취약한 개인들의 사고방식을 다른 것으로 전환하는데 활용되어서는 안 된다. 물론 개인이나 커플, 가족이 종교적이거나 영적인 도움을 원할 수도 있지만 전문가는 그들은 적절하고 자격 있는 전문가에게 인계하여야 한다. 그렇지만 만약 당신이 원조기관의 유급 혹은 무급 자원봉사자일 경우 본인이 스스로 영적인 지도를 하는 것은 윤리적이지 않다.

한편 개인적인 가치는 타인의 행위를 억제하거나 제한할 수 있다. 이러한 상황에서는 이러한 가치들이 행위에 관한 고정관념을 만들어 타인들이 자신의 잠재력을 구현하는데 방해가 될 수 있다. 이와 같은 고정관념은 개인의 성, 종교, 인종, 민족, 나이, 능력, 성적 취향 등에 기반을 둘 수 있다. 예를 들어 원조전문가는 질병이 있거나 불편한 사람에 대한 일차적인 돌봄의 책무가 언제나 여성의 역할이라고 간주함으로써 개인이나 가족의 선택 가능성을 제한할 수 있다. 또한 전문가는 오직 재정적으로 성공한 가족만이 입양을 할 수 있다고 생각함으로써 어린이들의 선택지를 제한할 수 있고, 사람들은 오직 반대의 성과 사랑에 빠질 수 있다고 가정함으로써 동성 배우자를 '유령 인간'으로 만들어 버릴 수 있다.

사례

이디스 바로우는 18개월 전에 겪었던 중풍에서 회복 중인 78세 된 흑인여성이다. 그녀는 만성적으로 건강이 좋지 않았다. 약 17년 전에 당뇨가 생겼고 그 이후 점차 시력을 상실했고 8년 전에는 완전히 시력을 잃었다. 그 당시 중풍이 와서 걸을 수 없게 되었고 지금은 조금씩 말을 하면서 오른손과 팔을 움직일 수 있게 되었다. 그녀는 45세 된 아들 찰스와 같이 살고 있다. 찰스는 집안청소와 요리, 장보기 등을 도맡아 하면서 15년 동안 그녀를 돌봐왔다. 그는 32살 때 이후로 집 밖에서 일을 하지 않았다. 그전까지 그는 건설노동자였으며 상당한 수입이 있었고 자신이 하는 일을 즐겼으며 꽤 성공적인 삶을 살았다. 6개월 전 바로우의 39세 된 딸, 바바라 윌러가 집에 들어와 살게 되었다. 그녀는 장애가 있고 최근 8년간의 결혼생활에 종지부를 찍었다. 그녀는 식당에서 간헐적으로 시간제 일을 하였다. 바로우는 자신의 작은 연금으로 세 사람을 감당할 수 없다며 지금 제정신이 아니다. 그녀의 건강은 회복되지 않고 있으며 바바라와 찰스가 계속 서로 다투고 있다고 불만을 토로하고 있다.

생각해보기 #13

1. 이 가정에서 내린 판단이 당신 자신의 판단과 갈등을 일으키는 이유를 찾아서 살펴보라.
2. 당신이 이 가정을 대상으로 실천해 나갈 때 어떻게 당신 자신의 판단을 내려놓을 수 있는가?

일반적으로 원조관계는 개인, 커플, 가족, 집단, 지역 사회의 행복을 보호할 수 있는 방식으로 운영되어야 하고 어떤 식으로든 관계나 원조를 구하는 사람들을 착취하거나 학대해서는 안 된다. 윤리적 지침에 대한 다음의 목록은 모든 원조관계에서 필수적이다. 물론 이 목록이 완전하지는 않지만 다음의 중요한 원칙들을 포함하고 있다: 비밀보장과 사생활 보호, 차이의 존중, 자기 인식, 이해관계의 충돌에 대한 인정, 경계의 유지.

비밀보장

도움을 필요로 하는 사람들에게서 얻은 정보에 대해 비밀을 보장하는 것은 필수적이다. 도움을 필요로 하는 사람들은 비밀을 공유하며 자신의 삶에서 매우 사적인 측면들에 대하여 언급할 것이다. 그들은 이러한 정보와 관련하여 원조전문가를 신뢰할 수 있어야 한다. 원조전문가는 언제나 자신이 돕고자 하는 이들의 사생활을 존중하여야 하며 자신이 알게 된 모든 정보에 대해 비밀을 유지하여야 한다. "정당하지 못한 비밀보장의 위반은 정의에 대한 위반이며 신뢰를 통해 허락된 비밀에 대한 절도행위에 해당한다"(Hepworth & Larsen, 2002, p. 72). 사람들은 종종 놀랍고 재미있거나 기이한 정보를 드러내기가 쉽기 때문에 비밀보장을 강하게 지키기 위해서는 굳건한 결심이 요구된다. 비밀보장에 대한 책무를 충실히 지키기 위해서는 적절하지 못한 상황에서 정보를 누설하지 않도록 경계하는 것이 매우 중요하다. 다음과 같은 상황들은 일반적일 것이다: 친구나 가족에게, 복도나 엘리베이터에서, 타인이 충분히 들을 수 있는 거리에서, 파티장소나 공공교통수단 내에서, 상급자나 지인들 혹은 그 정보를 알 필요가 없는 친구나 동료에게 정보가 누설될 수 있다.

이따금 기관이나 개인 커플, 혹은 가족에게 도움이 될 수 있는 다른 조직의 사람들과 비밀을 공유하는 것은 적절하다. 예를 들어 당신이 보다 더 도움이 될 만한 방식에 대해 고민하거나 심한 걱정과 염려 속에 있다면 당신의 지도감독자나 자문위원, 다른 원조전문가 혹은 팀의 리더들과 정보를 공유할 필요가 있다.

사례

에이미 골드해머와 데이비드 골드해머는 결혼한 지 2년째이다. 둘 다 유태인이고 28살이다. 그들은 시카고에 있는 방 세 개짜리 집에서 살고 있다. 에이미는 법률자문조직의 변호사이고 데이비드는 병원의 간호사다. 6개월 전 그들의 어린 딸인 수잔이 자동차 사고로 사망하였다. 에이미가 딸을 차에 태워 유치원으로 가고 있었는데 다른 차가 교통신호를 어기고 수잔이 앉아 있는 (유아용 보조의자가 놓여 있던) 조수석에 충돌하고 말았다. 3일간의 투병 끝에 그녀는 복합적인 내부 부상과 뇌손상으로 사망하였다. 그 사고 이후 에이미와 데이비드 모두 감정적 혼돈 속에서 살아 왔다. 최근 들어 그들은 자식의 죽음을 경험한 부모를 지지하는 집단에 참석하기 시작하였다. 그들은 딸의 죽음 이후 특히 서로를 지지하지 못하였다. 그들은 자신들의 슬픔을 각각 개인적으로 달래왔다. 에이미는 자신이 특히 더욱 조심해서 운전했어야 하는데 그러지 못해서 딸을 죽게 하였다는 죄책감과 책임을 느끼고 있다고 말했다. 그리고 그녀는 딸을 앞좌석이 아니라 뒷좌석에만 태웠더라도 심하게 다치지 않았을 것이라고 믿고 있었다. 에이미는 집단의 진행자인 페이에게 자신이 고통을 잊기 위해 일주일에 적어도 세 번, 같은 직장의 동료로부터 구입한 코카인을 복용하고 있다고 털어 놓았다.

생각해보기 #14 위의 사례에 대해 생각해 보라.

1. 당신은 에이미가 코카인 사용에 대해 털어 놓은 정보를 공유해야 할 책임이 있는가?
2. 당신은 그 정보를 누구와 같이 공유하여야 한다고 생각하는가? 그녀의 남편, 그녀의 고용주? 그녀의 주치의? 그렇다면 혹은 그렇지 않다면 그 이유는?

비밀보장 규칙에 대한 몇 가지 예외가 존재한다. 다음과 같은 상황에서는 법률에 의해 비밀을 공유를 요구받을 수 있다: 아동학대나 방임의 의심을 받을 경우; 무능력한 성인에 대한 착취, 방임, 학대의 의심을 받을 경우; 살인이나 자살 사건이 발생할 것으로 의심되는 경우. 이 모든 경우에, 당신은 즉시 당신의 지도감독자에게 당신의 의심이나 걱정과 아울러 어떻게 해서 당신이 그러한 결론을 내렸는지에 대해 알려야 한다.

1974년의 법적 사례는 타인의 안전을 보호해야 할 원조전문가의 책무에 대해 다루고 있다. 타라소프 대 캘리포니아대학교이사회(1974)의 소송에 의하면 그 대학의 학생이 대학의 정신과의사에게 자신이 애인을 살해하려고 한다는 의도를 알렸다. 의사는 학교 경찰에게 그 사실을 알렸지만, 잠재적 희생자에게는 살해의 위험을 경고하지 않았다. 그 학생은 실제로 자신의 여자 친구를 살해하였고 곧이어 그녀의 부모는 정신과의사에게 소송을 제기하였다. 판결은 원조전문가에게 어떤 특정한 보편적 차원의 행동을 지시하지는 않았다. 오히려 누군가의 생명이 위험에 처해 있는지를 결정하는 데 있어 그리고 조직과 잠재적 희생자에게 이 사실을 알릴 것인지 그리고 만약 알린다면 어떻게 알릴 것인지를 결정하는데 있어 전문가의 판단을 허용하고 있다. 이 사례는 "보호의 특권은 공적 위험이 발생하는 곳에서 끝이 난다"(*Tarasoff v. Regents of the University of California*, 1974)는 것을 말하고 있다. 누군가가 위험에 처해 있다는 이유로 비밀보장이 위반되어야 한다면 행동을 취하기 전에 즉시 지도감독자에게 알려 자문을 구하여야 한다.

차이에 대한 존중

3장은 다양성(개인적, 문화적 차이들)을 이해하고 존중할 수 있는 개념들을 다룰 것이다. 효과적인 휴먼서비스 전문가, 학생, 그리고 자원봉사자는 사람들이 스스로 살아가는 방식의 선택을 포함해 많은 방식에서 서로 다르다는 사실을 인식하고 기뻐하여야 한다. 성, 인종, 민족, 나이, 능력, 종교, 성적지향, 사회경제적 배경은 사람들이 서로 달라질 수 있는 몇몇 방식들이다. 위의 목록에는 배경, 경험, 가치, 신념, 정치적 관점 등 사람들을 구별할 수 있는 또 다른 차이들은 고려되지 않았다. 전문가는 비록 어떤 사람들이 법을 어기거나 우리와 다른 판단을 내린다 할지라도 그들을 오직 사람이라는 이유로 존중하여야 한다.

자신에 대한 인식

자기 자신의 강점과 한계를 인식하는 것은 전문가에게 있어 매우 중요하다. 개인적 성장과 맹점을 잘 알고 이들이 다른 사람들에게 최대한 긍정적이고 도움이 될 수 있도록 영향을 미치게 해야 한다. 장의 앞부분에서 언급한 것처럼, 자신의 태도와 신념에 대해 인식하는 것은 매우 중요하다. 자신의 감정을 알고 고유한 욕구를 충족시키는 것, 그리고 자신을 돌보는 것 또한 중요하다.

- 때때로 원조전문가는 원조를 필요로 하는 이들과 이야기를 나눌 때 판단하고 분노하고 무기력해지면서 두렵고 지루한 감정이 들 수 있다. 왜 그러한 일이 발생

하는가? 아마 다음의 이유들이 그럴듯한 설명이 될 것이다: 종종 그 사람이 처한 상황이 원조전문가에게 많은 개인적 문제를 일깨워 혼란을 야기하거나 지나친 동일시와 과도한 관여를 불러올 수 있다.

- 종종 원조전문가는 다른 사람들의 문제나 상황에 무관심하거나 이 문제들이 자기가 아는 사람들의 문제에 비해 그다지 중요하지 않다고 생각할 수 있다. 그 결과 그 문제나 상황의 중요성을 사소하게 여기거나 가벼이 다루게 된다.
- 종종 원조전문가는 개인적 쟁점에 너무 몰두한 나머지 다른 문제에 대해 충분한 관심을 보이지 못한다.
- 종종 원조전문가는 다른 사람들을 돕는데 너무 몰두한 나머지 타인의 욕구가 아니라 자신의 개인적 욕구에 따라 행동할 수 있다. 때때로 '반드시 필요한 것'이라는 생각이 다른 사람들이 원하는 것에 진정으로 귀 기울일 수 있는 능력을 앞설 수도 있다.
- 종종 원조전문가는 존중을 좋아하지 않거나 할 수 없는 사람, 혹은 원조전문가가 중요하게 생각하고 있는 가치와 대립하는 방식으로 행동하는 사람들과 대면할 수 있다.

때때로 원조전문가가 다음과 같은 방식으로 응답한다면 개인적 감정이 끼어들어 방해되고 있다고 할 수 있다:

- **설교하기** 도덕적 혹은 판단적으로 행동하고 있는가? 사람들이 "스스로에 대해 창피함을 느끼기"를 원하고 있는가? 자신이 "당신은 해야만 한다" 혹은 "당신은 해서는 안 된다"라고 말하고 있지는 않는가?
- **가르치기** 단지 혹은 주로 정보를 제공하거나 내용 혹은 '사실들'을 읽어주고만 있지는 않는가? 감정적인 것이나 정서적인 것은 회피하고 있지는 않는가?
- **처방하기** 특정한 상황에서 합리적인 사람이라면 누구에게나 명확할 수밖에 없는, 논리적으로 올바른 해결책이 오직 한 가지만 있다고 이야기하고 있지는 않는가? 도달한 결론에 이르지 못하는 사람을 하찮게 보지는 않는가? 다음과 같이 말하면서 너무 설득하려고 애쓰지는 않는가? "세 가지 대안이 있는데 첫 번째 것이 최선입니다. 왜냐하면...."
- **구조하기** 다른 사람들의 문제를 즉시 고칠 수 있다고 생각하지는 않는가? 실수 없이 다른 사람을 구할 수 있다고 느끼고 있지는 않는가? 별다른 변명 없이 너무 자주 "당신을 위해 해드리겠습니다."라고 이야기하고 있지는 않는가?
- **충고하기** 심지어 잘 알지 못하는 상황에서도 모든 해결책을 알고 있어야 한다고 느끼지는 않는가? 다른 사람들이 자신의 문제에 대해 이야기하는 것보다 당신이 더 많은 시간을 들여 그 사람의 문제에 대해 이야기하고 있지는 않는가? "나는 당신이 무엇을 하여야 하는지 정확하게 알고 있습니다."라고 이야기하고 있지는 않는가?

만약 당신이 이런 식으로 다른 사람들에게 응답하고 있다면 특정 주제나 쟁점과 관련해 어느 정도 개인적 갈등을 가지고 있을 가능성이 있다. 예를 들어 가능한 갈등 가운데 하나는 가치 갈등이다. 어떤 사람은 모든 사람들이 가족을 이루어 살아가야 한다는 것에 매우 강한 가치를 가진 나머지 가정외 거처를 혐오할 수 있다. 나이든 부모나 발달장애가 있는 아동을 시설이나 집단홈에 두는 것은 그 사람의 가치에 위배된다. 또 다른 사례로 어떠한 상황에서도 낙태에 대해서 절대 반대하는 전문가를 들 수 있다. 세 번째 사례는 독립과 자립에 가치를 두고 어떤 종류의 정부 지원을 필요로 하는 개인, 커플, 가족을 유약하게 바라보는 전문가이다. 만약 가치갈등에 직면하게 된다면 타인이 내리는 자기 결정에 개입하거나 타인을 판단하고 설득하고 충고하고자 하는 충동을 크게 느끼게 될 것이다.

두 번째 종류의 갈등은 개인적 갈등이다. 우리는 살면서 잘 알지 못하는 것에 대해 선택이나 결정을 할 수도 있고 특별히 민감한 감정을 느낄 수도 있다. 예를 들어 10년 전에 자신의 아이를 입양시킨 것에 대해 양가감정을 가지고 있는 사람이 아직 자신의 개인적 갈등을 해결하지 못하고 있다면 이 사람은 다른 사람이 이런 종류의 결정을 내릴 때 도움이 되는 최적의 인물이 될 수는 없다.

세 번째 종류의 갈등은 둘 혹은 그 이상의 사람들 사이에서 발생하는 개인 간 갈등이다. 휴먼서비스 원조전문가와 도움을 필요로 하는 사람이 단순히 서로를 좋아하지 않을 수 있고 공통점이 없을 수도 있다. 성격적 요인, 관심, 태도, 가치 등이 개인 간 갈등이 발생할 수 있는 가능성의 원인이다.

생각해보기 #15

1. 당신은 어떤 종류의 갈등을 가장 많이 경험하는가? 가치갈등인가? 개인적 갈등인가? 아니면 개인 간 갈등인가?
2. 가치, 개인적, 개인 간 갈등이 발생할 때 어떻게 하는가? 갈등 해결에 도움이 되지 않는 방식으로 행동한 적은 없는가?

아래의 이야기는 두 사람의 서비스 수혜자 사이의 갈등을 보여준다. 이 사례를 처음에는 트레이시의 관점에서 읽어보고 그 다음은 도리스의 관점에서, 그 다음은 낸시의 관점에서 읽어보라. 그리고 각각의 관점에 따라 상황에 대한 당신 자신의 관점에 변화가 있는지 살펴보라.

사례

젊은 백인 여성인 트레이시는 매 맞는 아내를 위한 쉼터에서 거주하고 있다. 낸시는 거기서 동료 상담가로 일하고 있다. 트레이시는 거리에서 성매매를 하여 코카인 비용을 충당하여 왔다. 그녀는 자신의 포주였던 그녀의 남편으로부터 심한 학대를 당해 육체적으로 매우 위험한 지경에 이르렀었다. 그녀는 팔과 턱이 부러져 도착한 응급실에서 쉼터로 보내졌다. 그런데 또 다른 쉼터 거주자인 도리스가 화가 난채 울면서 낸시에게 다가와 트레이시를 쉼터에서 내보내 달라고 요구했다. 자신은 '저런 여자'와는 같이 있을 수 없다고 하였다. 도리스는 중산층 출신의 흑인 여성으로 종교심이 깊었다. 그녀의 남편은 몇 년 동안 그녀를 학대했었다. 그녀는 만약 트레이시를 내보내지 않는다면 쉼터를 떠나 학대하는 남편이 있는 집으로 돌아가겠다고 말했다.

생각해보기 #16 위의 사례에 대해 생각해 보라.

1. 당신은 트레이시에 대해 어떠한 생각과 감정을 느끼는가?
2. 당신은 도리스에 대해 어떠한 생각과 감정을 느끼는가?
3. 만약 당신이 낸시라면 당신의 생각이나 감정이 당신의 결정에 어떤 영향을 끼칠 수 있는가?

이해 상충의 회피

원조전문가가 개인이나, 커플, 가족, 집단, 지역사회와 일하면서 어떠한 방식으로든 이익을 취한다면 이는 비윤리적인 것이다. 원조전문가가 도움을 요청하는 누군가를 어떠한 방식으로든지 이용하는 것은 결코 적절하지 못하다. 원조전문가의 이해관계가 도움이 필요한 이들을 위한 최선의 이익과 충돌하는 것을 '이해 상충'이라고 한다. 원조전문가가 위기에 처해 있거나 문제가 있는 사람을 이용하는 것은 취약한 사람들을 착취하고 전문적인 관계를 배신하는 것이기 때문에 문제가 된다. 대표적인 이해 상충 사례로는 당신의 도움을 필요로 하는 사람들과 애정 혹은 성적인 관계를 맺는 것; 금전을 요구하는 것(임금이나 합법적인 사용료 이외에)이나 서비스나 특정한 도움의 대가로 노동을 요구하는 것; 자신을 위해 강압적으로 무엇인가를 하도록 권위나 권력을 사용하는 것 등이 있다. 어떤 원조전문가가 배관공에게 "만일 당신이 내 집에 와서 개수대를 고쳐준다면 당신 아이를 탁아시설 대기자 명단에 확실히게 올려 드리지요."라고 이야기한다고 생각해 보라. 혹은 지역복지전문가가 "좋습니다. 공터에 쌓인 쓰레기를 치우도록 힘써드리지요 대신에 청소관련 계약은 내 처남이 하는 서비스회사와 맺어야 합니다."라고 할 수도 있다. 또 가출청소년을 위한 쉼터에서 일하는 학생 인턴이 "좋아, 너는 오늘밤 통행금지 시간을 넘겨서 들어와도 좋아. 하지만 대신에 내 차를 세차해야 돼."라고 한다면 이 모든 것들은 매우 비윤리적인 행위이다.

적절한 경계의 유지

'적절한 경계의 유지'란 원조전문가가 자신의 개인적 삶이 끝나고 원조전문가의 삶이 시작되는 지점을 인식하는 것을 의미한다. 이러한 경계는 종종 인식하기도 힘들고 유지하기도 힘들다. 종종 원조전문가는 도움을 청하는 사람들에게 깊이 관여된 나머지 그 사람으로부터 적절한 거리를 유지하기 힘들게 된다. 그러나 이것은 전문가가 냉정하거나 무관심해야 바람직한 것이라고 하는 것은 아니다. 오히려 진정성과 애정은 효과적인 원조에 필수적이다. 그렇지만 전문가가 타인의 삶에 너무 깊이 관여하여 객관적인 문제해결자와 적극적인 청취자로서의 자세를 잃는다면 이는 유용하지도 적절하지도 않다. 원조전문가는 자신이 적절한 경계를 넘어선다는 것을 잘 파악할 수 있어야 한다. 만약 당신이 원조 전문관계에서 어떻게 행동하고 있는지에 대해 조금이라도 의심이 생긴다면 그와 관련하여 지도감독자에게 자문을 받는 것이 좋을 것이다.

사례

웨인은 HIV 항체 검사를 위한 혈액검진을 요청하기 위해 카운티 건강국을 방문하였다. 피를 뽑기 전에, 검사상담가인 다운과 간단한 대화를 나누었다. 결과를 알기 위해 2주일 후 다시 방문했을 때 다운으로부터 사무실에서 만나자는 요청을 받았다. 악수를 하기 위해 손을 내밀었을 때 그는 그녀가 울고 있다는 것을 알았다. 웨인은 그녀에게 "괜찮아요? 무슨 문제가 있나요?"라고 하였고, 그녀는 울면서 대답하였다. "어쩌죠? 당신에게 양성반응이 나왔어요." 그녀가 계속 코를 훌쩍이며 눈물을 닦고 있을 때 웨인은 충격으로 한 동한 말문을 잃고 있었다. 잠시 후 그는 팔을 뻗어 그녀를 토닥이며 말했다. "괜찮아요. 걱정 마세요. 다 좋아질 거예요."

생각해보기 #17 위의 사례에 대해 생각해 보라.

1. 당신은 다운이 웨인과 적절한 경계를 유지하고 있다고 생각하는가?
2. 다운의 반응은 웨인에게 어떠한 영향을 주었을까?
3. 다운이 웨인에게 할 수 있는 다른 대안적 반응을 생각해 보라.

요약

기술은 원조과정에서 필요한 단지 한 가지 측면이다. 원조에 필요한 가치를 받아들이는 것 역시 중요하다. 우리는 자신들의 편견이 원조에 어떻게 영향을 미칠 수 있는지를 인식하고 윤리적 기준의 맥락 내에서 실천하여야 한다. 효과적인 원조 활동은 먼저 강점을 보고, 판단을 유예하며, 선택을 지지하고, 존중의 언어를 사용하여야 한다. 그리고 정직하고 진실하며 신뢰받을 수 있어야 한다. 아울러 원조전문가는 언제나 비밀보장, 차이존중, 이해 상충의 회피, 적절한 경계유지를 위해 노력하여야 한다.

타인에 대한 인식: 억압과 문화다루기 CHAPTER 3

원조의 이면에는 인간존재의 **공통성**과 개인, 집단, 지역사회의 **차이**(다양성)라는 두 가지 근본적인 주제가 깔려 있다. 이들 주제는 서로 모순되어 보이기도 하지만 동시에 사실이기도 하다. 개인들이 가진 공통적 유형과 욕구를 명확히 하는 것은 원조전문가에게 큰 도움이 된다. 즉 인간조건에 대한 이해가 필수적이다. 그렇지만 어떤 인간, 집단, 문화도 정형화될 수는 없으며 오직 하나의 일반론에 의해 이해될 수도 없다. 다양성은 공유된 인성이라는 맥락 내에서 확인되고 이해되고 인정되어야 한다.

이 장은 다양성과 문화의 개념을 고찰하고 이들이 어떻게 실천에 영향을 미칠 수 있는지를 살핀다. 또한 보다 문화적으로 역량 있는 실천으로 가는 단계들이 포함되어 있다. 문화적 동일성과 차이성을 보다 잘 인식하는데 도움이 될 만한 다음의 "생각해보기"로 시작해보자.

생각해보기 #18

1. 당신의 민족적 배경은? 인종은? 피부색깔은? 국적은? 당신의 부모와 조부모의 국적은?
   a. 당신이 성장한 지역적 위치는? 당신의 거주지에 나른 빈속 집단이 거주하였는가?
   b. 당신의 가족은 스스로를 다른 민족 집단이나 다른 국적의 집단과 동일하다거나 다른 것으로 간주하였는가?
   c. 당신의 민족적 정체성에 대해 어떠한 느낌을 가지고 있는가? 당신의 감정은 자신의 민족 집단과 다른 집단 간의 권력관계에 의해 영향을 받고 있는가?
2. 가족 내에서 성장하면서 남자아이와 여자아이가 어떤 식으로든 비슷하게 취급되었는가? 아니면 다르게 취급되었는가? 당신의 가족 내에서 남자와 여자의 권력관계는 어떠했는가? 당신의 지역사회에서는? 혹은 민족이나 종교집단에서는?
3. 당신이 성장하던 어떤 시점에서 자신의 성적 취향을 알아차렸는가? 성적 소수자에 대한 당신 가족의 일반적인 반응은 어떠하였나?
4. 당신의 종교적 배경은? 현재 어떤 종교를 가지고 있는가?
   a. 당신이 성장한 지역시회에 딩신과 나른 송교 집단이 있었는가? 그랬다면 어떤 집단이었는가?
   b. 당신의 종교 때문에 차별을 당했거나 다르게 취급당한 적이 있는가?
5. 당신은 스스로 장애가 있다고 생각하는가? 만일 그렇다면 언제 장애를 인식하였는가? 당신의 장애가 타인에게도 명확한가?
6. 당신과는 상이한 성적 취향을 가진 사람들에 대해 어떻게 생각하는가? 상이한 성에 대해서는? 상

이한 인종집단에 대해서는? 상이한 민족에 대해서는? 그리고 상이한 나이를 가진 사람들에 대해서는? 상이한 종교에 대해서는? 장애를 가진 사람들에 대해서 어떻게 생각하는가? 장애가 분명한지 아닌지의 여부가 중요한 차이가 있는가?

7. 문화적 특성(예를 들어 민족성, 피부색깔, 성, 성적 취향, 종교)의 결과로 어떤 특권이나 불이익을 경험한 적이 있는가?

문화란 무엇인가?

문화는 공유된 세계관으로 생각될 수 있다. 문화는 일단의 사람들이 자신의 믿음을 조직화하고 세상을 이해하는 방식이다. 문화는 지역사회나 집단을 하나로 묶어주는 '접착제'로 간주될 수 있다. 문화적 다양성은 사람들이 가치롭다고 생각하는 것을 반영한다. 문화는 알아야 하고 행동할 만한 가치가 있는 것에 대한 생각을 결정할 수 있도록 돕는다.

공유된 문화를 가진 집단은 역사를 함께 소유한다. 문화는 언어, 상징, 공예품, 예식, 가치, 관습, 음식, 무용, 음악, 영성, 가정들, 미신, 전통, 민속, 은유, 축적된 지식, 행위규범, 인생의 의미와 시간의 본질에 대한 믿음, 의사소통, 가족 등을 포함한 다양한 종류의 독특한 특성들로 구성된다. 사람들에게 지지받고 있다고 혹은 하나로 결합하게 한다고 생각되는 의미 있는 상징이나 예식이 오래 지속되기도 하지만, 오랜 기간 동안 존재해온 문화라도 유연하며 변용가능하다. 문화는 풍부하면서도 강력하다. 그리고 문화는 구성원들에게 중요한 기능을 제공하고 있다.

종종 사람들은 조상들의 나라나 종교에 근거하여 자신의 문화를 확인한다. 예를 들어 사람들은 스스로를 아일랜드계 미국인, 한국계 미국인, 흑인, 멕시코계 미국인 등으로 부른다. 한때 미국에서는 자신이나 자신의 가족들이 살던 특별한 장소나 지역으로 자신들의 정체성을 확인하였다. 남부인, 북동인, 시카고사람들, 텍사스사람들 등이 그 예에 속한다. 물론 많은 사람들이 스스로를 다문화적 환경 출신이라고 생각하고 있고 여러 가지 민족성이 혼합된 부모의 손에서 자랐다고 생각한다.

문화는 우리 자신과 자녀 그리고 부모와 친구들에 대한 기대에 영향을 줄 수 있다. 문화는 부부관계와 가족의 역할에 직접 영향을 미친다. 문화는 성, 종교, 죽음, 성적 취향, 민족성에 대한 우리의 믿음에 기여한다. 또한 인생의 단계나 사건에 대한 특정한 믿음에 명분이 될 수 있다. 권위에 대한 우리의 반응에도 영향을 준다. 친밀함이나 사람 사이의 거리감을 결정하기도 한다. 문화는 우리가 무엇을 입고, 먹으며, 어디서 살고, 어떠한 음악을 좋아하고, 어떻게 춤을 추며, 어떤 재미를 추구하고, 어떤 날을 축하하며, 어떤 이야기를 알고, 어떻게 사랑을 정의하고, 이야기를 나누는지에 대해 영향을 미친다.

문화 간에는 폭 넓은 다양성이 존재하며 문화 내에서도 많은 차이들이 존재한다. 어떠한 문화의 구성원이 된다는 것은 지역사회와 하나로 결합된다는 것을 의미하지만 여전히 개인적인 특성, 취향, 경험, 욕망은 존재하고 있다. 어떤 문화 내의 사람들을 일반화하는 것은 유용하지 않다. 예를 들어 그 어떤 문화 내부에서도 나이, 피부색깔, 성적 취향,

성, 종교, 계급, 교육수준에서 차이가 있을 수 있다.

더구나 대부분의 사람들은 다양한 문화적 정체성의 층과 집합을 가진 몇 가지 문화 속에서 동시에 살아가고 있다. 때때로 이들 다양한 문화적 정체성은 서로 충돌하고 갈등하기도 한다. 한 사람의 문화적 정체성의 충돌을 가장 절실하게 보여주는 것으로 동성애자였던 월남 참전 용사의 다음의 묘비명을 들 수 있다: "그들은 나에게 두 사람을 죽이고 사랑하는 사람을 떠나보냈다는 공로로 메달을 수여하였다"(Thompson, 1994).

생각해보기 #19

1. 당신이 속한 문화를 밝히고 그 문화에서 기인한 한 가지 믿음이나 행위를 제시해보라.
2. 문화적으로 상이하다고 느꼈던 첫 순간에 대해 적어보라. 당신의 감정이나 생각은 어떠하였는가?
3. 당신에게 의미가 있었거나 교훈이 되었던 다문화적 경험을 제시하여 보라.
4. 한 나라의 문화 집단들은 '일치하거나' 혹은 '동화되도록' 노력하여야 하는가? 그렇다면 왜 그런가? 아니라면 왜 아닌가?
5. 당신이 속한 모든 문화를 적어보라. 어떤 영역에서 당신은 갈등을 일으키는가? 당신이 불편하게 느끼는 영역이 있는가? 왜 그런가? 당신의 고유한 문화와 관련해서 당신을 불편하게 혹은 당황하게 만든 특별한 쟁점이나 경험이 있는가?
6. 당신 자신의 문화 이외에 편안하게 느끼는 문화가 있는가? 있다면 왜 그런가?
7. 당신 자신의 문화 이외에 당신을 불편하게 만드는 문화가 있는가? 있다면 왜 그런가?

억압이란 무엇인가?

억압이란 어떤 집단을 순종적으로 혹은 우세한 집단 아래에 두기 위해 구조적으로 권력을 활용하는 것이다. 미국 사회에서 권력이나 권위, 지위가 어떻게 유지되고 있는지를 분석할 때 우리는 흰 피부를 가진 사람들 특히 유럽인을 조상으로 가진 사람들이 유색인들보다 훨씬 높은 지위에 있다는 것을 알게 된다. 비슷하게 젊은이, 이성애자, 그리고 남성들이 노인이나 동성애자 그리고 여성들보다 더 높은 지위와 많은 권력을 가지고 있다.

억압은 두 부분으로 이루어진다: (1) 어떤 유형의 사람들이 다른 유형의 사람들보다 우수하다는 생각을 계속하게 만드는 이념, 신념, 이데올로기, (2) 조직, 지역, 정부, 사회 차원에서 억압적 정책을 부여하고 수행하는 구조와 체계. 여러 해 동안 억압을 재생산하고 유지해온 구조는 권력, 지위, 특권을 가장 많이 가진 사람들이 변화를 통해 어떠한 이익도 기대하지 못하기 때문에 바뀌기가 힘들다. 모든 백인, 모든 남성, 그리고 부자들은 우리가 선택하든 선택하지 않든 간에 그리고 우리가 알아차리든 혹은 알아차리지 못하든 체계상의 특권을 통해 어떤 식으로든 이익을 얻는다.

억압은 수많은 이름으로 이루어지는데 인종차별, 계급차별, 성차별, 나이차별, 동성애혐오증, 성전환혐오, 외국인혐오증(이 용어들의 정의는 상자 3.1을 참조) 등이 있다.

예단 혹은 사실을 얻기 전에 미리 판단하는 것을 의미하는 '편견'이란 개인들에 의해 견지되는 의견을 말한다. 예를 들어 어떤 사람은 이슬람교, 여성, 노숙자에 대해 편견을 가질 수 있다. 억압은 체계와 구조를 가로질러 영속되는 힘으로써 개인의 태도와는 아무 상관이 없다. 인종차별은 우리가 인종차별적 사회에서 살고 있기 때문에 발생한다. 비록 모든 개인들이 인종차별적 태도를 멈춘다면 정말 멋진 일이겠지만 그래도 여전히 인종차별적 사회를 지속시키는 구조와 체계를 변화시켜야만 한다. 우리가 어떠한 개인적 생각이나 행위를 가지든 간에 우리 모두는 인종차별 구조의 부분이다. 억압적 구조와 기구가 성공적이며 부분적인 이유는 억압적 사회가 어떤 소수 집단을 다른 소수 집단에 대해 대립하게 만들 수 있기 때문이다. 모든 여성이나 모든 빈민이 변화를 위해 하나로 조직화될 수는 없는데 이는 그들이 인종에 의해 상호 불신하게 되고 분리되기 때문이다. 억압된 사람들(여성, 노인, 동성애자, 이민자, 유색인)의 전체 집단은 너무 크고 잠재적으로 강력하기 때문에 이들을 계속적으로 억압하기 위해서는 국가 전체 차원에서 지속적인 주목을 유지하여야 한다.

비록 어떤 문화 집단이 억압될 수 있기 때문에 억압은 어떤 식으로든 문화와 연관되겠지만 억압과 문화는 사뭇 다르다. 문화적 차이와 다양성을 존중하는 것은 중요한 목적이지만 그렇게 하는 것이 권력의 분배를 통해 모든 사람들에게 동일한 기회를 가지도록 하려는 것은 아니다. 억압은 계급적, 인종적, 성적 특권을 가지고 태어난 사람들을 포함해서 우리 모두가 그것에 대해 반대할 때 가장 잘 다루어질 수 있다. 해결은 집합적이어야 하며 집단들이 서로를 멀리하는 것은 크게 도움이 되지 않는다.

미국에서는 최근 이민자와 망명자에 대한 반발이 강한데 특히 그들이 백인이나, 기독교도가 아니거나, 혹은 영어를 사용하지 않을 때 더욱 그러하다. 비록 이민규정, 국경경계, 국가안보에 대해 관심을 가지는 것은 타당하지만 외국인에 대한 혐오는 종종 비합리적 공포나 지식의 부족에 의해 발생한다. 그 결과 다른 나라에서 미국으로 들어오는 사람들이 불안을 느끼는 분위기가 조성되고, 육체적으로 해를 입거나 언어적으로 학대를 당할지 모르는 두려움 때문에 휴먼서비스 기관 방문을 주저하기도 한다. 휴먼서비스 전문가들은 이방인으로서 비우호적인 감정을 느낄 수 있는 나라에서 어려움을 겪거나 취약한 사람들이 직면할 수 있는 추가적인 어려움에 대해 특히 민감하여야 한다.

휴먼서비스 조직과 프로그램은 더 큰 사회의 일부이고 억압의 힘으로부터 자유롭지도 않다. 시간이 관계보다 훨씬 중요하다, 개인이 지역사회보다 훨씬 더 중요하다, 중요한 일은 측정되고 계산될 수 있다, 도움을 필요로 하는 것이야말로 실패의 표식이다, 과업이 사람보다 중요하다 등과 같은 믿음을 기관이 견지하는 것은 지배계급의 억압 문화에 담긴 이념에 동참하는 것이다.

문화와 억압을 사고할 때 피해야 할 실수

결핍관점 종종 우리는 강점관점보다는 결핍관점에 기반하여 특정 행동을 문화적 반응으로 혹은 특정 집단을 하나의 문화로 명명하려는 경향을 가진다. 예를 들어 '빈곤문화', '범죄문화', '하위계층문화'를 이야기하는 사람들은 문화를 잘못사용하고 있는 것이다. 대부

상자 3.1 용어 정의

이 용어들은 문화적 쟁점에 대한 논의에서 유용하게 고려될 수 있다.

장애인 차별: 장애를 가지고 있는 사람들의 기회나 경험을 제한하는 태도나 행위. 장애인 차별의 사례로는 휠체어를 사용하는 사람들이 접근할 수 없는 시설이나 청력에 장애가 있는 사람들이 이해할 수 없는 프로그램 등이 해당된다.

노인차별: 주로 노인들이긴 하지만 특정한 나이 집단에 근거한 편견이나 차별.

계급차별: 특정 사회경제적 집단, 특히 빈자는 다른 집단과 동일한 배려나 권리를 누리지 못한다는 신념에 근거한 태도와 행위.

차별: 어떤 개인 또는 집단의 기회를 제한하는 행위나 활동. 차별은 개인, 가족, 조직, 집단 혹은 사회에 의해 지속될 수 있다. 차별적 실천은 명백할 수도 있고 숨겨질 수도 있다.

동성애혐오증: 남녀 동성애, 양성애, 성전환자에 대한 차별이나 편견 분노나 공포 또는 이러한 집단의 기본 권리의 부정. 동성애혐오증은 모든 사람들은 자신과 반대되는 성에 매력을 느낀다는 '양성애주의'와 긴밀하게 연관되어 있다.

이민자: 자신이 태어난 곳으로부터 영구적으로 다른 나라에 거주하기 위해 이주한 사람.

제도화된 차별: 대부분의 사람들이 인식하지 못할 정도로 사회에 내재화된 억압적 혹은 제한적 활동이나 정책.

내면화된 낙인: 낙인을 받는 사람에게 어느 정도로 받아들여지고 있는 낙인이나 비난. 사례로는 여성은 남성보다 어떤 면에서 열등하다고 믿고 있는 여성이나, 자신들의 성적 취향 때문에 스스로 덜 가치 있는 존재라고 믿고 있는 동성애자, 자신들은 결코 무엇인가가 될 수 없다고 믿고 있는 흑인을 들 수 있다(Ainlay, Coleman, and Becker, 1986; Schur, 1983).

소수 집단: 우세한 집단에 비해 권력이 더 적은 집단. 이러한 맥락에서 '소수 집단'은 사람 숫자를 의미하는 것보다 해당집단이 억압을 받고 있는가의 여부가 중요하다.

편견: 실제적 혹은 상상적 특성에 기초하여 개인을 예단하는 행위.

인종차별: 인종, 피부색깔, 종교 민족성이 인간의 능력을 결정하고 한 집단이 다른 집단보다 우월하기 때문에 특정 집단은 기본적인 권리를 누릴 자격이 없다는 믿음에 근거한 행위나 태도.

난민: 민족성, 정치활동 인종, 성, 나이, 성적 취향 등을 이유로 한 처벌 때문에 다른 나라로 피난이나 망명을 원하는 사람들.

성차별: 여성이라는 것이 인간의 능력을 크게 결정하고 남성이 여성보다 우월하기 때문에 소녀들이나 여성들은 소년이나 남성들과 똑같은 기본적인 인권을 누릴 자격이 없다는 신념에 기반한 태도나 행위.

고정관념: 어떤 집단들에 대한 완고한 생각. 억압적인 행위나 태도 혹은 사회에서 종속된 집단의 위치를 합리화하기 위한 선입견적인 생각의 활용을 뜻한다.

낙인: 사회적으로 바람직하지 못하다고 간주되는 사람이나 집단들에 대한 부정적인 판단.

외국인혐오증: 최근의 이민자와 난민들과 같이 '외부'로부터 이주한 것으로 인식되는 사람들에 대한 차별. 대부분 문화와 억압을 사고할 때 피해야 할 실수이다.

분의 경우 문화는 세상을 긍정적이며 기능적으로 조직화한다. 이러한 세계관은 오랜 시간 동안 지속되는데 그 이유는 그 세계관이 구성원들에게 가치있는 것이기 때문이다. 물론 모든 문화는 바람직하지 않거나 어렵고 비윤리적인 요소들을 가지고 있다. 그러나 만약 우리가 어떤 집단을 문화로 명명하면서 그 집단의 긍정적이지 않은 특성이나 행동을 확인하고자 한다면 그것은 옳지 않은 길로 들어서는 것이다.

고정관념 또 하나의 불행한 경향은 특정 인구 집단에 대해 고정관념을 지속시키는 방식으로 일반화하는 것이다. 문화에 대한 일반화는 개인에 대한 선입견적 판단이 아니라 문화를 보다 더 잘 이해하기 위한 제한된 도구로만 사용되어야 한다. 특정 집단의 특징들의 목록이 제시되는 '문화' 워크숍에 참석할 때마다 늘 주의하여야 한다. 이러한 목록이 사고에 고정관념을 제기할 수 있기 때문이다.

다른 개념과의 문화 혼동 '문화'는 종종 '인종', '피부색', '종교', '국적', '민족' 등과 혼동을 일으킨다. 문화는 실제로 이 모든 개념 요소들을 통합하고 있으며 훨씬 광범위한 개념이다.

피해자 책임전가 빠지기 쉬운 심각한 함정 가운데 하나는 억압의 희생자에게 책임을 전가하는 것이다. 특정 문화에 속하고 있다는 이유로 억압받고 있는 사람들을 다음과 같이 생각하는 것은 실수이다: "그 사람들은 저런 식으로 대접받는 것을 원하는 것 같아. 그렇지 않다면 그러한 억압을 근절했어야지." 하지만 왜 억압적 문화 속에서 살아가는 사람들이 자신들에게 영향을 미치고 있는 억압을 근절하도록 결정하지 못하는 지를 이해하기 위해서는 목표를 달성하기 위해 행동을 취할 경우 발생할 수 있는 결과에 주목하여야 한다. 그들이 어떤 대가를 치러야 하는가? 어떤 사람이나 집단이 외부사람에게는 수동적이고 비활동적으로 보일 수도 있지만 실제로는 억압을 넘어 생존을 선택하였을 수도 있다. 이 경우 "왜 그들은 더 빨리 선택을 하지 않았을까?"라고 생각하기보다는 "어떻게 그들은 결국에 진전을 이룰 수 있었을까?"라고 질문하여 보자. 또 다른 질문은 다음과 같다: "왜 억압하는 이들은 계속해서 차별을 행사할까?"

생각해보기 #20

1. 어떤 집단과 동일시하는 것이 부끄러운 적이 있었는가? 한번 설명해 보라. 자부심을 느낀 적이 있었는가? 역시 설명해 보라.
2. 어떤 집단이 문화인지 아닌지를 누가 정의하는가? 집단의 내부자인가 외부자인가? 당신의 대답에 대해 설명해 보라.
3. 이 나라에서 작동하고 있는 위계질서가 있는가? 만약 있다면 그것은 어떤 근거에서 이루어지고 있는가? 인종이나 민족성인가? 교육인가? 수입인가? 나이인가? 성별인가? 종교인가? 능력인가? 성적 취향인가? 왜 그렇다고 생각하는가?

문화와 원조

인종, 민족, 장애, 성, 종교, 나이, 성적 취향 등에 근거하여 고정관념을 가지게 되면 개인과 그의 독특한 이야기와 경험을 승인하지 못하거나 인식하지 못하게 된다. 사람들은 종종 자신의 문화적 정체성이나 민족, 종교, 믿음, 성과 같은 것들과 연관된 경험에 근거하여 결정을 내린다. 그러므로 차이를 존중하는 것은 차이를 공감하고 승인하는 것과 개인성에 대한 공감 사이의 균형을 의미한다. 원조전문가로서 모든 사람과 문화에 대해 존중으로 접근하여야 하며 동시에 배우는 사람으로서 잠정적인 방식으로 하여야 한다. 소수

집단 출신이 가진 세계관은 아마도 지배집단의 사람들이 가진 세계관과는 다를 것이다. 다른 사람들의 세계관은 당신의 세계관과 많이 다를 것이다. 사람들은 다른 방식으로 세계를 이해하기 때문에 다른 사람들의 문화가 다음과 같은 쟁점들에 영향을 미친다는 것을 알아차리지 못할 수도 있다:

- 언제 도움을 청해야 할지
- 원조전문가를 신뢰하여야 할지
- 무엇이 사람들로 하여금 육체적으로 혹은 정신적으로 아프게 하는지
- 누군가가 아프다는 사실이 적절한 것인지
- 누가 환자를 돌보아야 하는지
- 무엇이 공정하고 정의로운지
- 무엇이 정상적인 행위인지
- 과업이나 관계가 더욱 중요한지
- 시간을 지키는 것이 중요한지
- 개인적 혹은 집단적 목표가 더욱 중요한지
- 어떻게 사회적 관계가 이루어져야 하는지
- 성이나 성적 행위가 무엇을 의미하는 것인지
- 여성과 남성은 어떻게 행동해야 하는지
- 나이에 적절한 것은 무엇인지
- 부모와 자식은 어떻게 행동하여야 하는지
- 가족이란 무엇인지 누가 가족인지
- 인간은 자연과 어떻게 연관되어 있는지
- 이방인을 어떻게 대해야 하는지
- 교육이 가치 있는 것인지
- 영성과 종교 모임에 참여하는 것의 중요성
- 노인들을 대하는 방식

알다시피 원조전문가는 원조관계에 영향을 미치는 다음과 같은 문화적 쟁점에 대해 배우고 알아야 한다: (1) 가족의 구조, 정의, 기능을 어떻게 정의하는지: (2) 문제에 대해 어떻게 대응하여야 하는지: (3) 어떻게 결정을 내려야 하는지: (4) 위기에 어떻게 대응하여야 하는지: (5) 부모는 어떻게 자녀를 훈육하고 양육하여야 하는지: (6) 약물남용을 어떻게 다루어야 하는지: (7) 학대나 방임을 어떻게 정의하여야 하는지

생각해보기 #21

1. 원조관계가 효과적이기 위해서는 원조전문가와 도움을 구하는 사람이 동일한 인종이거나 배경 혹은 문화를 공유하여야 하는가? 이에 대한 당신의 입장과 그 이유는 무엇인가?
2. 당신이 서비스를 제공하는 사람과 동일한 문화출신이라는 것이 불이익을 주거나 결점일 수 있는가?
3. 서비스를 제공하는 사람과 동일한 문화 출신이라는 것이 어떠한 이점이 있는가?

문화적 역량에 이르는 길

문화적 역량의 기술을 획득하는 것이 효과적인 원조에서 결정적이다. 대부분의 사람들이 다른 문화의 구성원들에게 의도적으로 무례하게 굴지는 않지만 다른 세계관에 대해 배우지 않았기 때문에 실수를 할 수도 있다. Cross, Bazron, Dennis와 Isaacs(1989)는 타문화의 사람들과 역량 있게 활동할 수 있는 다양한 단계와 국면에 대해 기술하였다. 그들은 이 다섯 단계를 한쪽 끝에서 다른 쪽 끝까지 이어지는 하나의 선이라는 의미로 '연속체'라고 불렀다. 개별적인 원조전문가, 기관, 조직체는 이러한 연속체를 따라 여행할 수 있다. 첫 번째 세 단계는 비인식과 연관되어 있고, 마지막 두 단계는 더욱 적절하게 반응하는 것과 관련된다.

1. **문화 파괴** 어떤 사람, 조직 혹은 문화가 완전하게 의도적으로 다른 문화를 무시할 때 그것은 그 문화를 파괴하기 시작하는 것이다. 대량학살 혹은 문화 전체를 의도적으로 학살하는 것이 그 예이다. 미국에서 문화적 파괴는 수많은 아메리칸 인디언 부족에게 가해졌고 그 후손들은 백인 유럽 사회에 동화되었다. 세계 제2차 대전 당시 나치에 의한 유대인, 동성애자, 집시(혹은 로마)의 학살 역시 또 다른 문화적 파괴이다.

   때때로 문화 파괴가 다른 사람들을 '그들'이라고 명명하면서 증오나 편견 없이 작동할 때는 그다지 분명하지 않을 수 있다. 특정 한 가지 문화 기원만이 가능한 유일한 문화라는 관점을 의미하는 '자민족중심주의'는 많은 파괴적 실천과 태도로 이어질 수 있다.

2. **문화적 무능력** **문화적 무**능력은 사람이나 체계가 문화적 쟁점을 인식하기 이전 단계를 묘사한다. 이 단계에서 무능은 비의도적인 것이긴 하지만 개인이나 조직이 상이한 문화의 구성원들을 원조할 수 있는 능력이 부족한 것을 의미한다. 때때로 사람들은 단순히 차이를 알아차리지 못하기 때문에 무례하게 보일 수 있다(예를 들어 유대인이나 이슬람교도에게 '메리크리스마스'라고 인사할 수 있다). 그러므로 한 개인은 나이, 성, 행위에 관해 문화적으로 왜곡된 기준에 근거하여 평가되거나 판단될 수 있다.

   이 단계의 증상 가운데 하나는 가부장적 개입인데 이는 한 사람이 다른 모든 이들에게 무엇이 가장 최선인지를 잘 알고 있다는 것이다. 이러한 사례는 서비스가 제공될 사람이 속한 지역사회의 그 누구에게도 자문해 보지 않은 채 건강보호 프로그램을 설계하고 기획하고 실행하는 것을 들 수 있다.

   이러한 우발적인 무능의 또 다른 효과는 도움을 청하는 사람들에게 자신들이 실제로 기관에서 환영받고 있지 못하다는 메시지나 신호를 주는 것이다. 실제로는 조직이 무척 바쁜 것이 이유인데 마치 방문객들이 실제로 불편한 사람들인 것처럼 행동할 수 있다. 사람들이 접수담당자에게 즉각적으로 무례하게 취급되고 이해할 수 없을 정도로 오랜 시간을 기다리게 되는 공공원조 기관이 사례가 될 수 있다.

3. **문화적 무지** 이 단계에서 원조전문가는 자신들이 실제로 그렇지 않으면서 문화적으로 역량 있는 것으로 생각할 수 있다. 이것은 전문가나 기관이 문화적인 편견을 수정하려는 절차를 밟지 않을 수 있기 때문에 매우 위험한 함정이다. 예를 들어 우리 기관의 정책은 실제로 사람 중심이 아닌데 그렇다고 생각할 수 있다. 결과적으로 나이, 성, 계급, 인종, 능력, 동성애와 관련된 차별적인 정책이나 실천이 전혀 문제시되지 않게 된다. 실천 활동은 "우리는 항상 그런 식으로 해 왔다"와 같은 언명으로 정당화될 수 있다. 이는 '문화적 무지의 환상'으로 인한 고통으로 간주하여 문화적 차이에 대한 고려를 무시하는 전문가에 대한 그리피스(1977)의 언급과 유사하다. 이것은 특정인의 피부색깔을 애써 무시함으로서 그 사람들을 '여느 다른 사람들'과 동일하게 취급하려는 경향이다. 만약 우리가 어떤 사람이 "나는 모든 사람을 동일하게 취급한다. 나는 결코 인종을 보지는 않는다."라고 말하는 것을 듣는다면 이는 문화적 맹목을 저지르는 것이다. 그리피스는 예를 들어 피부색깔을 무시하는 것은 어떤 개인이 가진 문화적, 가족적 경험의 중요성을 간과하는 것이며 그 사람의 발달과정에서 인종차별주의가 미친 영향을 무시하는 것이라고 말한다. 문화적으로 맹목적인 것의 사례로 직원 가운데 유일한 유색인으로 흑인 접수요원 한 명만을 고용하고는 문화적으로 적절하게 할 수 있는 것은 다 했다고 생각하는 기관의 책임자를 들 수 있다. 이러한 '무지'단계에서 서비스 이용자 혹은 지역사회지도자로부터 피드백을 받는 것은 어려운 일이다. "우리는 우리들이 똑바로 일하고 있다고 생각한다!"라는 이유 때문에 원조전문가들은 방어적이 되거나 상처받거나 분노를 느낄 수 있다.
4. **문화적 예비 역량** 문화적 역량으로 가는 연속체를 따라 움직일 때 예비 역량에서 향상을 위한 시도가 이루어진다. 이 단계에서는 완전하게 도달하지는 못한다 할지라도 더 나은 인식, 민감성, 역량으로 나아가려는 분명한 움직임이 있다. 이 단계에서는 기관이 스스로의 한계를 인식하고 조직의 구성원들이 문화적으로 역량을 갖추기 위해서는 무엇을 할 수 있을지에 대해 이야기를 나눈다. 이 시점에서 개별 기관은 대기실에 다양한 문화와 연관된 읽을 자료나 포스터를 배치하여 더욱 우호적인 분위기를 만드는 시도를 할 수도 있다. 예를 들어 학대당한 여성을 위한 어떤 쉼터의 직원은 자신들의 프로그램이 관계 폭력을 경험한 동성애 여성에게 우호적이지 않다는 것을 인식하고 적극적으로 찾아가는 서비스와 직원교육을 통해 이 상황을 수정할 수 있다. 또 다른 사례로 자신들의 건물이 장애를 가진 사람들이 접근하기 힘들다는 것을 인식하고 경사로를 설치하기 위해 기금을 모금하기 시작한 지역사회복지관을 들 수 있다. 기관이 전역량단계로 접어들면 직원들은 잘못된 출발이나 실패 혹은 어려움으로 낙담할 수도 있고 충분하지 않은 초기 노력으로 즐거워할 수 있다. 그러므로 문화적 역량을 염두에 두고서 마음을 늦추지 않으며 기관의 실천이나 정책을 면밀히 살피는 것이 중요하다.
5. **문화적 역량** 이 시점에서 전문가나 기관은 차이를 받아들이고 존중하며 계속해

서 행위나 태도를 관찰하고 역동에 주목하며 다양한 클라이언트의 요구에 적응하려 노력한다. 문화적으로 역량 있는 조직은 실제로 모든 문화에 대하여 높은 인정을 보이며 다양성에 우호적이며 이를 칭송한다. 문화적으로 적절한 실천을 하는 기관은 서비스와 이용자 간의 일치를 위해 노력한다. 기관은 다양한 욕구에 맞춘 서비스를 지원하는 구조를 갖추고 있다. 모든 연령, 사회문화적 환경, 인종 집단, 민족에게 우호적인 AIDS 관련 서비스 기관은 남녀 동성애자, 양성애자, 이성애자, 성전환자뿐만 아니라 양성 모두에게 동일하게 우호적이라는 분위기를 고양하기 위해 노력한다. 노숙자, 폭력적인 관계에 있는 사람, 약물 남용자 역시 판단 없이 서비스를 이용할 수 있다.

문화적으로 역량 있다는 것의 내부에는 몇몇 보편적인 인간경험(기쁨과 슬픔)이 문화를 초월한다는 것과 문화적 집단 사이의 공통성 역시 차이만큼 중요하다는 이해가 자리하고 있다. 문화적으로 역량 있는 전문가나 기관은 차이를 존중하는 것 못지않게 유사성에 대해서도 인정하고 있다.

문화적으로 역량 있는 전문가되기

초보원조전문가로서 문화적으로 역량 있는 전문가로 가는 여정을 원활하게 하기 위해 무엇을 할 수 있을까? 다음의 세 단계 활동을 지침으로 제공하고자 한다:

1. **문화적 인식** 문화적 역량으로 향하는 여정의 첫 번째 단계는 단순히 문화에 대한 인식을 개발하고 모든 사람이나 문화가 동일하지는 않다는 것을 이해하는 것이다. 다양성에 대해 더욱 더 열린 마음을 갖고 차이를 더욱 존중하는 태도를 견지하여야 한다. 아마 거주하는 지역사회에서 축제나 종교적 모임 등을 통해 다른 문화에 대해 배울 수 있는 기회를 가질 수 있을 것이다. 또한 당신 자신의 문화적 가치, 태도, 지식에 대해 알려고 노력하여야 한다. 당신 자신의 문화가 가진 한계와 어려움 그리고 그것들이 당신에게 어떠한 영향을 주는지에 대해 주목해 보라. 당신 문화의 강점을 분명히 하고 어떤 부분이 당신을 키웠는지 스스로 인식하여 보라. 종종 사람들이 문화의 개념에 대해 생각할 때 자신들이 문화를 가지고 있다는 것과 자신들의 믿음과 전통이 어디에서 기원하고 있는지를 생각하지 않고 있었다는 사실을 잘 인식하지 못한다. 처음에 당신은 자신의 가치와 타인의 가치가 동일하지 않다는 것을 알지 못할 수 있다. 그러면서 점차 당신은 그 차이와 아울러 자신의 세계관과 타인의 세계관이 갈등할 수 있다는 것을 인식하게 된다. 자신의 문화를 객관적으로 바라본다는 것은 유용하긴 하지만 매우 어려운 일이다. 자신의 문화에 대해 고찰할 때 우리는 타인의 문화에 대해 더욱 더 많이 인식할 수 있다.
2. **문화적 민감성** 두 번째 단계는 자기 자신의 문화와 태도를 세심하게 살펴야 한다는 것이다. 자신의 생각이나 행동에 대해 다른 사람으로부터 피드백을 요청하도

록 하라. 문화적 차이와 동일성에 대해 민감해질수록 타인에 대해 더욱 더 존중을 표하는 방식으로 적절하게 반응할 수 있게 될 것이다. 원조관계에서 당신과 당신 문화의 어떤 부분이 역할을 할 수 있을지 성찰할 수 있다. 다양한 관점이 가진 타당성을 더욱 더 인정하게 될 것이다.

3. **문화적 역량** 문화적으로 역량 있는 휴먼서비스 전문가는 원조관계 안에서 기관과 도움을 청하는 사람 간의 차이를 연결하고자 하는 의지와 능력을 보인다. 문화적으로 역량 있는 전문가는 자신들의 주제에서 출발하는 것이 아니라 사람들이 존재하는 지점에서 출발함으로써 그들이 느끼고 필요로 하는 것들에 초점을 둔다. 효과적인 원조전문가는 개인, 가족, 지역사회, 문화의 힘을 확인하고 평가하며, 자신들의 환경 속에 이미 존재하고 있는 자원을 활용할 수 있는 능력을 가지고 있다. 문화적으로 역량 있는 전문가는 타인의 권리와 사람중심의 돌봄에 대한 옹호자가 된다.

문화적으로 역량 있는 원조전문가는 어떠한가?

- 자신의 가치, 선입관, 편견에 대해 잘 알고 있고 성찰적이며 자신의 문화에 대해 잘 알고 있다.
- 필요하다면 자신의 생각과 행위를 변경할 수 있다.
- 타인의 믿음과 가치를 존중한다.
- '가족'에 대한 타인의 정의를 존중한다.
- 다양한 문화를 가진 사람들에 대해 자신의 조직이 가지고 있는 장벽을 잘 알고 있다.
- 독서와 관찰, 자문, 존중을 담은 질문을 통해 다른 문화에 대한 정보를 구한다.
- 당신이 봉사하고 있는 집단의 사람들이 존중받는다고 생삭할 수 있는 언어를 사용한다.
- 의견의 차이가 있을 때 조심스럽게 계획이나 접근방식을 협상한다.
- 고정관념이나 가정에 근거하여 행동하지 않는다.
- 공격적이거나 상처를 줄 수 있는 언어 사용을 피한다.
- 자신들의 문화는 어떠한지 그리고 자신과 자신의 문화에 대해 언급할 때 어떠한 언어를 사용하는지에 대해 사람들에게 질문한다.
- 각각의 사람, 가족, 문화, 지역사회, 집단들에 대해 잠정적으로 접근한다. 어떠한 정보 없이 덜컥 시작하지 않는다.

생각해보기 #22

1. 육체적 질병의 원인과 치료에 대해 당신이 갖고 있는 강한 믿음을 세 가지만 제시해 보라. 이러한 믿음들이 상이한 문화나 관점을 가진 사람들과의 작업에서 어떠한 영향을 미쳤는가?
2. 성과 재생산 행위에 관해 당신이 갖고 있는 강한 믿음 세 가지만 제시해 보라. 이러한 믿음들이

상이한 문화나 관점을 가진 사람들과의 작업에서 어떠한 영향을 미쳤는가?

3. 죽음과 죽어감에 대해 당신이 갖고 있는 강한 믿음 세 가지만 제시해 보라. 이러한 믿음들이 상이한 문화나 관점을 가진 사람들과의 작업에서 어떠한 영향을 미쳤는가?
4. 노동에 대해 당신이 갖고 있는 강한 믿음 세 가지만 제시해 보라. 이러한 믿음들이 상이한 문화나 관점을 가진 사람들과의 작업에서 어떠한 영향을 미쳤는가?
5. 영성과 종교에 대해 당신이 갖고 있는 강한 믿음 세 가지만 제시해 보라. 이러한 믿음들이 상이한 문화나 관점을 가진 사람들과의 작업에서 어떠한 영향을 미쳤는가?
6. 술과 약물 사용에 대해 당신이 갖고 있는 강한 믿음 세 가지만 제시해 보라. 이러한 믿음들이 상이한 문화나 관점을 가진 사람들과의 작업에서 어떠한 영향을 미쳤는가?
7. 배우자 선택, 낭만적 사랑, 관계, 결혼과 동성애 부부 등에 대해 당신이 갖고 있는 강한 믿음 세 가지만 제시해 보라. 이러한 믿음들이 상이한 문화나 관점을 가진 사람들과의 작업에서 어떠한 영향을 미쳤는가?
8. 당신의 문화적 배경이 당신과 연관된 집단이나 개인과 갈등을 불러오고 있다고 인식하게 된 특별한 경우를 회상해 보라. 무엇이 문제였는가? 당신은 어떻게 행동하였는가?

문화적으로 역량 있는 서비스

휴먼서비스 영역에서 왜 문화적 역량에 관심을 가져야 하는가? 왜 원조전문가와 조직의 문화적 역량에 대해 주목하여야 하는가? 우리가 가진 가치와 윤리는 모든 사람들이 사회적 정의를 누릴 자격이 있다고 믿게 만든다. 그러나 좋은 의도만으로는 충분하지 않다. 우리는 도움을 청하는 사람들의 욕구를 충족시키기 위해 진정한 노력을 행하여야 한다. 휴먼서비스 원조전문가는 관료 조직의 한 부분으로 일하고 있고 이 체계가 문화적 역량을 제고할 수 있도록 관심을 가져야 한다.

도움이 필요해 접근하는 사람들은 우리와 사뭇 다른 경험을 할 수도 있다. 이러한 차이는 민족, 인종, 사회적 계급, 성적 취향, 나이, 성, 고용, 교육, 장애, 국적의 기원, 종교 등에 근거할 수 있다. 또한 전문가들이 다른 사람들은 경험할 수 없는 어떤 종류의 권위를 누릴 수 있다는 것을 인식하는 것도 중요하다. 사람들의 경험은 그들의 세계관에 영향을 미치며 활동에 참가하고자 하거나 서비스를 요청하고자 하는 동기에도 영향을 준다. 각각의 사람들이 처한 문화적 맥락은 서비스 계획을 개발할 때마다 매번 고려되어야 한다. 예를 들어 모든 사람들이 교통수단에 접근할 수 있는 것은 아니다. 그러므로 도시를 가로질러 모임에 출석해 달라고 요구하는 것은 권할 만하지 않다.

조직 또한 특정한 가치와 일하는 방식을 소유하고 있으며, 자신의 고유한 '문화'를 가지고 있다. 기관과 전문가가 견지하고 있는 가정들은 종종 원조관계에 부정적인 영향을 미친다. 다음은 조직이 가진 문화에 대한 생각들 중 문제가 될 수 있는 사례들이다:

- 도움을 요청하는 사람들은 시간을 잘 지켜야 한다.
- 도움을 청하는 사람들과 시선을 맞추는 것이 바람직하다.

- 기술은 유용한 것이므로 두려워해서는 안 된다.
- 문서작업은 매우 중요한 일이다.
- 개인은 가족, 이웃, 지역사회보다 중요하다.
- 전문가는 서비스 수혜자나 신청자와 일정한 거리를 두고 관여해서는 안 된다.
- 모든 서비스는 모든 사람들에게 적절하다.
- 모든 사람들은 정확히 동일하게 대우받아야 한다.
- 원조를 청하는 사람들은 우리의 규칙을 따라야 한다.
- 질병의 원인은 논리적이고 합리적이다.
- 전문가는 원조를 청하는 사람에게 무엇이 최적인지 알고 있다.
- 일시적 돌봄은 불가능하다.
- 병원이나 의원과 같은 공식적 세팅이야말로 의료서비스를 제공하기에 최적의 장소이다.
- 기관에 방문하는 시간은 제한되어야 한다.
- 약물치료는 언제나 좋은 생각이다.
- 정신건강 문제는 외부인에 의해서도 다루어질 수 있다.
- 사람들은 자신의 건강비용에 대해 책임을 져야 한다.
- 사람들은 아프지 않을 때에도 병원에 가야만 한다.

문화적으로 역량 있는 서비스는 '프리사이즈' 개념으로 만들어 진 것이 아니라 다양한 사람들에게 여러 가지 대안과 선택을 제공하기 위한 것이다. 문화적으로 역량 있는 기관에서는 가능한 한 많은 선택에 접근 가능하다. 게다가 문화적으로 역량 있는 서비스와 조직은 사회가 언제나 모든 사람들에게 공정하지 않고 억압과 차별이 실재한다는 것을 깨닫고 인정하여야 한다. 문화적으로 역량 있는 서비스에 깔려 있는 철학은 모든 사람이 각자 위엄과 가치를 가지고 있다는 것이다. 기관이 더욱 문화적으로 역량을 갖추고자 한다면 다음의 방법들을 활용할 수 있다:

- 전문가, 학생, 자원봉사자, 이사회원은 기관이 서비스를 제공하는 다양한 인구 집단을 대변하며 서비스계획과 수행에 진실한 목소리를 반영한다.
- 서비스를 충분히 제공받지 못하거나 기관에 접근하는데 있어 우호적이지 않거나 안전하지 못하다고 느끼는 인구 집단을 위한 찾아가는 서비스가 존재한다.
- 서비스가 충분하지 않거나 가장 크게 영향을 받는 이웃과 지역사회에 위성센터가 위치하고 있다.
- 이중언어와 이중문화에 능한 전문가와 자원봉사자가 존재한다.
- 기관이 다루고자 하는 사회적 문제에 영향을 받고 있는 사람들의 권리를 적극적으로 옹호하는 데 참여한다.

생각해보기 #23

1. 문화적으로 역량 있는 돌봄과 서비스 제공의 세 가지 중요한 요소를 들어보라.
2. 문화적 태도가 영향을 미치는 사회서비스 제공과 건강 돌봄 서비스 제공에 있어 세 가지 쟁점을 분명히 하여 보라.
3. 당신은 자신과 상이한 사람들과 대인적 관계를 설정하는데 도움이 될 수 있는 어떤 개인적 자질을 가지고 있는가?
4. 당신은 자신과 상이한 사람들과 대인적 관계를 설정하는데 방해가 될 수 있는 어떤 개인적 자질을 가지고 있는가?
5. 당신의 배경 가운데 어떠한 문화적 요소가 당신과 다른 문화의 구성원들과 힘든 시간을 가지게 하였는가?
6. 누군가로부터 문화 특수적 믿음을 끌어낼 수 있는 세 가지 질문들을 들어보라.

성차별과 동성애혐오에 대한 내용

여성이나 남녀 동성애자, 양성애자, 성전환자들이 언제나 '문화'로 간주되지는 않는다. 만연하는 둔감성과 피해자에 대한 책임전가 때문에 그들은 의료적, 사회적 서비스 체계 내에서 자신들이 환영받지 못하며 오해받고 있다고 느낄 수 있다. 다음의 추가적인 지침은 이러한 집단들을 대상으로 더욱 문화적으로 역량 있는 전문가가 될 수 있도록 해 줄 것이다.

여성에 대한 원조 지침

- 여성들이 어떻게 생각하고 느끼고 행동하여야 하는지에 대한 전통적인 사회적 생각들을 맹목적으로 받아들이지 말 것. 예를 들어 가정 밖에서 일하며 아이들을 유치원에 가게 하는 것에 대해 매우 나쁘게 판단하는 것은 생산적이지 못하다. 여성과 남성의 성적 행동에 대해 상이한 기준을 가지고 있는 것은 공정하지 않다.
- 그들이 있는 자리에서 시작하고 당신의 사고방식 쪽으로 바꾸려 애쓰지 말 것. 예를 들어 당신이 비록 여성평등에 대한 강한 믿음이 있다고 하더라도, 당신에게 원조를 구하는 여성이 그녀의 남편이나 아버지에게 복종해야 한다고 믿고 있어도 억지로 그녀의 의견을 바꾸도록 강요하지 말아야 한다.
- 어린이, 장애를 가진 가족구성원, 나이든 친척에 대한 모든 돌봄의 책임을 여성들이 맡아야 한다고 가정하지 말 것. 그녀들의 욕구를 사정하고 지지적 서비스에 접근할 수 있도록 원조해야 한다.
- 성차별사회에서 성장하고 살아온 결과로 여자들이 겪었던 기회의 감소에 대해 고려할 것

동성애자, 양성애자, 성전환자(GBLT people)에 대한 원조 지침

- 효과적이고자 하는 원조전문가는 성적 소수자들에 대해 비판단적이고 우호적이어야 한다. 사무실과 원조관계를 통해 이에 대해 소통하여야 한다.
- 성적 소수자들이 자신들의 삶 속에서 느끼는 사회적 차별과 낙인을 인식하여야 한다.
- 사람들로 하여금 자신의 성적 경향을 적절하고 안전하게 드러낼 수 있도록 그리고 '공식적인 밝힘'이 가져올 비용과 편익을 계산할 수 있도록 도와야 한다.
- 낮아진 자기 존중감, 자기 수용의 부족 등으로 확인할 수 있듯이 어떤 사람들은 내면화된 동성애혐오증을 경험한다. 죄의식과 혐오감을 감소시킬 수 있는 개입기법을 개발하여야 한다.
- 이성애주의를 피해야 한다. 다시 말해 당신이 접하는 모든 사람들이 이성애주의자일거라고 가정해서는 안 된다. 어떤 종류의 피임방법을 사용하는지 또는 결혼여부를 묻는 것과 마찬가지로 동성애자인지에 대해 묻는 것은 여성을 불편하게 하는 것이다.
- 개별 혹은 커플상담이나 관계폭력과 관련된 서비스와 같이, 전통적으로 '남성 동성애자에 대한 주목'에만 한정되지 않는 서비스에 대한 접근을 지원하여야 한다.

다음의 사례는 다양한 문화적 쟁점을 포함하고 있다. 이 사례와 질문들을 문화적으로 역량 있는 전문가가 될 수 있는 방법을 고려해 보는데 활용해보라.

사례

셀린 윌리암스는 뉴욕에 살고 있는 HIV 증상을 보이는 10살 된 흑인소녀이다. 그녀의 어머니인 셰리 윌리암스는 마약과 연관된 죄목으로 지난 4년 동안 수감되어 있었다. 셰리는 완전히 진행된 AIDS환자로서 치료를 위해 조만간 일시적으로 석방될 것으로 기대되고 있다. 처음 셰리가 체포되었을 때 셀린은 70세 된 할머니, 셀레스틴과 공공주택에서 살게 되었다. 하지만 할머니는 지난 달 갑작스런 심장마비로 사망하였고, 셰리는 교정사회복지사의 도움으로 셀린을 위한 영구 입주 계획을 세우고 있었다. 셰리는 셀린의 후견인으로 그녀의 사촌인 제롬을 법적으로 지정하였다. 제롬은 흑인 남성이고 동성애자로 애인인 독일계 백인인 데일과 살고 있다. 제롬은 변호사이고 데일은 예술가이다. 두 사람의 건강상태는 양호하다. 그들은 교외에 주택을 소유하고 있고 9년 동안 일부일처 커플로서 함께해왔다. 제롬과 셰리는 매우 가깝게 자랐고, 셰리는 그 누구보다도 제롬을 신뢰하고 있으며 제롬과 데일이 셀린에게 훌륭한 부모가 될 것이라고 말하였다. 셀린은 그녀의 할머니가 사망한 이래 한 달 동안 제롬과 데일과 함께 살고 있다. 셀린은 언제나 그녀의 삼촌들인 제롬과 데일을 좋아하였고 그녀의 후견인으로 그들을 환대하였다. 셀린이 막 이사를 와서 이웃이 바뀌었기 때문에 학교 역시 바꾸어야 했다. 그녀의 선생님은 그녀가 학교 화장실에서 심하게 울면서 집으로 가려고 하는 것을 발견하고 그녀를 학교의 휴먼서비스과로 보냈다. 그녀의 학급친구들이 두 명의 '동성애자 아빠들'과 그녀의 어머니가 감옥에 있고 AIDS환자라는 사실에 대해 조롱하였던 것이다. 셀린은 최근 학교에서 몇몇의 백인학생으로부터 '깜둥이'라고 불리기도 하였다. 그녀는 비록 아직 확실하다는 증상은 없지만 학교에서 누군가가 자신도 HIV를 보유하고 있다는 것을 알까봐 두려워하고 있다.

생각해보기 #24 위의 사례에 대해 생각해 보라.

1. 이 사례에서 개인적, 가족적, 문화적 힘은 무엇인가?
2. 셀린에게 영향을 미친 다양성 혹은 문화의 측면은 무엇인가?
3. 원조전문가로서 당신에게 중요한 문화적 쟁점은 무엇인가? 만약 당신이 그녀의 휴먼서비스 전문가라면, 어떻게 셀린과 당신이 연결되게 할 수 있는가?

요약

문화는 언제 어떻게 원조를 요청하고 받는 것이 적절한지를 포함해 우리 삶의 너무나 많은 측면에 영향을 미치기 때문에, 휴먼서비스 전문가가 문화와 그 영향을 연구하고 문화적 역량을 키우고자 하는 것은 중요하다. 비슷하게 억압 역시 여전히 우리 사회에 만연하고 있으므로 휴먼서비스 전문가는 가장 취약하고 도움을 필요로 하는 사람들을 책임져야 하며 억압적 힘을 이해하고 다루는 것이 필수적이다. 고정관념, 희생자에게 책임전가, 존중의 마음이 없는 언어사용, 편견에 의한 행동은 진정한 원조를 위해서 반드시 피해야만 한다.

원조관계

CHAPTER 4

이 장은 진정한 원조관계 형성의 중요성과 원조의 원칙에 대해 알아본다.

관계와 자기 사용

원조라는 지붕을 지탱해주는 기둥이 되는 두 가지 개념은 '관계'와 '자기 사용(use of self)'이다. 이 두 가지는 서로 밀접하게 관련되어 있다; 한 개념을 다른 개념과 떼어놓고 생각할 수 없다. 관계와 자기 사용의 논제가 왜 중요한가? 이것은 원조전문가가 다른 사람과 효과적인 관계를 진정성을 가지고 맺어야 하기 때문이다.

휴먼서비스 원조 과정은 긍정적이고 정직하고 상호적인 관계의 맥락에서 이루어진다. 원조관계는 역동적이다. 즉 관계 속에서 사람이 변화하고 성장하고 배우게 되면서 끊임없이 변하는 것이다.

원조관계 형성은 원조전문가와 개인, 부부, 가족, 집단 혹은 지역사회 간에 첫 만남이 있기 전에 시작된다. 첫 만남을 준비하는 것은 원조관계의 발단의 중요한 요소다. 원조전문가로서 기대하는 준비는 다른 사람과 처음 접촉할 준비를 할 때 어떻게 느끼는지와 관련되어 있다. 또한 다른 사람들이 당신을 만날 것을 기대하면서 어떤 느낌을 가질까와 관련되어 있다.

때때로 원조전문가들은 성과가 부정적이며, 상대방이 반항적이고 적대적이고 비협조적이고 고집세거나 고분고분하지 않을 때 원조를 요청한 사람들을 책망한다. 때때로 원조전문가들은 원조관계가 자연스럽게 진전되지 않을 때에도 자신의 행동들을 점검해보려고 하지 않는다. 모든 원조는 긍정적인 상호 관계 속에서 이루어질 수 있고, 이 관계는 양방향 도로다. 원조 과정은 전적으로 원조전문가 혹은 원조요청자에게 의존하는 것이 아닌 사람들 간에 파트너십의 결과다. 그런 결과로, 원조관계에서 뭔가 잘못되어간다면, 모든 측면이 점검되어야 한다. 능력있는 원조전문가는 자신이 원조관계의 본질을 잘 파악하고 있는지 알아차려야 한다.

좋은 원조관계는 원조전문가가 정직하고, 진정성을 가지고, 판단을 하지 않고, 따뜻하고, 수용하며, 흥미를 가지고, 공감하고, 존중할 줄 알면서 만들어진다. 효과적인 원조관계는 원조 과정과 문제해결과정을 촉진시켜 준다.

원조관계에서 파트너들 간에 형성된 유대를 '친밀한 관계(rapport)'라 부른다. 원조관계에서 친밀함(유대)은 원조전문가가 지원요청자에게 항상 긍정적 감정만을 가진다는 것을 의미하지 않는다. 또한 원조요청자의 선택 혹은 행동을 모두 인정한다는 것도 의미하지 않는다. 유대가 형성되었다는 것은 원조전문가가 상대방을 좋아하는 척하는 것을 의미하지 않는다. 다른 사람의 행복에 진정성있는 관심을 갖고, 고통받는 섯에 대해 관심과 동정심을 가지며 도우려고 하는 것을 의미한다. 원조관계를 형성하는 것은 상호 간의 신뢰를 쌓고 정직한 소통을 하고 존중하면서 다른 사람과 이어지는 것이다.

원조전문가의 필수적인 도구는 자기 자신이다. 휴먼서비스 전문가들은 다른 사람들과의 관계와 변화를 효과적으로 소통하는 능력에 의지하게 된다. 서비스에 참여하는 체제가 개인, 가족, 집단, 지역사회 혹은 조직이든 간에 원조전문가는 차이를 만들기 위해 '자기 사용'을 의지해야 한다. 원조전문가들은 다른 사람과 교차(intersect)하기 위해 머리와 심장을 사용한다. 원조전문가들은 '자기 사용'을 유능하고, 책임감있는 신중한 방식으로 연마하기 위해 자신의 개인적, 전문 직업적 경험과 지식은 물론 연구와 실제 경험을 통한 지혜를 사용한다.

사례

리자는 지역 적혈구 재단에서 일하는 아프리카계 미국인 서비스 코디네이터다. 리자는 가족들을 필요로 하는 지역사회 자원을 연결시키는 일을 한다. 위트 부부도 아프리카계 미국인으로 리자를 만나려고 예약했다. 심한 관절통과 내부 출혈로 인해 입원이 길어지면서 위트 부부의 아들 아서가 겸상적혈구병으로 진단을 받았기 때문이다. 리자의 사무실에 도착하였을 때 위트 부부는 불안해하고 눈물을 흘렸다. 리자는 최근 들은 소식에 애석해하였으나 정확한 장소에 와있고 자신들과 아서가 필요로 하는 것을 확인하여 얻을 수 있다고 확신했다. 인터뷰를 시작한 후 몇 분 동안 리자는 아서의 질환에 대해 쇼크를 받고 두렵다는 위트 부부의 말을 들어주었다. 다음에 리자는 부드럽게 급선무로 필요한 것이 무엇인지 물었다. 10분 넘게, 리자는 부부를 경청하고 사이사이 어떤 자원이 현재 이용가능한지와 어떤 서비스가 필요한지를 명확하게 알려주었다. 그들은 많은 확대가족구성원과 친구들이 있는 시골 농장 지역에 살고 있다. 위트부인은 시내 카페에서 요리를 하였고, 위트 씨는 농장일을 하였다. 이 지역에는 건강클리닉이 없다. 리자는 위트부부가 즉각적으로 필요로 하는 것을 정리하였다: 겸상적혈구병 관리에 익숙한 소아과의사를 배치하여 건강 관리 실시, 아서의 질환 과정에 대한 정보 제공, 아서에게 의료보험 적용, 겸상적혈구병을 돌보는 사람들의 지혜와 지원. 리자는 위트부부에게 적혈구재단이 추천하는 의사명부, 적혈구병 정보와 지역사회 자원 패킷을 주었고, 부모 지지집단의 위치와 모임일정을 알려주었다. 재단 사무실에서 공공 보조지원 사무실에 전화하여 의료보험 신청을 위한 예약을 하였다. 리자는 의료보험 지원양식과 작성 지침을 제공하였다. 마지막으로 리자는 주 1회 가족에게 전화하였고 매달 적혈구 클리닉에서 만났다. 그들은 열성적으로 사례관리와 지원의 제공을 계속 받겠다고 하였다.

원조관계 형성하기

관계형성과 원조전문가의 자기 사용은 도구이지 원조 과정의 목표는 아니다(Kadushin, 1983; Perlman, 1979). 좋은 원조관계는 필요하지만 충분하지는 않다. 원조를 요청하는 사람과 관계를 수립해야 한다는 점은 원조의 모든 다른 단계에서 필수적인 단계이지 결과는 아니라는 것이다. 다른 사람과 깊은 관계를 가지는 것 없이 그 사람을 돕는다는 것은 가능하지 않다. 그러나 두 사람이 파트너가 되어 문제해결을 함께 하게 되면 중재는 더욱 효과적일 수 있다.

원조관계를 수립하는 지침들은 다음과 같다:

- 관계에 초점을 맞추고 목적을 가진다.
- 원조관계는 일을 위해 이루어지는 것이지 사회적 혹은 개인적 이유를 위한 것이 아니다.
- 원조관계는 공적인 것이다. 원조전문가가 자원봉사자일지라도 그렇다.
- 원조관계는 기관의 지침과 법적 근거 속에서 비밀 유지가 되어야 한다. 원조전문가는 다른 사람의 신상 정보 혹은 상황에 대해 누설할 수 없다.
- 원조관계는 윤리적이어야 한다. 원조전문가는 자신의 권위를 남용하지 말아야 하고, 어떤 방식으로든 다른 사람을 이용하지 말아야 하며, 통제하려고 하지 말아야 한다. 또한 원조 요청자와 사적 혹은 이성 관계로 발전하지 않도록 한다.
- 관계는 문제를 해결하고, 목표를 달성하거나 위기 동안 지원을 제공하는 데서 사용된다.
- 원조관계는 공동으로 계획을 세우는 데 도움이 된다; 법정 판결에서 서비스에 포함시키라고 명령한 경우를 제외하고는 계획에서 목표들은 파트너들 간에 협상될 수 있다. 원조전문가가 일방적으로 부여하는 것이 아니어야 한다.
- 원조전문가는 수용하고, 세심하게, 따뜻하게, 진정성을 가지고 공감하면서 소통해야 한다(이 개념들에 대해서는 이 장의 끝에서 자세하게 논의될 것이다).
- 관계는 원조를 요청한 사람의 필요를 위해 만들어지는 것이지 원조전문가의 필요로 만들어지는 것이 아니다.
- 관계는 일시적인 것이다. 상호관계 속에서 설정된 목표가 달성되었을 때 관계는 종결된다.

사례 자넷과 다니엘 버드송은 쌍둥이의 출생을 기쁜 마음으로 기다리고 있었다. 두 사람에게는 첫 아이들이있다. 더욱이 쌍둥이는 인디언계 미국인 전통에 따르자면 축복이라고 할 수 있다. 6개월의 임신기간 동안 의사는 쌍둥이 중 한 명이 무뇌증을 보이며 정상적으로 뇌가 발달되지 않았다고 말했다. 버드송 부부에게 의사는 무뇌증인 아기는 정상적으로 발달하지 않을 것이고 태어나서 이틀을 넘기지 못할 것이라고 설명했다. 뇌가 없기에 가장 기본적인 것도 하지 못하게 되어 결국 죽는다는 것이다. 의사는 무뇌증인 아기가 죽게 되는 것은 당연한 사실이지만 다른 쌍둥이가 건강하게 태어나도록 만달은 채워야 한다고 말했다. 의사는 버드송 부부에게 특별한 요구와 만성질환 자녀를 돌보는 부모들을 지원하는 조직을 소개해 주었다. 극도의 정서적 충격으로 3주를 보낸 후에, 자넷은 조직을 찾았고 데보라라는 자원봉사 원조전문가를 만나게 되었다. 데보라는 출산을 경험했고 무뇌증 딸의 죽음을 겪었다. 데보라는 버드송 부부뿐 아니라 다른 가족들의 얘기도 들어주고 적절할 때 자신의 경험을 늘려 주었다. 필요할 때면 도움을 받도록 도와주는 역할도 했다. 8개월 반 후에 쌍둥이가 태어났다. 데이빗은 7파운드로 건강했고, 특별한 의료적 도움이 필요없었다. 미첼은 4파운드로 태어난지 40시간만에 죽었다. 자넷과 다니엘은 데보라와의 일대일 지원을 통해 정서적 지원, 안심시키기, 대화와 토의를 할 수 있었기 때문에 그들은 미쉘의 출생과 죽음을 더 잘 준비할 수 있었다고 느꼈다. 버드송 부부는 미첼을 껴안아주었고 옷을 입혔고 사진도 찍어주었다. 장례식과 애도식을 준비하였음은 물론 데이빗의 출생을 기쁘게 축복해주었다.

생각해보기 #25 위의 사례에 대해 생각해 보라.

1. 자원봉사 원조전문가의 역할에 초점을 맞추어 보자. 원조전문가가 임신 2개월 동안 버드송 부부를 안심시키고 지원하기 위해 할 수 있는 일들에 대해 생각해보자.
2. 어떻게 지원이 자넷이 끝까지 임신기간을 지키게 기여하였다고 보았는가?
3. 자원봉사 원조전문가는 아기들이 태어난 후에 어떻게 버드송 부부를 도와주었는가?

효과적인 원조 기술

이 장에서는 효과적인 원조 원칙을 알아볼 것이다: 감정 알아내기, 공감하기, 사람이 있는 곳에서 시작하기, 존중하며 판단을 보류하기, 역량강화하기, 역량을 강화하도록 이끌어내어 도와주기, 역량강화를 촉진하기, 함께 있어주고 참여하기, 승인하고 긍정하기, 긍정적인 관심을 갖고 의사소통하기, 행동을 보지말고 사람을 보기, 행동을 감정과 분리시키기, 정보를 제공하기, 옹호하기.

감정 알아내기

원조관계의 추춧돌은 도움을 요청하는 사람이 상황에 대해 어떻게 느끼는지를 알아내면서 도와주는 원조전문가의 능력이다. 우리 문화에서는 많은 사람들은 생각, 신념과 신조보다 감정의 영역에 대해서 불편함을 느낀다. 그러나 원조를 목적으로 다른 사람에게 접근할 때 당사자는 극심한 감정을 경험한다. 도출된 문제가 자원 혹은 재정 부족과 관련이 있을지라도 그렇다. 기관에 도움을 요청하였을 때 사람들은 자주 서비스를 받지 못하는 위기 상황에 있을 수 있기 때문에, 원조전문가들은 원조를 요청한 사람들의 정서 세계를 심도있게 탐구할 준비가 되어 있어야 한다.

원조전문가로서 감정에 편안해지기 위한 구성요소들은 다른 사람이 감정을 경험한다는 것을 인식하기, 감정을 알아내기, 감정에 이름붙이기, 감정에 대해 자신이 잠정적으로 지각한 것을 상대방에게 되물어 검증하거나 교정하기로 들 수 있다.

원조전문가들은 다른 사람의 감정을 알아내고 이름 붙이고 반영시키는 기술이 능숙해야 한다. 그러기 위해 전문가는 감정을 나타내는 어휘를 충분하게 알고 있어야 한다. 다른 모든 사람들과 같이 원조전문가는 감정을 언어로 표현하는 것을 항상 잘 할 수 없다. 미국에서 많은 사람들은 화, 슬픔, 행복, 두려움과 피로와 같은 몇 가지 감정들만 정확하게 안다고 말한다. 그러나 영어에는 다양한 감정들을 나타내는 어휘들이 있다. 원조전문가들은 자신과 다른 사람들의 감정들을 인식할 필요가 있고 이 감정들을 언어로 표현할 수 있어야 한다. 감정 어휘를 늘려나가기 위해 그림 4.1의 감정바퀴를 공부해 보기 바란다.

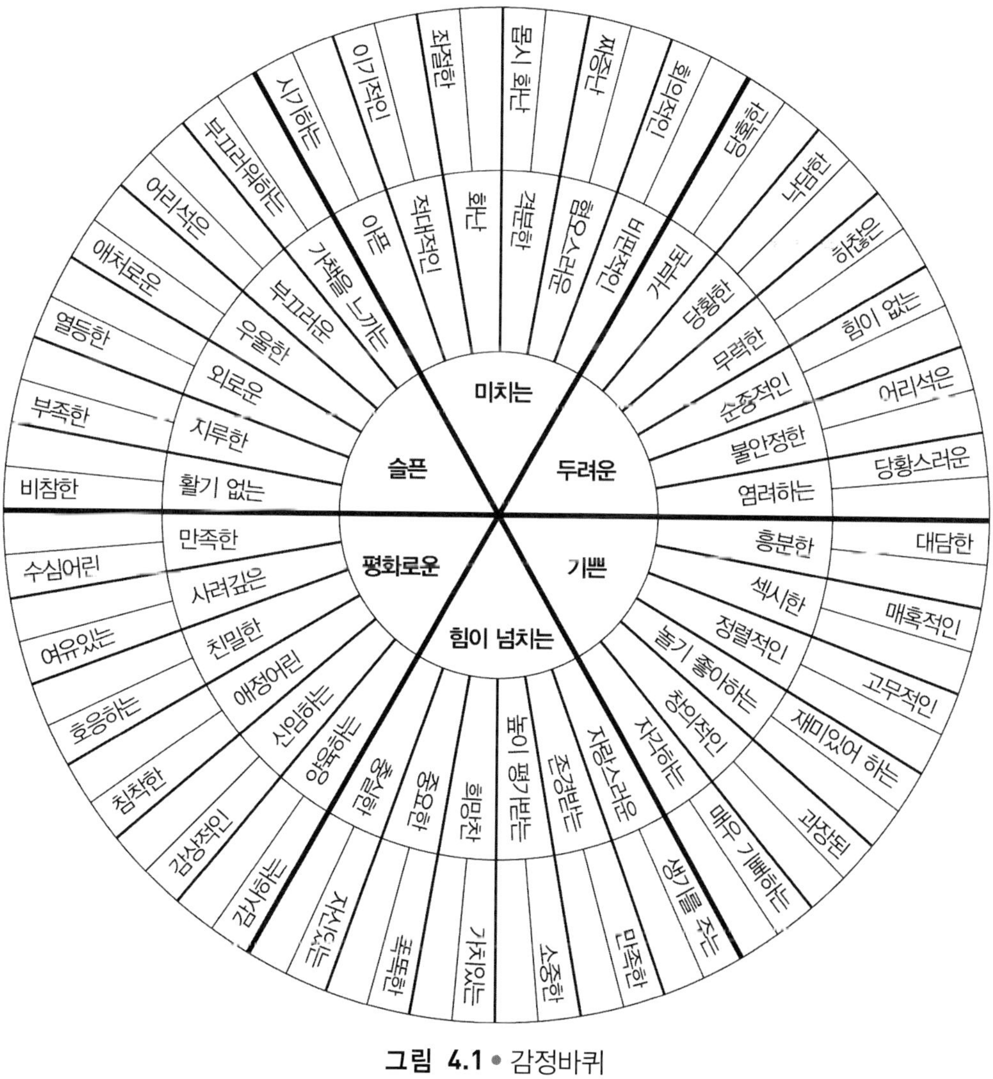

그림 4.1 • 감정바퀴

생각해보기 #26

1. 다른 사람들의 느낌과 정서를 명확하게 하도록 돕기 위해, 당신은 자신의 느낌을 잘 파악하고 확인하는 것이 편해야 한다. 다섯 가지 정서(emotion)를 적어라. 이런 감정들을 느낄 때 당신에게 일어나는 일들을 가능한 한 구체적으로 적어라. 예로 짜증날 때 당신의 몸은 어떻게 반응하는가? 당신의 내부에서 무슨 일들이 일어나는가? "당신은 무엇을 해야 한다고 느끼는가?" 예로, "내가 부족하다고 느껴질 때, 땅속으로 꺼지는 것 같고 눈꺼풀이 무거워져요. 몸에 기운이 하나도 없어요. 침대에 가서 누워 있고 싶어요. 부족하다고 느낄 때, 과식을 해요."
2. 당신이 표현하기 어렵다고 느끼는 감정들을 세 가지 써보라. 그리고 자신의 어려움의 본질이 무엇인지 문장으로 만들어 써보라. 가장 문제가 된다고 생각되는 상황을 적어보고 당신이 할 수 있는 만큼 구체화시켜 보라. 예로, "칭찬을 느끼는 것이 어렵다. 내가 칭찬받는다고 느낄 때, 나는 당황한다. 칭찬이 나에 대해 좋게 느끼게 하지만 나는 숨고 싶어진다. 아들의 학교에 가서 자원봉사를 하였을 때 사람들은 내가 특별한 사람이라고 말해주었다. 그때 난 웃었고 얼굴이 붉어졌다. 나는 칭찬받는 느낌을 좋아하나 불편하게 되기도 한다. 말문이 막히고 할 말을 잃는다."

공감하기(감정이입하기)

상대방의 감정을 알아낸 후에, 이해한 것을 다른 사람과 소통하는 것이 중요하다. 다른 사람들의 감정을 알아내고 이해한 것을 소통하는 것을 "공감적 반응하기"라 한다. 공감적 이해에서, 원조전문가는 다른 사람을 "느낀다". 공감(*empathy*)이란 단어는 독일어 *einfuhlung*에서 온 말로, '느낌 속으로 들어가는 것(feeling into)'을 의미한다(Brammer, 1979, p. 36). 공감은 두 가지 수준에서 중요한 과제들을 요구한다: 더욱 완전하게 다른 사람을 이해하기 위해 애쓰는 것과 당사자에게 이해한 것을 소통하려고 노력하는 것. 공감은 원조전문가가 정확하게 인식하는 능력을 보여주고 다른 사람에게 내재되어 보이지 않는 감정에 대해 소통하는 것을 의미한다(Hepworth & Larsen, 2002).

공감은 다른 사람의 감정에 대한 의식적인 인식이자 정확한 지각이다. 지적인 이해 이상의 것이다; 정서적 이해다. 공감은 원조전문가들이 다른 사람의 위치에 자신들을 놓으려는 적극적인 노력과 관련이 있다. 또한 잠시 동안 '다른 누군가의 신발을 신고 걸어보는 것'이라 할 수 있다. "공감은 당신 자신보다는 다른 사람들의 참조틀(frame of reference)을 이해하는 능력으로 설명될 수 있다"(Cormier & Cormier, 1991, p. 21). 개인 중심 상담 모형을 개발한 선구자인 심리치료사 칼 로저스(1957)는 공감이 원조과정의 필수적인 특성이라고 믿었다. 로저스는 공감은 다른 사람의 개인적 지각 수준으로 들어가기와 그들과 철저하게 친밀해지기로 구성된다고 설명한다. 로저스에 따르면, 공감은 다른 사람이 느끼는 감정과 절실하게 느껴지는 의미들의 변화에 민감해지는 것을 포함한다. 또한 판단하지 않고 경청하기와 당사자가 거의 인식하지 못한 의미들을 민감하게 알아차리는 것을 의미한다. 공감하는 면접자는 다른 사람의 내적 참조틀 안에 있는 것 인양 느끼려고 노력한다. 면접자가 결폰 자신의 정체성을 가진 시각을 잊지않아야 하기 때문에 '마치 ...인것양'은 중요한 단어다(Benjamin, 1969). 그런 결과로 공감은 자신에 대한 감각을 잃지 않고 다른 사람의 세계로 들어가는 것과 관련있다. 이는 정서적 거울이 되는 것과 같다. 공감은 섬세하게 균형을 유지해야 한다: 당신 자신의 방법이 아닌 다른 사람이 어떻게 느끼는지를 이해하는 능력이다.

다른 사람의 말을 경청하게 되었을 때 당신 자신이 공감할 수 있도록 돕기 위해, 당신이 그와 같은 상황에 있었다면 어떻게 느낄 수 있는지에 대해 상상해보면서 시작해볼 수 있다. 스스로에게 물어보자: "이와 같은 상황에 있어본 적이 있나요?" 그리고 "어떤 느낌이었나요?" 또는 "이런 일에 나에게 일어난다면 어떤 느낌을 가지겠나요?" 이때 당신이 다른 사람이었다면 즉 성별, 인종, 성적 취향 또는 색다른 경험들을 한 사람들의 경우로 바꿔 이 상황에서 어떻게 할 수 있는지에 대해 생각해보라. 이와 같은 상상의 방법은 공감을 성취하는데 도움이 되나 모두가 다른 사람의 감정과 반응에 대해 정확하게 지각하게 된다고는 장담할 수 없다; 따라서 적극적인 경청기법들을 통해 확인하는 것이 중요하다. 적극적 경청에 대한 부분에서 심도있는 논의가 있을 것이다.

사례

에텔 가르시아의 자원봉사자인 빌은 에텔의 감정을 더 잘 이해하기 위해 개인적 경험과 상상력을 사용하였다. 에텔은 60세 멕시코계 미국인으로 최근에 에이즈로 아들을 잃었다. 빌은 에텔이 얼마나 혼란스럽고 속이 상해있었는지에 대해 경청하였을때, 빌은 "와우, 아이를 잃는다는 것이 어떤 것인지 정말 이해할 방법은 없어"라고 생각했다. 그때 빌은 14살 때 4살짜리 남동생이 물에 빠져죽은 것을 기억해냈다. 에텔이 얘기했던 것들과 공감하기 위해 자신이 경험했던 충격, 화남, 슬픔의 기억들을 떠올렸다. 빌은 에텔에게 좀 더 공감할 수 있게 되었고 에텔의 슬픔을 더 잘 이해할 수 있었다.

사람이 있는 곳에서 시작하기

원조전문직에서 흔하게 언급되는 말이 있다: "내담자가 있는 곳에서 시작해라." 이것은 원조를 요청한 사람의 의도가 먼저고, 당사자가 자신에게 최대 관심사가 되는 것을 결정하지 못했다면 원조전문가가 참여하여 의도했던 대로 도움이 되지 못함을 의미한다. 개인, 부부와 가족의 마음과 심장에 우선적으로 있는 것을 결정하기 위해, 원조전문가는 먼저 그들을 기관에 오도록 이끌었던 것이 무엇이었는지 묻고 그들의 말에 귀를 기울여야 한다. 원조전문가가 함께 일할 계획은 공동으로 만들어져야 한다. 이 계획 과정은 원조를 요청하는 사람들이 문제와 해결을 정의하는 방법을 토대로 이루어져야 한다.

사람이 있는 곳에서 시작한다는 것은 사람들은 다른 요점으로 옮겨 갈 준비가 되어 있지 않고 지원을 할 수 없는 경우라면 하나의 요점에서 다른 요점으로 옮겨 갈 수 없음을 의미한다. 최선의 휴먼서비스 원조전문가들은 자신들을 전문가가 아닌 안내시이자 동료 여행자로 본다. 최근 위기상태에 직면해 있는 사람은 어떤 태도를 빠르게 취하고 위치에 가 있을 수 없다는 것을 이해하는게 중요하다. "내가 했던 실수를 똑같이 안했으면 해"라고 하며 자신의 지혜를 십대 자녀에서 전해주고 싶어하는 부모처럼 하는 성급함과 '충고'는 자녀에게 받아들여지기 어렵고 오히려 모욕감을 느끼게 한다. 원조전문가들은 사람들이 이해할 수 있는 시간이 필요하다는 것을 인정해야 한다; 우리는 선물로 주려고 하는 정도까지 그들에게 줄 수 없다. 자주 사람들은 다른 사람들의 지원을 받으면서 용기를 얻고 활동에 대한 탄력을 받을 수 있다; 그럼에도 불구하고 사람들은 특별한 감정적 혹은 인지적 위치에 있지 못할 수 있다. 우리가 원조전문가들로써 사람들이 있어야 한다고 원한 위치이기 때문이다. 휴먼서비스 전문가들은 개인, 부부, 가족, 집단 혹은 지역사회가 변화할 준비가 되어있는지를 고려해야 한다.

사례

다음은 원조전문가와 드니스 간에 대화이다. 드니스는 16세 여성으로 입양된 가족에게서 달아나 코카인을 복용하고 길거리 생활을 하였다. 다음의 상호교환은 "내담자가 있는 곳에서 출발하기"를 실제로 보여준다. 원조전문가가 드니스에게 무엇을 해야 한다거나 어떤 행동을 하라고 강요하는 식으로 말을 하지 않는 점에 주목하라.

원조전문가: 드니스, 당신을 만나게 되어 기쁩니다. 아동 복지 사람들이 당신을 나에게 보낸 걸로 알고 있어요. 당신은 나와 만나길 원하지 않을 거란 생각이 들기도 하네요. 나는 당신에게 어떤 일들이 있었는지 듣기를 원해요. 얘기해 줄 수 있나요?

드니스: 나는 전에 그곳으로 돌아가고 싶지 않아요.

원조전문가: 입양갔던 집은 말하나요?

드니스: 예, 마녀와 살 수 없어요.

원조전문가: 입양모를 좋아하지 않는군요.

드니스: 예.

원조전문가: 지난 몇 주 동안 혼자 알아서 지냈지요?

드니스: 예. 그게 더 나아요.

원조전문가: 거리 생활을 좋아하나요?

드니스: 아무도 나를 괴롭히지 않아요.

원조전문가: 당신보고 무엇을 하라고 말하지 않는군요. 그 밖에는요?

드니스: 학교에 안 가도 돼요.

원조전문가: 아무도 학교에 보내려고 하지 않는군요.

드니스: 맞아요.

원조전문가: 입양관리사람들이 왜 당신과 대화 해보라고 했는지 알고 있나요?

드니스: 몰라요.

원조전문가: 드니스, 사람들이 당신에 대해 걱정한다고 생각해요. 당신이 거리에서 사람들에게 다치지 않을까, 마약을 할까 걱정하고 있어요. 세상은 당신같은 젊은 여성에게 위험할 수 있어요.

드니스: 그들은 걱정하지 않아요.

원조전문가: 그들이 당신을 걱정한다고 생각하지 않나봐요?

드니스: 예. 아무도 안해요. 왜 그 사람들이 해요?

원조전문가: 드니스가 아무도 자신을 걱정하지 않는다고 생각한다는 것이 슬프네요. 이건

당신이 분명히 힘든 시간을 가졌다는 걸 의미하네요.

드니스: (침묵)

원조전문가: 아무 말도 하지 않네요. 당신 생각이 어떤지 듣고 싶어요.

드니스: 제가 왜 여기에 온 거지요?

원조전문가: 좋은 질문이예요. 내가 할 일은 당신이 하길 원하는 것이 무엇인지, 그것을 어떻게 해낼 수 있을지를 알아내도록 돕는 거예요. 이해가 되나요?

드니스: 무슨 뜻인가요? 내가 원하는 게 무엇일까요?

원조전문가: 예로 당신이 길거리 생활을 청산하길 원하다면, 나는 머무를 곳을 찾아봐줄 수 있어요.

드니스: 아니오. 난 보호소로 가기 싫어요.

원조전문가: 좋아요. 다른 곳에 대해 얘기해볼 수 있어요. 다른 아이디어가 있다면 얘기해 볼 수도 있어요. 나는 당신에게 예로 제시한 것뿐이에요. 당신이 마약복용을 중단하고 싶다면 약물치료에 대해 얘기해 볼 수 있어요. 어떻게 생각해요?

드니스: 모르겠어요.

원조전문가: 지금 당장 결정을 내려야 되는 것은 아니에요. 반 시간 정도 나에게 말할 것에 대해 생각해보았으면 해요. 그 다음에 해야 할 것들을 구체화시켜보면 어떨까요? 좋아요?

드니스: 예. 그럴 것 같네요.

존중하고 판단을 보류하기

2장에서 논의한 바와 같이, 상대방을 판단을 하지 않고 존중하려는 마음은 원조과정에서 중요한 구성요소다. 어느 누구도 편견, 감정과 신념이 없고, 바라는 것도 없다고 할 수 없다. 그러나 능력있는 원조전문가가 되기 위해서 원조에 대한 년섭 기간에는 자신의 개인적 의견과 판단을 한쪽으로 치우는 것을 배워야 하다. 당신의 의도가 다른 사람의 방식에 관련되지 않는 것이 중요하다. 원조전문가는 상대방의 선택할 수 있는 권리를 존중해야 하고 독특한 문화와 배경을 가진 존재로 인정해야 한다.

로저스(1951)는 개인의 가치에 대한 신념을 가지고 존엄을 진정으로 받아들이는 개인 철학을 가진 원조전문가들은 다른 사람을 판단하지 않으면서 존중하며 소통하려고 한다고 보고하였다. 원조전문가들은 원조 과정에서 자신의 의도를 배제하기 위해 자신의 편견과 믿음에 대해 정직할 필요가 있다.

생각해보기 #27 때때로 판단을 보류하고 존경심을 보인다는 것은 원조전문가에게 아주 어려운 일이 될 수 있다. 아이를 구타한다고 의심을 받고 있는 환자, 친구들에게 폭력적이고 파괴적인 갱단에 속한 청소년, 연인을 신체적으로 학대해서 도움을 요청한 남성과 일을 한다면 당신의 감정이 어떨지 상상해보라. 어떻게 당신은 판단을 보류하면서 존엄성을 인정하며 대할 수 있는가?

역량강화하기

얼마 전까지만 해도 '원조'는 계획 혹은 의사결정에 가장 영향을 주는 사람들을 관련시키지 않고 다른 사람 또는 집단을 위해 '행하는 것'으로만 여겨졌다. 이는 우리 사회에서 힘이 가장 약한 사람들이 더욱 힘이 없는 것으로 느끼게 만드는 부작용을 일으켰다. 낙인이 찍혀시나 차별을 받아 고통을 겪는 사람들은 외부의 원조전문가들이 그들의 삶에 대해 결정을 내릴 때 자신의 삶을 스스로 이끌어 나가는 권한을 도둑맞기도 한다. 예로, 1966년 정보 공개법이 있기 전까지 의료, 심리, 일반학교 기록은 부모 혹은 수요자에게 공개되지 않았다. 완전하게 통지받지 못한 채로 좋은 의사결정을 거의 할 수 없었다.

다행스럽게도 '역량강화(empowerment)' 철학은 근래에 들어 좀 더 보편적으로 받아들여지고 있다(Saleebey, 1996). 역량강화 철학은 우리는 우리 자신의 삶과 미래를 위해 의사결정을 완전하게 할 능력이 있다는 것이다. 역량강화 접근에서는 개인, 부부, 가족, 집단과 지역사회를 서비스와 문제해결에서 수동적인 수혜자라기보다는 본질적인 참여자로 본다. 개인, 가족, 집단 혹은 지역사회는 역량강화될 수 있다; 다시 말해 원조전문가들은 사람들이 자신의 위치를 향상시키기 위해 개인적, 정치적 힘을 기르는 과정에서 도움을 줄 수 있다(Gutierrez, 1990).

역량강화는 사람들이 능력을 갖춘 유능하고 소중한 존재라는 신념도 담고 있다. 역량강화를 하는 입장에서 활동하는 원조전문가는 원조 요청자는 물론 그들이 사랑하는 사람들에게도 원조를 제안하고, 서비스 관리 전달 체제에서 파트너로서의 권리를 부여한다. 역량강화 모형에서 원조전문가들은 원조요청자들이 제시한 대로 문제에 대한 설명과 정의를 받아들인다. 능력을 갖춘 원조전문가들은 일시적인 지원이 필요한 사람이 자신의 능력을 파악하고 사용하도록 도움을 준다. 개인으로나 혹은 집단으로 사람들은 원조전문가에게 문제해결 기술을 가르쳐 달라고 요청하거나 힘이 약한 쪽을 옹호해 달라고 요구할 수도 있다(Gutierrez, 1990).

때때로 함께 일하는 사회 서비스와 의료체계는 사람들로부터 힘을 빼앗는 행동을 할 수 있다. 서비스 수혜자들은 재정, 정서적, 사회적 지원을 받기위해 특정 규칙을 따르거나 수행하도록 요구받는다; 일부 요구사항 혹은 제약들은 당신을 불편하게 할 수 있다. 이것이 서비스 전달의 현실이다(Dunst, Trivette, Davis, & Cornwall, 1988). 원조전문가들은 때때로 바쁘고 과로하면서 결국 원조를 요청한 사람들의 조언과 의견을 요청하여 듣기보다는 수동성과 의존을 수용하고 인정하려는 경향을 보인다. 가능한 어느 정도의 범위까지 이런 일이 있을 가능성을 알고, 각종 체계와 서비스 관련 수요자들이 서비스 고안과 전달에서 목소리를 높이도록 도와주도록 노력해야 한다. 역량강화를 하는 원조전문가는 다른 사람들이 자신의 권리를 행사하고 의사결정에 대한 책임을 감당할 수 있도록 도와야 한다.

역량강화를 방해하는 활동의 예들은 불필요한 전문용어 사용하기, 치료 혹은 서비스의 목적에 대한 충분한 설명 제공 못하기, 상대방이 목표한 바를 달성하도록 방법을 설명하기보다는 특정된 일을 하게 만드는데 열정 쏟기, 가장 적절한 계획 개발에서 수요자를 포함시키는 것보다 이미 개발된 행동계획으로 진행하는 것이다.

지난 20년 동안 건강, 사회 그리고 정신건강 서비스의 수요자들은 직접 참여의 중요성을 강조해 왔다. 대다수의 사람들은 지역사회 정신건강 운동과 탈수용시설화와 같은 요건들로 인해 자신이 거주하는 집과 지역사회에서 원조를 받아왔다. 건강관리시설에 있는 많은 환자들은 자신의 의학적 상태에 대해 완전하게 보고받기를 요구하고 있다. 더군다나 수요자 참여는 일부 법령(예: P.L. 99~457에서 요구한 부모참여나 Ryan White Comprehensive AIDS Resources Emergency Act로 지원된 Title I 계획 위원회에 HIV 환자 참여 보장 등)에 의해 합법화되었다.

미국에서 사람들은 일반적으로 자기 자신과 가족들을 돌보는 역할을 적극적으로 하고 책임감을 지니고 임한다. 또한 전문가들이 단독 책임을 지고 있어야 한다고 일반 대중들은 생각한다. 원조전문가들이 최선이면서도 가장 적절한 결정을 한다고 기대할 수 없다. 대다수 사람들은 자신의 미래를 전적으로 의사, 법률가, 사회복지사 혹은 심리학자에게 맡기려 하지 않는다. 서비스 제공자에게 의지하는 것은 사라져야 한다; 결국 원조전문가의 역할은 수요자의 역량강화를 위해 노력을 기울이는 것이다.

사례

토마스 캘더런은 33세의 쿠바계 미국인으로 신문사 리포터이다. 토마스는 본의 아니게 심각한 정신질환으로 주립병원에 입원되었다. 경찰관이 중간 규모의 서부 도시의 공원에서 너무 엉뚱하고 비정상적인 행동을 하는 그를 발견하였던 것이다. 입원 동안 그는 망상형 정신분열증을 진단받았고 세 가지 종류의 약물을 처방받았다. 토마스는 약이 미칠 잠재적인 위험과 영구적인 부작용을 우려해서 약 복용을 거부했다. 토마스는 약 처방에 대한 타당성을 결정하는 세 명의 정신과 의사들로 이루어진 패널에게 청문회를 요청했다. 청문회는 법적으로 인정되었고, 패널은 약 처방은 타당하지 않다는 결정을 내렸다.

역량을 강화하도록 이끌어내어 도와주기

사람들이 자신 혹은 가족들을 효과적으로 돌볼 수 있게 어떻게 도와줄 수 있을까? 던스트 등(1988)은 '효과적인 원조'를 다음과 같이 정의하였다.

> 개인 혹은 집단이 더욱 더 문제해결을 잘하고, 욕구를 충족하며, 자신의 열망을 성취할 수 있는 능력을 갖추도록 도와주는 행위로서, 전체 과정에서 통제감을 갖도록 그들의 기능을 지원하고 강화하는 것이다.

던스트 등(1988)은 역량강화와 핵심능력을 결부시키는 원조행동을 구체적으로 제시하였다:

1. 서비스를 요청한 사람의 필요를 명확히 하고 우선순위를 정하도록 돕기
2. 요청할 도움을 기다리기보다는 먼저 제안하기

3. 요구되지 않는 도움을 제안하기
4. 상대방의 문제 혹은 필요에 대한 판단에 맞춰 도움을 제안하기
5. 필요에 맞고 능력을 향상하기 위해 파트너십을 활용하기
6. 전적으로 원조 수혜자가 결정하도록 권한 부여하기

때에 따라서 역량강화의 중요성은 강조되지 않을 수도 있다. 우리는 우리 자신의 선택 하에 다른 사람들의 도움을 받아가며 삶의 과정에 대한 책임을 지고 있다. 다음은 장애아동 혹은 만성건강질환을 지닌 아동의 부모들이 겪는 경험에 대한 이야기다.

사례

도나와 배리는 둘째 아이 셰릴의 출산을 기다리고 있었다. 첫째인 3살짜리 마이클은 건강하고 행복한 아이였고 부모에게 큰 기쁨을 주었으며 자부심을 갖게 했다. 세리의 출생 직후 가족들은 바쁘지만 만족스런 일상을 유지해나갔다. 배리는 고등학교에서 수학을 가르쳤고, 도나는 집에서 아이들을 돌보았다. 셰릴이 3개월이 되었을 때, 도나는 셰릴이 뭔가 "아주 올바르지 않다"고 의심을 갖게 되었다. 도나는 배리에게 이 점에 대해 얘기했고, 셰릴의 다음 검진에서 소아과의사에게 문의를 하였다. 소아과의사는 도나가 지나치게 보호하는 어머니라고 보고 무시하였다. 의사는 도나에게 편하게 마음먹고 걱정을 그치라고 조언했다. 당시에 셰릴은 6개월이었고, 도나와 배리는 여전히 염려하였다. 셰릴은 마이크처럼 발달 단계를 따라서 성장하지 못하였다. 셰릴은 고개를 세우거나 웃지도 않았고, 듣지 못하는 것처럼 반응조차 하지 않았다. 다시 한번 도나와 배리는 이런 점들에 대해 소아과의사에게 언급하였지만 의사는 절대 이상한 것이 아니라고 반박하였다. 의사는 조숙한 아들인 마이크와 셰릴을 비교하는 것에 대해 책망하였고 셰릴을 그대로 받아들여야 한다고 말했다. 물론 배리와 도나는 자신들의 아름다운 작은 여자아이에게 아무런 문제가 없다는 말을 듣고는 안심하고 집으로 돌아왔다. 모든 일이 다 괜찮을 거라고 생각하였으나 스스로를 성가시게 하는 의심은 계속 들었고 셰릴이 옹알이도 하지 않고 몸 구르기도 하지 않고 앉지도 못하는 것에 대해 걱정을 할 수밖에 없었다. 셰릴이 9개월이 되었을 때, 발달 클리닉에서 일하고 있는 배리와 도나의 친구는 셰릴이 발달 평가를 받는 것이 필요하다고 제안하였다. 15분 안에 진단팀은 발작을 의심하게 되었고 즉각 셰릴을 소아과 신경학자에게 보내 심층검사를 받게 했다. 셰릴은 심각한 발작 장애를 가지고 있었다. 셰릴은 6개월 이상 제대로 진단이 안 된 상태로 치료도 받지 못했던 것이다.

생각해보기 #28

1. 의사의 접근 방식에 대한 당신의 반응은 무엇인가?
2. 의사가 배리와 도나를 대하면서 어떤 대안을 제안할 수 있었는가?
3. 배리와 도나는 무엇이 필요했는가?
4. 배리와 도나가 역량이 강화되고 존중을 받는다고 느끼게 하기 위해 의사가 할 수 있었던 것은 무엇인가?
5. 당신이 의사와 협력해서 일하는 휴먼서비스 원조전문가라면 역량강화 관점에서 의사에게 어떤 의사소통을 할 수 있는가?

역량강화를 촉진하기

다음과 같은 원조전문가의 활동은 상대방이 자신의 삶에 대한 통제력을 기를 수 있도록 도와준다:

1. 다른 사람들에게 정보를 얻도록 격려하여 가급적 자신들의 관심사에 대해 잘 알게 한다. 예로 서류철을 만들거나 다른 사람들과 공유될 수 있는 정보에 접근이 가능하도록 한다.
2. 전문용어를 이해 가능한 일상 언어로 바꾸어 사용하도록 돕는다. 예로 용어 '사전'을 만들어 용어를 바꾸도록 한다.
3. 회의 참여, 서비스와 정보 접근, 자원 획득에 법적 권리가 있음을 알려준다. 예로 다른 사람들과 공유할 수 있는 법률과 정책에 대한 문서철을 만든다.
4. 서비스 수혜자들은 자신들의 요구를 표현하도록 격려한다. 예로 영어를 모르는 사람은 통역사를 요청한다.
5. 자신들의 의견과 관심을 적극적으로 표현하도록 격려한다. 예로 발달장애인의 지원에 대해서는 위원회 혹은 개별화교육계획 회의에서 표현한다.
6. 개인과 가족의 독특한 요구에 바탕을 두고 의사결정을 적극적으로 하도록 격려한다. 예로 백혈병 치료에 대한 결정은 당사자 혹은 가족의 가치와 주변 상황에 따라 달라질 수 있다.
7. 수요자 참여를 독려하고 조장하는 전문가들을 찾아낸다. 예로 역량강화 철학을 지지하는 전문가들이 정책 결정 위원회 회의에 참여하여 수요자 집단을 위해 노력을 기울이게 한다.
8. 개인별로나 가족에게 유능하고 좋은 결정을 할 수 있을 거라는 메시지를 지속적으로 전한다. 예로 "당신은 엄마를 훌륭하게 잘 돌보고 있네요. 당신을 도와줄 가사도우미를 구한다는 결정은 가족들이 요구했던 거예요" 같은 칭찬과 격려하는 말로 확신을 준다.
9. 다른 사람들이 갖는 경험, 예감과 결론에 대해 정확하게 인식한다. 예로 다른 사람이 말하는 것을 믿어라. 사회복지사가 다운증후군인 아기가 태어나자마자 시설로 보내야 한다고 말한 것에 대해 어머니가 얼마나 괴로워하고 있는지에 대해 말하고 있다면, 화를 공감하면서 사회복지사와 (혹은) 기관과 다른 선택 옵션들에 대해 찾으려고 노력한다.

생각해보기 #29

1. 서비스 제공자들의 완전 참여를 유도하기 위해 사용할 수 있는 방법들이 있는가?
2. 이 분야에서 당신이 한 경험이 있다면 무엇인가?
3. 의사결정과정에 참여하고 정보를 획득하라고 격려받은 적이 있는가?

집중하기

효과적으로 경청하기 위해, 원조전문가는 다른 문제들로 마음이 어지럽혀 있지 않게 하면서 상대방에게 집중할 준비가 되어 있어야 하고, 상대방이 말하고 행동하는 것에 관심을 기울여야 한다. 원조전문가는 자신이 영민해야만 한다고 걱정하지 마라. 원조전문가가 다른 사람에 집중하게 되면, 그 나머지는 자연스럽게 따라온다. 기술, 가치와 지식이 좋은 필수적인 특성이지만, 이 중 어느 것도 온화하면서 강하고 배려하는 면이 없다면 가치가 없다. 때때로 원조전문가가 다른 사람에게 줄 수 있는 가장 위대한 선물은 완벽하게 '그곳'에 함께 있어 주는 것이다. 설령 원조전문가가 한 마디의 말도 하지 않은 경우에라도 말이다.

사례

제리는 레슬리의 전화를 받았을 때, 레슬리가 원하는 것은 단지 자신의 이야기를 들어주는 것이라는 걸 즉각 알아차렸다. 레슬리는 아들이 학교에서 방해행동을 하였다는 통지를 또 받은 것에 대해 고함을 치며 불평했다. 학교에서는 레슬리에게 무엇을 하라고 원했나; 학교에 와서 아들과 함께 있으라는 건가? 제리는 신중하게 경청하고 공감하여 주었다. 20분 후에 레슬리는 더욱 평온을 되찾았고 반영하기도 가능해졌다.

레슬리는 한숨을 쉬면서 "그래요. 이제 내가 해야 할 것은 학교에 전화하고 이성적으로 이 상황에 대해 얘기해보는 거네요. 제 화를 풀 수 있도록 해주어 감사드려요."라고 말했다.

원조전문가가 상대방의 이야기에 깊게 참여하기 위한 소통방법들은 상대방의 말을 다른 말로 바꾸어 표현하기, 반영하기, 요약하기가 있다. 비언어적인 행동들에는 눈마주치기, 적절한 몸짓 언어, 소리내기(예: 으흠)가 있다. 이 기법들에 대한 심도있는 논의가 5장에 포함되어있다.

승인하고 긍정하기

좋은 경청의 중요한 구성 요소는 다른 사람의 감정과 생각을 승인하는 것이다. 이 감정과 생각이 고통스럽고 당혹스럽고 슬프거나 비논리적일지라도 인정하는 것이다. 승인은 상대방이 처한 실제 상황과 진실된 감정을 인정하는 것을 의미한다. 언어(말)와 비언어적 반응(숨쉬기, 얼굴표정, 소리내기)을 통해 상대방에게 이야기를 듣고 있음을 알려준다.

사례

다음의 의사소통 교환은 특정인의 감정을 언어로 혹은 비언어적으로 승인하는 예가 된다:

로비: 막 알게 되었어요... 저, 좀전에 들었어요... 엄마가 어젯밤에 돌아가셨대요.

원조전문가(**가쁘게 숨을 몰아쉬며**): 오 그래요, 로비. 유감이네요(팔을 만지면서). 돌아가셔서 놀랐지요.

로비: (침묵, 눈물을 흘린다)

원조전문가(**잠시 멈춘다**): 너무 슬프지요. 저와 함께 여기 있을래요? 아니면 혼자 있고 싶으세요?

전문가가 상대방의 감정을 부정하는 것은 도움이 되지 않는다. 상대방의 감정이 틀렸다고, 잘못되었거나 어리석다고 하며 설득하는 것도 도움이 되지 않는다. 상황이 "그다지 나쁘지 않다" 혹은 특정한 것이 "최선이 될 수도 있다"로 가장하는 것도 위기 속에 있는 경우에는 적절하지 않다. 상황을 보기좋게 사탕발림하는 식으로 꾸미지 말고 거짓으로 꾸며 안심시키지 마라. 전문가 자신이 무능력하게 보일지라도 혹은 상대방이 고통과 혼란스러움으로 아무리 어려워할지라도 지켜야 한다. 감정이 존중되고 승인되어질 때, 사람들은 쉽게 감정의 강도를 넘어서고 새롭게 현실감각을 갖게 된다.

중복장애를 가지고 태어난 지 3일만에 죽은 아이의 어머니는 22년만에 다음과 같은 글을 써서 주변 사람들이 좋은 의도이긴 하지만 부정하는 메시지를 빈번하게 주었다고 말했다:

> 자크의 죽음은 최선이다, 감사해라, 슬퍼하지 마라, 그는 너무 힘든 장애를 갖고 살았을 것이다, 그를 돌보는 것은 너무나 힘들었을 것이다. 물론 나는 그들의 슬픔을 알 수 있었고 나를 덜 슬프게 하려고 노력한 것을 알지만, 그것은 내가 진정 원했던 것이 아니었다. 내가 원했던 것은 추리가 아닌 내 감정, 내가 겪은 상실에 대한 지지였다. 나는 곧 내 감정을 숨기고 침묵하며 슬퍼하게 되었다. 내가 지금 깨달은 것은 나의 상실에 대해서 온전하게 애도하지 못했다는 것이다.

사람들은 자주 다른 사람의 감정을 소홀히 하고, 부정하거나 무시한다. 또는 불쾌하거나 극심하게 느끼는 감정을 말하려고 한다. 거의 모든 시간에 무시는 도움을 주겠다는 욕구로 없이 의도되지 않는 상황에서 나타난다. 그러나 상대방의 감정과 경험을 승인하는 것은 무시하는 것보다 훨씬 더 효과적이다. 효과적인 원조전문가는 경청을 잘하며 다른 사람들과 심도있게 감성을 읽어가며 함께 한다.

사례

아래의 예를 보면 듣는 사람이 적대적이려고 하지는 않았으나 논쟁조인 답변으로 결국 말하는 사람이 느끼고 있는 바를 무시하면서 인증하지 않고 있음을 알 수 있다.

그웬: 남편 때문에 화가 많이 나!
트리샤: 오, 네가 말하려는 건 그게 아니지. 네가 오랫동안 사랑해온 사람에게 화가 나서는 안 되지.

윌리엄: 요즘 나한테는 에너지가 없는 것 같아. 마음이 울적해. "무슨 소용이 있나?"
시드니: 이봐! 너 자신에게 지나치다. 무엇 때문에 니가 우울해야 하니? 넌 축복받았다고 생각하는 게 필요해.

신시아: 요즘 들어 내가 멍청하다고 생각하게 돼. 난 늙고 뚱뚱하고 못 생겼어.
에릭: 네가 그렇게 말하는 게 정말 싫어. 너는 똑똑하고 훌륭해. 너 알지. 빨리 그런 생각에서 벗어나길 바래.

다음의 대화는 화자가 말한 것을 받아들이고 감정을 공유하는 반응들로 재작성된 것이다.

그웬: 남편 때문에 화가 많이 나!
트리샤: 너 화가 났구나. 무엇 때문에 화가 났니?

윌리엄: 요즘 나한테는 에너지가 없는 것 같아. 마음이 울적해. "무슨 소용이 있나?"
시드니: 네가 너무 피곤하고 울적하구나. 네가 왜 그렇게 되었는지 얘기해 볼래?

신시아: 요즘 들어 내가 멍청하다고 생각하게 돼. 난 늙고 뚱뚱하고 못 생겼어.
에릭: 와우. 너 자신에게 좋지 않은 감정을 가지고 있는지 몰랐네. 무슨 일이 있었어? 무엇이 널 이렇게 만들었니?

긍정적인 관심을 갖고 의사소통하기

로저스(1957)는 원조전문가가 갖추어야 하는 효과적인 원조를 위한 필수적인 조건으로 '무조건적 긍정적 관심'을 갖는 소통을 들었다. 긍정적인 관심이란 판단을 피하는 태도를 말하며 원조전문가가 판단하여 비난하지 않으며 이해하는 데 관심을 가진다. 긍정적인 관심을 갖고 소통한다는 것은 한 사람이 가진 인간 가치와 존엄성에 대한 믿음, 개인차와 문화차 수용, 다른 사람들의 행복에 대한 관심을 전달하는 것을 의미한다. 신중하고 정확하게 경청하기, 다른 관점을 이해하기 위해 노력하기, 상대방의 인식을 명확히 알기 위해 요청하기는 긍정적 관심과 존경심을 갖고 소통하는 방법들이다.

좋은 원조관계에서 원조전문가는 개인 본위에 가치를 두고, 상대방과 가치에 대해 소통한다. 상대방이 처음으로 제시한 문제가 무엇이든 간에, 상대방이 저지른 실수가 무엇이든 간에, 우리 앞에는 한 사람이 인간으로 있다는 것을 기억해야 한다. 이 사람은 천부적으로 존엄하고 존중을 받을 가치가 있다. 왜냐하면 이 사람은 나와 같은 인간이기 때문이다. 원조전문가들은 수용하며 관심을 갖고 소통하고, 상대방의 신뢰를 얻고, 서로 연결되어 관계를 유지하는 방법을 알아야 능력있는 전문가가 될 것이다.

사례

다음의 대화는 특정인에 대한 관심을 지니고 소통을 하면서 이루어진 예다.

원조전문가(손을 흔들면서): 라이트씨 오늘 하루는 어떻습니까?
라이트씨: 좋은 것 같습니다. 좋아져야지요.
원조전문가: 자리에 앉으세요. 마음은 어떻습니까? 제가 무엇을 도와드리면 좋을까요?
라이트씨: 머무를 곳이 필요합니다.
원조전문가: 어디서 머무르고 있나요?
라이트씨: 어젯밤, 공원.
원조전문가: 힘들겠군요. 어젯밤에 춥고 비도 왔는데요. 전에는 어디에 있었나요?
라이트씨: 교도소. 막 나왔어요.
원조전문가: 막 출소를 했군요. 갈 곳이 없었나요?
라이트씨: 예.

원조전문가: 여기에 와서 라이트씨에 대해 얘기를 해주어서 기뻐요. 라이트씨가 불편해 하는 공원으로 다시 가라고 말씀드리기가 싫군요. 그럼 당신이 머무를 수 있는 곳에 대해 당신의 생각을 들어보고 얘기해봐요.

라이트씨: 전 정말 갈 곳이 없어요. 갈 곳이 있었다면, 공원에 가지도 않았겠지요.

원조전문가: 이해가 가네요. 당신 상황에 대해 질문을 드려도 괜찮으신지요?

라이트씨: 물어보세요.

원조전문가: 가족은 있나요?

라이트씨: 아니요. 내가 구속되었던 10년 전에 날 거의 버린 거나 다름없어요.

원조전문가: 지금 당장 연락하고 있는 친척들도 없나 보군요.

라이트씨: 예.

원조전문가: 친구는요? 아는 사람은요?

라이트씨: 대학에서 같은 방을 썼던 친구가 있어요. 그 친구는 교도소로 여러 차례 면회도 와주었고 편지도 보내주었어요. 그 친구는 자기를 찾아주었으면 한다고 말하기도 했어요.

원조전문가: 그를 찾을 수 있는 방법을 알고 있나요?

라이트씨: 확실하지는 않지만요. 그 친구 전화번호는 모르지만, 이름과 주소는 알고 있어요.

원조전문가: 그 친구를 만나보는데 관심이 있나요?

라이트씨: 잘 모르겠어요. 혹시 그 친구 전화번호를 알아 봐 줄 수 있나요?

원조전문가: 예. 할 수 있어요. 내가 해 볼 수 있는 것들이 있어요. 당신이 그 친구를 찾지 못할 경우를 대비해 다른 것들을 찾아봐요. 임시 보호소에 대해 어떻게 생각하나요?

라이트씨: 그곳은 지저분하고 시끄럽다고 들었어요.

원조전문가: 아마 몇 군데가 그럴 겁니다. 결정하기 전에 당신이 가서 보도록 해 볼께요.

라이트씨: 아주 좋습니다. 감사드립니다.

이 맥락에서 '수용'은 동의, 승인, 애정(보살핌)이 아니라는 것에 주목하라. 수용은 한 사람의 결정, 행동, 감정과 관심을 인정하는 것이다. 카두신(1983, p. 61)은 "수용은 다를 수 있는 권리를 인정하는 것을 의미한다"고 했다.

행동을 분리해서 보기

인간으로서의 가치와 그 사람의 행동을 분리해서 본다는 것은 개인의 자원과 필요를 확인하게 함은 물론 상호 존중의 발달을 용이하게 한다. 사람들은 후회할만하고 불법적인 것들을 행동하거나 혹은 언급할 수 있다. 영향력있는 원조전문가들은 사람들의 행위와 결정에 대한 책임을 받아들이도록 도우면서 불법적이거나 역기능적인 행위들과 타협하도록 사람들을 도우려고 노력한다. 동시에 원조전문가가 남성, 여성, 어린이의 인간성을 존중하는 관계에 있을 때 가장 잘 수행될 수 있다. 십대에게 "너는 훌륭한 아이이다. 그러나 네가 한 행동은 수용될 수가 없다"고 말하는 것은 인간성 존중과 행위를 별개로 언급한 예라고 할 수 있다.

사례

다음의 대화는 행동과 인간의 존엄성을 분리시키면서 이루어졌다:

프랭크: 나는 조류(쓸모없는 존재라는 표현)예요.

원조전문가: 무엇이 당신을 미천하고 가치없게 느끼게 만들었나요?

프랭크: 내가 술에 미쳐 있는 동안 가족들에게 소홀히 했던 것이요. 내 자식들의 어린 시절을 모두 다 놓쳤어요. 나는 끔찍한 아빠예요. 저는 가족에게 돌아갈 가치도 없어요.

원조전문가: 프랭크, 당신은 아내와 아이들을 대해 왔던 방식에 대해 후회하고 있어요. 술중독이 되어있을 때 당신이 했던 행동에 대해 미안하고 있는 게 확실해요. 내가 당신과 다르게 생각하고 있다는 것을 인정해 준다면, 당신이 좋은 사람이라고 말하고 싶어요. 나쁜 사람은 일말의 후회도 하지 않고 술에 취하지 않은 상태에 있으려고 노력도 하지 않아요. 당신은 나쁜 일들을 했었지만, 절대 악한 사람이 아니예요. 이 차이를 볼 수 있나요?

프랭크: 예. 감사해요. 그렇지만 나 자신이 괜찮다고 하는 것은 어려워요.

원조전문가: 저도 알아요. 우리가 극복할 수 있어요. 당신이 한 사람으로 자신의 가치를 인정하기를 바래요. 당신 자신의 좋은 점을 인정하고 당신이 후회하고 있는 행위(action)에 대한 책임을 지길 바래요.

프랭크: 예, 이해가 가네요. 노력할께요.

행동과 감정을 분리하기

우리가 속한 문화에서 '좋고'와 '나쁘고'는 자주 감정과 밀접해있다. 감정과 사고는 그 자체로 중립적이다; 좋지도 않고 나쁘지도 않다. 그냥 그 자체로 존재한다. 그러나 사람의 동작(조치)과 행동은 좋거나 나쁜, 도덕적이거나 비도덕적, 기능적 혹은 역기능적, 적법한 혹은 불법적으로 판가름될 수 있다. 때때로 우리가 하는 말들은 우리의 감정과 생각을 표현하기는 하나 반드시 행동으로 바뀌어 표출되지는 않는다. 예로 한 사람이 자신의 엄마에게 특정 순간에 심한 분노를 느껴 "난 엄마를 싫어해"라고 생각하고, "나는 그녀를 죽이고 싶어"라고 표현할 수도 있다. 이 감정, 생각, 표현들은 가치중립적이고 정확하게 실제를 반영하였다고 볼 수도 없다; 그러나 이것들에 대한 행위는 명백하게 옳지 않다. 원조전문가로서 우리들의 중요한 과업 중의 하나는 우리 자신들에 있어서 이것들의 차이를 명확하게 하는 것이고 행위와 비행위(감정, 사고, 신념)를 구별하면서 서비스 수혜자들을 지원하는 것이다.

사례

밀드레드는 중년의 폴란드계 미국여성이다. 그녀의 어머니는 암으로 돌아가셨다. 베스는 밀드레드의 생활을 살펴보기 위해 지속적으로 방문을 하는 호스피스다. 밀드레드는 베스를 만나서 눈물을 글썽이며 어머니가 돌아가시기 전 몇 주 동안 어머니가 돌아가시기를 바랬다는 것에 대해 죄책감을 느낀다고 말한다. 밀드레드의 어머니는 심한 고통 속에 있으셨고, 밀드레드는 어머니를 돌보고 걱정해야만 했었다. 베스는 밀드레드의 슬픔과 죄책감에 귀를 기울여주면서 밀드레드의 어머니에 대한 행위가 소홀히 되어서는 안 된다는 점에 주목했다. 베스는 밀드레드에게 그녀가 지쳐있었고 좌절해 있었음에도 어머니를 잘 보살펴 주었고 관심을 기울였다고 말해주었다. 베스는 밀드레드에게 어머니가 살아계신 동안 밀드레드는 매우 훌륭한 딸이었다는 사실은 변할 수 없는 것이니 어머니의 죽음에 대해 안도감을 찾으라고 조언하였다.

정보 제공하기

때때로 서비스 신청자 혹은 수혜자들은 교육 자료, 지역사회 자원, 특정 질병 혹은 문제에 대한 정보를 요청한다. 휴먼서비스 원조전문가들은 자주 요청을 받아들여야 한다. 이것은 공식적, 비공식적 지원체계는 물론 분야에서 이용 가능한 서비스 모두에 대한 지식을 습득하고 이해를 도모하는 데 중요하다. 이런 유형의 정보는 많은 시간을 투자하고 에너지를 쏟아야 하는 개인, 부부 혹은 가족에게 특히 유용하다. 예로 병원에서 만난 892명의 부모들을 대상으로 한 조사에서 부모들은 자녀를 위한 지원서비스를 받는데 있어서 가장 큰 문제는 이용할만한 서비스에 대한 정보 부족이었다고 보고하였다(Friesan, 1989). 개인 혹은 가족성원이 무섭고, 당혹하게 하고, 아프거나 위기를 느끼고 있었을 때, 서비스를 찾는 활동을 할 정도로 정서적으로 약해져 원조를 제공하는 휴먼서비스 전문가들에게 의지하려고 할 수 있다. 일을 '떠넘기'는 것은 적절하지 않다. 이것은 역량강화가 아니다; 이것은 무책임한 것이다. 동반자 관계의 원칙은 우리가 사람들을 만나는 것을 요구한다. 사람들은 서로의 필요는 물론 보유하고 있는 자원을 존중해주며 문제해결 관계를 유지하면서 적극적으로 그 과정에 임할 수 있어야 한다.

옹호

휴먼서비스 원조전문가들은 힘이 부족한 개인 혹은 집단 편에 서서 관료, 사회 서비스 혹은 의료 시스템과 자주 협상해야 한다. 이 활동을 '옹호'라 하고, 다음 장들에서 구체적으로 논의될 것이다. 원조전문가로서 어떤 시스템 안에서 호의를 보이며 도움이 되는 사람들을 안다면 도움이 된다. 예로 한 지역사회에서 공영주택 보조금 신청은 매우 복잡하고 시간 낭비가 되고 신청자를 좌절하게 만들 수 있다. 주택 당국과 협상하는 전문가 역할을 하였던 한 여성은 다른 사람들에게 서류를 작성하는 방법을 가르쳐 주었고, 도움이 될 만한 관료의 이름과 그 반대로 피해야 하는 사람들의 이름을 알려주었고, 신청하는 절차 내내 지원을 제공하였다. 이 정보는 자신의 집 없이 임시 보호소에서 살아야 하는 위기를 겪었던 사람들의 막대한 스트레스를 경감시키는 데 도움을 주었다. 때때로 지역사회 중심 옹호자들은 취약한 사람들의 편에 서서 옹호와 보호하는 일을 할 수 있다. 지역사회에 보호와 옹호 집단들이 있는지 알아보고 찾아 도움을 요청해라. 그들이 중점적으로 다루는 문제들과 함께 제공 서비스를 알아보는 것은 당신의 일을 처리하는 데 도움이 될 것이다. 그리고 함께 일하는 사람들에게도 도움이 될 것이다.

요약

휴먼서비스 원조전문가들은 자신들의 관계 형성 기술과 진정한 자기 사용에 깊이 의지한다. 도움은 파트너십 안에서 가장 잘 이루어진다. 원조전문가와 서비스 수혜자가 문제를 평가하고 해결하기 위해 공동으로 일하는 파트너십이 필요한 것이다. 휴먼서비스 원조전문가는 감정을 알아채고 어떤 감정인지를 명명하는 것을 배울 필요가 있다. 또한 공감하고 진정성을 보여줄 수 있고, 사람이 있는 장소에서 시작하고, 존경을 보여주고, 판단을 유보하며 역량강화를 위해 체계를 갖춰 실습(연습)한다. 함께 있어주고 참여하며, 승인하고, 긍정해주고, 긍정적인 관심을 갖고 소통하며, 행동을 보지 말고 사람을 보며, 감정적으로 행동하지 말고, 필요한 정보를 제공하고, 옹호해주는 역할을 할 필요가 있다.

적극적 경청 기술

CHAPTER **5**

경청은 모든 원조관계의 기반이 된다. "그냥 듣기"는 매우 간단해서 많은 사람들은 그것을 하나의 기술로 고려조차 하지 않을 수 있다. 경청은 소극성의 의미를 내포할 수도 있다. 하지만 좋은 경청은 매우 적극적인 과정이고 중요한 숙달 능력 중 하나이다. 원조는 적극적 경청을 필요로 하는 매우 힘든 과업이다. 다른 모든 것을 제외하고 그 사람의 관심사만을 집중해서 놓치지 않으려면 훈련과 연습이 필요하다. 이것은 대부분의 경우 우리가 일상적으로 삶의 사소한 잡음에 완전히 집중하지 않는 소극적 듣기와는 다르다. 적극적 경청에서 원조전문가는 의식적으로 결정하여 그 사람과 완전히 하나로 동화되고 전화 통화 혹은 면접 시간 동안 이 과업 이외에는 다른 어떤 것에도 집중하지 않는다.

적극적이고 정확한 경청 없이 원조전문가는 다른 사람의 느낌, 생각, 견해, 바람, 결정 혹은 기대를 인식하지 못하게 된다. 적극적 경청은 원조전문가가 관심, 염려, 공감, 긍정적 배려를 전달하고, 느낌을 증명하고, 선택을 지지하는 주요 방식 중 하나이다. 적극적 경청을 배우는 것은 도움을 요청한 사람에게 실질적인 도움을 제공할 수 있는 능력을 증대하는 것이다. 이러한 기술이 없으면 선한 의도를 지니고 있더라도 그다지 효과적이지는 않은 위험에 처하게 된다. 물론 좋은 원조전문가는 좋은 의도를 지니고 도와주려는 마음이 있어야 하지만, 그것이 원조의 유일한 요소는 아니다. 원조는 욕구와 기술의 조합이다.

효과적 경청의 기술은 두 가지 유형, 즉 듣는 것에 대한 언어와 비언어적 반응을 포괄하고 있다. 브래머(1979)에 따르면, 적극적 경청에는 당신의 두 귀와 두 눈뿐만 아니라 특별한 지각력을 가지고 듣는 것도 포함된다. 아래 제시된 시는 좋은 경청의 중요성을 일깨워준다.

제 말 좀 들어 보세요

제 말 좀 들어 보라고 부탁했더니, 당신은 충고부터 합니다. 제 부탁은 들어주지 않는군요.

제 말 좀 들어 보라고 부탁했더니, 당신은 내가 왜 그렇게 느끼지 말아야 하는지 그 이유부터 설명합니다. 제 감정은 짓밟아 버리시는군요.

제 말 좀 들어보라고 부탁했더니, 당신이 나서서 제 문제를 해결해 주겠다고 하는군요. 이상하게 들릴지 모르지만, 저를 망치시는군요.

들어 보세요! 제가 원하는 건 그것뿐. 말하거나 행동하지 말고, 제 말 좀 들어 보세요.

충고는 값싼 것입니다: 20센트만 있으면 같은 신문에서 디어 애비*와 빌리 그레이엄**을 모두 얻을 수 있습니다.

그리고 저는 혼자 힘으로 해낼 수 있어요: 저는 무력하지 않아요.

좌절하고 넘어질지라도 무력하지는 않아요.

제 힘으로 할 수 있고 해야만 하는 것을 당신이 저를 대신해 해버린다면, 당신은 저의 두려움과 나약함에 기여하는 꼴이 되고 말아요.

하지만 제가 느끼는 것이 아무리 비논리적이더라도 그냥 있는 그대로 수용하게 되면, 저는 당신을 납득시키려는 시도를 그만두고 이 비논리적인 느낌 뒤에 숨어 있는 것을 찾아 나설 수 있습니다.

그리고 그 숨겨진 것이 무엇인지 명백해지고 답이 명확해지면 저에게 충고는 필요치 않습니다.

우리는 비논리적인 느낌 뒤에 숨은 것을 이해하게 되면 그 비논리적인 느낌을 이해하게 됩니다.

일부 사람들에게 기도가 효력이 있는 이유는 아마도 신이 아무 말도 하지 않기 때문일 것입니다. 신은 충고를 하거나 어떤 것을 바로 잡아주려 하지 않습니다. '신'은 그냥 들어주고 당신이 혼자의 힘으로 헤쳐 나갈 수 있도록 내버려둡니다.

그러니 제발 제 말을 들어주세요. 그냥 듣기만 하세요. 말을 하고 싶으면 당신 차례가 올 때까지 잠시만 기다려 주세요. 그러면 제가 당신의 말에 귀를 기울일 겁니다.

–익명

공감을 진정으로 전달하려면 원조전문가는 적극적 경청을 숙달하고 느낌을 정확히 식별할 수 있어야 한다. 공감적 반응에는 다른 사람의 정서 및 인지적 내용을 정확히 포착하는 것이 포함된다.

의미있는 의사소통은 상당히 어려우면서도 복잡하다. 사람들은 각각의 정보를 전달받기 전에 그 정보가 걸러지는 필터를 가지고 있다. 이 필터에는 선입견, 판단, 가치, 믿음, 경험, 성격, 기대, 원칙 등이 포함된다. 어떤 사람이 우리에게 메시지를 전달하면 그 메시지는 우리의 필터를 통해 왜곡되며, 우리가 그 사람에게 메시지를 전달할 때도 마찬가지다. 이러한 신호를 지속적으로 명료화해야만 서로를 이해할 수 있다.

생각해보기 #30

1. 개인의 '필터'가 원조관계에 어느 정도 지장을 주는지 생각해보고 다른 학습자와 논의하라.
2. 당신의 행동 혹은 다른 사람의 행동이 오해받는 사건의 예를 열거하라.

공감은 적절히 입증되어야만 완전하게 된다. 따라서 공감은 효과적인 적극적 경청에 의해 좌우된다. 제시된 것을 원조전문가가 반향하는 이차적인 필수 단계를 거치지 않으면 의사소통을 마무리할 수 없다. 당신이 이해하고 있는 것을 그(녀)가 모른다면 그 사람을 이해하는 것은 소용없는 일이다. 의사소통에서 당신이 해야 하는 과업은 당신이 다른 사람의 메시지를 전달받고 어떤 것을 들었고, 보았고, 어떻게 느끼는지를 진술하는 것이다.

사례 원조전문가가 적극적으로 경청하고 있다는 증거를 찾는 데 집중하면서 다음 대화를 읽어보자.

월터: 저는 아버지가 제 결혼식에 오시지 않는다는 사실을 믿을 수가 없어요.

---

* *Abigail Van Buren*의 필명으로 독자의 질문에 답하는 미국 신문의 인생 상담란(역자 주).

** 영향력 있는 부흥사, 목사(역자 주).

원조전문가: 당신의 모습과 목소리에서 분한 감정을 읽을 수 있군요. 아버지에게 화가 나신 것 같은데요.

월터: 그건 정말 저에게 상처가 되었어요.

원조전문가: 아버지가 당신을 실망시켰나요?

월터: 네, 아버지는 저와 짐의 관계를 인정한 적이 없었어요. 그는 언제나 우리를 냉대하고 우리가 곁에 있으면 불편해하는 것 같았어요. 아버지는 제 결혼식에 오시지 않을 거예요! 제가 여성과 결혼한다면 결혼식에 오시겠죠.

원조전문가: 아버지의 진정한 격려와 지지를 원하는 거죠?

월터: 바로 그거에요. 비록 서로 의견이 맞지 않지만 그는 제 아버지고 저는 아버지를 사랑해요.

원조전문가: 정말 마음 아프겠네요.

월터(잠시 생각에 잠기고는): 너무나 힘이 드네요.

원조전문가: 행복해야 하는 순간에 슬픔을 느껴야 한다니 정말 안타깝네요.

월터: 고맙습니다. 제가 어떤 심정인지 이해해주시니 너무 감사합니다.

원조전문가: 당신은 부모님이 당신의 모습 그대로를 인정하고 배우자를 가족의 일원으로 받아들여줬으면 하지만 아버지가 결혼식에 참여하시지 않을 것 같다는 사실이 마음을 정말 아프게 하는 것이군요.

월터: 바로 그겁니다.

경청 기술

적극적 경청의 목적은 (1) 어떤 사람의 의미, 견해, 관점을 명료화하고, (2) 의사소통의 두 파트너 모두가 느낌과 내용을 보다 완전하게 이해하도록 하고, (3) 경청자로써 당신의 추정과 인식을 점검하고, (4) 의사소통 수준의 깊이를 더하고 원조관계를 확장하는 것이다. 적극적 경청 기술의 이러한 기술을 통해 경청자(혹은 면접자 혹은 원조전문가)인 당신은 듣고 있는 것을 정확히 듣고 이해하고 있는지 점검할 수 있다. 또한 이러한 도구를 통해, 이야기하는 사람은 자신이 말한 것에 대한 회답을 얻어 자신의 진정한 느낌과 생각을 정리할 수 있다. 특히 사람들은 혼란스럽거나 문제가 있을 때 공감적 경청자의 회답이 중요하다. 이를 통해 자신이 전달한 의사를 검증하고 보다 객관적인 시각에서 자신의 느낌과 생각을 검토할 수 있다.

적극적 경청의 중요한 도구는 (1) 언어 혹은 음성적 기술, (2) 비언어 혹은 비음성적 행동이다.

적극적 경청의 언어적 도구

최소한의 자극 최소의 자극은 "음, 흠", "그리고?", "하지만?", "예", "이해가 가네요", "와–" 같은 원조전문가의 반응이다. 당신도 알겠지만, 이러한 매우 짧은 반응은 원조전문가가 신중하게 듣고 있으며 다른 사람이 계속해서 말해도 괜찮다는 신호이다. 최소의 고지는 고개를 끄덕이는 것에 대한 음성적 형태이다.

강조 반응 강조 반응은 다른 사람이 방금 말한 진술, 낱말 혹은 어구를 반복하는 것이다. 질문하는 목소리 톤 혹은 강세를 활용해 강조 반응을 하는 경우가 많다. 그 목적은 의미를 명료화하고 문제 혹은 상황을 더욱 상세하게 말하도록 장려하는 것이다.

사례

원조전문가는 아래 대화에서 강조하는 반응을 활용한다.

로즈: 저희 가족은 제가 장례식에서 울어서 창피해했어요.
원조전문가: 창피해했다구요?
로즈: 예, 저희 가족은 저를 수치스럽게 생각해요. 저희 가족은 다른 사람이 보는 앞에서 감정을 드러내보이지 않거든요.

조지: 저는 아버지의 야단을 한 시간도 참을 수 없어요.
원조전문가: 참을 수 없다구요?
조지: 예. 저는 폭발해서 아버지에게 대들어요.

바꿔 말하기 바꿔 말하기는 누군가 당신에게 말한 것을 당신 자신의 말로 재진술하는 것이다.

사례

바꿔 말하기의 증거로서 아래 대화를 검토하자.

로즈: 제 딸이 일 년 내내 몸이 아팠는데도 우수한 성적으로 졸업하는 것을 보고 믿을 수가 없었어요.
원조전문가: 따님이 힘든 시기를 견뎌냈군요. 따님의 성취와 회복력이 자랑스러우시겠어요.

조지: 아버지는 심근경색을 앓고 있어 건강상태가 좋지 않아요. 제가 아버지에게 대들면 죄책감에 기분이 좋지 않아요. 저는 아버지가 살아 계시길 바라면서도 가끔씩 돌아가셨으면 좋다고 생각하기도 해요. 아버지와 저의 사이가 여전히 좋지 않은 이유를 모르겠어요.
원조전문가: 당신은 아버지를 걱정하고 더 좋은 관계가 되었으면 하고 바라면서도 아버지가 주변에 있으면 화가 나시는군요. 아버지가 주변에 있다는 것이 너무 견디기 어려운 경우가 있군요.

바꿔 말하기는 '앵무새처럼 흉내내는 것'이 아니다. 즉, 바꿔 말하기는 다른 사람이 말하는 것을 단순히 축약적으로 되풀이하는 것이 아니다. 당신도 경험을 했겠지만, 당신이 한 말이 그대로 돌아오면 짜증이 날 수도 있다. 바꿔 말하기는 다른 사람이 한 말을 경청자 본인의 말로 명료화하고 확인하는 것이다.

사례 미취학 자녀에 대한 화를 조절하는 데 어려움이 있는 젊은 어머니 에이미 워싱턴과 아동학대 예방 기관에서 일하는 휴먼서비스 원조전문가 매기가 나눈 대화를 살펴보자.

에이미: 저는 더 이상 참을 수가 없었어요. 아이들은 집에서 마치 동물처럼 뛰어다니고 서로 부딪히고 괴성을 질렀어요.

매기: (고객을 끄덕이며) 흠~

에이미: 저는 아침에 일어나면 머리가 쪼개지듯 아프고, 아이들도 그것을 알고 있는 듯했어요.

매기: 아이들이 괴성을 지르면, 머리가 아프시군요.

에이미: 참을 수 없었어요. 저는 바로 냉정을 잃고 소리치기 시작했어요.

매기: 자제력을 잃으신거군요.

에이미: 예, 그랬어요. 하지만 아이들을 때리진 않았어요. 엉덩이를 때려주고 싶었지만 그러지 않았어요. 저는 고함을 쳐서 아이들이 방으로 가게 했어요.

매기: 와. 대단하시네요. 화가 났는데도 아이들을 때리지 않으셨다니...

에이미: 예, 제가 잘한거죠?

매기: 정말 잘하신 거에요. 에이미씨가 자랑스럽네요!

생각해보기 #31
1. 앞의 대화를 읽어보고 최소의 고지와 바꿔 말하기를 식별하라.
2. 당신은 에이미에게 도움을 주고 그녀를 격하기 위해 어떤 반응을 보여줄 수 있는가?

반영 반영은 바꿔 말하기와 매우 유사하다. 하지만 반영은 말한 내용을 바꿔 말할 뿐만 아니라 다른 사람의 느낌과 비언어적 의사소통을 (마치 거울처럼) 반향하는 것이다. 공간은 주로 적극적 경청을 통해 전달되기 때문에 원조전문가는 정서적 거울이 되려고 노력해야 한다. 즉, 다른 사람이 자신의 언어와 비언어적, 언어적 의사소통으로 전달한 것을 반영해야 한다. 반영을 통해 말의 기저를 이루는 정서와 태도를 표면화하여 반향된 그림을, 말한 사람에게 잠재적인 방식으로 제공한다. 다음과 같은 반영의 예를 제시할 수 있다. "당신은 장애 급여의 거부에 대해 말할 때, 매우 화나 보이시는군요. 당신이 사회복지제도에 배신감을 느끼고 사례별 사회복지사에게 실망했다는 것을 이해할 수 있을 것 같습니다. 제가 당신의 마음을 제대로 읽었나요?" 반영을 시작하는 방식에 대한 몇 가지 예가 아래에 제시되어 있다:

- 당신은 마치 ....한 것처럼 보이는군요.
- ....인 것 같군요.
- ....을 말하고 싶은거군요.
- 당신이 ....라고 말하는 것을 이해할 수 있을 것 같습니다.
- 아마도 ....은 상당히 어려운 것입니다.
- ...을 들어보니 이해가 가네요.
- ...을 이해할 수 있을 것 같습니다.
- 당신이 말하는 것을 제가 제대로 파악한 것이라면...

- 당신 이야기를 제가 정확히 이해한 것이라면...
- 당신이 말한 것을 종합해보면...
- 당신은 ...라고 느끼시는 것 같군요.
- 그래요, 당신도 아시다시피...
- 제가 당신의 말에 찬성하는지는 확실치 않지만...
- ...을 알 수 있을 것 같습니다.
- 제가 보기에 당신은 ...인 것 같군요.
- 당신이 ....을 느끼고 있는지 궁금합니다.
- 그래요, 당신 입장에서 보면...
- 지금 당신에게 중요한 것은....

사례

38세 백인 공사장 인부 해롤드 베이커는 3달 전에 직장을 잃었다. 그는 집세를 지불할 수 없어, 그의 아내 준 그리고 3명의 자녀(마이크, 10세; 사라, 9세; 미리엄, 5세)와 함께 아파트에서 쫓겨나게 되었다. 그들은 1973년식 뷰익 스테이션 왜건에서 3주 동안 살다가 집없는 가족을 위한 보호소에 들어갔다. 매주 보호소에서는 부모들이 어울려 자신의 느낌을 공유하는 시간을 제공했다. 여러 부모들은 여러 달 동안 보호소에 있었으며 매우 효과적인 원조전문가가 되어 주었다. 해롤드와 준이 참석한 첫 번째 집단 회의에서, 해롤드는 집단의 나머지 구성원 뒤에서 딱딱한 등받이가 있는 의자에 앉아 다리를 벌리고 팔꿈치를 무릎에 기대고 있었다. 그는 머리를 숙이고 있어 그가 쓰고 있는 야구모자의 윗부분을 모든 사람들이 볼 수 있었다. 그가 천천히 움직여 고개를 들었을 때 감정이 없는 모습을 하고 있었다. 준은 보호소에 비치된 긴 의자에 앉았고 그녀의 옆에는 보호소에 거주하고 있던 또 다른 여성이 앉아 있었다. 준은 가끔씩 해롤드를 보았지만 잠시 보곤 고개를 돌려버렸다. 그녀의 눈에는 눈물이 고여있는 것처럼 보였다. 그녀는 집단 회의에서 두 차례 말을 했다. 거주자는 하루에 특정 시간에만 주방을 사용할 수 있다는 사실에 한 여성이 화를 낸 후에, 준은 "제 어린 아이는 잠자리에 들기 직전에 매우 배고파해요. 저는 아이가 잘 자도록 뭔가를 먹이고 싶은데 그럴 수 없어요. 제 아이들을 위해 더 많은 것을 해주고 싶어요."라고 말했다. 그녀는 두 번째 발언을 하면서, 손을 자신의 얼굴로 가져갔고 의자에 털썩 앉았다. 조용한 목소리로 그녀는 "앞으로 무엇을 해야 할지 전혀 모르겠어요."라고 말했다.

생각해보기 #32 앞선 예시를 숙고하고, 다음 질문에 답변하라.

1. 집단 회의 동안 해롤드의 모습에서 전해지는 느낌을 식별하고 열거하라.
2. 집단 회의 동안 준의 말과 행동에서 전해지는 느낌을 식별하고 열거하라.
3. 당신이 해롤드와 이야기한다고 상상한 다음, 준과 이야기한다고 상상해보라. 해롤드와 준에 관한 반영을 공식화하라. 예는 다음과 같다:

   헤롤드에게: "이 보호소에서 가족과 생활하는 것이 비참하다고 생각하고 계시죠?" 혹은 "아내가 슬퍼하는 모습을 보는 것이 정말 힘들 겁니다."

   준에게: "딸이 배고플 때 먹이지 못하는 것은 정말 감당할 수 없을 겁니다" 혹은 "미래가 불투명하기 때문에 불안정하고 두려운 느낌을 받고 있다는 것을 알고 있습니다."

명료화 원조 면접 동안 또 다른 사람의 의미를 정기적으로 명료화하게 되면 원조전문가의 이해에 도움이 된다. 누군가 문제를 명확히 알지 못하는 경우 조용히 듣는 것은 유용하지 않다. 이와 마찬가지로, 누군가 수용 가능한 해결책과 진정한 문제를 잘못 판단하고 있는 경우 선택사항과 가능한 해결책을 창출하는 것은 도움이 되지 않는다. 어떤 사람이 또 다른 사람을 완전히 이해할 수 없기 때문에 의사소통에 어느 정도의 혼란은 항상 존재한다. 하지만 원조전문가는 오해했었던 중요한 사항을 명료화할 책임이 있다. 질문(다음 섹션의 질문 참조) 혹은 진술을 활용해 이를 수행할 수 있다.

사례

원조전문가가 제공하는 질문 혹은 진술을 명료화하는 예가 아래에 제시되어 있다:

원조전문가: 저는 여기서 약간 혼란스럽네요. 병원에 계신 아버지를 방문하지 말라고 한 사람이 누구였죠?

원조전문가: 미안해요. 당신이 말한 마지막 부분을 듣지 못했네요. 어떤 진단을 받았다고 그랬죠?

요약 논의한 내용을 면접 도중에 가끔씩 종합하고 강조하는 것은 유용하다. 좋은 요약은 내용과 느낌을 통합해준다. 이를 통해 진행상황을 설명하고 문제 혹은 해결책의 중요한 사항을 요약하고 문제를 해결할 수 있는 기회를 제공하며 문제를 충분히 생각할 수 있는 기회를 제공한다. 들은 내용을 직관적이고 정확하게 재생하는 것은 매우 확증적일 수 있다.

사례

내용을 강조하고 화자에게 단언하고 상황의 어려움을 인증하기 위해 다음과 같은 요약을 제공한다:

원조전문가: 지난 해 당신이 잃은 것에 대한 모든 이야기를 들으니 약긴 당혹스럽네요. 낭신에게 매우 중요한 사람 4명이 사망했고, 직장을 잃었고, 소유물을 팔아버렸고, 친구와 가족을 떠나 당신이 알지 못하는 이전과 많이 다른 타지로 가게 되었군요. 가끔씩 집중이 되지 않고 잠자리에 들지 못하는 이유가 충분히 이해가 갑니다. 너무 많은 것을 잃어 깊은 슬픔에 잠겨있군요.

존: 와, 대단하시네요. 정확해요. 나는 그런 식으로 생각해본 적이 없었어요. 아마도 제가 미치진 않을 것 같군요.

원조전문가: 지금까지, 당신은 부모와 애인에게 임신한 사실을 말하는 것, 낙태를 해야 하는지, 중퇴를 해야 하는지, 약물 치료를 받아야 하는지, HIV 검사를 받아야 하는지에 대한 결정을 빨리해야 한다고 말씀하셨습니다. 지금 당장 처리해야 할 문제가 산더미군요. 이러한 결정 중 어떤 것을 먼저 말하고 싶으세요?

헬렌: 선생님이 모든 결정 사항들을 열거하는 동안 공황상태에 있었던 이유를 깨달았어요. 앞으로 처리해야 할 것 중에 폴에게 어떤 식으로 말할지를 먼저 알아봐야 겠어요.

정보제공 혹은 교육 그렇게 하는 것이 적절할 경우, 원조전문가는 특정 주제에 대한 자원 전문가 혹은 교육자가 된다. 이것은 행동해야 할 방식에 대해 누군가에게 설교하거나 강의하는 것과는 다르다. 이것은 필요한 도구 혹은 사실을 유용하고 비심판적인 방식으로 제공하는 것이다. 이에 대한 예에는 식품 구입권, 장애 급여를 신청하는 것, HIV 감염을 줄이는 성생활방법과 약물을 더 안전하게 사용하는 방식을 설명하는 것, 신문에서 직업 혹은 주택을 구하는 방식 혹은 사회복지서비스 체계를 협상하는 최상의 방식을 설명하는 것 등에 대한 간단한 지침이 포함될 수 있다.

직면 '직면'은 누군가 또 다른 해석 혹은 관점을 고려하도록 요청하기 위해 사용하는 단어이다. 직면은 어떤 것을 다른 측면에서 볼 수도 있다는 것을 부드럽게 그리고 잠재적으로 제안하는 방식이다. 적극적 경청 상황에서 직면은 공격적이거나 적대적이거나 비난하거나 화를 내는 의사소통 방식이 아니다. 오히려 직면은 어떤 사람이 제시하는 진실의 불일치에 대해 지적하거나 거짓말이나 남용에 대한 당신의 불만족을 진술하는 것이다. 대부분의 사람은 진실을 발견하고 자신과 자신이 처한 상황을 정직하게 이해하려고 노력하기 때문에 직면이 항상 필요한 것은 아니다. 직면은 주의해서 사용해야 하는 적극적 경청 기술이다. 대부분의 상황 하에서, 어떤 것을 공개하거나 드러내도록 하기 위해 사람에게 직면하는 것은 적절하지 않다. 자신만의 속도로 어떤 것을 공개하도록 허용된 사람은 원조관계 내에서 안전한 느낌을 가질 가능성이 훨씬 더 높다.

특정 원조 면접에서 직면이 필요하다고 결정한다면, 아래 제시된 지침을 고려해야 한다:

- 원조관계가 확립되고 친밀한 관계가 구축된 후에만 직면을 활용한다.
- 한 사람으로써의 값어치가 아니라 행동과 관련해서만 누군가에게 직면한다.
- 특정 행동 혹은 사건과 관련해 구체적이어야 한다.
- 당신의 언어와 태도에 존중의 표현이 담겨야 한다.
- 부드럽고 지원적이어야 한다.
- 정직하고 진실되고 적절해야 한다.
- 조종하는 수단으로 직면을 활용해선 안 된다.
- 긍정적이고 건설적이어야 한다.
- 직면 시에 화를 내선 안 된다.
- 책임을 전가하거나 비난해선 안 된다.
- '당신'이 아니라 '저(제)'로 진술을 시작해야 한다.

사례

일부 사람들이 다른 사람들보다 더 효과적인 이유를 생각하면서 아래 제시된 원조전문가 직면을 검토해보자:

잘못된 직면: 누구의 의견도 들어선 안 됩니다!

좋은 직면: 제가 보기에 당신은 제 도움을 요청했지만 그것을 수용하는 것은 꺼려지시는군요.

좋은 직면: 당신은 아직 누군가의 견해를 들을 준비가 되어 있지 않다는 생각이 가끔 드는군요.

잘못된 직면: 당신은 너무 자멸적이에요!

좋은 직면: 저는 당신이 당신 자신보다 남편을 더 많이 염려할 때 걱정이 되곤 하네요.

잘못된 직면: 당신은 정말 무책임하시군요!

좋은 직면: 저는 당신이 마지막 3번의 약속을 어긴 것에 약간 화가 났어요. 저는 이 면접이 당신에게 그렇게 중요하지 않다는 생각이 들기 시작했어요. 당신은 어떻게 생각하세요?

사례

글로리아는 미국 가족 계획 연맹에서 케이스 에이드로 일하면서, 이 연맹에서 서비스를 받으려는 지원자와의 면접을 담당했다. 글로리아는 이전에 의료 서비스를 받아본 적이 없는 임신 3개월의 14세 팸과 대화를 하게 되었다. 글로리아는 산부인과 진료와 팹 테스트(자궁암 조기 검사용)를 제안하면서, 이 절차는 일상적인 산전 관리 서비스의 일환이라고 설명했다. 팸은 "그러고 싶지 않아요. 저는 거기에 누군가 어떤 것을 찔러 넣는 것을 원치 않아요."라고 말했다. 글로리아는 잠시 동안 팸을 쳐다보고 나서 그녀에게 직면하기로 결정했다. 글로리아는 "팸, 물리적 검사와 몇 가지 테스트를 받는 것이 두렵다는 것은 이해가 돼요. 하지만 거기에 남자의 성기를 넣는 것은 허락하면서 깨끗하게 멸균된 의료 기구를 질 속에 넣는 것을 허용하지 않는다니 이해할 수가 없군요."라고 말했다. 팸은 처음에 충격을 받은 표정으로 글로리아의 얼굴을 쳐다 본 다음, 크게 웃었다. 팸은 "일리가 있네요, 글로리아. 굉장히 좋은 비유네요. 당신 말이 맞는 것 같아요."라고 말했고, 글로리아는 "잘 생각한 거에요, 팸. 이러한 절차를 통해 저희는 당신과 당신의 아기를 진정으로 돌볼 수 있어요. 저희는 당신이 불편하지 않도록 최대한 신중을 기할 것이고 검사를 시작하기 진에 그 검사에 대해 자세한 설명을 해 드릴 거예요."

적절한 질문 활용 질문하기는 적극적 경청의 한 부분일 수 있지만 일차적인 의사소통 방식이 되어선 안 된다. 일반적으로 질문은 정보를 얻는 최상의 방식이 아니다. 오히려 사람들이 자신만의 방식으로 자신의 이야기를 말하는 것이 가장 좋다. 너무 많은 질문을 하게 되면, 원조 면접은 상호 대화가 아니라 심문과 유사한 성격을 띠기 시작한다. 질문-대답 패턴은 들어야 하는 내용과 면접이 진행되는 방향에 대해 면접자가 가장 잘 알고 있다는 메시지를 전달해준다. 원조전문가가 덜 지시적이고 덜 권위적이 되려면 반영적 진술을 활용해야 한다. 면접에서 질문하기 직전에 있다는 것을 인식하고, 그 질문을 표현하는 최상의 방식이 무엇인지 평가해야 한다.

가끔씩 특정 정보를 수집해야 한다. 질문을 할 경우, 최대한 상대방의 귀에 거슬리지 않도록 하는 것이 보다 더 생산적이다. 개방형 질문과 탐색형 질문은 적극적 경청에서 질문하는 가장 일반적인 기술이다. 그리고 피해야 하는 질문의 형태가 존재하며, 적절하지 않는 질문을 하는 이유가 있다(Benjamin, 1969).

개방형 질문 대 폐쇄형 질문 기본적으로 두 가지 방식, 즉 개방형과 폐쇄형으로 질문할 수 있다. 폐쇄형 질문은 보통 "예" 혹은 "아니오"로 대답하거나 대답이 함축되어 있다. 폐쇄형 질문의 예는 다음과 같다: "가고 싶지 않았죠?" 혹은 "정말 화가 났나요?" 개방형 질문은 피면접자가 자신만의 방식을 대답하도록 하여 대답을 확장하는데 질문 혹은 진술로 표현할 수 있다. 진술은 가장 유혹적인 형태의 질의로 활용된다. 예를 들어 "전화에 대해 조금만 말해주세요.", "당신의 대학 생활이 궁금해요." 혹은 "오늘 당신의 기분을 언짢게 한 사건에 대해 더 자세히 들어보고 싶어요."

필수 정보를 얻기 위해 면접에서 직접적인 폐쇄형 질문을 해야 하는 경우도 많다(예를 들어 "생일이 언제죠?"). 하지만 폐쇄형 질문은 대화를 진척시키는 경향은 없다. 피면접자의 지각 혹은 경험에 대해 더 많이 알고 싶다면 개방형 질문이 가장 좋다.

질문 활용 시기 경우에 따라 원조 면접에서 질문은 어느 때든 적절하다. 예를 들어,

- 듣지 못하거나 이해하지 못한 경우; 예를 들어 "미안하지만, 마지막 부분을 놓쳤네요. 뭐라고 하셨죠?"
- 인구학적 정보 혹은 재정적 정보의 특정 부분을 알고자 할 경우; 예를 들어, "기록을 위해 질문해야 할 게 있어요. 나이가 어떻게 되시죠?"
- 양식을 완성하고 그러기 위해 직접적인 질문을 해야 하는 경우; 예를 들어 "기록에 필요한데, 주소가 어떻게 되시죠?"
- 의미를 명료화하는 경우; 예를 들어 "당신의 삶에서 필수적인 임무가 있다고 이전에 말씀하셨는데, 그게 뭐죠?", "가족 상봉 도중에 떠나버렸다고 말씀하셨는데, 무슨 일이 있었던 거죠?", "애인이 전화를 하면 통화 도중에 갑자기 끊어버린다고 하셨는데, 그러한 반응을 유발한 것이 무엇이죠?"
- 더 많은 정보를 탐색하고 면접을 진전시키기 위한 경우; 예를 들어 "결혼생활 상담을 어떻게 해야 할지 파악하는 것이 현재 당신의 주요 목표라고 이전에 말씀하셨는데, 그것에 대해 당신이 생각하고 있는 것을 자세하게 말해 주시겠어요?"(탐색과 관련된 더 많은 정보는 다음 섹션을 참조하라)

유용한 탐색형 질문의 예 적극적 경청에서 가장 일반적인 질문 활용 중 하나는 질문을 탐색 혹은 고지로 활용해, 면접의 깊이를 더하고 더 많은 정보를 얻는 것이다. 탐색 혹은 고지의 예 혹은 면접을 생산적인 방식으로 진행하는 질문 방식이 아래 질문에 제시되어 있다:

- _________라는 사실에 대해 어떤 생각이 드세요?
- 가장 큰 장애물은 무엇인 것 같아요?

- 당신은 어떤 반응을 보였나요?
- 그녀에게 어떻게 행동하고 말할지 생각해보셨나요?
- 어떤 것이 가장 좋다고 보나요?
- 예를 들어서요?
- 효과가 없을 경우 무엇을 할지 생각해보셨나요?
- 이것이 당신에게 어떤 영향을 미쳤나요?
- 이로 인해 어떤 변화가 있었나요?
- 거기에 다른 것은 없었나요?
- 어떠한 방식이었죠?
- 당신은 그것을 어떻게 활용했나요?
- 그 일이 발생한 원인이 뭐라고 생각하세요?
- 이제 어떻게 해야 될까요?
- 현 상황이 어떻다고 보세요?
- 그것에 대한 예는 무엇이죠?
- 지금 당신에게 무슨 일이 있어나고 있죠?
- 지금 무엇을 하실 건가요?
- 당신의 논리를 이해할 수 있게 도와주시겠어요?

피해야 하는 질문 벤자민(1969)은 원조관계에서 질문하기에 적절하지 않거나 유용하지 않은 여러 가지 질문 유형을 제시했다:

이중 혹은 다중 질문 원조전문가는 실수로 단일 응답에 2가지 이상의 질문을 함께 연결하거나 이전 질문에 대해 완전히 답할 기회를 주지 않고 피면접자에게 또 다른 질문을 퍼붓는 경우가 있다. 이러한 유형의 질문으로는 대답을 유도하기가 매우 어려우며 면접에서 면접자와 피면접자 모두를 혼란스럽게 할 수 있다. 예를 들어: "오늘밤 다시 보호소에서 머물 생각이셨나요, 아니면 친구 집으로 다시 돌아가실 건가요, 아니면 제가 SRO 주택(역자 주: 만성적 정신질병을 가지고 있는 사람들에게 개인적 자유, 사생활, 공동체 의식을 제공할 수 있는 값이 싼 전통적 주택 형태의 대안적 주거지)에 데려다 주길 원하셨나요?" 질문할 경우, 질문을 하나만 한 다음, 잠시 멈추고 다른 사람이 대답할 기회를 주어야 한다.

"왜" 질문 "왜"는 반감 혹은 불쾌감을 나타내는 단어가 되었다. "왜"로 시작되는 질문은 질문자가 공격의 의도가 없다하더라도 사람들을 방어적으로 만드는 경향이 있다. 예를 들어 "싱넝 검사를 왜 받았나요?", "그 직업을 왜 택했나요?", "왜 어머니와 사이가 좋지 않나요?" 등의 질문은 피면접자가 결정의 타당성을 추궁받거나 그 상황에 대해 비난받고 있다고 생각할 가능성이 있다. 따라서 "당신의 결정을 촉발한 요인은 무엇입니까?" 혹은 "그녀와의 관계에서 가장 어려운 것은 무엇입니까?"와 같이 덜 공격적으로 들리는 질문을 하는 것이 가장 좋다.

사례 "왜"로 질문을 할 경우 어떤 일이 발생하는지 아래 제시된 예를 통해 살펴보자.

패트: 대학에 가기로 결정했어요.
원조전문가: 왜 그런 결정을 하게 되었죠?
패트: 제가 대학에 못갈 거라고 생각하세요? 성적이 좋지 않아서요?
원조전문가: 그런 의미로 말한 게 아니었어요. 그런 식으로 질문한 것에 사과드리죠. 제가 물어 보려고 했던 것은 어떠한 계기로 대학 입학 신청을 하기로 마음먹었느냐는 거죠. 이러한 질문을 하는 이유는 지난번에 우리가 대화를 할 때 무엇을 하길 원하는지 명확히 결정을 내리지 못했기 때문이에요.
패트: 아. 글쎄요. 지난 주에 어머니, 당신 그리고 생활 지도 카운슬러와 대화를 나눈 후에 진정으로 대학을 목표로 열심히 공부하고 싶은 생각이 들었어요. 시도해 보지 않는다면, 대학에 갈 수도 있지 않았을까라고 생각하면서 남은 생을 후회하면서 살 것 같았어요.

호기심 질문 언제나 질문은 당신과 다른 사람이 함께 추구하는 이유와 관련된 목적을 지니고 있어야 한다. 면접에서의 질의는 인터뷰의 목적으로 판단되고 목적과 관련이 있어야 하며 면접을 진전시키는 데 도움이 되어야 한다. 면접자는 불필요하게 거슬리거나, 꼬치꼬치 캐묻거나 호기심이 많아선 안 된다. 말문이 막히거나 충격을 받거나 조용한 분위기에 불편한 경우 원조전문가는 관련없는 질문을 하는 경우가 있다. 부적절하고 관련없는 질문의 예가 아래에 제시되어 있다:

데이브: 지금 저는 제정신이 아니에요. 지난 주에 딸이 차 사고로 죽었어요.
원조전문가: 저런. 따님이 몇 살이었죠?

유도형 질문 유도형 질문은 원조전문가로써 당신이 생각하는 것이 내포되어 있다. 예를 들어: "여동생을 진정으로 사랑하지 않는군요, 그렇죠?", "정말 그렇게 하지 않았다는 거예요?" 혹은 "...라고 생각하지 않으세요?" 원조전문가가 특정 방식으로 대답을 유지할 의도가 없었다고 하더라도, 이러한 유도형 질문을 하게 되면 그러한 효과가 발생할 수 있다.

사례 도움이 되는 반응과 그렇지 않은 반응이 아래 예에 제시되어 있다.

효과적이지 않은 반응:

댄: AIDS가 걸렸다고 어머니에게 말하고 싶지 않아요.
원조전문가: 어머니가 알고 싶어한다고 생각은 안해봤어요? 그리고 당신을 걱정한다고는 생각 안해봤어요?
댄: 글쎄요, 그렇게 생각이 들긴 해요. 아니요, 제가 말하려는 것은, 저도 모르겠어요. 그걸 물어보는 의도가 뭐죠?

좋은 반응:

댄: AIDS가 걸렸다고 어머니에게 말하고 싶지 않아요.

원조전문가: 괜찮으시면, 제게 더 많은 얘기를 해주세요.

댄: 첫째, 저는 그녀를 걱정시키고 싶지 않아요. 둘째, 어머니는 제 주변을 맴돌면서 인생을 살아가는 법을 알려주시려고 힘든 노력을 하실 거예요. 그리고 셋째, 저는 아직 어머니의 반응에 대처할 준비가 되지 않았어요. 마음이 진정되려면 조금 더 많은 시간이 필요할 거예요.

자기 노출 이 섹션에서는 자기 노출에 관해 논의한다. 자기 노출이란 당신이 원조전문가 역할을 할 때 당신의 개인적인 이야기를 들려주는 것이다. 원조전문가로써 당신 자신에 관한 개인 정보를 공유하는 것은 원조관계에서 유용한 경우도 있고 파괴적인 경우도 있다. 이러한 두 상황 간 차이를 밝혀낼 수 있어야 한다.

무엇을 공유하면 적절할지, 당신 자신의 상황에 대해 언제 이야기해야 할지 혹은 누구에게 노출해야 할지 파악하는 것이 어려운 경우도 있다. 다음과 같은 요소들을 고려하면 이러한 질문에 대한 해답을 얻을 수 있다: 다른 사람이 경험하는 것, 당신과의 관계, 당신이 느끼는 방식, 당신의 역할, 다른 사람의 반응 그리고 상담사(예를 들어 기타 비공식 원조전문가 혹은 전문가 혹은 당신의 지도감독자)의 피드백.

자기 노출의 위험 원조전문가 입장에서 숙고하지 않고 자기 노출을 해선 안 된다. 간략하게라도 자신에 대한 이야기를 하게 되면, 면접의 초점이 도움을 요청한 사람에서 당신(지원을 제공해야 하는 사람)에게로 전환된다. 이것은 도움을 요청하고 있는 사람에게 해가 되는 것이고 원조전문가의 권한과 역할을 남용하는 것이다. 원조전문가가 원조관계를 이용하여 자신의 문제를 해결하는 것은 비윤리적이다. 뿐만 아니라, 피면접자는 당신을 많은 도움이 필요할 정도로 문제가 많은 사람으로 생각할 수도 있다("저는 다른 사례별 사회복지사를 원해요; 이 사람은 문제가 많아요!").

원조 역할을 하는 사람이 또 다른 사람을 도와주기 위해서가 아니라, 그 당시에 도움이 필요하다고 느끼기 때문에 개인 정보를 노출하는 경우가 있다. 이러한 역할 전환은 도울 준비가 되어 있지 않은 다른 사람을 혼란스럽게 하고 화답하지 않을 수도 있다. 그런 다음 원조전문가는 자신의 욕구가 충족되지 않고 있다는 것에 화가 난 사실을 알게 된다. 이 경우 원조전문가의 자기 노출은 부적절하다. 이 경우 원조전문가가 취할 적절한 조치는, 도움이 필요할 때 자신의 상황과 관련해 상호 원조관계에 있는 사람 혹은 상담사와 대화하는 것이다.

적절하고 도움이 되는 자기 노출 원조전문가 자기 노출을 윤리적으로 활용하면 다른 사람이 혼자가 아니라고 느끼게 된다. 다른 사람들도 유사한 상황을 경험했고 유사한 느낌을 지녔었고 유사한 반응을 보였었다는 이러한 보편주의는 이 공유 경험의 치유 요소 중 하나이다. 원조 면접에서 자기 노출을 적절히 활용하면 친밀한 관계 구축, 관계 발전, 공감적 의사소통을 개선할 수도 있다. 원조전문가의 자기 노출은 또 다른 사람의 신뢰감과 편안함을 촉진할 수 있다. 이방인들은 어떤 공통점이 있으면 보다 빠르게 친구가 된다. 여러 상황에서 원조전문가는 도움을 구하는 또 다른 사람과 간단한 상호작용만을 한다. 따라서 원조전문가는 개인 정보를 영리하게 공유할 수 있으면 함께 하는 짧은 시간을 최대한으로 활용할 수 있다.

다른 사람과 당신의 경험을 공유하게 되면 다른 사람으로부터 배울 수도 있다. 당신은 유사한 상황을 처리하는 방식을 제시하는 모델이 될 수도 있다. 지지집단, 단짝 제도는 사람들이 유사한 상황에서 다른 사람과의 지혜 공유 구조를 제공하는 서비스의 예이다. 예를 들어 당신이 지지집단에서 동료 촉진자라면 당신의 경험을 통해 다른 사람들을 가르칠 수 있다.

원조전문가에게 가장 가치있는 자기 노출 활용 중 하나는 면담 상황이 아니라 비공식 원조전문가 및 전문가에게 프레젠테이션하는 과정에서 발생한다. 자기 노출은 엄청난 용기가 필요하지만 다른 사람에 대한 교육적 가치가 어마어마하다. 예를 들어 결혼 생활 10년 동안 폭력 피해를 당했고 이혼한 후 남편으로부터 강간을 당한 한 여성은 워크숍에서 사회복지사, 상담사, 경찰관, 치안 판사, 장관에게 프레젠테이션을 했다. 폭력 피해를 입었던 다른 여성들도 청중 속에 있었다. 자기 노출에 대한 청중의 반응은 열광적이었다. 한 경찰관은, 이전에는 여성들이 학대 관계를 계속 유지하고 싶어해 개입하면 안 된다고 생각했다고 말했다. 하지만 이제 그는 폭력적 관계를 유지하는 매우 복잡한 이유를 잘 알게 되었다고 말하면서 앞으로는 적극적으로 개입하겠다는 의사를 밝혔다. 다른 사람들도 그녀의 용기와, 위기를 무릅쓰고 도움을 주려는 그녀의 의지에 힘이 나는 것을 느꼈다.

적절한 자기 노출로 경험하는 어려움 경우에 따라, 원조전문가는 공유할 가치가 있는 개인 정보가 있음에도, 자신의 정보를 공유하는 것이 쑥스럽거나 다른 사람이 자신을 낮추어 볼 것 같은 두려움을 느껴 그렇게 하지 않는다. 그리고 원조전문가는 자신의 이야기를 공유하는 과정에서 표면화되는 힘든 느낌을 다시 경험하길 꺼려하는 경우가 많다. 원조전문가는 그 시점에서 너무 강렬한 느낌을 원치않거나 자제력을 잃는 것을 두려워할 수도 있다. 그리고 원조전문가는 잘못된 것을 말하는 것을 걱정하거나 강렬한 감정에 휘말렸을 때 말해야 하는 것을 말하지 못할 것을 걱정할 수도 있다.

자기 노출을 다루기 위한 지침 원조전문가로써 당신이 자기 노출을 적절히 활용하려면 아래 제시된 지침을 따라야 한다.

- **간략히 진술하라.** 원조 면접에서 당신의 경험을 공유하기로 했다면 적은 부분만 간략하게 공유한 다음, 도움을 요청한 사람에게 즉시 다시 집중하라. "저는 남동생이 죽었을 때 제정신이 아니었어요."와 같이 매우 간략하고 단순한 진술은 슬퍼하는 누군가에게 매우 효과적일 수 있다. 하지만 당신 자신의 슬픔 과정을 오랜 시간 동안 이야기하는 것은 당신이 원조전문가인 경우 용인되지 않는다.
- **당신은 프라이버시에 대한 권한이 있다.** 당신은 자기 노출을 하고 싶지 않으면 자신에 대한 어떤 것도 공개하지 않아도 된다. 당신이 그 상황을 경험했기 때문에 특정 분야의 원조전문가가 되었다면 어느 정도의 자기 노출을 기대할 수 있다.

하지만 이러한 경우에도 프라이버시에 대한 권한은 유효하며 자신에 대해 이야기해달라고 요구받아선 안 된다. 예를 들어 당신이 강간위기센터에 자원봉사 활동을 하면서 자신이 성폭행 생존자라고 밝히지 않아도 된다. AIDS 서비스 기관에서 자원봉사 활동을 하면서 당신 혹은 사랑하는 사람이 HIV 양성이라는 사실을 모든 사람에게 밝히지 않아도 된다. 당신이 알코올 중독 혹은 약물 중독에서 회복 중이거나 근친상간의 피해자였다는 사실을 모든 사람에게 밝히지 않길 원할 수도 있다. 원조전문가가 되기 위해 당신의 프라이버시를 희생할 필요는 없다.

- **반영하라.** 당신 자신의 경험에 대한 직접적인 질문을 받았다면, 대답을 하지 않거나 간략하게 대답할 수 있다. 두 경우 모두, 그 질문 하에서 실제적인 걱정을 반영해야 한다. 대부분의 사람은 당신을 신뢰할 수 있는지, 당신이 진정으로 이해할 수 있는지 혹은 이 일을 하는 동기가 무엇인지를 궁금해한다. 당신과 원조관계에 있는 사람들이 당신에게 개인적인 질문을 할 경우, 그들은 쓸데없는 호기심으로 질문하는 것이 아니라 당신이 원조전문가로써 그들에게 무엇을 제공할 수 있는지 궁금하다는 것을 알려주는 것이다. 당신은 그러한 걱정을 반영하도록 노력해야 한다.

사례

원조전문가에게 개인 질문을 할 경우 제공되는 반영의 예가 아래에 제시되어 있다:

프랜신: 아이들이 있나요?
원조전문가: 없어요. 저에게 자녀가 없다면 제가 어떻게 양육 기술을 가르칠지 궁금하신 거죠. 맞나요?
프랜신: 예. 당신은 아이들이 어떤지 모를 거예요. 그들은 나를 미쳐버리게 해요.
원조전문가: 좋은 지적이에요, 프랜신. 아마도 저는 당신이 처한 상황과 당신의 가정 안에서 발생하는 일을 알지 못할 수도 있어요. 하지만 이 일을 하면서 다른 부모들로부터 몇 가지 배운 게 있어요. 이것이 아마도 당신에게 도움이 될 거예요. 몇 가지 시도해보고 어떤 일이 벌어지는지 지켜볼까요?

리지: 폭력 피해를 당해본 적이 있으세요?
원조전문가: 또 다른 폭력 피해 여성만이 당신이 겪은 일을 이해할 수 있다고 생각하시군요.
리지: 예, 그래요.
원조전문가: 아마 그럴지도 모르죠. 어느 누구도 다른 여성의 경험을 진정으로 이해할 순 없으니까요. 하지만 당신이 당한 폭력 피해를 진심으로 이해하려고 노력할 거예요. 그리고 당신과 조의 관계에 대해 계속해서 얘기해 줬으면 해요.

모린: 신을 믿으세요?
원조전문가: 그 질문을 하는 동기가 뭐죠?
모린: 저는 신을 믿어요. 당신도 신을 믿는지 알고 싶어요.
원조전문가: 당신의 신앙은 당신에게 매우 중요할 거예요. 아이를 낳을지 결정하는 과정에서 신앙은 당신의 결정에 어떤 영향을 주었나요?
모린: 낙태는 죄악이라고 배웠어요.

모리스: 당신은 동성애자인가요?

원조전문가: 그런 질문을 하는 걸 보니, 제가 당신과 당신의 애인을 이해하고 당신을 재단하지 않을 수 있는지 궁금해하는 것 같군요.

모리스: 예, 그래요.

원조전문가: 글쎄요, 한 번 시험해보죠. 내가 당신을 재단한다고 느끼면 말하세요. 그러면 그에 대해 이야기할 겁니다. 그리고 제가 당신의 말을 이해하지 못하면 당신에게 질문을 할 거예요. 그러면 되겠죠?

모리스: 예, 그렇게 하면 되겠군요.

돌로레스: 가족 중에 알츠하이머병을 앓고 있는 사람이 있나요?

원조전문가: 예, 실제로 제 어머니가 치매가 있어요. 그래서 이 지지집단에 들어오게 된 거구요. 하지만 지금 당신의 마음에 아버지에 대한 걱정이 가득차 있는 듯하니 당신이 지금까지 느꼈던 감정과 어떻게 대처해왔는지에 대해 먼저 이야기하고 싶군요.

- **필요할 경우 사과하기.** 당신이 실수를 하거나, 당신 자신을 너무 많이 노출하거나, 관계 형성도 안 된 너무 이른 시기에 개인 정보를 제시하거나, 도움을 요청한 사람에게서 초점이 벗어난 경우, 자신의 실수를 인정하고 그에 대해 사과하고 현재 상황에 다시 집중해야 한다.

사례

원조전문가가 자기 노출에서 실수를 한 후, 도움을 요청한 사람에 다시 집중한 사례가 아래에 제시되어 있다:

원조전문가: 당신이 친구에 대해 이야기하는 걸 듣는 동안, 제 친구가 암에 걸렸을 때 제가 느낀 좌절감이 떠올랐어요. 그때 저는 친구가 건강해지길 얼마나 바랐는지 몰라요.

로버트: 암에 걸린 친구가 있다구요? 언제 그걸 아셨어요? 그녀의 상태는 얼마나 안 좋았나요? 당신이 어떤 기분인지 그녀에게 말했나요? 당신의 말에 귀를 기울이던가요?

원조전문가: 그거 알아요? 상황이 엉망이 됐네요. 대상을 저로 전환할 의도는 없었어요. 지금 가장 중요한 사람은 당신인데요. 미안해요. 병원에 있는 당신 친구에 대한 이야기로 돌아가죠.

- **"나는 누구의 욕구를 충족시키고 있는가?"를 질문하라.** 자기 노출을 하고 있다는 것을 알게 되면 잠시 멈추고 이 중요한 질문을 자신에게 해야 한다: "나는 누구의 욕구를 충족시키고 있는가?" 당신의 자기 노출이 원조관계에 분명히 도움이 되는 것이라면 자기 노출을 할 수 있다. 당신의 마음의 짐을 덜어내기 위해 자신에 대한 이야기를 하려 한다면, 자기 노출을 해선 안 된다. 피면접자가 당신의 이야기

를 공유하자고 직접 요청한 것인지 혹은 그 사람이 그 이야기를 들을 마음이 있는지 확인해야 한다. 그 사람이 당신에게 정보를 요청했든 그렇지 않든, 단지 당신의 필요에 의해 말을 한다면 이 상황에서 그것은 용인되지 않는다.

- **절대 거짓말을 하지 마라.** 특정 상황 혹은 문제를 경험한 사실에 대해 절대 거짓말을 해선 안 된다. 질문에 대답하지 않을 수는 있지만 경험한 사실을 조작해선 안 된다. 예를 들어 강간, 이혼, 폭력피해, 사별 등을 당했는지에 대한 질문에 사실이 아니라면 "예"라고 대답해선 안 된다. 불행하게도 원조전문가들은 신뢰관계를 형성하기 위해 긍정(예)의 대답을 하는 경우가 있다. 거짓말을 하는 것은 신뢰관계 형성에 전혀 좋은 방식이 아니다. 확신이 서지 않으면 진실을 말해야 한다. 질문이 당신을 불편하게 하여 어떻게 대답해야 할지 확신이 서지 않는 경우가 종종 있긴 하다.
- **곤경에서 모면하기 위해 자기 노출을 해선 안 된다.** 원조관계에서 피면접자의 화 혹은 불쾌감을 완화시키려는 노력으로 자신의 개인적인 이야기를 하는 것은 적절하지 않다. 예를 들어 아동학대를 경험한 성인 생존자를 위한 지지집단을 원조하는 한 학생 인턴은 집단의 여러 구성원들이 "우리 기분이 어떤지 말하지 말아요. 당신은 이 일을 겪어보지 않았잖아요!"라고 그녀에게 맞서자 불편함을 느끼게 되었다. 그녀는 이 피드백을 수용하거나 자신의 행동을 살펴보지 않고, "저는 당신들의 기분을 알아요! 저는 의붓아버지에게 강간을 당했어요."라고 말해버렸다. 그런 다음 그녀는 눈물을 터뜨리고 방을 달아나듯 나가버렸다. 그녀의 자기 노출은 자신의 곤란한 입장을 모면하려는 목적으로 활용되었다. 하지만 이로 인해 지지집단은 더 이상의 진전이 없게 되었고, 자기 말을 들어주고 인증이 필요한 집단 구성원들의 욕구는 충족되지 않았다.

사례

유용한 공유

32세의 아일랜드계 카톨릭 신자인 메리 캐서린 오코너는 결혼을 해 두 명의 미취학 자녀가 있으며, AIDS로 걸려 사망하게 된 오빠의 투병 생활을 통해 지혜를 얻게 되었다. 그녀는 AIDS에 걸린 또 다른 여성 수잔 앨런에게 자신의 경험을 들려줌으로써 앨런을 도와줄 수 있다. 이미 오빠의 일로 그 상황을 경험한 메리는 생명을 위협하는 질병을 앓고 있는 앨런의 오빠가 경험하는 복잡한 문제(특히 이 질병은 사회적으로 수용되지 않고 정신적인 소모가 심해질 때 더 문제가 심각해진다)들을 잘 알고 있다. 예를 들어 그녀는 누군가 오빠의 집에 스프레이로 음란한 말을 써 놓은 것을 보았다. 메리는 수잔이 현재 상황을 헤쳐 나올 수 있는 방안을 수잔에게 제공해주는 가족과 지역사회의 노력을 경험했었다. 메리는 수잔과 친구이자 원조전문가가 된다. 메리와 수잔은 만나 점심을 먹고, 메리는 수잔이 이 일에 대해 혼란스럽고 무서워하고 있음을 느끼게 된다. 메리는 오빠가 죽음에 직면했을 때의 자신의 심정을 간략하게 말해줘, 수잔이 보이는 반응이 정상적인 것이라는 것을 수잔에게 알려준다. 메리는 이 특별한 날 감정적으로 강한 느낌이 들어 자신의 이야기를 해주겠다고 결심할 수 있다. 그리고 메리는 자신이 한 이야기를 수잔이 다른 사람에게 하지 않을 것이라는 믿음도 갖게 된다. 마지막에 수잔은 메리의 이야기를 듣고 싶다고 했다. 메리는 감추고 싶은 자신의 이야기를 진심을 담아 들려줌으로써 메리와 수잔의 친밀감은 더해지고 수잔은 힘을 얻게 된다.

사례

부적절한 공유

앞선 예에서, 메리가 원조전문가로써 도움을 주기 위해 수잔에게 전화를 걸어 통화 내내 메리 오빠에 대한 이야기만 했다면, 수잔의 질문은 뒷전이 되었을 것이고, 수잔은 자신의 정서적 자원이 메리를 돌보는 데 쓰이고 있다는 것을 알게 될 것이다.

조언할 때는 신중해야 한다 일부 사람들은 다른 사람을 원조하는 것은 조언하는 것과 같다고 생각한다. 실제로는 정반대이다. 원조전문가의 역할은 자원 및 결과에 대한 정확한 정보를 제공한 다음 피면접자가 스스로 결정 및 결심하도록 지원하는 것이다. 원조전문가가 직접적인 조언을 하면(예를 들어 "제가 생각하기에 당신은 그에게 말해야만 해요." 혹은 "제가 당신이라면 떠났을 거예요"), 피면접자가 자신의 문화, 가족, 종교, 기대, 가치, 성격에 맞는 해결책을 찾으려는 고유한 개인이라는 사실을 무시하는 꼴이 되고 만다. 좋은 원조전문가는 자원을 공유하고 선택사항에 대한 정보를 제공하지만, 조언은 제공하지 않는다.

물론 피면접자가 정보, 자원, 지지를 요청하면, 당신의 조직에서 제공하는 메커니즘(예를 들어 사례관리와 의뢰)을 통해 이러한 요청을 직접 다루어야 한다. 문제는 피면접자가 문제를 해결하거나 의사결정을 하기 위해 당신에게 도움을 청하거나 원조전문가인 당신이 피면접자가 무엇을 해야 하는지 말해야 한다는 생각이 드는 상황을 어떻게 하면 가장 잘 처리하느냐하는 것이다.

피면접자가 당신에게 "어떻게 할까요?" 혹은 "당신이라면 어떻게 하겠어요?"라고 물어보는 경우에도, 그 사람은 주도권 혹은 선택 권한을 포기하려하지 않는다. 이러한 말들은 원조전문가에게 주도권을 넘겨주려는 유도가 아니라 혼란과 당혹감에 대한 외침인 경우가 대부분이다. 누군가 도움을 요청할 경우, 이것은 자신의 삶을 또 다른 사람의 손에 진정으로 넘겨주는 행위가 아니다. 이것은 난감함의 표현, 문제를 피하려는 겁먹은 시도, 필사적인 도움의 외침 혹은 고통의 표현이다.

원조관계에서 정보를 제공하지 않고, 조언하는 것은 매우 위험하다. 피면접자가 원조전문가의 조언을 받아들이지 않으면 원조전문가는 상처를 받거나, 거절당한 기분을 느끼거나, 그 사람에게 화가 나 피면접자를 돕는 것이 더욱 어려워진다. 피면접자가 원조전문가의 조언을 받아들인다고 해서 그 결과가 훨씬 더 좋아지는 것도 아니다. 수용된 조언이 힘들어 하는 사람에게 효력이 없으면 관계는 손상되어, 경우에 따라서는 그 관계가 회복되지 않는다(예를 들어 "당신은 저에게 집으로 가서 어머니, 아버지에게 임신한 사실을 이야기하라고 말씀하셨죠. 말씀하신 대로 했어요. 그랬더니 그들은 저를 집 밖으로 쫓아냈고, 지금 저는 지낼 곳이 없어요"). 다른 사람이 당신이 요청한 대로 행동하고 당신의 조언이 효력을 발휘하는 최상의 시나리오에서도 문제가 있다. 이를 통해 원조전문가인 당신에게 문제해결을 의존하게 될 수 있다. 이것은 의사를 결정하고 문제를 해결하는 방법을 배우는 과정에서 그 사람에게 도움을 주지 못할 뿐만 아니라, 그 상황에 숙달된다고 해서 그 사람의 만족감이 커지지도 않는다.

어떤 사람이 당신에게 조언을 구한다면(예를 들어 누군가 "저는 어떻게 해야 하죠?"), 적극적 경청에서 당신이 모든 것을 반영하는 것처럼 걱정을 반영해야 한다. "지금 당신은 혼란스럽고, 무언가에 압도당하고 좌절감을 느끼고, 누군가 이 문제를 떠맡아 당신을 대신해 해결해 주길 원하시는군요. 그것은 상당히 어려운 상황입니다." 그 사람과 함께 선택사항을 개발하고 결과에 직면해보자고 제안해야 한다. 그 사람과 함께 문제를 해결해야 한다. 하지만 무엇을 해야 한다고 말해선 안 된다! 그것은 자신의 문제를 해결할 그 사람의 권한과 능력을 무시하는 무례한 행동이다.

사례

아래 제시된 대화를 숙고하고, 이 원조전문가가 조언을 구하는 상황에 대처하는 방식에 대해 생각해보자:

로니: 어떻게 하죠? 어떻게 하면 좋을까요?

원조전문가: 저는 당신이 제 견해를 진정으로 원하는지 혹은 당신의 좌절감과 혼란을 표현하고 있는 것이지 알 수가 없군요.

로니: 제가 물어보잖아요. 지금 제가 뭘 어떻게 해야 하냐구요?

원조전문가: 글쎄요, 당신이 뭘 해야 하는지 알 수 있도록 도와줄 수는 있지만 당신이 무엇을 해야 하는지에 대한 저의 생각은 말씀드리지 않을 겁니다.

로니: 왜죠?

원조전문가: 저는 당신에게 일어난 일을 진심으로 걱정하지만 그건 제 삶이 아니기 때문에 제가 결정할 사항이 아니에요. 당신에게 적합한 것은 당신만이 알아낼 수 있어요. 저는 당신이 가능한 모든 해결책을 열거하도록 도와주고 당신에게 어떤 것이 가장 효과적인지 알아보려고 합니다.

로니: **(웃으면서)** 저는 당신이 어떤 말을 할지 알고 있었어요. 제가 몇 시냐고 물으면 당신은 몇 시라고 생각하시죠라고 물어보실 거예요.

원조전문가: **(역시 웃으면서)** 그거 정말 재밌군요. 당신은 제 성격을 그렇게 단정지으셨군요. 뭐 어쨌듯 제가 한 말을 이해하시겠죠?

로니: 예. 제가 스스로 결정하고 결심해야 한다는 것을 알고 있어요. 정말 어렵지만 그 방법 밖에 없겠죠.

원조전문가: 그게 정말 힘들다는 걸 알아요. 당신이 무엇을 해야 할지에 대한 실마리를 찾을 때까지 우리 포기하지 말아요. 당신이 이미 시도한 것부터 이야기를 시작해야 할 것 같군요. 괜찮죠?

로니: 좋아요.

비언어적 행동 혹은 비언어적 의사소통 알아차리기

의미의 전달은 꼭 문어나 구어에 의해서만 이루어지는 것은 아니다. 단어는 단지 의사소통의 일부일 뿐이다. 사실상 비언어적 행동이 우리들의 실제적인 감정이나 사고를 단어보다 더 잘 표현해줄 수 있다(Kadushin, 1983; Nunnally and Moy, 1989). 연구에 의하면 메시지의 65%는 단어 이외의 방법에 의해서 전달된다(Birdwhistell, 1970).

비언어적 행동이 적극적 경청의 가장 중요한 요소이다. 원조전문가는 도움을 요청하는 사람들뿐만 아니라 그들의 비언어적 행동을 경청해야 한다. 효율적인 조력자는 모든 비언어적 신호들을 관찰해야 하는데 그 이유는 비언어적 신호들이 현재상태를 평가하는 데 더 많은 정보를 주기 때문이다. 비언어적 의사소통의 일반적인 채널은 다음과 같다.

- **후각** 그 사람이 술을 마셨는가? 담배를 피우는가? 개인적인 위생상태가 적절한가? 대소변의 실금이 있는가?
- **시각** 그 사람의 자세, 몸짓, 안면 표정, 의복상태, 외모 등을 관찰하라.
- **청각** 말씨, 단어의 명확도, 말의 속도, 음량, 호흡, 눈물, 웃음소리, 그리고 단어가 아닌 소리들이 여기에 속한다.
- **근접성** 그 사람이 어느 정도 공간을 떼는가? 그(녀)가 당신으로부터 가까이 혹은 멀리 하기를 원하는 것 같은가?

더욱이 원조전문가는 관계가 있는 것처럼 보이는 비언어적 행동에 대해서는 꼭 반영해 주어야 한다. 예를 들어 "내가 보기에 오늘 당신은 정말 슬픈 것 같습니다. 당신은 그렇게 느끼나요?", "우리가 당신의 상사에 대해서 말할 때 당신은 약간 흥분하고 신경질적인 것 같은데요. 그가 당신을 약간 놀라게 했다고 생각하는 것이 옳은가요?"

우리는 어떤 사람의 비언어적 행동에 대해서 아무 것도 추정하지 말아야 한다; 우리는 필히 그것을 우선 확인해야 한다. 개인적이거나 문화적인 요인이 특별한 외모와 행동을 만들어낼 수 있기 때문에 순전히 우리들의 관점에서 비언어적 행동을 해석하는 것이 무용지물일 때가 종종 있다. 예컨대 중류층의 백인 남성인 조는 나이가 좀 든 일본인 여성인 밈이 인터뷰하는 동안에 자기의 얼굴을 쳐다보지 않고 눈맞춤을 하지 않은 것을 관찰했다. 그는 그녀가 아마도 무엇인가를 숨기거나 혹은 거짓말을 한다고 생각했다. 조는 자기가 느낀 미심쩍은 점에 대해 그의 지도감독자와 논의할 때, 그녀는 여자가 권위를 가진 남자와 가족구성원이 아닌 남자의 얼굴을 똑바로 쳐다보는 것은 많은 아시아 문화권에서는 용납되기 어려운 것으로 생각된다는 것을 설명했다.

생각해보기 #33 다른 사람의 행동을 주제넘지 않게 관찰하는 것은 계몽적일 수 있다. 당신이 앉아서 다른 사람들을 방해하지 않고 그들을 관찰할 수 있는 장소, 예컨대 동물원, 쇼핑센터, 공항 혹은 호텔 로비와 같은 곳을 찾아보라. 사람들의 부딪히는 행동들(즉, 부닺히는 몸의 부분들과 빈도)이 나이에 따라 서로 다른가? 그들의 민족성과 인종은? 그들의 성은? 그들의 불구 정도는?

원조전문가의 비언어적 의사소통 원조전문가가 도움을 요청한 사람들의 비언어적 행동을 경청하고 반영할 뿐만 아니라 원조전문가가 비언어적 신호를 보내는 것은 중요하다. 공감의 표현은 원조전문가로부터의 비언어적 반응뿐만 아니라 언어적 반응을 모두 포함한다. 다양한 비언어적 혹은 비음성적 반응은 라포 형성을 촉진할 수 있고 원조전문가의 배려와 관심을 전달하는 데 도움이 될 수 있다.

시선 접촉 '시선 접촉'은 단순히 어떤 사람의 눈을 바라보는 것과 그 사람의 눈높이에 당신의 눈을 맞추는 것을 의미한다. 예컨대 휠체어에 앉아있는 어떤 아이나 성인과 같은 수준에서 앉아 있는 것은 협력, 수용, 존중을 전달하는 것이다. 시각장애를 가진 사람들의 얼굴을 바라봄으로써 원조전문가는 비언어적 안면 단서를 알아차릴 수 있게 된다. 원조전문가는 화상, 대뇌 마비, 추하게 하는 특성의 사람들과 같이 외모의 이상을 가진 사람들을 직접적으로 쳐다보는 것 역시 매우 중요하다.

많은 초보 원조전문가들은 도움을 요청하는 사람들이 계속해서 시선을 접촉해야만 한다고 생각하는 실수를 한다. 그 사람의 얼굴과 눈에 시선을 유지하는 것은 원조전문가의 의무이다; 도움을 찾아 온 사람의 의무가 아니다. 적절한 시선 접촉이란 빤히 쳐다보는 것을 의미하는 것이 아니다. 차라리 그 사람이 힐끗 쳐다볼 때 면접자가 관심을 가지고 집중하고 있다는 것을 알도록 할 필요가 있다.

자세와 근접성 개방된 편안한 자세는 (엇갈린 다리와 팔보다는) 그 사람을 향해서 앞으로 기울어져 있기 때문에 더 반기는 것처럼 생각된다. 두 사람 사이에 책상과 같은 인공적인 장애물이 없는 상황에서 편안한 거리를 유지하도록 노력하라. 관심과 존중을 전하는 방식, 즉 다른 사람과 너무 가까이도 너무 멀리도 아닌, 이미 증명된 편안한 영역을 반영하는 방식으로 앉아라.

인면 표정 중립적이고 염려하는 표정은 모든 상황에서 가장 유용하다. 물론 슬픔이나 익살과 같은 감정을 적절히게 표현하는 것은 진심에서 우러나는 상호작용의 일부분이다.

음성과 언어 원조전문가의 목소리는 지나치게 시끄럽거나 지나치게 작지 않음으로써 마음을 진정시켜주고 조절해주어야 한다. 당신은 사람을 깔보는 투로 말하거나 선심쓰는 체해서는 안 된다. 뿐만 아니라 은어, 음탕한 말 혹은 속어를 사용해서도 안 된다.

침묵 조력관계에서는 침묵은 매우 중요하고 강력한 의사소통 유형이다. 침묵은 의사소통의 부재가 아니다; 자주 침묵은 논의되고 있는 주제와 관계의 맥락에서 이해될 수 있는 특별한 의사소통 유형이다. 침묵을 이해하고 평가하는 것은 적극적 경청, 효율적 대담, 그리고 타인의 경험을 이해하는 데 있어서 중요하고 의미있는 부분이다.

우리들 중 많은 사람들은 침묵을 무관심, 지루함, 분노 혹은 저항으로 해석하기 때문에 원조 면접 중에 침묵의 의미를 이해하는 것은 어렵다. 이것은 물론 이따금씩 있는 경우이다. 그러나 침묵이 다른 생각이나 감정을 전달하는 때라는 것을 배우는 것은 가치로운 일이다.

만일 말들이 빈 공간처럼 느껴지는 것을 가득 채우지 않는다면 많은 사람들은 긴장을 느끼기 때문에 침묵에 대해 불편을 느낀다. 많은 원조전문가들은 면접할 때 침묵을 두려워하기 때문에 그것을 서둘러서 메꾼다. 수다가 침묵보다 낫다는 것이 일반적인 생각이다. 그러나 침묵은 실제로 의사소통의 주요 요인이고 가치를 인정받아야 하고 활용되어야 한다.

만일 침묵이 원조전문가로서 당신이 말한 어떤 것에 뒤따라 온 섯이라면 아마도 그 사람에게 침묵은 의미있는 것이며 방해받지 말아야 한다. 만일 다른 사람이 당신에게 말한 후에 침묵이 왔다면 물론 그것은 단순히 당신이 말할 차례라는 것을 의미할 수 있다. 만일 당신이 그때 반응하지 않는다면 "계속하세요", "나는 듣고 있습니다", "천천히 하세요" 혹은 "그리고?"라고 말함으로써 그 사람이 계속 말하도록 격려한다.

대화 중에 잠시 멈추는 것은 그 사람이 아래와 같은 상황이라는 신호일 수 있다.

- 면접 중에 떠오른 어떤 것에 대하여 생각하거나 느끼는 것
- 질문이나 반영에 대한 반응을 조심스럽게 숙고하는 것
- 의사결정을 하려는 것
- 무엇인가를 표현하는 방법을 찾아 애쓰는 것
- 주제에 대해 불편한 경우
- 생각을 정리하는 경우
- 민감하거나 고통스럽거나 혹은 사적인 어떤 특별한 것을 당신과 공유하는 것이 안전한지를 결정하려는 것
- 방금 이야기된 것에 대한 타당성을 생각하는 것
- 타임아웃이 필요한 것
- 울지 않으려고 노력하는 것
- 당신이 방금 말한 것에 의해 혼란스러운 경우

원조전문가가 사람들에게 생각하고 느낄 수 있는 조용한 시간과 공간을 허용하는 것은 중요하다. 어떤 사람들의 의미있는 침묵을 방해하는 것은 말을 방해하는 것처럼 무례한 일이다. 예의바른 원조전문가는 어떤 한 사람에게 필요한 시간과 배려를 허용할 것이다. 원조전문가들이 극단적인 불편을 경험하지 않으면서 침묵을 견디는 것을 배우는 것은 중요하다. 잠시 동안의 침묵을 차분하면서 끈기있게 관리하라.

중지는 두 가지 방식으로 다루어질 수 있다. 첫째, 원조전문가는 면접 중에 시험삼아 차분하고 부드러운 목소리로 반영하는 것처럼 같은 방식으로 침묵에 대해 반영할 수 있다. 침묵에 대해 반응하는 예는 아래와 같다:

- "당신은 조용하군요. 지금 무엇을 생각하고 있나요?"
- "당신은 정말로 슬퍼보이는군요. 당신에게 민감한 주제인가요?"

- "당신의 침묵이 내 질문에 대해 어떻게 대답해야 할지 잘 모르겠다는 것을 의미하는 것은 아닌지 궁금하군요."
- "계속 더 하는 것이 당신에게 힘든 것처럼 보이는군요."
- "당신이 그처럼 느낀다면 우는 것도 좋습니다."
- "당신이 준비되었다고 느끼면 언제라도 당신 마음속에 무엇이 있는지 듣고 싶습니다."
- "나는 당신이 무엇을 생각하는지에 대해 흥미가 있습니다. 나와 공유할 수 있는지요?"
- "우리가 단지 여기에 앉아서 잠시 생각해본다면 좋겠네요."
- "이것은 모두 대단한 일이네요. 당신이 느끼는 어떤 것들을 말로 표현해 볼 수 있을까요?"

둘째, 원조전문가가 단순하게 침묵을 기다릴 수 있다. 대부분의 사람들은 침묵에 대해 불편해 한다. 따라서 원조전문가가 조용하게 앉아서 기다릴 수만 있다면 상대방은 조용한 것을 참기보다는 무엇인가를 말하고 싶어 할 것이다. 이것은 두 사람의 면접 당사자들 간에 게임의 모양을 취하지 말아야만 한다. 그러나 침묵은 자주 효과적으로 그리고 적절하게 면접을 따라 움직일 수 있다. 그러나 그 사람이 침묵에 대해 지나치게 불편해지는 것은 아닌지 꼭 집중하고 확인하라. 예컨대 "내가 당신에게 더 많은 정보를 주어야 할지 혹은 이미 우리가 말한 것에 대해 당신이 생각해봐야 할지 확신이 안서네요. 어떻게 하는 것이 지금 당신에게 가장 도움이 될까요?"

사례

다음의 대화는 침묵을 다루는 한 가지 방법을 예를 들어 설명한다.

원조전문가: 당신은 당신의 아이가 Tay-Sachs 질병을 앓고 있다는 사실을 최근에 알게 된 것에 대해 얼마나 슬픈지에 대해 나에게 많이 얘기했습니다. 당신은 이 뉴스를 부모나 자매들에게 얘기하지 않았다는 것을 또한 나에게 말했습니다. 그 소식을 그들에게 어떻게 말할 것인지에 대해 생각해 보았습니까?

릴리: **(아래를 쳐다보며, 1분 정도 침묵)** 저는 줄곧 그것에 대해 생각해 보았습니다만 내가 어떻게 해야 할지 모르겠습니다.

원조전문가: **(샐리는 말하려고 노력하고 있고 그녀의 눈에는 눈물이 고여있는 것을 관찰함)** 천천히 하세요.

릴리: **(1분 정도 침묵)** 글쎄요, 제 어머니께 어떻게 털어놓을까 정말 모르겠습니다(조용히 운다).

원조전문가는 아무 말도 하지 않지만 그녀에게 티슈를 건내주고 조용히 기다린다.

릴리: **(침묵과 울음 후에)** 그녀는 정말로 첫 번째 손자를 고대했어요.

원조전문가: 당신은 어머니가 실망할 것이라 생각하는군요.

릴리: **(1분 정도 침묵)** 꼭 실망만은 아니지요. 그러나 어머니는 정말로 상실을 느끼실 것입니다(더한 침묵).

원조전문가: 릴리씨, 나는 당신의 생각이나 감정을 방해하고 싶지 않습니다. 차라리 내가 지금 당신을 혼자 두는 것이 나을까요?

릴리: 아니요, 당신이 같이 있으면 좋겠어요. 만일 내가 정말 수다스럽지 않은 것이 괜찮다면 나는 당신과 함께 있고 싶습니다.

원조전문가: 물론이지요. 나도 머무는게 좋습니다. 그렇지만 내가 당신에게 더욱 도움이 될 만한 것을 할 수 있다면 네게 알려주세요.

접촉하기 신체적 접촉은 우리 문화에서 대단히 의미있고 상징적이다. 그 사람이 접촉하기를 원하는지 먼저 분명히 하지 않은 채 한 사람의 개인적 공간으로 들어가는 것은 적절하지 않다. 우리와 함께 원조관계에 있는 사람을 접촉하는 것은 전혀 강제적, 위압적, 학대적, 색정적, 성적이거나, 혹은 주제넘는 것이 아니다. 다른 사람이 당신의 접촉하기를 거절하는 것을 존중하는 것도 동등하게 중요하다. 예컨대 어떤 종교에서는 남성은 여성 원조전문가와 악수하려 하지 않는다. 비슷하게 만일 어떤 사람이 휠체어를 앞쪽으로 움직이려고 힘쓴다면 당신의 도움을 필요로 한다고 가정하기보다는 언제나 당신이 도울 수 있는지 물어보라.

경고나 허락이 없이 접촉되는 것은 매우 위협적이다. 그러나 접촉이 적절하게 활용될 때에는 인정과 위안을 받는다. 당신이 그(녀)를 접촉하는 것에 대해 어떻게 느끼는지 언제나 그 사람에게 확인하라. 예컨대 매우 감정적이었던 대화 이후에 당신은 "당신을 껴안아주고 싶은데 괜찮을까요?"라고 말하고 싶어할 수 있다. 그 사람이 당신의 제의를 편안하게 거절하는 것을 허용하는 것은 중요하다. 관심을 표명하는 것으로 팔꿈치, 어깨, 혹은 무릎을 간단히 접촉하는 것과 같이 당신은 덜 강압적인 몸짓을 많이 할 수 있다. 당신의 접촉이 환영받지 못하고 다른 사람을 불편하게 한다는 것을 알아 차린다면 다시는 그렇게 하지 않도록 주의하라.

적극적 경청을 위한 다른 팁

초점을 맞추어라 당신이 경청하고 있는 사람을 초점으로 계속 유지하라. 제3자와 방에 없는 사람들 주변을 향해 갑자기 옆길로 새지 마라.

사례 다음의 두 가지 반응에서 차이점에 주의하라. 누가 각 예의 초점인가?

잘못된 예: 그래서 당신의 아들이 아내와 이혼하는군요. 당신의 며느리는 그 점에 대해 어떻게 느끼나요?

좋은 예: 당신의 아들이 이혼할 것 같아 보여서 당신은 아들과 그의 가정에 대해 걱정하고 있군요.

중립을 유지하라 그 사람을 지원하라. 그리고 어느 편에도 서지 말고 그(녀)를 이해하려고 노력하라.

사례

다음의 두 가지 반응에서 차이점에 주의하라. 하나는 어느 한편에 선 것이고 다른 하나는 보다 객관적이고 중립적이다.

잘못된 예: 당신의 할머니는 틀림없이 마녀입니다.
좋은 예: 당신과 할머니는 지금 둘 사이에 많은 갈등이 있는 것처럼 보입니다. 그리고 당신은 할머니로부터 혼나고 비판받는 것처럼 느끼는군요.

잘못된 예: 분명히 당신은 완벽하게 옳습니다. 당신의 애인은 당신에게 그것을 요구할 아무런 권리가 없습니다.
좋은 예: 당신은 애인과 다투면서 매우 상처받았고 그가 부당하다고 느끼는 것 같군요.

방어에 대해 반응하라 그 사람이 방어하는 것처럼 들리거나 행동할 때 (공격에 대항해서 방어하는) 당신은 아무 것도 아닌 것처럼 그것을 반영하고 재진술하라. 그(녀)의 감정이나 인식에 대해 그 사람과 논쟁하려 하지 마라.

사례

다음의 두 가지 반응에서 차이점에 주의하라. 방어의 측면에서 두 반응은 어떻게 다른가?

잘못된 예: 모두 그르다고 내가 말한 것에 당신은 신경쓰고 있군요. 그토록 과민하지 마세요!
좋은 예: 내가 말한 것 때문에 공격당한 것 같은 기분을 느끼는 것 같아 그것을 분명히 하고 싶군요. 죄송합니다만 나는 상처주려는 의도가 전혀 없었습니다. 당신만 괜찮다면 그것에 대하여 얘기하고 싶군요.

노여움에 대해 반응하라 어떤 사람이 당신에게 화내는 것처럼 보일 때 방어적이거나, 상처 입거나, 화내거나 혹은 그 대신에 눈물을 흘리는 것은 도움이 되지 않는다. 화내는 사람은 실제적인 필요와 솔직한 감정을 표현하는 사람이다. 화난 사람을 다룰 때 기억해야 할 중요한 생각 두 가지가 있다:

- 정서적으로나 신체적으로 당신 자신을 학대받도록 놔두지 마라. 당신은 한계를 설정하고 그것을 지키게 할 권리가 있다. 당신의 안전은 중요하다. 만일 어떤 사람이 폭력적이 되기 일보직전에 있는 것처럼 보인다면 그곳을 떠나서 도움을 요청하라. 만일 어떤 사람이 화가 나서 당신의 이름을 부르거나 혹은 당신을 향해 소리를 지른다면 당신은 그런 방식으로 취급당할 수 없다는 당신의 입장을 차분하게 말해라. "당신이 만일 나를 향해 소리지른다면 당신과 얘기할 수 없습니다." 라고 말해라. 만일 그 사람이 계속해서 당신에게 고함치거나 협박한다면 면접을 끝내고 그(녀)가 진정될 때 이야기하는 것이 좋을 것 같다고 분명하게 말해라(아니오라고 말하는 것과 당신의 안전에 대한 정보를 더 많이 알기 위해서는 13장을 보라).

- 원조전문가가 마주치는 대부분의 화난 상황에서 상대방은 학대적이거나 폭력적이라기보다는 단지 화난 것이다. 그러한 경우 적극적 경청을 활용해라. 당신이 다른 정서를 다루었던 방식대로 노염을 반영하고 재진술할 수 있다.

사례

다음의 예는 원조전문가인 당신을 향한 노염을 반영하는 방법을 보여준다:

원조전문가: 내가 오늘 저녁 당신을 받아줄 숙소를 정하지 않았기 때문에 내가 당신을 꾸짖는 것처럼 보이는군요. 당신이 놀라고 화난 것을 이해합니다. 나도 역시 실망스럽습니다만 당신과 계속해서 이 문제를 해결해 나가고 싶습니다.

원조전문가: 당신은 정말로 내게 화났군요. 무엇 때문인지 당신에게 듣고 싶군요.

여기 그리고 지금에 머물러라 면접은 계속해서 현재, 즉 여기 그리고 지금에 초점을 맞추어라. 당신이 연루될 대부분의 원조상황에서 과거를 너무 깊이 혹은 너무 오래 탐색하는 것은 유용하지 않다(외상후 스트레스장애와 같은 몇 가지 문제는 과거를 탐색해야만 할 것이다. 원조전문가는 이런 사람들을 특별한 훈련을 받은 전문가에게 의뢰해야만 한다). 현재의 문제와 감정은 도움을 요청한 사람과 당신에게 주요 관심사이다. 그 사람을 여기 그리고 지금의 상황으로 세련되게 데리고 와라.

사례

원조전문가의 진술은 대화를 현재로 끌어오려고 시도한다.

원조전문가: 최근에 죄책감을 불러 일으킬만한 무슨 일이 있었나요?

원조전문가: 오늘 무슨 일로 내게 전화를 했나요?

원조전문가: 아주 최근에 무엇인가 당신을 당황하게 만든 것 같습니다. 그것이 무엇인지에 대한 감을 당신이 갖고 있지 않을까 생각합니다.

환경을 알아라 당신이 실제상황에서 적극적 경청의 대화를 할 때 최대한 비밀스럽고 조용한 곳을 택하라. 물론 이것은 언제나 가능하지는 않다. 또한 당신은 병원 복도나 버스 정류장에서 매우 개인적이고 힘든 문제에 대해 누군가에게 말하고 있는 자신을 발견할 수 있을 것이다. 그러나 환경이 개인의 안전감과 비밀유지감에서 그리고 잘 듣고 초점을 맞추는 당신의 능력에 있어서 중요한 역할을 한다는 것을 알아라. 가능하다면 TV나 라디오를 틀어놓는 것; 방해되는 것(문을 닫고, 그리고 만일 당신이 사무실에 있다면 전화기를 내려놓는다); 혹은 가까이에 있는 다른 사람들과 같이 주위를 산만하게 하는 것들은 최소화해라. 만일 다른 방식으로 프라이버시를 얻을 수 없다면 당신은 산보를 원하거나 현관에서 말할 수 있다. 상대방에게도 이러한 상황에 대한 통제력을 가능한 한 많이 주어라. 예컨대: "나는 당신과 은밀히 얘기하고 싶은데요. 어디로 가면 좋을까요?"

"모른다" 라고 말하라 **원조전문가**가 모든 대답을 자기 손 끝에 갖는 것은 가능하지 않거나 필요하지도 않다. 전형적으로 원조전문가는 사람들을 위해 자원이나 정보를 필히 찾아야 한다는 것을 알게 될 것이다. 당신은 "지금은 모르지만 알게 될 것입니다"라는 말에 대해 편안해지고 당신이 약속한 것을 발견함으로써 마무리하는 것은 매우 중요하다.

방해하지 마라 방해하지 않도록 하라. 그런데 만일 방해하였다면 사과하라. 만일 면접을 재조정하기 위해 방해할 수밖에 없다면 방해할 수밖에 없어서 미안하다고 말하고 그 이유를 설명하라. 예컨대 "당신이 지난번 의사를 방문한 이야기를 끝내지 못하게 중지시킬 수밖에 없어서 정말 죄송합니다만 오늘은 시간이 다 되었다는 것을 압니다. 그리고 당신으로부터 약간의 정보를 더 얻을 필요가 있고 그래야 줄어든 가격으로 당신이 약물치료를 받도록 신청서를 끝낼 수 있습니다. 주제를 바꿔도 괜찮을까요?"

말을 너무 많이 하지 마라 당신이 면접자로서 얼마나 말을 많이 하는지 알아라. 도움을 받기 위해 찾아 온 사람은 대개의 사람들을 대변해야만 한다. 만일 당신이 말을 자주 하는 것을 발견한다면 그것이 꼭 필요한 것인지 스스로에게 조용히 질문하라.

분명하라 은어, 완곡어법, 속어, 상투적인 문구, 잘못된 확신, 공허한 빈말, 그리고 당신의 전문적이고 개인적인 문화의 밖에서는 아직은 이해될 수 없는 말들은 피하라. 의사소통은 분명하고 실제적이어야 한다. 실제적으로 진행되고 있는 것을 모질지 않게 명칭을 붙여라. "너 자신을 해치다"보다는 "자살하다"라고 말하라. "지나가다"보다는 "죽다"라고 말하라. '당신의 질병'보다는 '암'이라고 말하라. 그렇게 하는 것이 당신이 진실을 듣고 말하기를 두려워하지 않고 그(녀)의 고통을 충분히 참아낼 수 있을 만큼 강하다는 메시지를 그 사람에게 전달해준다.

장애물들을 피하라 유용한 의사소통의 장애물들을 피하라: 무시하기, 혹평, 위협, 경고하기, 명령하기, 교화하기, 설득하기, 비판하기, 최소화하기, 비난하기, 조롱하기, 모욕하기, 분석하기, 비위맞추기. 더욱이 "해야만 한다", "했을지도 모른다", "틀림없이 …했을 것이다"와 같은 말은 사용하지 마라. 반응하지 말아야 할 것들의 예: "당신은 …해야만 합니다", "당신은 틀림없이 …했을 것입니다", "당신은 틀림없이 …했어야만 합니다" "당신은 …하지 말았어야만 합니다", "내가 만일 당신이라면 …했을 것인데."

요약

바람직한 적극적 경청 기술이 없이 효과적인 원조전문가가 되는 것은 불가능하다. 관계형성과 공감적 의사소통을 돕는 언어적 비언어적 반응은 대단히 가치로운 도구이다. 원조전문가는 의미를 분명히 하고 확인하고 점검하고 또한 이해를 심화시킬 줄 알아야만 한다. 효과적인 원조는 진솔한 관심뿐만 아니라 필요한 기법과 기술이 있을 때 가능하다. 보호와 관심은 효과적으로 표현되어야 한다. 진솔한 표현과 효과적인 반응은 매우 중요하다. 좋은 기술을 활용하는 불성실한 경청자는 사기꾼이 될 것이고 신뢰받지 못할 것이다. 반대로 기술은 없지만 선의를 가진 원조전문가는 단지 비효과적일 뿐이다. 원조전문가로서 당신의 과제는 적극적 경청 기술 활용하기를 연습하는 것이다. 그리하여 그것을 당신의 스타일로 만들고 당신의 성격으로 통합할 수 있다. 또한 진솔하고 자연스럽게 그것을 활용할 수 있다. 잘 훈련된 무희가 별로 힘들이지 않고 움직이는 것처럼 보이듯이 효과적인 경청자는 적극적 경청 기술이 편하기 때문에 그(녀)가 자연적으로 반응하는 것처럼 보인다. 당신이나 당신이 돕고 있는 그 사람 중 어느 누구도 당신이 적극적 경청 기술을 활용하고 있다는 것을 알아차리지 못할 때 당신도 이 기술들을 잘 활용한다는 것을 알게 될 것이다.

원조의 기본 기술 익히기 PART 2

"원조의 기본 기술 익히기"에서는 휴먼서비스 원조전문가들이 가장 빈번하게 사용하는 기본적인 기법을 소개한다. 6장은 구체적인 휴먼서비스 기술로 상담하기와 문제해결하기를 다루고, 의뢰와 가정방문에 대해서 좀 더 상세하게 알아본다. 7장은 위기 개입과 자살 개입에 대한 전문적인 기법을 제시한다. 8장은 서비스 조정이라고도 불리는 사례관리에 대해서 탐색한다. 9장은 도움과 지원이 필요한 가족을 돕기 위해 필요한 가족 역동과 가족 개입 기술에 대해서 알아본다. 10장은 지지집단을 활성화하는데 필요한 기술들을 제시하고, 11장은 옹호와 지역조직을 통한 지역사회 지원방법에 대한 논의를 제시한다. 12장은 휴먼서비스 기관에서의 지도감독과 관리에 관한 정보를 제시한다.

6 CHAPTER 원조 면접과 문제해결 과정

공감과 적극적 경험 같은 원조관계를 구성하는 요소들을 실제로 보여주는 일반적인 방법이 원조 면접이다. 또 다른 원조 방법에는 문제해결이 있다. 이 장은 면접과 문제해결에 대해 알아본다.

원조 면접

원조 면접은 보통의 비공식적인 대화와 다르다; 면접에는 목적이 있고, 참여하는 사람에게 특별한 역할이 요구된다. 표 6.1은 원조 면접과 친구, 직장동료 혹은 가족과의 비공식 대화와의 차이점을 담고 있다.

원조 면접에는 여러 가지 목적이 있다: 정보를 수집하기, 문제의 본질을 평가하기, 정보 혹은 교육을 제공하기, 정서적 지원을 제공하기, 대안을 마련하고 문제를 해결하도록 도와주기, 상담(Kadushin, 1983). 자주 면접은 한 가지 목적 이상을 가지고 이루어지고, 본래의 목적과 관련이 없으며 이득이 되는 부수적인 작용도 나타난다. 예로 원조전문가는 정서적 지원을 목표로 삼았을 때, 상대방은 면접을 통해 편안함을 느끼게 되면서 많은 정보를 얻게 되기도 한다. 마찬가지로 문제해결을 목적으로 구조화시킨 면접은 원조요청자가 매우 지지받고 있다고 느끼게 할 수 있다.

표 6.1 • 대화와 원조 면접의 특성

대화	원조 인터뷰
비구조화된	비교적 구조화된
비공식적	공식적
특정한 역할 없음	역할 = 원조요청자와 원조전문가
특정한 목표 혹은 목적 없음	목적 = 원조요청자에게 혜택을 주거나 목표달성 도모
대등한 교환 혹은 대화	원조요청자가 말을 더 많이 함
우발적인, 계획되지 않은	매우 자주 일정에 따라 진행됨. 계획됨
소통에 대한 규칙 없음	윤리적 지침과 소통 기법이 있음
관계는 지속됨, 사회적	관계는 일시적임. 사무적

무엇이 효과적인 도움을 주는 면접인가?

엑터링과 하트소우(1980, 1989)는 자주 원조 면접(면대면 혹은 전화)이 어떤 것인지를 설명하기 위해 유용한 모형을 제공한다(표 6.2 참조). 엑터링과 하트소우는 전형적인 원조 면접을 4단계로 나눈다. 효과적인 면접이 이루어지기 위해 단계들은 순서에 따라 진행되어야 한다. 다음 표의 4단계에 대해 공부해보자. 1단계와 3단계(표의 왼편)는 대부분 감정("영향을 준다")과, 2단계와 4단계(표의 오른편)는 사고('인지')와 관련된다.

표 6.2 • 상호작용적 차원(Echterling & Hartsough, 1980, 1989)

1단계: 정서 차원: 친밀감 형성	2단계: 인지 차원: 평가
이 단계에서 원조전문가는 안전한 환경을 마련하고 도움을 주는 분위기를 만들면서 최초 관계를 가진다.	이 단계에서 원조전문가는 기본적인 위기 혹은 문제가 무엇인지와 원조요청자가 어떻게 보고 있는지를 알아본다. 정보를 수집하고 도움을 요청하도록 만든 것이 무엇인지 말하도록 유도한다.
3단계: 정서 차원: 감정	**4단계: 인지 차원: 문제해결**
원조의 핵심인 이 단계는 원조요청자의 감정을 확인하여 주고, 받아주고, 검증하고, 반영하는 것으로 이루어진다. 적극적 경청이 이 단계를 가능하게 한다.	마지막 단계인 이 단계까지 항상 오지는 않는다. 이 단계에서는 원조요청자와 함께 대안이 되는 해결책을 강구하고, 활용 가능한 자원들에 대해 논의하고, 상호적이고 공유하는 행동계획을 만든다.

4단계 면접 단계들은 순서에 따라 진행된다. 왜냐하면 특정 과업들은 가능한 한 미리 수행되어 있어야 하고, 단세나나 다른 원조전문가의 행동을 요구하기 때문이다. 원조전문가의 반응 시기는 자주 반응(response)만큼 중요하다. 예로: (1) 친밀감 형성은 최초로 빠르게 이루어진다. 원조전문가는 면접 내내 이 점에 관심을 가져야 한다. (2) 평가는 전화 혹은 면접의 종결점보다 시작점에서 더 많이 사용된다. (3) 감정에 대해 적극적으로 경청하고 반영적으로 반응하기는 계속적 과정이다. 이는 면접이 이루어지는 중에 가장 중요한 것이다. (4) 문제해결은 만남의 시작점보다 종결부에서 이루어질 때 가장 유용하다(Echterling & Hartsough, 1989).

이 면접 단계들은 단순히 직선형 방식으로 항상 진전되는 것이 아니다; 바꾸어 말하면 능력있는 원조전문가는 상황을 살펴가며 감정과 사고 차원 사이를 전 단계 혹은 다음 단계들로 옮겨가며 진행할 수 있다. 원조 면접은 빠르게 단계를 거쳐가며 진행될 수 있거나 시간을 요하는 면접이 한 단계에서 이루어질 수 있다(특히 3단계에서 감정을 살피기).

원조 과정에서 사고의 장점은 면접 동안 당신 자신에게 아래와 같은 질문을 해볼 수 있다는 것이다:

- 편안하고 안전한 환경을 만들었습니까?
- 문제, 쟁점 혹은 상황에 대한 원조요청자가 내린 정의와 지각하고 있는 내용을 이해합니까?
- 원조요청자가 문제, 쟁점 혹은 상황에 대해 어떻게 느끼고 있는지를 이해합니까?
- 조급하게 대안을 마련하여 문제를 해결하려고 했습니까? 원조요청자는 계획에 대해 말할 준비가 되어 있습니까?

문제해결 기술 가르치기

위의 4단계 중 1단계에서 3단계까지는 적극적 경청을 통해 이루어진다. 적극적 경청에 대해서는 이미 설명하였기에 친밀감과 원조관계 형성하기, 문제에 대한 상대방의 견해 경청하기, 감정을 반영해주기는 당신들에게 익숙한 개념들일 것이다. 이 모형의 마지막 단계인 문제해결은 약간 다른 기술이며 이 장에서 논의될 예정이다.

때때로 사람들은 원조전문가에게 성취해야 할 특정 과업 혹은 함께 작업이 필요한 문제를 안고 온다. 때때로 위기를 경험하고 있는 사람이 문제를 잘 해결하는 법을 배우지 못하였거나 자신이 문제를 해결할 힘이 있다는 것을 믿지 못하기 때문에 원조전문가들은 문제해결하는 방법에 대한 교육을 실시하고 지원을 제공할 수도 있다. 문제해결기술 지도는 상대방을 돕는 특별한 방법이다.

적극적 경청에서 문제해결에 관해 언급하였던 내용들을 기억해보자: 원조전문가는 조언해주거나 구제해주는 것이 아니라 자신의 문제를 명확하게 하고 스스로 대안을 마련하도록 도와주는 것이다. 원조전문가가 이 과정을 따르며 자신의 문제들을 다룰 수 있도록 도와줄 때, 원조전문가는 원조요청자들이 더 자신있게 독립적이 될 수 있도록 돕는다. 나아가 사람이 문제를 다루는데 성공을 경험하게 될 때 자기 스스로 앞으로 당면할 수 있는 위기들을 대처할 수 있다는 능력이 있음을 느끼게 된다.

위기 속에서 사람은 자주 좁은 견해(터널 시각)를 가지고 오직 한 가지 방법만을 보며, 특히 바람직하지 못한 대안에 집착한다. 그리고 절대적으로 필요한 선택사항들이 부족하다고 느끼기 때문에 위기를 더욱 더 부정적으로 인식하게 된다. 문제해결 기술은 한 가지 이상의 대안들을 고려해 볼 수 있는 능력을 높여주고, 당사자를 운전자석에 앉게 해준다. 즉 문제해결을 주도하는 위치에 있게 한다. 또한 다른 사람, 가족 혹은 집단 구성원과 함께 하는 문제해결은 한 가지 이상의 대안을 생각해 볼 수 있는 능력을 배가시킨다. 문제해결은 두 가지 목표를 달성한다: (1) 만족스런 결론에 도달할 수 있는 가능성을 증가시킨다, (2) 당사자는 통제력을 가질 수 있다.

이 기술을 가르치는 원조전문가는 모든 것을 다 알고 있다는 듯이, 우월해 하거나 윗사람같이 행세하려는 식으로 행동하지 않아야 한다. 오히려 원조전문가는 문제해결에서 파트너의 입장에 있어주어야 한다. 원조전문가는 능력이 있는 사람이 일시적으로 어쩔 줄 모르는 막힌 상태에 있다고 보아야 한다. 원조전문가는 종종 자원 제공자로 활약하기도 하는데, 이는 정보, 지식, 전문성, 의뢰, 서비스 등의 창구가 되는 것을 의미한다.

다음 단계들에 따라 문제해결 기술을 사람들에게 가르칠 수 있다.

1단계. 문제를 정의하기 다음 내용은 논의되거나 고려되어져야 할 쟁점들을 다루는데 필요하다:

- 문제 혹은 걱정은 무엇인지
- 문제 혹은 걱정이 얼마나 심각한지
- 문제 혹은 걱정이 있을 때 무슨 일이 일어나는지
- 누가 문제 혹은 걱정에 관련있는지
- 왜 이 사람들이 관련되는지
- 문제상황이 어디서 일어나는지 혹은 일어나지 않는지
- 언제 일어나는지 혹은 일어나지 않는지
- 이 상황을 회복하거나 치료하기 위해 사전에 무엇을 해야 하는지
- 과거에는 어떤 것에 대해 다루었는지와 다루어보지 않는 것들이 있는지
- 바라는 것이 무엇인지
- 언제, 누가, 무엇을 할 수 있는지
- 어떤 요인들이 문제에 도움이 되고 악화시키고 혹은 유지시키는지
- 상황 속에는 어떤 강점과 기회들이 있는지

2단계. 대안적인 해결책을 만들어내기 해볼 만한 계획들은 다음과 같다: 대안들에 대해 찬반을 결정하는 것 없이 브레인스토밍을 수행하는 것이다. 다음 단계에서 설명된 바와 같이 당사자는 모든 실현 가능성 있는 선택사항들을 적는다. 아주 동떨어진 아이디어라고 보일지라도 적어본다. 당사자는 모든 선택사항들을 훑어보면서 실행가능성을 결정한다.

3단계. 선택된 대안을 평가하기 도출된 선택사항들은 결과, 장애와 실현가능성을 보면서 평가해본다. 선택사항들에 대해 가장 하길 바라는 순서대로 우선순위를 매긴다. 이 방법을 통해 당사자는 문제 혹은 걱정을 현실적으로 다루어 볼 수 있는 몇 가지 방법들로 시도해 볼 수 있다.

4단계. 선택된 대안을 시도하기 해볼 만한 방법을 한 가지 선택하였다면 시도하거나 검증할 수 있다.

5단계. 대안을 평가하기 자신이 선택한 방법을 시연해보거나 직접 해보고 이것이 만족스러운 것인지 또는 실현성이 있는지를 확인한다.

6단계. 다른 대안을 시도하기 만약 먼저 선택한 방법이 적합하지 않다면, 목록에서 실행가능한 다른 방법을 선택한다.

문제해결은 모든 경우에 자동적으로 따라오는 과정이다; 사람들은 핵심에 다가서야 한다는 생각도 하지 않고 행동한다. 해결할 새로운 문제들을 직면할 때, 의식적으로 문제해결과정에서 단계를 따르는 것은 당사자에게 창의적인 해결을 생각하게 하여 자극받도록 해주고 자주 스스로가 통제력을 가지고 있고 역량이 있다고 느끼게 한다.

사례

루시는 최근 들어 자신의 성건강에 대해 관심을 가지게 된 대학생이다. 루시는 성생활센터의 상담가인 노엘에게 지도를 부탁했다. 루시는 노엘에게 여러 데이트 상대남들과 질성교와 항문성교를 했지만 일관성있게 안전한 성생활을 하지 않는다고 말했다. 루시는 피임약을 복용하고 있다고 말한다. 보호받지 못하는 성교를 통한 HIV와 다른 성적으로 감염될 수 있는 질환에 걸릴 위험이 있음을 인식하고 있으나 자신의 행동을 필요한 방향으로 바꾸어야 한다는 것을 느끼지 못하고 있었다. 노엘은 도움을 요청한 루시의 용기에 대해 칭찬해주고 루시에게 문제해결 단계를 거쳐 나가도록 제안했다. 루시는 동의했다. 노엘은 루시에게 그녀가 취할 수 있는 대안들을 모두 적어보라고 하였다. 루시는 실행 가능하다고 생각하는 세 가지 대안을 적었다: (1) 성교를 삼가하기; (2) 질성교 혹은 항문성교 때마다 남성용 혹은 여성용 콘돔 사용하기; (3) HIV와 기타 성질환에서 음성이라고 검사결과를 받은 남자와만 관계갖기(상대방도 준수). 노엘의 도움을 받아 루시는 각 선택사항을 평가할 기회를 가진다. 노엘과 모든 선택사항에 대해 논의해 본 결과 루시는 한 남자와의 관계갖기는 그녀의 인생에서 실현가능하지 않다고 결정했다. 왜냐하면 루시는 긴 시간에 걸쳐 연인 관계를 맺지 못하기 때문이었다. 또한 루시 자신은 성관계를 삼가길 원하지 않았다. 루시는 성관계 때마다 남성용 혹은 여성용 콘돔을 사용하는 것으로 결정을 내렸다. 루시가 상대에게 콘돔 사용을 요청하는 것을 노엘과 루시는 연습해 보았다. 노엘은 루시에게 남성용과 여성용 콘돔들을 사용하는 법을 가르쳐 주었고 몇 개를 주었다. 루시는 자신의 상대에게도 알려주고 콘돔을 사용하는 것을 연습해보겠다고 하였다. 루시가 잘 하고 있는지를 추수관리하기 위해 다음 약속을 정하였다. 다음 약속에서 노엘을 만난 루시는 약국에 들려 남성용과 여성용 콘돔을 샀고 남성과 성기에 직접 삽입하는 것도 연습하였다고 말했다. 그러나 루시는 데이트를 하러가서는 상대에게 말도 꺼내지 못했고 그런 자신에게 실망스러웠다고 말했다. 노엘은 루시에게 다시 요청하는 대화를 하도록 제안하였다. 루시는 상대에게 콘돔을 사용하라고 요청하는 역할놀이를 하며 연습한 후, 상대와 안전한 성행위를 타협할 준비가 되어있다고 느꼈다.

문제해결 연습하기

당신이 지금 생각하고 있는 문제를 선택하라. 문제는 해결될 가능성이 있는 것으로 한다. 예로 당신은 방친구와 갈등이 있는 경우를 들 수 있다. 문제에 대한 해결책을 찾아보도록 한다. 아주 짧은 시간 동안 연습이 이루어질 것이다. 완전하게 마무리하려면 2 혹은 3회에 걸쳐 작업할 수도 있다.

1. 문제를 진술한다.
2. 문제가 있는 시간에 일어날 수 있는 것들을 적어본다.
   a. 문제와 관련있는 사람들은 누구인지, 혹은 관심있어하는 사람은 누구인지?
   b. 이 사람들은 왜 관련되어 있거나 관심있어 하는지?
   c. 문제가 일어나는 장소는 어디인지, 일어나지 않는 장소는 어디인지?
   d. 문제가 일어나는 시간은 언제인지, 일어나지 않는 시간은 언제인지?
3. 당신과 다른 사람들이 이미 시도해봤던 것을 적어본다.
   a. 무엇을 시도해봤는지?
   b. 결과적으로 해 놓은 것은 무엇인지?
4. 문제는 얼마나 심각한가?
5. 당신이 바라는 것은 무엇인가?
6. 당신의 지금의 생각을 토대로 문제를 다시 적어보라.
7. 브레인스토밍으로 대안들을 마련하기
   a. 적어도 10가지 대안들을 적어본다. 대안에 대해 찬반을 생각하지 않아야 한다. 합리적일 필요는 없다; 창의적이고 엉뚱한 선택사항들도 대안이 될 수 있다.
   b. 가장 바람직한 것부터 순위를 매긴다.
8. 가장 바람직하다고 생각된 대안을 수행하기 위해 해야 하는 것들은 무엇인가? 누가 해야 하고 언제 해야 하는가?
   a. 최종 선정된 대안:
      i. 무엇을 해야 하는가?
      ii. 누가 하는가?
      iii. 언제 하는가?
9. 실행한다!
   a. 축하한다!
   b. 결과에 대해 만족스러운가?
   c. 다른 선택사항도 시도하길 원하는가? 그렇다면 대안을 적은 목록을 다시 보고 다시 한번 순위를 매겨보고 나서 이 과정을 거쳐 실행해본다.

생각해보기 #34
1. 문제해결과정을 완수하기 위해 당신이 취할 수 있는 반응은 무엇인가?
2. 원조전문가로서 당신은 어떤 상황에서 문제해결과정을 사용하게 될 것인가?

원조전문가가 면접에서 문제해결단계에 도달하였을 때 원조전문가는 "선택하도록 지원하기"와 "내담자가 있는 곳에서 시작하기"의 원칙을 잊곤 한다. 그리고 내담자가 해야 할 일들을 말하려고 한다. 문제해결은 상호 과정이어야 하고, 원조전문가와 원조요청자 간에 개발된 관계 속에서 이루어져야 한다. 원조전문가의 역할은 단순히 원조를 요청한 사람을 지원하는 것이다. 원조요청자가 자신의 삶에 적합할 수 있는 대안, 옵션, 아이디어, 선택사항을 찾아내도록 하는 것이다.

다음의 상호 문제해결에 필요한 단계에 대해 공부해보라. 각 단계마다 접근하는 방법의 예에 집중해보라:

1. **상대방이 강조하길 바라는 문제를 구체화시켜서 확인하라.** 예로 "당신의 건강이 더 악화되면서 일자리를 잃을까봐 걱정이라고 말했어요. 의사를 바꾸기를 원하는지, 장애인으로 신청하는 것을 말하고 싶은지, 당신이 암에 걸렸다는 사실을 가족에게 알릴 준비가 되었는지에 대해서도 말했어요. 오늘 얘기하고픈 가장 중요한 문제는 어떤 것인가요?"
2. **상황에 대한 상대방의 문제와 감정에 대한 견해를 알아보라.** 예로 "당신이 임신하고 있다고 알고 있어요. 하지만 나는 당신이 임신에 대해 어떻게 생각하고 있는지, 무엇을 하길 원하는지 알지 못하네요. 당신이 임신에 대해 어떻게 생각하는지, 어떤 의미인지 나에게 말해줄 수 있나요?"
3. **특정 쟁점에 대한 상대방의 우선 선호도를 알아보라. 예로** "자녀들이 모두 대학에 가거나 집을 나가게 되었을 때 당신이 얼마나 두려워하는지, 당신 주변에 자녀들이 없어서 우울해진다는 것에 대해 말했어요. 당신이 자녀를 위해 온통 시간을 보내는 엄마로 살아가는 것이 중요하다고 생각하게 만든 것은 무엇인가요?"
4. **과제들은 좀 더 작업하기 쉬운 작은 과제들로 나누어라.** 원조요청자가 처음으로 직장에 지원하는 것 같은 큰 과업으로 두려워한다면, 전 과정을 당신이 준비하고 실행할 수 있는 작은 단위로 쪼개는 것이 도움이 될 수 있다; (1) 신문을 구해 가능하다고 여겨지는 구직자리에 표시하기, (2) 구직처에 전화해 미팅 날짜 예약하기, (3) 직업학교의 타이핑반에 등록하기, (4) 이력서 작성하기, (5) 면접에 입을 옷을 준비하기.
5. **가능한 옵션을 마련하고 목록으로 만들어보라.** 각 옵션별로 찬반을 결정한다. 이 단계에서는 당사자가 전에 시도했던 것들이 무엇인지, 어떤 상황에서 했는지, 어떻게 시도를 하였는지 알아본다. 예로 상대방이 자신이 취할 행동과정을 결정하려고 할 때, 자신이 겪어나갈 방법들을 적으면서 비용을 산출하고 각 대안의 이점도 정리해 본다. 이 과정은 한 사람의 결정과 행동으로 올 수 있는 가능한 결과를 더 명확하게 가늠하게 만들어 선택을 더 쉽게 할 수 있다.
6. **어떤 해결책이 시도하기 편한지 실현 가능한지 결정한다.** 행동들이 실행가능한 것처럼 보일지라도 원조요청자는 자신의 특정 상황, 성격, 가족 혹은 문화에 적합하다고 생각하지 않을 수 있다. 예로 임신, HIV, 기타 성관련 질환을 예방하기 위한 콘돔 사용이 여성에게 합리적이고 실제적일 수 있지만, 카톨릭신자라면 이 해결책을 선택하지 않을 수 있다. 선택사항이 당사자에게 현실적인 것인지 확인해보자.
7. **자원을 마련한다.** 어떤 지역사회 자원들을 이용하고, 접근이 용이한지, 적합한지에 대해 원조요청자와 정보를 나눈다. 원조요청자 자신에게 최선인 것을 선택하도록 한다. 예로 원조요청자는 모든 가능한 대안들을 고민해본 후에 임신중절하기로 결정하였다

면, 그녀에게 필요한 정보를 제공하거나 안전하게 중절을 받을 수 있도록 알선해준다. 그녀의 선택에 대해 원조전문가로서의 개인적인 감정과는 상관없이 그녀에게 필요한 자원을 제공하는 것이 요구된다.

8. 행동계획을 마련한다. 각자가 한다고 동의하여야 한다. 원조요청자가 하기로 동의한 과제들과 원조전문가로서 하겠다고 동의한 과제들이 있다. 과제에 대한 수행여부를 명확하게 할 필요가 있다. 원조요청자가 하겠다는 것을 확실하게 밝혀준다. 예로 "당신은 가능한 한 빨리 의사와 예약할 거라고 했어요. 그리고 나는 의사에게 장애인 양식을 보내겠다고 약속할게요. 우리는 목요일에 다시 만나기로 해요."

면접의 구성요소

원조 면접을 보는 일반적인 방식은 과정을 세 개의 뚜렷한 부분(시작, 중간, 종결)으로 나누어서 각 부분마다 수행되어야 할 것들에 대해 생각해 보는 것이다(Benjamin, 1969; Kadushin, 1983). 원조 면접은 융통성있게 이루어지고, 원조전문가는 가능한 한 원조요청자를 통제하려고 하지 않으면서 자연스럽게 이 과정이 이루어지도록 안내해야 한다. 절차에 따라 면접의 세 부분은 이루어진다.

시작/도입

원조요청자를 환영하여 만남을 갖는 것은 원조전문가, 기관 혹은 원조요청자편에서 볼 때 준비 과정의 마지막이라고 할 수 있다. "면접은 시작하기 전부터 이루어진다"(Kadushin, 1983, p. 106). 첫째, 원조요청자는 보조 혹은 지원이 필요한지, 전화하기 위해 용기를 모아 마음을 다잡아야 하고 혹은 사적, 개인적 정보를 요청하기 위해 모르는 사람을 만나야 함을 인식한다. 둘째, 첫 전화에 답하는 방식, 기관 전화원이 지원사에게 맞는 방식, 원조전문가의 악수와 첫 번째 말, 이 모든 것들이 친밀감과 신뢰 형성에 중요한 구성요소다.

원조요청자를 만나서 해야 할 첫 번째 일은 기관에 온 것과 전문가를 신뢰해주는 것에 대해 감사하다는 표현을 하는 것이다. 원조전문가는 원조요청자가 지원을 찾는 중요하고 용기있는 단계에 들어서 있는지 확인을 해 볼 수 있다. 불행하게도 많은 사람들이 조직에 요청해야 할 때가 오면 머뭇거린다. 때때로 사람들을 환영하고 도와주어야 할 조직의 자원봉사자 혹은 고용인들이 오히려 무례하고 혹은 무관심하게 대하기도 한다.

지원을 요청할 때 전화로나 방문의 목적을 말하게 하고 문제를 어떻게 인식하고 있는지 말하게 한다. "무엇 때문에 전화를 하게 되었는지 말씀해 주세요", "당신 마음속에 있는 것을 말씀해주세요" 혹은 "오늘 어떻게 도와드릴까요?" 같은 말로 대화를 이끌어낼 수 있다. 그런 다음 즉각적으로 목적과 정황을 말해주어야 한다. 예로 "즉결재판소에서 당신에 대한 마약과 알코올 평가를 요청했어요."라고 설명해 주거나 "헤드 스타트 프로그램에서 당신 딸의 행동에 대해 얘기하고 싶다고 해서 오시라고 요청한 것입니다"라고 말할 수 있다.

원조전문가는 원조요청자의 기대가 무엇인지 알아보고, 조직이 해 줄 수 있는 것과 해 줄 수 없는 것, 가능한 서비스와 알선이 무엇인지 정확하게 알려준다. 혼란스러운 상황이 발생할 수 있는데, 특히 다른 사람에게 소개받았을 때 더욱 그렇다. 상대방이 전문가가 할 수 있는 것에 대해 잘못 이해하였다면 초기 관계를 맺는 단계에서 정확한 정보를 제공하는 것이 최선이다.

비밀 보장에 대해 논의할 수 있는 좋은 때이다. 상대방이 정보 공개를 원한다는 서명을 하지 않는 한 정보를 다른 사람에게 공개하지 않는다고 설명해준다. 또한 상대방과의 대화는 비밀보장이 될 거라고 알려주자. 특정인이 상대방 자신 혹은 다른 사람을 해칠 위험이 있다는 근거를 제시하지 않는 한, 혹은 아동학대 혹은 방치 혹은 고령자 학대 혹은 방치했다는 근거를 제시하지 않는 한 모든 대화는 비밀보장이 될 것임을 알려준다.

면접의 시작 단계에서 논의하는 동안 알선은 적법하게 이루어져야 한다. 전문가의 기관이 원조요청자의 필요 혹은 요청한 서비스를 제공하지 못한다면, 항상 적합하게 알선을 해주어라; 예로 "당신에게 집을 제공해 줄 수 있을 거라 생각하고 계시네요. 그런데 저희 기관은 할 수가 없네요. 그렇지만 당신을 도와줄 수 있는 다른 기관을 소개해 드릴 수 있어요. 당신은 아직 저희 지지집단에 참여하기를 원하나요?"

이 단계에서 기대를 명확하게 밝히는 것이 중요하다. 원조요청자와 원조전문가는 문제의 본질을 이해하도록 서로를 도운 후에 원조전문가는 다음에 해야 할 일을 제안하거나 설명해야 한다; 예로 "우리는 이 상황에 대해 몇 분 더 얘기를 나누게 될 겁니다. 그리고 우리가 할 수 있는 선택사항들이 무엇이 있는지에 대해 브레인스토밍해봐요." 혹은 "당신에 관한 정보를 담아서 접수양식을 작성할 필요가 있네요. 그런 다음 해야 할 것에 대해 더 얘기할 수 있어요."

중간: 면접의 핵심

면접시간의 대부분은 문제를 밝혀내고, 원조요청자가 현 상황을 어떻게 느끼고 경험하는지에 대해 대화하고, 해결을 위한 대안을 마련하는 데 소요된다. 이 시간 동안 원조전문가는 내담자가 자신의 감정, 생각을 인식하고, 상황에 대한 견해와 지각한 내용을 명확히 하고, 문제의 본질에 대한 진술들을 심도있게 경청하도록 도와주어야 한다.

면접 동안, 원조전문가는 (1) 면접의 방향을 약간씩 유도하며 내담자의 이야기를 꺼내게 하기, (2) 내담자의 속에 든 것을 이끌어내고 감정을 반영해주기, (3) 가능한 행동계획을 마련하고 자신의 대안을 개발하도록 요청하는 가운데 미묘하게 균형을 유지하도록 한다.

끝/마무리/종결

원조요청자와 원조전문가 모두 면접이 끝나간다는 것을 인식해야 한다; 갑작스럽게 면접이 종결되거나 불시에 이루어져서는 안 된다. 원조전문가가 면접을 종결할 때, 면접과정에서 마련되었거나 결정된 내용들을 간단하게 정리하고, 다음 면접 혹은 전화 약속을 하고, 양자가 모두 동의한 행동을 분명하게 다시 말해준다; 예로 "오늘 당신과 직장을 그만두고 장애인으로 등록하는 것에 대한 장단점을 얘기했어요. 당신은 결론을 내리기 위해 파트너와 상사와 논의하는 것이 필요하다고 결정했어요. 자, 당신은 제가 드린 자료를 읽을 거라고 동의하셨어요. 다음 주 수요일에 전화로 얘기를 더 나누도록 하지요."

기타 면접 사안

원조 면접과 관련된 여러 가지 사안들이 있다: 문서정리(양식, 기록, 녹음자료 보관), 시간지키기, 사후관리, 알선하기와 면접 방해요인 처리하기.

양식 사용

면접의 목적과 환경에 따라, 양식을 사용하거나 양식없이 그대로 기록할 필요가 있다. 양식을 채우는 것이 원조 면접의 목표가 아니라는 것을 기억하라. 양식은 정보 수집 혹은 서비스 제공을 용이하게 하는 수단이다. 그런 결과로 어떤 정보가 수집되어야 하는지, 이 정보를 찾는데 얼마나 걸리는지, 어떤 정보 혹은 양식이 사용되어야 하는지 가급적으로 빨리 적어보라. 만일 전문가가 그렇게 하려면, 양식을 사용하여 면접을 진행하라. 면접 동안 양식을 보지않고 면접을 이끌어나가려면 접수양식 혹은 평가에 대한 대체적인 윤곽을 잡고 있어야 한다. 일부 기관에서는 양식을 원조요청자에게 읽어보게 하고 작성하도록 요구할 수 있다. 이 경우 전문가는 방해하지 않고 지나치게 작성자에게 참견하지 않도록 노력한다. 양식없이 원조요청자에게 초점을 맞춰 면접을 진행하고자 한다면 그렇게 할 수 있다.

기록하기와 기록 보관하기

초보원조전문가가 노력해서 개발해야 할 가장 중요한 면접 기법은 의도적으로 경청하고 상대방이 말한 것을 기억하는 능력이다. 그러나 날짜와 약이름 같은 정보들은 쉽게 기억되지 않기에 자주 면접 동안 기록을 해야 한다. 핵심어와 문구 또한 면접 동안 기록될 수 있다. 전문가는 메모를 한 내용과 왜 하는지를 설명해 주어야 한다. 예로 "제가 날짜와 세밀한 내용을 잘 기억하지 못해요. 그래서 우리가 말한 내용을 적을 수 있어요. 괜찮아요?" 혹은 "기관에서 생일과 주소를 알기를 원해요. 그래서 당신에게 물어볼 것이고 대답해 주면 제가 적을 거예요." 전문가는 자신이 쓴 내용을 원조요청자가 확인하게 할 수도 있다. 특히 원조요청자가 기록하는 것이 불편하다면 그렇게 한다. 이때는 기관의 개인비밀보장 정책에 대해 설명해 줄 수 있는 좋은 시기이기도 하다.

면접자는 면접내용을 면접이 끝나자마자 정리하는 것이 중요하다. 특히 행동계획 혹은 사후관리도 기록한다. 면접이 끝날 때마다 기록할 시간을 따로 마련한다. 가정방문을 하였다면 집에서 한두 블록 떨어진 곳에 차를 세우고 주요 면접내용을 기록하거나 녹음해둔다.

시간 약속지키기

면접이 사무실, 전화 혹은 내담자의 집에서 하는 것으로 계획되어 있는지 가능한 한 즉각 확인하여 시행하라. 만약 늦어진다거나 약속을 지킬 수 없다면 전화하라. 불행하게도 일부 원조전문가들은 원조요청자의 시간보다 자신들의 시간이 더 중요하다고 생각하며 행동하기도 한다. 다른 사람의 시간도 존중해주어야 한다.

사후관리 계획 세우기

면접은 일종의 행동의 계획으로 종결된다. "내일 전화할께요"같은 말로 간단하게 할 수 있거나 여러 주 혹은 여러 달에 걸쳐 서비스 계획을 세워 진행하는 것 같이 복잡하게 진행될 수 있다. 하기로 약속을 하였다면, 해야 한다. 예외가 없다. 전문가가 할 수 있다고 확신이 들지 않는다면 약속을 하지마라. 만일 전문가가 알아봐주겠다고 하였다면, 해라. 시간을 정해 놓고 전화를 하거나 집에 들르겠다고 했으면, 꼭 이행하라.

알선하기

원조전문가가 문제를 다룰 수 없거나 하지 않으려고 상대방을 다른 곳으로 알선하는 것은 부적절하다. 이런 행동을 때때로 "떠넘기기"라고 한다. 그러나 상대방이 전문가 혹은 기관이 제공할 수 있는 것보다 더 많은 것을 원할 때 자원 제공이 가능한 곳으로 알선하는 것은 적절할 뿐만 아니라 필요한 것이다. 실제로 전문가가 훈련받지 못하였거나 준비되지 못한 상황을 다루는 것은 비윤리적이다. 적절한 알선은 원조전문가가 사람들이 필요한 것들을 얻을 수 있도록 도와주는 방법이다.

전문가는 알선한 후에 사후관리(follow up)를 한다. 알선받은 사람에게 물어서 연결이 되었는지, 요구한대로 만날 수 있었는지를 확인하거나 직접 기관에 전화해서 알선이 어떻게 이루어졌는지 알아볼 수 있다(이 사후관리에 대한 내용은 문서화되고 날짜를 적고 동의한다는 서명을 받아야 한다).

면접 방해요인 처리하기

전화와 다른 동료들에게 방해되지 않도록 면접을 계획하라. 전문가는 가능한 한 원조요청자에게 집중하도록 한다. 내담자와 만날 때는 전문가에게 오는 전화를 일시 정지시키고 사무실 문을 닫는다. 자주 혼잡스럽고 직원이 부족한 휴먼서비스 기관 특성상 항상 가능한 일은 아니다. 만약 면접도중 방해를 받았다면, 상대방에게 사과하고 중단된 시점부터 다시 시작한다. 가정방문을 갔을 때 방해를 받아 문제가 될 수 있다. 라디오와 TV를 끄고 아이들이 방에 없다면 전문가가 더 잘 집중할 수 있다고 내담자에게 말하라. 가정방문에서 전문가는 다른 사람의 집을 방문한 손님임을 명심하고, 면접이 진행되는 장소와 방법에 대한 상대방의 바람을 존중해야 한다.

면접 유형과 장소

원조 면접은 여러 장소에서 할 수 있다. 휴먼서비스 원조전문가들이 긍정적인 관계를 개발할 가능성을 높일 수 있는 방법은 원조관계 발달에 영향을 줄 수 있는 외적 혹은 환경적 요인을 아는 것이다. 예로 첫 대면은 원조전문가가 긴장을 풀고 안심하고, 여유 시간을 가지고, 서두르지 않고, 사람 혹은 대상으로 인해 방해받지 않을 때에 이루어져야 한다.

첫 접촉이 전화, 가정 방문 혹은 사무실에서 면접으로 진행되든지 간에 당신은 적어도 한 시간을 보낼 준비를 해야 한다. 이는 방해받지 않는 시간으로 배정해놓는다. 이 장에서는 면접장소로 세 가지 가장 일반적인 환경을 살펴본다: 기관 사무실, 전화 혹은 가정. 각각은 장점과 단점이 있다.

기관 사무실

기관의 사무실에서 만나는 것의 장점은 (1) 면접을 위해 안전하고 사적이면서 깨끗하고 편리하고 전문적 한경을 가질 수 있고, (2) 양식, 지도감독자, 사원목록, 지급품을 손쉽게 구할 수 있고, (3) 앞으로 도움을 제공할 다른 워조전문가들을 내담자에게 소개할 수 있다는 것이다.

원조전문가에게 있어서 사무실 방문의 주요 단점은 내담자의 환경 속에서 내담자와 가족들을 평가해 볼 수 없다는 것이다. 원조전문가는 생활환경이 어느 정도 영향을 주는지에 대한 정확한 그림을 그려볼 수 없다. 원조요청자에게 있어서 사무실 방문이 주는 단점으로는 사무실까지 와야 하는 불편함(교통불편 혹은 아동을 누군가에게 맡겨야 하는 문제), 사무적 환경에 오고 많은 사람을 만나게 되면서 가질 수 있는 신경과민, 정신건강 혹은 사회서비스 수혜자라는 낙인, 집에 병들었거나 남의 손길이 필요한 가족을 남겨두고 와야 하는 어려움이 있다.

전화 면접

전화로 하는 면접과 중재는 모든 기관에서 일반적이다. 위기 직통전화(crisis hotlines) 같은 몇 조직들은 면접과 중재 방법으로 전화를 독점적으로 사용한다. 다른 기관들은 사후관리의 방법으로 전화를 사용한다. 원조전문가가 한 번 정도는 상대방을 만났을 때 전화로 연이은 접촉을 하는 것은 도움이 되고 편리할 수 있다.

전화 면접의 주요 장점은 효율성이다. 업무는 빠르게 진행되고, 시간이 절약될 수 있다. 어느 누구도 특정 장소로 가야할 필요가 없기 때문이다. 전화 사용의 주요 단점은 비구어적 단서들이 없다는 것이다. 전화받는 사람의 얼굴 혹은 몸을 볼 수 없기 때문에 무엇이 일어나고 있는지 파악하기 어렵다. 그러나 상대방의 호흡, 목소리톤에 관심을 기울여 기쁜지 지쳤는지 슬픈지 혹은 화났는지 같은 감정을 확인하는 데 주목하라. 전화받는 사람도 원조전문가의 비구어적 행동을 볼 수 없다. 그래서 말만으로 당신의 관심과 집중을 표현하면서 소통하는 것이 어렵다. 예로 전문가가 고개를 끄덕이는 것을 볼 수 없기에 목소리톤이나 말이 주는 단서를 사용해야 한다. 모든 서비스 수혜자들이 전화 사용이 가능하지 않을 수 있다는 점을 기억하라. 또한 전화사용에서 청각장애인이 필요로 하는 것에 대해 세심하게 살펴야 한다.

가정 방문

후원조직의 정책을 토대로 전문가는 내담자 혹은 가족의 집을 방문할 수 있다. 전문가는 손님으로 다른 사람의 집에 있다는 것을 아는 것이 중요하다. 전문가가 병원, 양로원, 교도소와 기타 시설을 방문할 때도 이 점을 꼭 유념하는게 바람직하다. 개인 혹은 가족이 자신이 살고 있는 장소로 전문가를 초대하였을 때, 이 초대를 관대한 선물로 여겨라.

가정 방문은 '적극적인' 기법으로 여러 장점을 가진다. 예로 전문가가 방문하는 가정의 사람들은 이동할 필요가 없다. 집을 떠나서 다른 곳으로 간다는 것은 아이를 다른 사람에게 맡기고 또 교통수단을 이용하는데 추가 비용을 부담하거나 스트레스를 받기도 한다. 또한 자신의 집에서 더 편안함을 느끼고 마음을 열어 자신의 상황과 관심사에 대해 말할 수 있다. 자주 가정 방문의 비공식적 성격은 원조전문가와 원조요청자 간의 관계를 강화시킨다. 가정방문은 원조전문가가 내담자의 생활환경과 이웃을 정확하게 이해하고, 가정 혹은 비공식적 네트워크의 구성원을 만나볼 수 있는 유일한 방법이다. 브룸(1973)은 "가족이 직면하고 있는 구체적인 상황을 직접 가서 보는 것은 가족과 그들의 힘겨움에 공감을 증가시켰다"고 진술했다.

거주자들에게 있어서 가정방문의 단점들도 있다. 자신의 집에서 외출하는 것이 불편할 수 있지만, 손님을 맞이하는 것도 불편하다. 방문객을 맞이하기 위해 하게 되는 청소와 정리정돈은 시간 낭비이자 에너지 낭비 활동이 될 수 있다. 일부 가족들은 자신의 집에 대해 부끄럽게 생각하고 다른 사람이 자신의 집, 방, 아파트, 이웃을 방문하는 것을 불편해 할 수 있다. 불편하거나 난처해하는 것에 추가해 개인, 부부 혹은 가족들은 자신의 집에 낯선 사람이 오는 것에 대해 사생활 침해라고 느낄 수도 있다. 내담자가 가정방문 오는 것을 주저할 때 굳이 방문을 주장하는 것은 부적절하고 원조관계를 위태롭게 할 수 있다. 내담자가 일 때문에 방문시간을 맞출 수 없을 수도 있다. 이웃들이 전문가가 방문하는 것을 보기 원하지 않을 수도 있고 방문의 목적에 대해 궁금해 할 수도 있다.

가정방문의 단점은 아동, 이웃, TV 혹은 라디오, 전화 같은 것들이 방해요인으로 작용할 수 있다는 것이다. 이 방해요인들로 인해 내담자가 초점을 맞추고 집중하지 못하고 혹은 사적인 문제를 말하지 않을 수도 있다. 가정방문이 혼란스럽고 동요가 심하다면, 원조전문가는 가정 일상에 대해 파악을 할 수는 있으나 그밖에 할 수 있는 것은 없을 수 있다. 이 경우에 원조전문가는 다음 만남을 다른 장소에서 혹은 시간대를 달리하여 만나자고 제안해 볼 수 있다(예: "자녀들이 학교 갔을 때 오전에 만나는 것은 어떨까요?").

전문가는 가정방문 동안 불편을 느낄 때가 있을 수 있다. 예로 전문가의 기대와는 달리 청결하지 않거나 정돈이 잘 되지 않은 환경을 방문할 수 있다. 쓰레기장이고, 벌레 혹은 생쥐가 있을 수 있고 불쾌한 냄새가 날 수도 있다. 이 환경에서 원조전문가는 판단하지 않고 지원적 관점을 유지해야 한다.

때때로 사람들이 환경에 대해 좌절하거나 무기력하다고 여겨 문제해결을 위해 전문가에게 도움을 요청할 수 있다. 만일 내담자가 안전 혹은 위생에 대한 도움을 바란다면 전문가는 상대방을 존중하면서 민감하게 내담자를 확인해보려고 할 수 있다(예로 "윌슨 부인, 여기 바퀴벌레가 있다고 했지요. 내가 도와드릴 일이 있나요?"). 상대방이 도움을 받기를 요청하거나 수락한다면, 그때 전문가 자신이 바퀴벌레, 생쥐 혹은 벼룩을 없애고; 이가 들끓는 아이들을 치료하고, 혹은 거처를 더 안전하고 건강하게 만들 방법을 찾을 수 있다는 것을 알게 된다. 원조전문가들은 수리 요청, 위생기준 준수, 해충 방제를 소홀히 한 건물소유주 혹은 관리인에게 연락해서 지원을 요청할 수 있다. 원조전문가는 두 가지 조건 즉 (1) 거주자들이 강조되어져야 하는 관심사로써 상황을 확인한다. 그리고 (2) 기관이 이 문제를 도와줄 자금, 자원을 가지고 있거나 알선해줄만한 자료들이 있다면 중재를 제공해야 한다.

전문가가 가정방문 중에 위생 상태(눈으로 관찰되거나 냄새를 알게 되면)가 너무 심해 면접에 집중할 수 없다면, 판단하지 않는 견지에서 거주인에게 부드럽게 대안을 제안해볼 수 있다. 다음은 접근하는 예들이다: "존스부인, 제가 집중하기가 어려워서 바람을 쐬어야 겠네요. 마당에 나가서 얘기를 계속하는게 어떨까요?" 혹은 "스미스 씨, 제가 더워서 불편하네요. 현관에 나가 앉아서 얘기하는게 어떨까요?" 물론 이 대안적인 접근들이 가능하지 않을 때도 있다. 침대생활을 하고 있는 고령자로 도움을 적절하게 받지 못한 경우가 그렇다. 이 상황에서 가정상태가 기관의 대상이 된다고 여겨질 때는 환경적인 관심을 주의 깊게 살피고 문서화한다.

가정방문은 때때로 원조전문가에게 위험할 수 있다. 전문가가 혼자서 이웃, 복합 아파트 혹은 가정에 가는 것이 불편하거나 안전하지 못하다면, 혹은 사람들이 전문가가 방문하는 지역이 안전하지 않다고 느낀다면, 가장 안전한 결정은 대안으로 다른 장소에서 만나는 것이다. 전문가의 안전을 위태롭게 할 필요는 없다(13장의 안전에 대한 관심사를 살펴보라). 예로 가정 내 다른 사람이 과거에 폭력적이었다는 것을 알고 있다면 혹은 갱들이 주변에서 활동하고 있다면, 혼자서 방문하지 않도록 한다.

사례

리타와 래리 메디슨은 시카고 남부의 공공주택에 살고 있다. 세 명의 자녀가 있다. 마리는 5살이고, 로이드는 3살이고, 엘리나는 6개월이다. 1년 전에 래리는 AIDS 진단을 받았다. 리타는 HIV 양성으로 진단되었다. 엘리나 역시 HIV 양성이다. 결혼생활 내내 래리는 헤로인에 중독되어 있고 폴리약물사용자로 살았다. 그러나 래리는 근처 기관의 마약중독자 갱생 프로그램에 참여해왔고, 성공해서 지난 2년 동안 마약복용을 하지 않고 있다. 래리에 대한 진단결과는 가족에게 심각한 충격을 주었고, 연이어서 리타와 엘리나가 HIV 양성이라는 진단결과는 엄청난 비탄에 빠지게 했다. 래리는 세탁소에서 부관리인으로 일하고 있었고, 가족은 수 개월 동안 진행된 프로젝트를 그만 두길 바라고 있었다. 래리와 리타는 이웃 특히 가족이 거주하는 12층 건물에서 발생하는 폭력과 약물매매에 대해 우려하고 있었다. 총싸움으로 이웃 중 한 사람의 집 창문으로 총알들이 날아들었고, 지난 두 달 동안 두 명의 여성이 엘리베이터에서 성폭행 당했다. 경찰조차 여기에 오는 것을 꺼리고 있어 메디슨 부부는 위험한 생활환경에서 보호를 받고 있지 못하다고 느꼈다.

폭력은 주기적으로 신문과 TV 뉴스로 보도되고 있었다. 리타와 아이들은 아파트에서 시간의 대부분을 보낸다. 래리가 일을 끝내고 돌아왔을 때 비로소 식재료를 사러 가고 잔일들을 한다. 두 명의 원조전문가가 이 가족들과 일하고 있다. 한 명은 마약중독갱생프로그램의 래리의 후원자다. 그들은 지난 2년 동안 마약에서 벗어나려는 노력을 하고 있다. 리타는 최근 AIDS 지지집단에 접촉하여 지역병원의 후원을 받고 있다. 리타는 정기모임에 대한 통보를 받았고 집단 구성원들 중 한 명인 비버리 호건을 만났다. 비버리는 지난 3년 동안 지원자로써 참여하고 있다. 비버리와 4세 아들도 HIV 양성자다. 비버리는 리타에게 전화를 걸어 만날 시간을 정할 때, 리타는 비버리가 자기 집으로 왔으면 좋겠다고 한다. 아기돌보미를 구할 비용이 없고, 세 명을 데리고 나가기 원하지 않고, 엘리나는 아프기 때문이라고 하였다. 비버리는 이웃들이 가지고 있는 문제들을 알고 있었다.

생각해보기 #35

1. 당신이 보는 리타와 래리의 감정이 어떨지 적어보라.
2. 메디슨 가족과의 만남을 앞둔 원조전문가인 비버리 호건의 감정이 어떨지 상상해보라. 당신은 비버리가 가정방문에 대해 어떤 느낌을 가질 것이라고 생각하는가? 비버리에게 필요한 대안은 무엇이라고 생각하는가? 비버리의 최선의 선택은 무엇이라고 생각하는가?
3. 가정방문에 대해 당신은 어떤 감정을 느끼는가? 당신은 안전을 위해 무엇을 해야 하는가?

요약

휴먼서비스 전문가들은 원조요청자를 존중하며 전문적이면서 효과적인 면접을 계획하고 수행하는 방법을 알고 있어야 한다. 추가해서, 휴먼서비스 전문가들은 문제해결을 가르쳐주고 참여해야 한다. 원조 면접의 구성요소와 전문성에 대한 이해는 사회 서비스 실행에서 매우 유용하다. 최대한 여러 환경에서 성공적으로 면접을 하는 방법 또한 도움이 된다.

위기 개입

CHAPTER **7**

휴먼서비스 전문가와 학생, 자원봉사자들은 종종 (자살위협을 포함한) 위기에 반응하도록 요구된다. 이번 장에서는 자살충동에 휩싸이거나 위기에 놓인 사람들에게 반응하기 위한 필요 기술을 소개한다.

위기란 무엇인가?

위기란 그 상황에 처한 사람에게 고조화된 성장가능성 혹은 황폐가능성이 있는 잠시 동안의 과도기로 정의된다. '위기'는 전환점이나 도로 위의 갈림길처럼, 위험과 기회를 동시에 의미한다. 위기는 특수하고 동일함을 증명할 수 있는 사건들에 의해서 유발된다. 이런 것들은 하나의 외상적인 사건들 혹은 사건들의 축적일 수도 있다. 사람이 상황이나 사건을 인식하는 방법은 그(녀)가 그것을 위기로써 경험했느냐 아니냐에 따라 부분적으로 결정된다. 예를 들면 어떤 사건들(성폭행, 폭력적인 죽음의 목격 혹은 피 경험)은 매우 충격적이어서 대부분의 사람들은 위기 반응을 보인다. 다른 사건들이나 경험들은 각 개인이 그 상황을 어떻게 해석하느냐에 따라 위기 반응을 보일 수도 그렇지 않을 수도 있다. 사건의 예로는 이혼, 새로운 곳으로의 이사 혹은 교통사고가 있다.

위기 상황에 돌입하는 것은 실제적이거나 혹은 상상적인 외상사건에 대한 정상적이고 예견된 반응이다. 위기는 일시적인 것으로 간주된다. 심한 정서적 혼란을 동반한 급성 위기는 보통 한 달 혹은 두 달 정도 지속되는데, 그 사람의 그 상황이 해결되면 없어지는 경향이 있다(Caplan, 1964; Golan, 1978; Puryear, 1979; Rapoport, 1970; Roberts, 1990).

위기를 경험하고 있는 사람들은 항상 그들의 불편함을 완화시키려 애쓰며 그들이 사용해왔던 방식으로 문제를 해결한다. 때때로 이러한 습관적인 대처 방법이 작동되지 않아 화가 나기도 한다.

위기의 가운데에 있는 사람들은 정서적인 고통이 너무 커서 누군가 다른 사람에게 더욱 의지하려 하기 때문에 도움에 더욱 개방되어 있다. 이러한 점에서 위기 상황에 개입하는 것은 상당히 유용하다. 사람들은 그들의 삶에서 정신적인 충격을 받은 동안에 재빨리 반응을 보이거나 변한다. 예전 방식으로 생각하고 느끼고 반응하는 것은 뒤흔들렸고 사람들은 행동할 새로운 방식을 찾고 있는 중이다. 위기에 의해 야기된 불균형은 자주 두 사람을 서로 밀착시키며 친밀하게 돕는 관계로 빠르게 발전시킨다. 원조전문가들은 어떤 사람이 위기 상황에서 자신들을 찾아 왔을 때 아마도 그들이 사적인 정보와 강렬한 감정 가운데 있다는 것을 매우 빠르게 알게 될 것이다.

위기를 경험하고 있는 사람은 자주 혼란스럽고 무질서해진다. 이러한 무질서함은 직장, 학교, 집 그리고 사회적인 활동이나 관계에 있어서 개인의 역할수행에 영향을 미칠 수도 있다. 때때로 위기는 두통, 위경련, 허리통증, 피로, 가슴 조임, 메스꺼움 혹은 설사와 같은 신체적인 증상을 야기할 수 있다. 위기를 경험하고 있는 사람들은 또한 때때로 무능감이나 불안감을 느낄 수 있고, 공황상태에 빠지기도 하며, 울먹이고 짜증내며 무기력해 한다. 불안함과 떨림 증상은 명확히 나타날 것이다. 먹고 자는 패턴의 변화 역시 일반적인 증상이다.

급성적인 위기단계가 지나면 적응적 혹은 부적응적 반응들이 그 사람의 행동 레퍼토리의 한 부분이 된다. 어떤 사람들은 이전보다 낮은 기능 수준임에도 위기로부터 벗어나지만, 다른 사람들은 더 잘 대처할 수 있게 된다. 훌륭한 위기 개입은 보다 나은 대처 기술과 깊은 통찰력의 발전을 촉진할 수 있다.

위기는 발달적 위기, 상황적 위기, 사회적 위기 혹은 복합적 위기로 분류된다. 발달적 위기는 (졸업, 결혼, 첫 번째 취업 혹은 할아버지 되기와 같은) 성숙과 사회생활 단계의 정상적인 과업을 포함한다. 상황적 위기는 (실직, 친구의 사망, 협력관계의 해체 혹은 폭행이나 자연재해의 피해자와 같은) 특정한 외상적 사건에 의해 발생한다. 사회적 위기는 (차별대우, 낙인 혹은 불공평을 경험하는 것과 같은) 그(녀)가 속한 사회나 문화와의 갈등을 포함한다. 복합적 위기는 이전의 문제에 대한 강렬한 기억으로 인해 또는 현재의 외상경험과 어려움으로 인해 다시 부상한 상실감에 의해 야기된다.

많은 사람들이 위기 상황에 처할 때 원조기관 접촉하기 때문에 이 고통의 본질과 위기 개입의 원칙을 이해하는 것은 중요하다.

위기 개입이란 무엇인가?

사람들이 위기 상황에 처해있고 정서적 불안정 상태가 고조에 달할 때 그들의 감정을 확인하고 문제해결에 도움을 주는 지지적인 원조전문가들을 즉각적으로, 심도있게, 그리고 자주 만나는 것이 도움이 된다. 위기 개입의 모델은, 사례관리 혹은 상담처럼 매주, 매월, 혹은 계절에 한 번씩 만나는 것이 적절한, 장기간의 서비스와는 동일하지 않다. 위기 개입의 첫 번째 원칙은 (자원봉사자들, 지지집단들, 사회복지사들, 위기상담자들, 심리치료사들, 혹은 긴급 직통전화들처럼) 즉각적이며 자주 활용할 수 있는 지지체계를 만드는 것이다.

위기 개입 원조전문가들은 무엇을 해야 하는가?

- **들어라.** 적극적 경청 기술(5장)은 위기 개입을 하는 내내, 그중에서도 특별히 감정의 명료화, 명명화, 타당화 작업에서 가장 중요하다.
- **위기의 강도를 평가하라.** 도움을 청하는 사람을 자신이 얼마나 안정적으로 느끼는지 논의하는 구조에 포함시켜라. 그리고 현 상황이 어느 정도의 개입을 필요로 하는지 같이 결정하라. 위기 정도가 심하고 다룰 수 없을 정도로 느껴진다면 위기에 처한 사람을 전문상담사, 사회복지사, 심리학자, 정신과 의사, 혹은 정신건강 전문가에게 의뢰하라.
- **힘을 확인하라. 위기 개입**의 전 단계를 통하여 당신은 도움을 요청하는 사람에게 당신의 태도를 통해 그 사람이, 잠시 어려운 상황에 처해 있고 극도의 스트레스로 인해 자연히 압도당하고 있지만, 능력있고 잘 기능하는 사람이라고 믿는다는 것을 전달해줘야만 한다.
- **정상화시켜라.** 정상화시킨다는 의미는 도움을 요청하는 사람이 그(녀)의 위기 반응은 예상되었으며 병적 측면이나 정신병의 증상이 아니라는 것을 알게 해야 한다는 것이다. 하지만 이것은 당신이 진짜 어려움에 놓인 사람을 축소화시키거나 무시한다는 의미는 아니다.
- **필요하다면 지시적이 되라.** 위기에 처한 사람은 옴짝달싹할 수 없고 제어할 수 없다고 느끼기 때문에 원조전문가들은 자주 위기 개입 관계의 초기에 아주 지시적이어야 한다. 그러나 그 사람이 어느 정도 안정과 자신감을 되찾게 되면 그 사람을 독려하여 스스로 더 많은 문제해결을 하기 위해 도움을 요청하도록 조력자는 물러나야 한다.
- **공동의 문제해결.** 문제해결을 가르치는 것 역시 위기 개입에서는 절대로 필요하다. 누군가에게 압도적인 문제들을 다룰 수 있는 과제들로 나누도록 가르치는 것은 위기 기간 동안 가치로운 개입이다(6장의 문제해결 기술 참조).
- **도움이 적절한지 아닌지 결정하라.** 때때로 위기는 원조전문가와 다른 사람이 서로 대처해야 할 근본적인 이유와는 별개로 발생하기도 한다. 원조전문가는 최초 문제와는 관련이 없는 위기에 중점을 두는 게 적절한지 아닌지 평가해야 한다. 이때 상담 지도감독자와 기관이 전체 맥락에 도움을 줄 수 있다. 당신이 특정한 위기에 놓인 사람에게 더 이상 아무 도움을 주지 못할 거란 결정을 했다면 적합하고 시기적절한 인계가 굉장히 중요하다는 것을 명심하라.
- **사후관리.** 당신이나 당신의 기관이 위기 개입을 했거나 도움을 구하는 사람을 전문치료사나 다른 기관으로 보냈는지 여부와는 상관없이 그 다음 몇 주 동안 자주 그 사람과 연락하여 어떻게 일이 돌아갔는지 확인해라. 만약 여전히 그(녀)가 위기에 처해 있다면, 적절한 사후관리를 제공하도록 하라.

사례

오십대 여성 캐서린은 사랑하는 사람이 암 진단을 받은 사람들을 위한 지지집단에 참가했다. 그녀의 아들은 백혈병 진단을 받았다. 아들이 의사를 만나거나, 감기에 걸렸거나, 아프다고 할 때마다 캐서린은 충격을 경험했고 지지집단에 있는 다른 사람들은 이러한 유사한 상황에서 어떻게 극복했는지 배우기 위해 다른 사람들을 찾았다. 또한 그녀는 다른 집단의 구성원이 힘든 시간을 보낼 때 위로나 포옹을 해 주었다. 캐서린은 특별히 집단을 도와주는 휴먼서비스 전문가 패트릭에게 친밀감을 느꼈다. 비록 캐서린이 암을 이겨내기 위해 도움을 받는 집단에 참여하고 있음에도 불구하고 아들의 병과는 상관없이 삶의 굴곡은 결코 평탄하지는 않았다. 건강보험이 없는 자가 택시 운전기사인 그녀의 오빠는 보청기가 필요했다. 보청기를 얻기 위해 그는 어디에서 재정적 지원을 받을 수 있는가? 5년 전 아내와 사별한 후 알코올 중독자가 된 시아버지는 알코올 관련 질환으로 죽어가고 있으며 지역치료 센터를 통해 여러 번 치료를 받았으나 센터에서는 더 이상은 그를 받아줄 수 없다고 거절하였다. 캐서린은 그를 어떻게 도울지 쩔쩔매고 있다. 그녀는 책임감도 들면서 걱정을 했다. 그녀는 이러한 가족의 위기가 너무 압도적이며 그녀 혼자서 해결하기에 너무 어렵다고 생각하여 패트릭에게 보청기 지원을 요청했다.

생각해보기 #36 위의 사례에 대해 생각해 보라.

1. 캐서린의 상황에 대해 당신은 어떤 느낌이 드는가? 그녀의 아들은? 그녀의 오빠는? 그녀의 시아버지는?
2. 당신이 만약 패트릭이라면 그녀가 그녀의 '문제들'에 대해서 이야기할 때 캐서린에게 당신이 처음 보이는 반응은 무엇인가?

자살 생각 다루기

심한 외상 혹은 우울을 경험하는 사람들은 이미 벌어진 일을 이해하는 과정으로서 아마도 삶의 의미에 대해 질문할 수 있다. 이것은 왜 그들이 살아있는지, 과연 살고 싶은 것인지를 생각하는 것 등 매우 진지한 질문일 수 있다. 모든 사람들에게 강한 정서적, 철학적 문제를 제기하는 주제가 자살문제이다. 아마도 어떤 다른 상황도 원조전문가들로 하여금 이처럼 놀라게 하지는 않을 것이다.

자원봉사자 혹은 유료 원조전문가로서 자살에 대한 개인적인 신념이 당신의 책임감과 별개라는 것이 매우 중요하다. 자살에 대한 당신의 가치관, 두려움, 신념을 스스로 분명히 하라. 모든 원조 작업에서 당신은 당신을 밀어붙이는 스위치를 깨닫도록 해야 한다. 그렇게 해야 도움을 요청하는 사람과 더욱 효과적으로 일할 수 있다.

만일 어떤 사람이 자살을 고려하고 있다고 의심이 간다면 당신은 즉각적으로 지도감독자를 포함시키는 것이 매우 중요하다. 설사 당신이 위기 개입 원조전문가로 잘 훈련된 사람일지라도 자살 상황에 대한 모든 의사결정을 스스로 내리지 마라.

자살에서 원조전문가들의 자세는 무엇인가?

많은 사람들은 각 개인은 그(녀) 스스로 죽을지 살지 결정할 권리가 있으며 자살은 개인의 선택이고 인간으로써 우리 모두가 갖고 있는 대안이라고 강하게 생각한다. 다른 사람들은 무슨 상황이든 간에 이것은 받아들일 수 있는 선택이 아니라고 한다. 당신이 한 사람으로써 이 주제를 어떻게 바라보는 것과는 상관없이 당신은 원조전문가로써 잠재적인 자살상황을 정확하게 평가하고 가능하다면 모든 상황에 개입해야 할 윤리적인 책임이 있다. 만약 당신이 원조전문가로서의 역할을 한다면 가능한 삶을 구하는 일이 당신이 갖고 있는 책임의 한 부분이다. 당신은 자살 개입에 대한 당신의 기관이나 단체의 정책에 대해 매우 분명해야만 한다. 만약 당신이 이러한 규칙을 고수하고 훈련받은 범위 안에서 좋은 신념을 갖고 행동한다면 법적이거나 윤리적인 문제가 훨씬 적게 발생할 것이다.

자살의 본질

모든 사람들은 때때로 문제가 있음을 기억하라. 자살충동에 사로잡힌 사람은 자살이 극복하기 위한 하나의 방법이며 혹은 그(녀)가 지닌 문제의 해답이라고 본다. 왜냐하면 그 순간에 실행할 수 있는 대안이 없어 보이기 때문이다. 자살충동에 사로잡힌 사람은 아프거나 나쁜 것이 아니라 단지 자포자기한 것이다. 자살충동에 빠진 어떤 사람들은 정신적인 문제를 갖고 있긴 하지만 거의 모든 케이스에 적용되는 건 아니다. 대부분 자살 생각이나 감정은 보통 잘 적응하고 안정적인 사람이지만 완전히 통제 불가능하다고 느낄 정도의 엄청난 위기에 빠진 사람에게 나타난다.

강렬한 자살충동을 느낀 사람은 자주 어떠한 대안도 보이지 않으며 미래에 아무런 희망이 없으며 그 혹은 그녀가 경험하는 엄청나고 견딜 수 없는 감정적, 신체적 고통을 빠져나갈 다른 방법이 없다고 본다. 이러한 감정들은 최근에 압도적이고 강렬한 어떤 상황이나 감성에 의해 야기된다. 예를 들면 관계의 상실, 사랑하는 사람의 죽음, 수치심 혹은 병으로 인한 고통이다. 이전에 자살을 시도했거나 가족 중에 자살한 사람이 있거나 약이나 알코올을 사용하거나 일반적으로 충동적이고 공격적인 사람들 역시 자살시도를 할 위험이 매우 높다.

어떤 원조전문가나 기관에서는 즉시 치명적으로 병든 사람인지 아닌지 구별한다. 수동적인 기법으로 한 사람이나 가족이 누군가의 죽음이 임박했을 때, 치료를 끝내거나 감염이나 암을 적극적으로 치료하지 않는 것과 같은 방식을 선택할 수도 있다.

자살 생각의 신호

모든 자살위협은 심각하게 고려되어져야만 한다. 추후에 보다 상세하게 논의할 것이긴 하지만, 자살 위협이 심각하고 자살 가능성이 높은 요소들은 행동계획을 갖는 것, 계획된 방법의 치명성, 낮은 구조 가능성 그리고 자살 생각의 빈도수와 지속기간 등을 포함한다.

가능성 있는 다른 경고 신호는 다음과 같다(Maltsberger, 1986; Victoroff, 1983):

- 슬픔, 우울 혹은 신경과민
- 평소 모습과는 많이 다른 단정하지 못한 모습
- 분명한 이유 없이 우는 것
- 비관적인 표현; 특히 미래에 대한 절망적인 감정을 표현하는 것
- 평소 활동에 대한 흥미의 상실
- 자신의 이미지에 대해 나쁘게 느끼는 것
- 그(녀)는 죽는 게 나을 것이다 혹은 그(녀)가 없는 세상이 나을 것이다라고 말하는 것
- 소중한 소유물을 선물하는 것
- 논리적이지 않거나, 논쟁 혹은 말하지 않거나, 농담에 대해 웃질 못하는 것
- 과하게 희생했다고 느끼는 것

충동적이고 위험을 감수하며 공격성향이 있는 일부 성격 특성들은 자살 위험성의 증가와 밀접한 상관관계가 있다(Goodwin & Brown, 1990). 자살 위험성이 높은 사람들은 (1) 최근에 중요한 상실을 경험하였거나(예를 들면 사랑하는 사람의 죽음, 일자리 상실, 건강악화); (2) 이미 자살 시도를 해 보았거나; (3) 가족 중에 자살한 사람이 있다거나; (4) 약이나 알코올을 사용한 사람이다.

만약 어떤 사람이 자살에 대해 생각하고 있다고 의심된다면, 위험요소를 고려하라. 하지만 위험요소를 너무 고려한 나머지 그 사람이 당신에게 말한 것을 흘려듣는 우를 범하지는 마라. 때때로 절망에 빠진 사람들은 위의 내용과 맞지 않는 경우가 있다.

자살 개입

자살예방에 있어 기억해야 할 두 가지 중요한 규칙은 (1) 누군가의 생명을 구하기 위해서 당신이 최선을 다해야 한다는 것과 (2) 다른 사람의 결정이나 행동에 당신은 책임이 없다는 것이다. 이것은 만약 당신이 상황을 판단하고 적절하게 개입했지만 그 사람이 여전히 자살시도를 하거나 혹은 죽었다면, 당신이 매우 고통스럽고 슬프다고 해도 이러한 사실을 받아들이려고 애써야만 한다는 것이다.

자살 개입의 단기 목표는 급박한 위기단계에 있는 사람들을 이해시키고, 그(녀)를 지원과 치료로 연결하며 일정량의 희망과 통제를 복구하는 것이다. 원조전문가들의 가장 중요한 목표는 자살충동을 느끼는 누군가가 지금 당장 위험에 처해 있는지 아닌지 결정하는 것이다. 이러한 작업을 하기 위해서는 원조전문가는 반드시 "치명성 사정하기(assessing lethality)"라 부르는 절차를 밟아야만 한다. 치명적임이란 삶이 곧 위험에 빠질 가능성, 즉 죽음의 가능성을 의미한다.

자살 치명성 사정하기

다음에 오는 치명성 사정하기 지침은 자살을 고려하고 있는 사람이 있다고 생각하는 어떠한 상황에 모두 적용된다.

단계 1. 확인하기 만약 자살 충동을 느낄 정도의 좌절의 낌새를 들었다면 당신은 그 사람을 확인해라. "당신은 자살을 생각하고 있습니까?"라고 물어라. 만약 당신이 틀렸다면 그 사람은 곧 당신에게 말할 것이다. 당신이 단지 이슈를 만들었다고 해서 누군가가 자살하지는 않을 것이다. 당신이 진정으로 그렇게 하는 것이 적절하다고 느꼈다면 이 문제에 대해 누군가와 직면하기를 두려워하지 마라. 여기 누군가의 자살생각에 대해 전화로 직면하는 예가 있다:

제이: 다 소용없어. 희망이 없어.
원조전문가: 당신은 정말 우울한 것처럼 들리는군요. 지금 당신의 삶은 어떻게 보이나요?
제이: 차라리 죽는 게 낫겠어.
원조전문가: 자살에 대해서 생각하고 있나요?

다음 두 사례는 어떻게 원조전문가들이 진행하는지 보여준다.

시나리오 1.

원조전문가: 나는 우리 대화에서 당신이 이런 식으로 살고 싶지 않다는 말을 두 번 들었습니다. 그래서 나는 당신이 자살을 생각하고 있는 게 아닌지 궁금합니다.
도움을 요청한 사람: 글쎄요, 때때로 그러한 생각이 내 마음속에 떠오르긴 합니다만, 나는 정말로 죽고 싶지는 않아요. 나는 단지 멈추고 싶을 뿐이에요.
원조전문가: 그래서 당신은 자살할 계획이 없다는 것이죠?
도움을 요청한 사람: 네, 나는 정말로 죽고 싶지 않아요. 그러니 나는 너무 고통스러워요.
원조전문가: 알겠습니다. 나는 당신이 어떤 계획을 했는지 궁금합니다. 나는 당신에게서 굉장한 감정적인 고통을 느낄 수 있습니다. 나는 당신이 이것을 나에게 말해 준 것에 대해 무척 감사합니다. 만약 당신이 자살계획을 세우고 있다면 나에게 다시 말해준다고 약속할 수 있나요?
도움을 요청한 사람: 네, 물론이죠.
원조전문가: 당신은 나에게 당신이 얼마나 지쳤고 슬픈지 좀 더 말해 줄 수 있을까요?

시나리오 2.

도움을 요청한 사람: 네, 말하기 어렵지만 난 정말 많이 자살을 생각했어요.
원조전문가: 당신은 어떻게 자살할 생각이었나요?
도움을 요청한 사람: 약이요.
원조전문가: 어떤 약이요?
도움을 요청한 사람: 거기까지는 생각 못 해봤어요. 뭐가 뭔지 모르겠어요.

때때로 누군가 극심하게 우울하거나 압도되었거나 자살충동의 가능성이 있다는 징조는 언어적인 것보다는 비언어적인 단서에서 찾을 수 있다. 예를 들어 만약 매우 아프거나 우울하거나 정신적 충격을 경험한 누군가가 분위기나 행동에 두드러진 변화를 보이기 시작한다면 반드시 확인해야 할 걱정의 원인이 있을 것이다. 이러한 변화는 소중한 소유물을 선물로 주거나 유서를 작성하고 다른 사람으로부터 완전히 물러나 있는 것을 포함한다. 종종 심각한 우울증을 앓고 있는 사람은 심지어 그들 자신의 절망의 깊이를 의식적으로 인식하지 못하기 때문에 의미 있는 타자들이 문제를 알아차리는 첫 번째가 될 수 있다. 예를 들어 한 여자는 별거 후 부엌칼을 모두 숨겨 놓았다. 분명히 그녀는 그것이 어디에 있는지 알았다. 하지만 자살충동으로부터 자신을 보호하겠다는 상징적인 표현은 의미 있는 일이었다.

단계 2. 치명성을 사정하라 자살 생각 혹은 자살 행동의 세 수준은 다음의 연속선상에 놓여있다:

1. **자살 관념, 느낌, 생각.** 이것은 때때로 "자살 상상하기"라 불린다. 이것은 자살사고가 누군가의 마음에 들어간 것을 의미한다.
2. **자살 계획, 동작 혹은 위협.** 이것은 누군가가 자살 생각이나 느낌을 누군가에게 말하기 시작했다는 것을 의미하고, 누군가는 그(녀)가 어떻게 자살할 것인지 세부계획을 짜기 시작했다는 것을 의미하며, 누군가는 계획을 실행에 옮기기 시작했다는 것을 의미한다.
3. **자살 시도.** 삶을 위협할 정도의 계획된 행동이다. 이 순간에 죽으려고 했는지 안 했는지 매우 위험한 단계이다.

치명성의 정도를 결정하는데 있어 관념, 느낌, 생각은 행동과 다르다는 것을 기억하라. 비록 그들은 삶을 위협할 정도의 행동을 할 수 있을지라도 그 생각 자체가 저절로 위험한 것은 아니다.

치명성에 대해 생각하기 위해서는 선택된 자살방법이 위험한지 아닌지와 함께 죽을 의도를 고려하라. 아래 카테고리 혹은 설명과 함께 표 7.1은 위험의 정도를 생각해 볼 한 가지 방법을 보여준다.

표 7.1 • 자살의 치명성 분류

	높은 치명성	낮은 치명성
높은 의도	1	3
낮은 의도	2	4

Level 1. 위험한 방법과 높은 의도를 가진 사람이다. 이 경우 가장 위험하다. 예를 들면 혼자 있을 경우 권총자살하거나 목을 매달아도 아무도 오지 않을 경우이다.	Level 2. 죽으려는 의도는 없지만 방법의 치명성이나 구조 가능성을 잘못 계산한 경우이다. 예를 들면 약이나 사고에 의한 상처로 죽는 경우이다.
Level 3. 죽을 생각을 하고 있으나 치명적이지 않은 방법일 경우이다. 예를 들면 거의 치사량에 가까운 약 복용이나 실패한 자살 시도가 있다.	Level 4. 죽을 의도가 낮고 치명성이 적은 방법을 사용할 경우이다. 예를 들면 도움을 구하고자 우는 행동하기가 있다.

자살의 치명성을 평가하기 위해서는 다음의 것들을 결정하라.

위험 이 위협이 얼마나 심각한지 평가했는가? 사용하려는 무기가 얼마나 치명적인가? 스트레스나 우울이 얼마나 깊고 최근의 것인가?

계획 자살을 생각하고 있다면 계획이 있는가? 언제 그리고 어떻게 그 계획을 실행할 것인가? 그 계획이 얼마나 구체적이고 세부적인가? 그 계획이 성공할 것인가? 그 사람은 선택한 방식에 접근할 수 있는가? 그 사람은 계획을 실행할 방법을 알고 있는가? 계획에 대해서 물어볼 질문의 예는 다음과 같다:

- 당신은 어떻게 자살할 생각이었나요?
- 당신은 무엇을 할 계획이었나요?
  - 예를 들어: 당신은 총이 있나요? 총알은? 어떻게 장전하는지 아나요? 장전되어 있나요?
  - 예를 들어: 어떤 종류의 약을 복용할 계획이었나요? 약은 이미 갖고 있나요? 충분한가요? 처방전은 갖고 있나요? 늦은 저녁에 영업하는 약국을 알고 있나요?

비상사태 여부 자살 상황에서 즉각적인 사정을 할 때 "이것이 비상사태인가?"와 같은 중요한 질문을 해야 한다. 목숨이 임박한 위험에 처해 있다면 당신은 빠르고 단호하게 행동할 필요가 있을 것이다. 그 사람이 벌써 약을 삼켰는가, 총을 장전했는가 혹은 그(녀)의 손목을 그었는가? 경찰과 구급차를 불러야 하는가? 아니면 잠시 동안 그 사람과 이야기할 시간이 있는가? 이 시점에서 해야 할 질문의 예는 "당신은 약을 삼켰나요? 어떤 약이죠? 얼마나? 삼킨 지 얼마나 되었나요? 술을 마셨나요? 지금 집에 누가 있나요? 누구를 기다리고 있었나요?" 등이다.

자살이 언제쯤 발생했는가? 만약 누군가 먼 미래에 자살을 생각하고 있다고 말한다면(예를 들어 "만약 내가 불구가 된다면 난 약을 먹을 거야" 혹은 "만약 조가 죽는다면 내가 나한테 무슨 짓을 할지 몰라") 이것은 비상사태가 아니며 지금의 자살상황도 아니다. 이러한 경우에는 적극적 경청이 적절한 대처방법이다. 예를 들어 한 사람이 AIDS진단을 받고 직장을 그만둔 뒤 자원봉사자에게 그가 더 이상 자신을 돌보지 못한다면 자살을 할 거라고 말했다. 자원봉사자는 즉각적인 자살에 대한 계획이 없다고 확신하고 침대에서 누워 지내며 대소변을 가리지 못하고 무력하게 지내는 것에 대해 두렵다는 그의 이야기를 여러 시간 동안 들어 주었다. 이 사람은 곧바로 자살하지 않았고 대신에 7년 동안 상대적으로 풍요롭고 건강한 해를 보냈다. 자원봉사자와 자살 이야기를 한 7년 후 어느 날, 그의 의식를 매우 자질시키는 방문이 있은 후 그는 치명적으로 자신을 쐈다. 그는 그가 무엇을 할 거라는 걸 누구에게도 이야기하지 않고 자살했다.

단계 3: 비상사태 방침인지 혹은 적극적 경청 방침인지를 선택하라 당신이 실제적인 비상사태를 다룰 것인지 아니면 보다 더 들을 시간을 가질 것인지 평가한 결과에 따라 당신은 다음의 단계를 밟아야 할 것이다.

비상사태 비상사태라 함은 구체적이고 치명적인 자살계획을 곧 실행할 사람 혹은 이미 그 목표를 향해 어떤 행동을 취한 사람과 당신이 같이 있거나 아니면 전화상으로 통화하는 상황을 의미한다. 비상사태의 처리절차는 다음과 같다:

- 당신은 아마도 생명을 구하는데 필요한 정보를 얻기 위해서 과감하고 지시적이며 크게 외쳐야 할지도 모른다.
- 만약 당신이 잘 모르는 누군가와 이야기를 한다면 어떤 종류의 신원증명이든 확보하도록 노력하라. 이름, 주소, 전화번호, 위치를 얻도록 하라. 또한 그 사람이 혼자인지도 확인하라. 이러한 모든 정보를 얻도록 자꾸 요구하되 전화를 건 사람이 끊을 정도까지는 하지 마라.
- 만약 당신이 이미 알고 있는 누군가와 이야기한다면 (그리고 당신은 이미 주소와 전화번호를 알고 있다) 그(녀)가 지금 어디에 있는지 그리고 근방에 누가 있는지 확인하라.
- 통화를 계속하거나 그 사람과 같이 있어라. 적극적이며 즉시 자살할 것 같은 그 사람의 곁을 지켜라.
- 경찰에 신고하거나 구급차를 부르도록 그 사람에게 계속 요구하라. 만약 그 사람이 기절하거나 목을 맸으면 비록 그 사람의 동의를 구하지 않았더라도 경찰에 신고하라. 만약 당신이 통화 중이라면 친구나 동료에게 다른 전화로 경찰에 신고할 수 있도록 메모를 넘겨야 할 것이다.
- 매우 치명적인 자살상황에서는 관례적인 비밀유지 문제는 적용되지 않는다. 목숨을 살리는 일이 더 중요하다. 만약 당신이 경찰이나 구급차를 부른다면 당신이 밝혀야 할 것은 오로지 자살 시도나 위협과 관계가 있다는 사실이다. 도움을 받기 위해 필요한 만큼만 말하라. 당신은 신체적, 정신적 진단이나 그 사람이 당신의 기관과 연관되어 있다는 이유에 대해 비밀유지 의무를 깰 필요는 없다.

비상상태가 아닌 경우 만약 비상상태가 아니라면 전화로든 직접적이든 자살에 대해 대화할 때에는 다른 적극적 경청 상황과 대부분 다를 게 없다. 당신은 그 상황을 사정하고 감정에 반응해야 한다. 그 사람으로 하여금 자살 계획이나 생각을 유도한 강력한 슬픔 혹은 절망의 감정을 이야기하도록 노력하라. 그 사람이 자유롭게 그(녀)의 생각이나 감정을 표현하도록 하며 이것은 아마도 원조관계에 있어 필수적인 부분일 것이다. 누구든 이해받길 원하고 자신의 얘기를 들어주길 원한다. 자살충동을 느낀 사람은 여러 번 그(녀)를 이해하는 사람이 아무도 없다고 느낀다. 때때로 비록 당신이 완전히 이해하고, 동의하지 못하더라도 혹은 어떤 충고를 할 수 없다 하더라도 집중하여 들어주는 일은 누군가 이해받는다는 느낌을 갖게 한다. 자살충동을 느낀 사람은 반드시 충고를 원하거나 필요한 것은 아니다.

사례 어느 날 저녁, 페이는 위기 개입 핫라인으로 매우 울먹이면서 통제 불능인 상태로 전화했다. 16년간 결혼생활을 한 남편이 이혼을 원하며 집을 떠나겠다고 막 통보한 것이었다. 그녀는 그날 저녁때까지도 남편이 결혼생활에 불만이 있다는 것을 인식하지 못했다. 그녀는 심란하고 우울하며 매우 겁에 질려 있었다. 그녀는 지금 이 상황에 대하여 친구, 가족, 인척 그 누구에게도 말하고 싶어 하지 않는다. 왜냐하면 부끄럽고 마치 그녀가 실패자인 것처럼 느껴지기 때문이다. 그녀는 핫라인 자원봉사자에게 그녀는 지금 절망적이고 통제 불능이며 차를 몰고 다리 아래로 떨어지는 생각을 멈출 수가 없다고 고백했다.

생각해보기 #37 위의 사례에 대해 생각해 보라.

1. 페이와 전화통화를 하면서 당신은 무엇을 할 것인가?
2. 당신은 페이의 위기와 자살충동에 대한 생각이 어느 정도인지 결정하기 위해서 그녀에게 어떠한 질문을 던지겠는가?
3. 페이의 이야기를 듣는다고 생각할 때 어떤 느낌이 드는가?

자살상황에 대한 반응원리

모든 자살위협을 진지하게 대하라. 드문 경우, 누군가는 실제로 죽겠다는 결정이 아니라 도움을 요청하는 절규로서 자살하려는 동작이나 위협을 할 것이다. 지나치게 안전한 것이 언제나 최선이다. 만약 도움을 구하는 사람이 당신을 속이거나 조종한다면 당신은 그것을 극복해낼 것이다. 기억해야 할 몇 가지 중요한 점이 있다. 사람들은 때때로 구조되길 바라는 자살 동작에 의해서도 우연히 죽는다. 자살충동적인 행동은 계속 반복될 때마다 점점 더 치명적(위험한)이 되기 때문에, 이전에 자살시도를 해본 적이 있거나 '거짓 경고'를 발했던 적이 있는 사람은 결국 다음 시도에서는 자살하게 된다는 것이 문제이다.

그 사람의 양가감정을 이용하라. 사람들이 그냥 자살하는 대신에 원조전문가에게 자살에 대해서 말하는 이유는 그들이 양가감정을 느끼고 있거나 우유부단해서이다. 양가감정은 살고 싶다는 내면적 소망으로 원조전문가들은 이것에 접근하여 활용하려고 노력한다. 심각하게 자살충동을 느끼는 대부분의 사람들은 그 순간 너무 우울하여 살아야 할 이유를 발견하지 못하거나 그들의 문제나 우울과 맞서기 위한 감정 에너지가 고갈되어 있다. 그들은 아마도 죽으려는 최종 결정을 내리지 못한 것이다. 비록 98%의 그(녀)가 확실하게 죽기를 원할지라도 당신은 아마 살기 원하는 2%의 사람들에게 닿기 위해 열심히 일해야 한다.

대부분 자살 사고는 일시적이다. 비록 자살감정과 생각이 그 순간에 매우 강할지라도 그것은 영원히 지속되지 않는다. 원조전문가들은 이러한 일시적인 충동을 극복하도록 도와줄 수 있을뿐더러 깊고 모진 고통은 영원히 지속되지 않는다는 것을 사람들이 알도록 할 수 있다. 하지만 자살 생각과 감정은 위기 동안에 자주 떠오르며 원조전문가들은 사람들에게 그것에 대해 준비를 시켜야 한다. 가장 유용한 접근방법의 하나는 자살 관념이 떠오르면 지원을 얻을 계획을 짤 수 있도록 그 사람을 돕는 것이다.

자살 개입의 특정한 기술

다음의 단계는 원조전문가들이 자살 개입을 하는 데 있어 유용할 수 있다:

- 누군가 자살충동을 느낀다는 의심이 가는 순간 당신이 정말로 말하고자 하는 것에 명칭을 붙여라. '자살' 혹은 "자신을 죽이다"라고 말해라. "자신을 처치하다" 혹은 "자신을 해하다"와 같은 완곡어법을 쓰지 마라. 자살은 극단적으로 심각하고 불쾌하며 그 상황을 미화시켜서는 안 된다.
- 만약 자살이 급박하지 않고 매우 치명적인 상황이 아니라고 판단된다면, 어려운 것들을 어떻게 느끼는지 듣고 확인하고 이야기하라. 이러한 걱정들을 객관화하는 것은 아마 그 사람으로 하여금 통제가능하다고 느끼기에 충분할 것이다. 그리고 자살 감정은 그것들에 대해 이야기하는 것만으로 완화될 것이다. 감정이 얼마나 부정적으로 보이든 간에 그 사람이 모든 감정을 탐색하도록 하라. 그 사람과 함께 깊이 여행하라. 증오, 두려움, 화, 복수, 질투, 수치심, 죄의식, 고통 등의 감정을 피하지 마라.
- "자살은 일시적인 문제에 대한 영원한 해결책이다", "답이 없다"와 같은 상투적인 표현이나 의미 없는 문구를 사용하지 마라. 사람들은 이미 이러한 것들을 들어서 알고 있다.
- 마찬가지로 "점차 나아질 거야", "그토록 나쁠 수는 없어"와 같은 거짓된 안도도 사용하지 마라. 자살충동을 느끼거나 우울한 사람에게 이러한 말들은 그(녀)의 현실을 반영하는 것처럼 들리지 않는다.
- 대화주제를 바꾸거나 분위기를 밝게 하거나 그 사람의 감정을 변화하려고 하지마라. 그렇게 하면 다른 사람들이 자신의 고통을 이해하거나 관심조차 갖지 않는다는 확신을 갖게 되기 쉽다.
- 누군가의 강력한 느낌을 무효화하려고 노력하지 마라. "나는 네가 겪은 일보다 더 심한 일을 겪은 많은 사람들을 알아"라는 말은 전혀 도움이 되지 않는다.
- 타이르거나 설교하지 마라. 당신의 종교적이고 도덕적이고 철학적인 믿음을 주입하지 마라. 지금 가치 있는 것은 난처한 사람의 시각이다. 강력한 자살충동을 느낄 때 자살은 죄이며 불법이라는 사실은 그들에게 거의 어떠한 의미도 가질 수 없다.
- 비록 그렇게 하기 어려울지라도 조용하고 명민하게 있어라. 과장하지도 과소하지도 마라. 겁먹지도 말고 너무 냉담하지도 마라.
- 할 수 있다면 장점과 희망에 집중하라. 당신이 진심으로 그렇게 할 수 있다면 그 사람이 말하는 것이나 당신이 관찰한 것의 긍정적이고 밝은 모습을 반영하라. 당신은 그(녀)의 생존을 위한 싸움에 그 사람을 참여시키기 위해서 어떠한 작은 희

망이라도 잡아야 한다. 당신이 아마 건네야 할 말의 예는 다음과 같다:

  - "당신의 인생에서 정말로 사랑했던 것들에 대해서 말해주겠어요? 나는 그것들에 대해서 듣고 싶어요."
  - "당신은 딸을 정말로 사랑하는 것 같아요. 나는 당신의 아이들 이야기와 그들이 당신에게 얼마나 사랑스러운 존재들인지 더 듣고 싶어요."
  - "당신은 지금 당장 죽고 싶은지 전혀 확실하지 않다고 내게 말하는군요. 그것에 대해서 나에게 좀 더 말해주겠어요?"
  - "뒤에서 들리는 소리가 강아지인가요? 애완견에 대해 좀 더 이야기해 봐요." 혹은 "만약에 당신이 죽는다면 누가 강아지를 보살펴야 하는지 생각해 봤어요?"

- 어떤 지원 체계나 사랑하는 사람이 활용 가능한지 자살충동을 느끼는 사람과 찾아보라. 예를 들어: "지금 당신의 인생에서 가장 믿는 사람은 누구인가요?", "당신은 보통 누구를 의지하나요?", "지금 누구에게 전화할 수 있나요?" 이러한 지원을 활용하도록 도와라. 만약 그들이 옴짝달싹할 수 없는 것처럼 느낀다면 당신이 그들을 지원할 수 있는 곳에 전화하거나 알릴 수 있을 것이다.
- 어느 누구도 감히 자살할 엄두를 내지 못한다. 그리고 자살충동을 느낀 사람을 절대로 놀리거나 웃음거리로 만들지 마라.
- 그 사람이 좀 더 상담이나 치료를 받거나 심지어 입원할 수 있도록 노력하라(다음 부분인 의뢰하기를 참조하라).
- 어느 정도 자제력을 회복할 수 있는 방법을 그(녀)가 찾을 수 있도록 도와라. 압도적인 과제는 작은 단계로 나누도록 도와라. 예를 들어 그(녀)가 도움을 요청하기 위해 그날 밤 한 사람에게 전화를 걸지 아니면 그 다음 날 위기관리 핫라인에 전화를 걸지 그 사람과 협상하라. 때때로는 너무 압도적이어서 너무 멀리 계획을 세운다든지 혹은 너무 많은 과제를 떠맡을 수가 없다.
- 어떤 원조전문가들은 종종 '계약'이라 불리는 구두 상 동의를 그 사람과 협의하는 것이 유용하다는 것을 안다. 그리고 그 계약은 그 사람이 한 시간 혹은 하루 저녁을 잘 보낼 수 있도록 도와준다. 계약에 포함된 것은 다음과 같다:
  - "한 시간 안에 전화주세요"
  - "한 시간 안에 전화해도 되나요?"
  - "당신은 지금 자살할 준비가 되어 있고 그것은 성공할 거예요. 그리고 당신은 언제라도 그럴 수 있어요. 당신이 결정하기 전에 24시간을 기다리는 데 동의하나요? 내일 당신의 치료사에게 전화하는 데 동의하나요?"
  - "당신이 여기를 떠날 때는 응급실로 가겠다고 나와 협상했으면 좋겠어요."
  - "지금 당장 내가 당신의 치료사에게 전화하게 해 줘요."
  - "만약 자살충동을 다시 느낀다면 위기관리 핫라인이나 당신의 치료사에게 전화한다고 나와 약속해 줘요."

- "지금 내가 당신을 정신건강센터에 데리고 가게 해 줘요"
- "당신이 이 밤(혹은 낮)을 누군가와 같이 보낼 수 있도록 전화해 줄게요"

자살상황에서 의뢰하기

휴먼서비스 전문가, 학생, 자원봉사자들은 자신의 인생을 끝내려고 생각하는 사람의 복잡함을 다루는데 좀 더 준비가 되어있는 사람에게 자살충동을 느끼는 사람을 의뢰해야만 한다. 만약 자살위험에 처한 사람이 벌써 정신건강 전문가와 (예를 들어 정신과 의사, 임상사회사업가, 심리상담가, 치료사) 연결되어 있다면 그(녀)가 즉시 전문가와 이야기하도록 독려하라. 전문가는 그 상황의 심각성을 결정하고 책임을 질 수 있는 가장 최상의 위치에 있다.

대부분의 도시는 핫라인이나 위기에 처한 사람을 돕는 전화를 두고 있다. 상담자는 급박한 자살상황에 도움을 주는 사람이며 위기에 놓이거나 걱정하는 다른 사람들에게 자원을 제공해 줄 수 있다. 핫라인과 정신건강 전문가와 이미 가지고 있는 관계 이외에 병원의 응급실, 개인 의사, 가족서비스 센터와 같은 상담센터, 지역 정신건강 클리닉, 신문, 친구들도 서비스를 제공하거나 적절한 의뢰를 할 수 있다.

종종 자살충동을 느끼는 사람은 결정을 내릴 수가 없으며, 당신은 아마도 원조 전화나 치료사, 혹은 지역 정신건강 센터에 전화해야 할지도 모른다. 도움은 가능하고 사람들은 보살펴준다는 점을 강조하는 것은 중요하다.

자살상황에서 당신 자신을 돌보기

언제라도 혹은 그 어떤 주제보다도 자살상황에서 원조전문가는 그(녀) 자신을 돌봐야하며 지원을 받아야 한다. 만약 당신이 자살을 다루면서 속상한 경험을 했다면 즉시 당신의 직장이나 자원봉사자 팀, 지도감독자, 혹은 지지적인 애인에게 연락을 취하라. 이전에 제안했듯이, 자살상황에서는 당신의 상관이 얼마나 빨리 개입하느냐가 중요하다.

사랑하는 사람들과 일하기

당신은 자살한 사람을 걱정하는 누군가에게 정서적 지원을 제공하도록 요청받을 수 있다. 자살생존자들은 죽음에 대해 슬픔을 느끼는데 더하여 죄책감, 화, 당황스러움, 수치심을 느낄 수 있다. 항상 그렇듯, 당신의 역할은 현실을 다루는 동안 고통스러운 감정을 인정하면서 적극적으로 경청해 주는 것이다.

만약 당신이 아는 누군가가 자살했다면 당신은 아마도 후회, 분노 또는 죄책감을 느꼈을 것이다. 동료와 지도감독자뿐만 아니라 친구, 가족 혹은 당신에게 정신적으로 충고해 주는 사람에게 도움을 구하라. 당신이 슬픔으로부터 책임의 문제를 분리해내기 시작하는 것은 중요하다. 당신이 다른 사람의 행동에 대해 책임감을 느끼지 않으면서 슬픔을 느낄 수 있다.

사례

장애아를 둔 부모와 연계된 사립 비영리 기관에서 부모 원조전문가로써 일하는 휴먼서비스 원조전문가인 조안은 아스퍼거 증상을 갖고 있는 아이의 엄마인 루비와 첫 번째 만남을 가졌다. 루비는 최근의 이혼과 아이들을 잠시 양육기관에 맡기는 것 때문에 스트레스를 경험하고 있다. 게다가 그녀는 우울하다. 루비는 조안의 관심과 온정이 고마워서 여느 때와 다른 시간에 자주 조안에게 전화걸기 시작했다고 말한다. 그 다음에 그녀는 계속 살아야 할 이유가 없다고 조안에게 말한다.

생각해보기 #38 위의 사례에 대해 생각해 보라.

1. 조안의 입장에서 당신이 생각해 볼 때 어떤 느낌이 드는가?
2. 이 이야기에서 엄마에 대한 당신의 의견은 무엇인가?
3. 다음의 진술에 대해 당신은 어떤 언어적 반응을 하겠는가?

루비: 나는 정말로 외로워요. 내 아이들이 보고 싶어요.

원조전문가:

루비: 당신은 이해 못해요. 당신은 여전히 아이들과 살잖아요!

원조전문가:

루비: 당신을 깨워서 미안해요. 늦은 시간인 거 알아요. 그러나 나는 누군가와 이야기해야만 해요. 그리고 당신이야말로 나랑 이야기해야 하는 유일한 사람이에요.

원조전문가:

루비: 나는 살아갈 이유가 없어요.

원조전문가:

요약

위기 상황에서 휴먼서비스 전문가들이 지원해 주는 것은 흔히 있는 일이다. 위기 상황을 인식할 수 있는 능력과 유익한 방식으로 반응할 수 있는 능력은 중요한 기술이다. 위기란 대처하고 기능하는 능력이 증가하거나 감소하는 갈림길이기 때문에 휴먼서비스 원조전문가는 좀 더 적응적인 방식으로 위기를 극복할 수 있도록 사람들을 원조할 수 있는 유일무이한 기회를 갖는다. 게다가 원조전문가는 자살상황에서 정확하게 사정하고 개입할 수 있어야 한다.

8 CHAPTER 사례관리

휴먼서비스 전문가가 사용하는 중요한 도구 중에 하나는 바로 사례관리이다. 이 장에서는 사례관리에 대한 정의를 제시하고 사례관리의 원리와 주요 활동에 대해서 알아본다.

휴먼서비스에서의 사례관리

사례관리는 의료적, 법률적, 사회적 서비스를 제공하기 위해 만들어진 복잡한 구조를 잘 활용하여 개인, 부부, 가족들이 적절한 서비스를 필요한 시기에 받을 수 있도록 도와주는 방법을 지칭하는 용어이다(Rubin, 1992). 이렇게 '사례관리'라고 이름이 붙여진 개념과 과제는 또한 '사례 조정', '돌봄 관리', '돌봄 조정', '서비스 조정', '서비스 통합', '서비스 관리' 등의 이름으로 불리기도 한다(Kane, 1990; Weil & Karls, 1985). 휴먼서비스 기관들이 그러한 활동을 지칭하는데 사용하는 용어가 무엇이든지 상관없이 사례관리는 도움이 필요해서 기관을 찾아온 사람들에게 우리가 해 줄 수 있는 매우 중요한 업무 중 하나임에는 틀림없다.

사례관리는 일회성 이벤트가 아니라 지속적인 과정이다. 사례관리자는 수혜자에게 장기적인 서비스를 제공하기 위해 노력해야 한다. 접촉 빈도와 활동 강도는 서비스 제공 시의 수혜자의 필요에 따라서 달라질 수 있다(Intagliata, 1992). 사례관리는 개입 초기단계나 위기에 개입하는 경우에는 서비스를 집중적으로 제공해야 하지만, 상황이 진전되면서 접촉의 빈도는 줄어들게 된다.

휴먼서비스에서 사용하는 다른 많은 용어들과 마찬가지로 '사례관리'도 부적합하기도 하고 논란이 많기도 한 용어이다. 사례관리와 관련된 활동은 '사람 중심의 서비스 조정'이라고 부르는 것이 좀 더 적합할 것이다. 사례관리활동을 하는 휴먼서비스 전문가를 부르는 '사례관리자'들은 실제로 '사례'를 '관리'하는 것이 아니다. 사례관리는 도움이나 조언을 요청하는 사람들을 조정하려고 하는 것이 아니고, 자원에 연결이 되면 도움이 될 사람들을 위해서 사례관리자는 서비스를 준비하고, 조정하고, 개발하고, 제공하고, 감독하는 역할을 한다. 휴먼서비스 전문가가 자원을 준비하고 조정하는 과정은 사례관리서비스를 원하는 사람들의 요구에 기반을 두어 이루어진다.

'사례관리'와 '사례관리자'는 전형적인 휴먼서비스 전문용어이다. 이러한 개념은 원조를 요청하는 사람들에게는 아무 의미가 없을 수 있으며, 심지어 기분 나쁜 용어일 수도 있다. 발달장애자녀가 있는 부모가 "우리는 사례가 아니예요. 관리를 받을 필요가 없어요"라고 말하는 것을 본 적이 있다. 그럼에도 불구하고 휴먼서비스 기관이 이러한 용어를 지속적으로 사용하는 이유는 자금지원 기관들이 특정업무를 '사례관리'로 지정하고 있고, 휴먼서비스 전문가들이 오랫동안 써 온 용어이기 때문에 전문가들 사이에 긴 설명없이 그것이 무엇을 의미하는지 바로 이해할 수 있기 때문이다.

서비스를 받으려고 신청한 사람들과 대화할 때에 전문용어를 사용하는 것은 전혀 도움이 되지 않을 뿐만 아니라 가끔은 용어와 문구가 원조과정을 비인간적으로 전락시키는 경우도 있다. 휴먼서비스 전문가가 다음과 같은 말을 할 때 듣는 사람의 기분이 어떨지를 한번 상상해보자: "접수면접을 해야 합니다", "먼저 당신을 사정해야 합니다", "사례관리에 투입해야겠어요", "당신을 모니터링하겠습니다" 거리감이 있는 임상적인 용어보다는 가능하면 일반적이고 명확한 용어를 사용하려고 노력해야 한다. 아래의 문장을 이전 것과 비교해보자: "당신이 이곳에 오게 된 이유에 대해서 잠깐 이야기하고 싶습니다", "지금 가장 도움이 될 만한 것이 무엇일지에 대해서 제게 말해 줄 수 있나요?", "당신과 가족들을 위한 서비스를 찾아서 연결해드려도 될까요?", "가끔씩 전화해서 어떻게 지내고 있는지 여쭤봐도 될까요?" 당신이라면 휴먼서비스 원조전문가로부터 어떤 종류의 이야기를 듣고 싶은가?

사례관리의 첫 번째 목표는 일시적으로 취약한 개인, 부부, 가족들에게 질높은 서비스를 확보해주는 것이다. 두 번째는 대상자들에게 그들을 도와줄 수 있는 기관과 연결해주고 그들이 필요한 서비스에 쉽게 접근할 수 있도록 도와주는 것이다. 세 번째는 가능한 가장 효율적인 방법으로 서비스를 제공하는 것이다(Kane, 1990; Weil & Karls, 1985).

사례관리는 이처럼 상반되어 보이는 목표 때문에 혼란스러울 수 있는 개념이다. 질높은 서비스에 대해서 언급하면서 동시에 비용절감에 대해서 신경을 쓰는 것이 갈등을 야기할 수 있는 것처럼 보이기는 하지만, 사례관리는 이 두 가지의 균형을 맞추는 도구가 될 수 있다. 사례관리의 전반적인 목표는 한정된 자원이라는 현실을 염두에 두고 대상자들의 필요를 채워주는 것이라고 할 수 있다. 그러므로 '옹호자'의 역할과 동시에 '문지기'의 역할을 동시에 수행해야 하는데 가끔은 사례관리자가 이것을 성취하기가 어려운 경우도 있다(Kane, 1988).

휴먼서비스 영역에서 사용되는 사례관리를 일반적인 경우에 사용되는 용어와 구분하는 것은 매우 중요하다. 보험회사나 건강관리기관 등에서는 '사례관리'를 비용억제를 말할 때 사용하기도 한다. 이 경우에 '사례관리자'는 보험회사의 비용을 줄이거나 건강관리과정에서 불필요하거나 과다한 비용을 최소화하기 위해 개인에 대한 의료서비스를 모니터링하거나 비용지출을 제한하는 역할을 한다. 휴먼서비스 영역에서의 '사례관리'나 '돌봄 관리'는 절대로 '관리되는 돌봄'을 의미하는 것이 아니다(전미병원협회, 1992). 원조전문가에 의해 제공되는 사례관리는 도움을 제공하는 기관이나 단체의 필요에 맞추는 것이 아니라 원조를 요청한 사람들의 필요에 맞추어 제공되어야 한다는 것을 이해하는 것은 매우 중요하다. 휴먼서비스 영역에서의 진정한 사례관리는 체계중심이나 비용중심이 아니라 인간중심이어야 한다.

'사례관리'라는 용어는 또한 보건의료 전문가들에 의해서 특정 질병이나 증후를 가진 개개의 환자와 관련된 의료적 관리를 서술하는 데 사용되기도 한다. 휴먼서비스에서는 사례관리가 단순히 생리적 혹은 신체적 문제를 다루는 의료적 개입에 국한되어 사용하는 것이 아니라, 한 개인의 삶과 환경의 모든 측면을 고려하는 돌봄의 관리를 포함하는 것을 의미한다.

휴먼서비스 현장에서 서비스 지원자나 서비스 제공자에게 '사례관리'에 대해서 설명할 때는 다음과 같이 말할 수 있을 것이다. "사례관리를 한다는 것은 당신을 어떤 방식으로든 관리하겠다거나 당신을 하나의 '사례'로 다루겠다는 뜻이 아닙니다. 사례관리는 당신에게 필요하거나 당신이 원하는 서비스를 제가 최선을 다해서 찾아드리겠다는 것을 표현하는 용어입니다." 일을 하다보면 다른 전문직에 사례관리의 정의를 알려주어야 할 때도 있을 것이다. 예를 들어 큰 병원의 어떤 경영인이 퇴원하는 환자에게 사례관리가 왜 필요한지에 대해 이해할 수 없다는 태도를 보였다. 그는 "우리 병원 의사들이 사례관리를 잘 하고 있다"고 말했다. 그에게 휴먼서비스 분야에서는 사례관리를 의료적인 돌봄에만 국한하지않고 지역사회의 자원을 발굴하고 환자들에게 개발된 자원을 연결해주는 것까지 포함한다고 말하자, '그건 내가 전화 한번만 돌리면 되는 일'이라고 대답했다. 그에게 진정한 휴먼서비스 사례관리는 병원이나 보험회사, 의사, 기관, 휴먼서비스 전문가의 욕구나 필요에 초점을 맞추는 것이 아니고 항상 환자의 모든 측면을 염두에 두고 작업하도록 훈련받는 사람이 제공하는 서비스라는 것을 주지하였다. 그때서야 병원경영인은 사례관리가 자신이 생각했던 것과는 다른 관점과 가치관을 가지고 제공하는 서비스라는 것을 이해하게 되었다.

'사례관리'가 여러 개의 의미로 사용될 수 있기 때문에 '사례관리자'로 불리는 사람들 모두가 휴먼서비스 사례관리를 한다고 가정할 수 없다. 역으로 실제 휴먼서비스 사례관리를 수행하는 사람들 중에 일부는 '사례관리자'로 불리지 않는 경우도 있다(Rubin, 1992). 병원이나 의원, 기관이나 시설 등에서 모든 대상자들을 대상으로 사례관리를 한다고 주장할지 모르나 현실적으로 모든 서비스 수혜자들이 진정한 의미의 사례관리를 받고 있다고 보기를 어렵다. 따라사 서비스 접촉에 대한 도움을 요청한 사람을 대할 때 그 사람이 정말로 통합적인 서비스 관리와 옹호를 받고 있는지를 탐색하는 것은 매우 중요하다.

사례관리자가 도움을 요청하는 사람들에게 제공할 수 있는 활동의 범위는 요청자의 필요 및 욕구와 지역사회의 자원에 따라 매우 다르다. 효과적인 사례관리자는 요청자에게 현존하는 자원을 연결해주고 서비스체계가 협조적이지 않거나 부적합한 경우에는 그들을 위해 적극적인 옹호를 하고 필요한 서비스가 존재하지 않는 경우에는 서비스나 자원을 개발하거나 직접 제공하기도 한다(Rubin, 1992).

사례관리는 비밀보장하에서 이루어지고 서비스 수혜자로부터 서명이 포함된 동의서를 받아야 한다. 사례관리는 특히 취약하거나 스스로를 옹호하기 어렵거나 복잡한 서비스전달체계를 이해하는데 어려움을 겪는 개인이나 가족들에게 특히 중요한 서비스이다(Rothman, 1994; Rubin, 1992). 취약한 인구집단의 예로는 발달장애 혹은 자폐증이 있는 사람들, 정신적 병이나 신체적 장애가 있는 사람들, 병약하거나 불치병이 있는 사람들, 사회적으로나 정치적으로 힘이 없는 사람들로 소수 집단, 노인, 아동 등을 들 수 있다(Rothman, 1994).

사례

발달장애가 있는 사람들을 위한 사례관리자인 제프는 글로리아의 변호사로부터 연락을 받았다. 글로리아는 경증의 발달장애를 갖고 있는 50세의 여성으로 최근에 80세 된 어머니가 돌아가셨다. 글로리아의 어머니는 평생 혼자서 글로리아를 돌보아주셨기 때문에 어머니가 돌아가신 지금에는 글로리아를 돌봐줄 사람이 없다. 글로리아는 어머니께서 물려주신 집을 떠나고 싶어하지 않았지만 그녀는 음식을 할 줄도, 경제를 꾸려갈 줄도 모르고 한번도 직장생활을 한 적도 없다.

생각해보기 #39 위의 사례에 대해 생각해 보라.

1. 당신이 제프라면 당신이 첫 번째로 해야 할 일은 무엇인가?
2. 상황을 좀 더 명확하게 이해하기 위해서 제프가 글로리아에게 우선적으로 할 질문은 무엇인가?
3. 제프는 그녀를 위한 돌봄 계획에 글로리아를 어떻게 관여시킬 수 있는가?
4. 글로리아의 돌봄 계획에 누구를 포함시킬 수 있는가?
5. 글로리아의 돌봄 계획에 어떤 서비스나 기관이 포함될 수 있는가?

'사례관리'는 휴먼서비스 영역에서는 상대적으로 새로운 용어이긴 하지만 실제적으로는 매우 전통적인 활동이다. 취약한 사람들에게 지원을 제공하는 행위는 미국에서 이미 1800년대 중후반부터 우애방문자들이나 케이스워커, 인보관운동가들로부터 시작된 긴 역사를 갖고 있다(Weil, 1985). 정부가 계획하고 지원하는 서비스가 확장된 1960~1970년대에 들어서 사례관리라는 용어와 개념, 휴먼서비스 관련 활동이 현저하게 증가하였다. 그 당시 세분화된 서비스 프로그램의 확대에 대한 반응으로 돌봄을 조정하고 통합해서 제공하려는 시도가 시작되었다. 이는 취약한 상태에 있거나 위기에 처한 사람이 분절화되고 세분화되어 있는 사회서비스기관의 미로를 헤쳐나가기가 점점 더 어려워졌기 때문이다(Rubin, 1992). 1975년에 발효된 발달장애법(PL94-103)에 의해 발달장애관련 현장에서는 사례관리가 필수적이다. 1981년의 일괄예산조정법에 의해 노인 및 장애인들이 집에서도 장기적으로 돌봄을 받을 수 있는 Medicaid 면제가 가능해졌다. 그 법이 통과된 이후부터 대부분의 재가보건의료프로그램이 사례관리자를 포함하고 있다(Kane, 1990). 기능으로서 사례관리는 휴먼서비스, 정신보건, 의료보건 영역에서는 일상적인 활동으로 자리 잡고 있다.

사례관리의 주요 원리

사례관리에는 매우 중요한 원리가 몇 가지 있다:

- **참여, 역량강화, 공동계획** **사례관리**의 목표는 개인, 커플, 가족이 그들의 필요와 선호에 가장 적합한 목적을 설정하고 돌봄계획을 개발하는데 참여하여 가능한 상황에 대한 통제력을 되찾을 수 있도록 하는 것이다. 사례관리자는 돌봄의 전적인 통제자가 아니라 돌봄의 파트너이다. 사례관리자는 원조과정을 통해서 서비스수혜자들에게 서비스체계를 다루는 방법을 가르쳐 최종적으로는 스스로 관리할 수 있도록 하여야 한다.
- **옹호** **사례관리자**의 목적은 다른 무엇보다도 서비스 수혜자의 필요와 선택을 대변해주는 것이다. 추후에 좀 더 자세하게 논의하겠지만, 휴먼서비스 전문가는 개인, 커플, 가족을 옹호하거나('사례옹호'), 권한이나 대표성이 거의 없는 사람들을 옹호한다('집단옹호').
- **적합성과 고품질 돌봄** 사회서비스와 보건의료서비스 공급을 촉진하는 것은 도움을 요청한 개인, 커플, 가족의 현재와 미래의 필요를 채워주는 것으로 취약한 사람들에게 필요한 시간 내에 적합하고, 효과적으로 제공되도록 하는 것을 의미한다.
- **돌봄의 지속성** **사례관리**의 목표는 도움이 필요한 사람들이 기관을 옮겨 다닐 때나 필요가 변해서 새로운 서비스가 필요할 때 누락되지 않도록 필요의 정도에 따라 통합적인 서비스를 제공하는 것이다. 이것은 개인, 커플, 가족이 다른 서비스나 기관으로 옮기는 경우에 수혜자는 그러한 전환의 문턱이나 봉제선을 느끼지 못하다는 의미에서 '무봉제' 돌봄이라는 용어로 불리기도 한다.
- **접근성** 서비스에 대한 접근은 가능하면 쉽고 공정해야 한다. 도움이 필요한 사람들이 복수의 기관에 접촉해서 복수의 사람들과 작업하지 않도록 가능하면 서비스 체계에 단수의 출입구를 두는 것은 매우 중요하다. 또한 도움을 요청하는 사람들이 편애나 차별없이 공평한 대우를 받아야 한다. 가끔씩 자신들의 지역사회의 욕구가 좀 더 잘 반영되도록 서비스 프로그램을 개발하거나 수정하는 도구로 이용되기도 한다.
- **돌봄의 통합성** 많은 사람들이 복수의 자원에 의해서 충족될 수 있는 복수의 욕구를 가지고 있기 때문에 사례관리의 목표는 질높은 서비스가 중복되지 않고 정확하게 제공되도록 잘 조정되게 하는 것이다.
- **통합적 관점** **사례관리**의 목표는 사회적 연결망, 경제적 상황, 민족성과 문화, 직업, 영성, 정서, 정신적/신체적 건강 등 개인의 삶에 있어서 모든 측면을 고려한다는 것이다. 중요한 과제 중 하나는 가족, 친구, 자원봉사자들과 같은 비공식적인 연결망을 대체하거나 줄이는 것이 아니고 오히려 지원하고 확대하는 것이다.
- **평가와 모니터링** 사례관리자나 서비스 조정자는 원조관계가 지속되는 기간 동안

지속적인 관리와 상담을 제공해주어야 한다. 이 과정에서 사례관리자는 서비스 수혜자의 진전과 강점 및 필요, 계획의 적정성, 서비스 전달체계의 반응 정도 등을 정기적으로 재사정하고 평가해야 한다. 원조를 요청한 사람들과 타 기관과의 지속적인 접촉을 통해서 사례관리자는 돌봄의 질과 적합성을 지속적으로 모니터링한다(Woodside & McClam, 1998).

사례

한 병원의 퇴원관리자가 에이즈서비스기관의 사례관리자로 일하고 있는 조지아에게 몇 주 전에 입원한 리디아 유만을 의뢰하기 위해 전화를 걸어왔다. 리디아는 병원에서 퇴원할 때가 되었지만 퇴원 후 자신의 병을 어떻게 관리하고 어떻게 스스로를 돌볼지에 대해서는 명확한 계획이 없었다. 조지아는 지난달부터 원인을 알 수 없는 HIV관련 감염으로 급속히 거동이 불편해진 리디아를 방문하기 위해서 병원으로 갔다. 조지아는 리디아가 매우 불안하고 감정적인 상태에 있음을 알았다. 리디아는 최근에 팔과 다리를 움직일 수 없게 되었고 한쪽 눈의 시력을 잃은 상태이다. 그녀는 슬프고 두렵고 혼란스럽다고 말했다. 그녀는 지금까지 혼자 살아왔고 자신이 매우 아픈 상태라는 것을 알지만 자신의 집으로 돌아가길 원한다고 말했다. 약 한 시간 동안 리디아와 미래에 대한 두려움에 대한 이야기를 나누며 조지아는 리디아가 제시한 걱정거리를 적어보았다. 리디아는 조지아가 적은 리스트를 함께 보면서 아래 제시한 것이 우선순위라는 것에 동의하였다:

- 혈압과 약에 대한 반응을 모니터링하기 위한 방문간호사를 연결한다.
- 식사와 목욕을 제공할 재가요양보호사를 연결한다.
- 낮과 밤에 함께할 친구와 친지들의 방문스케줄을 만들고 조정한다.
- 직장에 그녀가 돌아갈 수 없다는 것을 공지하고 장애인보험 지원서작성을 도와준다.
- 매일 식사배달서비스가 되도록 연결한다.
- 매일 집에서 정맥투약을 받을 수 있도록 의료서비스 제공자를 연결한다

조지아는 리디아에게 병원의 퇴원담당자의 도움을 받아서 그녀의 돌봄계획이 시행될 수 있도록 곧바로 시작하겠다고 약속하였다. 조지아는 또한 리디아가 자신의 상태가 급속히 악화되는 것에 대해서 상담가나 성직자와 이야기를 나누고 싶은지에 대해서 질문하였다. 그녀는 입원해있는 기간 동안 병원의 목사님을 신뢰하게 되었고 그분이 집에 오셔서 자신과 이야기를 나눌 수 있으면 좋겠다고 대답하였다. 조지아는 목사님에게 가정방문을 해줄 수 있는지 물어보기로 했다. 이틀 후 조지아는 다음과 같은 서비스가 제공될 수 있도록 준비하였다:

- 지역보건부서에서 주 2회 방문간호사를 파견하여 리디아의 혈압과 약에 대한 반응을 모니터하기로 하였다.
- 지역 HIV 클리닉에서 매일 재가요양보호사를 파견하여 리디아의 개인적인 필요를 도와주기로 하였다.
- 리디아의 참여로 그녀와 밤과 낮에 같이 있기로 동의한 친구와 친척들의 명단을 만들었고 방문자들의 스케줄을 조정할 친구도 한 사람 섭외하였다.
- 조지아는 리디아가 회사에 전화를 걸어 자신의 병에 대해서 이야기하고 퇴직의사를 밝히는 자리에 함께 하였다. 또한 리디아와 함께 장애인수당 수령을 위한 지원서를

작성하고 제출하였다.

- 지역의 노인협의회는 주중에는 매일 낮에 따뜻한 식사를 배달해주기로 하였다.
- 사설보건의료시설에서 매일 리디아의 집을 방문하여 정맥투약을 실시하기로 하였고 비용은 리디아의 직장보험에서 제공하기로 하였다.
- 리디아가 가깝게 생각했던 병원의 성직자가 그녀가 필요할 때마다 그녀의 집을 방문해주기로 하였다.

생각해보기 #40 위의 사례에 대해 생각해 보라.

1. 당신이 조지아의 위치에 있다면 어떤 느낌일 것인가? 리디아의 상황에 대해서 어떻게 느끼는가?
2. 조지아는 어떻게 리디아의 위기 상황을 작게 나누어 그녀가 더 잘 다룰 수 있도록 할 수 있었는가?
3. 조지아가 사용한 사례관리의 원리는 무엇인가? 그러한 원리를 리디아의 돌봄과정에서 어떻게 현실화하였는가?

사례관리의 요소

용어에 대한 논쟁에도 불구하고 대부분이 사례나 서비스 관리가 휴먼서비스 활동이라는 사실에는 동의한다. 다음에 제시한 것들이 일반적으로 서비스 관리 부분이라고 생각되는 요소이다(Intagliata, 1992; Kane, 1990; Rothman, 1994; Weil, 1985; Weil & Karls, 1985).

'사례' 혹은 '클라이언트' 인식 혹은 발견

사람들은 서비스 기관에 다양한 방법으로 찾아온다. 서비스 기관들은 소식지나 기관 안내지 등으로 자신들의 서비스를 홍보하기도 하고 자원봉사자, 학생, 실무자들이 지역사회나 혹은 타 기관을 방문해서 수혜자격이 있는 사람들에게 서비스에 지원하도록 권유하기도 한다. 다른 휴먼서비스 기관이나 의료 기관으로부터 의뢰를 받기도 한다. 어떤 사람들은 전화번호부나 핫라인 혹은 사람들의 입소문으로 기관을 찾기도 한다. 사례 발견 단계에서 사례관리자의 역할은 기관의 서비스가 도움이 필요한 사람들이나 수혜자격이 있는 사람들에게 가능하면 쉽게 접근할 수 있도록 하는 것이다.

심사, 접수, 등록

전달체계에 접촉하여 원조를 요청하는 사람들은 수혜자격을 확인하기 위한 심사를 반드시 거쳐야 한다. 만일 자격이 있다면 서비스를 받기 위한 프로그램에 등록하면서 동의서에 서명해야 한다. 사례관리자는 적격성을 판단하고 만일 그 사람이 기관에서 제공하는 프로그램을 받을 자격이 없는 것으로 확인되면 다른 기관과 연결해주어야 한다.

통합적 욕구사정

개인, 커플, 가족과 함께 사례관리자는 현재의 (혹은 위급한) 욕구를 파악하고 우선순위를 결정한다. 앞에서 설명한 것처럼 '통합적'이라는 말은 한 개인의 삶 전체, 즉 사회적, 생리적, 영적, 심리적, 정서적, 정신적, 문화적, 경제적 측면 모두를 고려하여 결정해야 한다는 것을 의미한다. 이 과정에서 클라이언트의 문제에 대한 정의와 그가 생각하는 가능한 해결책에 대해 의견을 구하고 존중하는 것은 매우 중요하다.

위기 개입

클라이언트가 심한 정신적 외상을 경험했거나 균형을 잃었다고 느낀다면 사례관리에 더해서 위기 개입(필요하다면 자살사정 및 개입까지도)을 진행한다. 현재의 위기가 해결되기 시작하면 사례관리를 위한 접촉은 빈도나 강도가 줄어든다(7장의 위기와 자살 개입에 대한 심도있는 논의 참조).

목표 및 서비스 계획 개발

원조를 요청하는 개인, 커플, 가족과 함께 개인과 가족이 필요한 서비스와 돌봄에 접근하기 위한 단계를 결정한다. 그들이 이용하고자하는 서비스나 자원에 대해서 이야기를 나누고 가능한 모든 대안에 대해서 알려주고 자신들에게 가장 적합하다고 생각되는 과정을 선택하도록 돕는다. 함께 작업하는 사람들에게 목표를 설정할 때 실패할 확률이 높은 것보다는 달성가능하고 실제로 할 수 있는 것으로 정하는 것이 중요한 것임을 알려주어야 한다.

서비스 전달

사례관리자는 서비스를 전달하고, 자원을 파악하고, 의뢰하고, 돌봄계획을 실행하고 서비스를 조정한다. 자신의 기관에서 제공하지 않는 프로그램이 필요할 경우에는 의뢰과정을 거쳐 개인, 커플, 가족에게 복잡해 보이는 프로그램에 대해 안내하고 다른 서비스체계와 연결한다. 사례관리자는 또한 서비스 수혜를 위해 지원하도록 도와주기도 한다. 타 기관과의 서비스 조정은 서비스의 중복을 막고 수혜자들이 가능한 범위 내에서 최고의 돌봄을 받을 수 있도록 해준다. 이 단계에서 취약한 인구집단의 욕구에 반응하지 않는 체계를 변화시키기 위한 사례관리자의 옹호 기능은 매우 중요하다. 시간이 지나면서 많은 사람들이 지역사회 내에 존재하지 않는 특정 프로그램에 대한 욕구를 표현한다면 그러한 서비스를 구성하고 지원하기 위한 옹호활동이 필요할 수도 있다.

옹호

11장에서 좀 더 자세히 살펴보겠지만, 휴먼서비스 영역에는 사례옹호와 집단옹호의 두 가지 옹호유형이 있다. 사례옹호는 서비스를 받기 위해 도움이 필요한 특정 개인, 커플, 가족의 편을 들어주는 것을 말한다. 속상해하고 아파하고 두려워하는 사람들을 위한 옹호는 서비스 조정에서 매우 중요한 요소이다. 휴먼서비스 영역의 사례관리자는 위기에 처해있거나 도움이 필요한 사람의 유일한 동지일 수 있다. 예를 들면 가정폭력피해자가 접근금지명령을 요청하기 위해 법적인 절차를 밟는다거나, 암환자가 장애판정을 받기 위해 요청하거나, 노인이 요양원의 부당한 대우에 항의하거나, 약물중독에서 회복되고 있는 여성이 아동복지기관에 조건부자녀양육권을 요청하거나 할 때 사례관리자의 옹호가 필요하다.

사례

중산층의 중년 라틴계 여성인 헬렌이 지역보건부의 사례관리자인 롬에게 연락하여 장애인급여와 메디케이드를 받게 해달라고 부탁하였다. 첫 번째 만남에서 그녀는 자신이 4년 전에 남편을 여의었고 두 명의 성인자녀가 있다고 말했다. 그녀의 남편은 에이즈로 사망하였다. 그가 사망할 당시 그녀도 HIV 양성으로 판정되었는데 이제 증상이 나타나고 있다고 하였다. 그녀의 의사는 그녀에게 기력이 없고, T-4 세포수치가 낮으며, 급격한 체중감량으로 인해 장애인 자격이 된다고 말했다고 한다. 그녀는 그 의사의 협조와 증명으로 보충소득보장에 지원했지만 탈락되었고, 그녀의 재고신청도 각하되었다. 그녀는 이제 더 이상의 항소기회도 없다는 소식을 사회보장처로부터 들었다고 한다. 그녀는 롬에게 살면서 처음으로 휴먼서비스 기관에 접촉한 것이라고 말하면서 자신이 꼭 장애보장과 혜택을 받을 수 있도록 도와달라고 부탁하였다.

사후관리

사례관리자는 서비스와 의뢰의 적절성과 서비스 전달을 모니터링하기 위해 사후관리를 한다. '모니터링'이란 서비스 수혜자들이나 가족을 돌보는 사람들과 서비스계획이 잘 작동하는지, 돌봄이 높은 질을 유지하는지, 타 기관과의 연계가 계획대로 잘 되고 있는지 등을 주기적으로 확인하는 것을 말한다. 서비스 수혜자들에게 그동안 그들이 받은 대우에 대해서 얼마나 만족하는지를 물어보거나 설문조사를 한다. 다른 기관에 접촉해서 정보를 얻는 것에 대한 사인된 동의서가 있다면 의뢰한 기관에 연락하여 클라이언트에게 도움을 제공했는지에 대해서 물어본다. 사례관리에서 모니터링하는 구체적인 시간 간격은 기관의 정책이나 서비스 수혜자의 필요에 의해 좌우된다.

재사정

사례관리자는 변화하는 욕구를 확인하기 위해서 주기적으로 재사정을 해야 한다. 사람들의 상황은 고정되어 있는 것이 아니기 때문에 변화를 예상해야 한다. 한 달에 한 번 정도는 간단한 재사정을 해서 서비스욕구가 변하지는 않았는지를 확인해야 한다. 능동적으로 생각하여 발생가능한 위기나 도전을 예견하여 그에 대한 계획을 세워야 한다. 서비스수혜자들에게 얼마나 자주 방문하기를 원하는지 물어보는 것도 좋다. 어떤 사람들은 사례관리자가 전화를 걸어주는 것을 원하기도 하지만 어떤 사람들은 필요한 경우 자신이 직접 전화하는 것을 선호하기도 한다.

종결

원조관계는 다양한 이유로 인해 종결된다. 사례관리에서는 마지막 단계까지 가지 않는 경우도 종종 있다. 개인이나 가족이 원하는 경우, 서비스 수혜자가 죽거나 이사하는 경우, 수혜자의 상황이 나아지거나 더 이상 서비스를 원하지 않는 경우에 사례를 종결한다. 어떤 경우에는 지급원이 서비스의 중단을 요청하는 때도 있다. 이러한 경우에 사례관리자는 필요하다면 다른 곳에서라도 서비스를 받을 수 있도록 최선을 다해서 도와줘야 한다. 서비스를 요청한 개인이나 가족의 인식이나 동의없이 사례관리나 다른 서비스를 종결해서는 안 된다.

사례

60대 아시아계 여성인 난이 지역의 노인전문기관에 85세 된 어머니 수린을 위한 도움을 요청해왔다. 수린은 뇌졸중으로 왼쪽편마비가 와서 최근에 딸과 함께 살게 되었다. 사례관리자인 브라이언과 약속을 잡기 위한 통화를 하면서 난은 계속해서 울먹거렸다. 브라이언은 난에게 그날 오후 약속시간을 제안했고, 난은 교회의 지인에게 어머니를 맡기고 오겠노라고 했다. 브라이언을 만났을 때 그녀는 여전히 울먹거렸고 전날 밤 어머니 때문에 한숨도 자지 못해서 매우 피곤하다고 했다. 현재 상황에 대한 난의 이야기를 들으면서 브라이언은 난이 어머니를 돌보는 것이 예상했던 것보다 훨씬 더 어려운 일이여서 어찌할 바를 모르고 있고 더 이상 어머니를 돌보지 못하겠다고 느끼고 있음을 알았다. 그녀는 어머니를 요양원에 보내기보다는 집에서 돌봐드리고 싶지만 "벼랑 끝에 있는 것 같다"는 느낌이라고 했다. 브라이언과 난은 지역의 기관에서 제공하는 식사 배날, 보건소에서 제공하는 방문간호, 메디케이드 면제 프로그램을 운영하는 기관에서 제공하는 방문보건서비스, 지역의 요양원에서 운영하는 노인주간보호 프로그램, 장애인이동서비스를 제공하는 지역교통청의 병의원이동지원 등을 포함하는 돌봄계획을 세웠다. 난은 또한 가족서비스센터에서 운영하는 가족을 돌보는 사람을 위한 지지집단에 참여하기로 결정하였다. 브라이언은 정서적인 지지를 제공하고 서비스 진행을 확인하기 위해 가끔씩 연락을 하기로 하였고 난은 안도의 한숨을 내쉬면서 돌아갔다. 3일 이내에 블라이언은 서비스계획의 모든 부분을 준비하여 실행하였고 난에게 자세히 알려주기 위해서 전화를 걸었다. 그녀는 자신이 그 모든 자원을 스스로 찾아낼 수 있는 시간이나 지식이나 인내심이 없었을 것이라고 하면서 이제는 훨씬 더 낙관적이 되었고 이 상황에 잘 대처할 수 있을 것 같다고 말했다.

생각해보기 #41 위의 사례에 대해 생각해 보라.

1. 브라이언이 사용한 사례관리의 요소, 기능, 구성은 어떤 것인가?
2. 브라이언은 어떻게 그렇게 다양한 곳에서 자원을 확보할 수 있었는가?
3. 자신이 살고 있는 지역사회 내에 난과 수린에게 도움을 줄 만한 자원에는 어떤 것이 있는가?

사례관리자의 기능은 대체로 그가 일하는 환경에 의해 많이 좌우된다. 만일 지역사회 내에 특정 인구집단을 위한 서비스가 많다면, 사례관리자는 그러한 서비스를 제공하고 다른 기관과 조정하는데 많은 시간을 쓸 것이다. 그러나 활용할 수 있는 서비스가 많지 않다면, 사례관리자는 새로운 서비스를 계획하고 만드는 일에 더 많은 시간을 할애할 것이다(Intagliata, 1992). 한 예를 살펴보자. 휴먼서비스 전문가인 실비아는 학창시절에 두 기관에서 인턴을 하면서 서로 다른 사례관리를 경험하였다. 첫 번째 현장실습기관에서는 지역의 노인협의회에서 사례관리자로 있었다. 모든 지원자의 모든 욕구를 만족시킬 수는 없었지만 지역의 노인들을 위한 서비스는 매우 많았고 항상 이용이 가능하였으며 접근성도 뛰어났다. 그러나 두 번째 실습을 했던 작은 에이즈 서비스 기관에서는 상황이 달랐다. 다른 기관에서는 제공하지 않는 지지집단, 이동서비스, 자원봉사친구, 긴급전화 등의 프로그램과 서비스를 만들고 실행하는 데 대부분의 시간을 보냈다.

사례관리의 강도도 주변 환경에 따라서 달라진다. 사람들의 상황이 사례관리자와의 잦은 접촉을 필요로 하는 경우도 있다. 예를 들면 자폐증이 있는 사람, 장애가 있거나 만성적인 정신질환이 있는 사람, 불치병이 있는 사람, 약물중독이나 폭력, 방임의 위험이 높은 사람들이 그렇다. 이러한 경우 기관에 재정적 여유가 있다면 사례관리자는 적은 수의 사례를 맡아서 이처럼 취약한 사람들에게 더 많은 시간과 관심을 쏟을 수 있다. '정서적, 신체적, 심리적인 안녕이 위험에 처해 있는 사람들'(Weil & Karls, 1985, p. 12)에게 좀 더 집중적인 사례관리가 필요하다.

사례관리 프로그램 내에서도 개인과 가족에게 접촉하는 빈도가 매우 다를 수 있다. 사례관리의 강도를 결정하는 변수에는 개개인의 사회적 지지, 신체적/의료적 상태, 법집행기구와의 관여여부, 자신을 위한 옹호능력, 욕구와 필요의 복합성 정도, 자원에 관한 지식, 다른 복합적인 문제의 존재 여부 등이 포함될 수 있다.

사례 조정

사례관리자는 기관 내·외의 전문가들과 활동에 대한 조정을 하기도 한다. 많은 사례관리자들은 팀의 일원으로 일을 하는데 사례관리팀에는 의사, 간호사, 심리학자, 사회복지사, 성직자 등과 같이 다른 유형의 전문가가 참여한다.

사례관리자는 자신이 고용되어있는 기관 내에서만 서비스를 제공하지는 않는다. 효과적인 서비스 관리자라면 광범위한 서비스 시스템을 활용하여 돌봄을 준비하고 조정할 수 있어야 한다(Kane, 1990). 지역 내의 보건의료, 사회복지, 정신보건 영역을 아우르는 연계망을 개발하여 도움이 필요한 개인과 가족들에게 욕구가 무엇이든지 적절한 서비스를 연결해 줄 수 있어야 한다. 사례관리는 '초기관적'이어야 한다. 즉, 기관과 기관 간의 의사소통, 비공식적 공유, 협력, 상호교류가 존재해야 하고 가능해야 한다(Norman, 1985).

원조를 요청한 개인과 가족구성원은 조정팀의 중요한 구성원이기 때문에 반드시 조정 모임에 참여하도록 해야 한다. 사례 조정이 기관 내 동료들과 이루어지는 것이든지 아니면 다른 기관의 서비스 제공자들과 이루어지는 것이든지 상관없이 아래의 가이드라인을 참고하면 다른 원조전문가들과의 관계를 맺는데 도움이 될 것이다.

외부기관과의 사례 조정

자신이 속해있는 기관의 원조전문가를 개인적으로 혹은 팀으로 만날 때, 개인의 권리와 사생활을 보호하기 위해서 비밀보장과 동의의 규칙을 설정하는 것은 매우 중요하다. 사례관리자가 배서된 동의가 없이 다른 기관의 서비스 제공자와 그 사람에 대해서 이야기를 나누는 것은 비윤리적이다. 동의가 있더라도 다른 기관의 사람들과 사례에 관해서 이야기할 때는 가명을 쓴다거나 하는 방식으로 정보를 공유하는 것을 권한다. 사례연구자료로 제공되었을 때는 모임이 끝나고 난 뒤에 반드시 파쇄를 하여야 한다. 만일 칠판을 사용하여 사례 모임이 이루어졌다면, 모임이 끝나고 반드시 지워야 한다.

다기관 사례모임에 참여하는 이유는 한 개인이나 가족을 위해 여러 기관이 참여하여 돌봄을 조정하기 위함이다. 어떤 경우에는 광범위한 자원을 활용하여 어려운 상황을 위한 해결책을 모색하기도 한다. 이러한 모임에서 서로를 존중하면서 공동 작업을 할 수 있는 지침서가 있어야 한다. 수혜자들을 제대로 돌보지 않았다고 서로에게 잘못을 떠넘기는 모임은 결코 도움이 되지 못하기 때문이다. 다기관 모임의 목적은 생산적인 문제해결과 합리적인 자원 공유가 되어야 한다.

기관 내부에서의 사례 조정

기관 내부에서 팀 모임이나 스태프 모임을 할 때의 비밀보장은 다른 의미를 가진다. 서비스 수혜자에 대한 약속은 그들의 동의없이 기관외부에 그들의 정보를 제공하지 않는 것이다. 그러나 기관 내부에서 그들의 정보가 어떻게 사용되는 지에 대해서 알려주는 것이 좋나. 사례관리자는 접수 시에 지원자들에게 그 정보가 지도감독자와 자신의 팀원들에게 공유될 것이나 정보가 필요하지 않은 사람들에게는 제공되지 않을 것이라는 것을 설명해 주어야 한다. 서비스 지원자나 수혜자들은 기관의 안내원이나, 이사들, 자원봉사자들이 자신의 사례기록에 대한 접근권한이 없다는 것에 대해서 안전하게 느껴야 한다.

이러한 기관 내 모임을 일컫는 '사례직원회의'의 목적은 개인이나 가족에게 새롭게 관심을 가져야 할 건에 대해 다른 사례관리자들에게 정보를 제공해줌으로서 팀 내 모든 사람들이 그들을 도울 준비를 하는 데 있다. 이러한 모임의 또 다른 목적은 어려운 상황에 대해 동료들의 도움을 구하고 필요한 경우에는 지원을 받는 것이다. 상황에 대한 보고는 간단하게 중요한 부분을 강조하고 잠재적인 문제를 명확하게 제시하도록 조직화되어야 한다. 특정 사례나 서비스 계획에 대해서 어려움을 겪고 있는 경우, 팀원들이나 지도감독자에게 브레인스토밍이나 문제해결을 위한 모임을 요청할 수 있다.

사례

니나는 겸상적혈구증(sickle cell anemia)을 가진 사람들에게 서비스를 제공하는 작은 비영리기관에서 서비스 조정자로 일하고 있다. 그녀는 만성정신질환자를 위한 정부지원 시설에서 공중전화로 전화한다는 25세의 아프리카계 미국인의 전화를 받았다. 그는 정신분열증과 겸상적혈구증으로 진단을 받았는데 정신과 약투약을 안정화하기 위해 정신보건시설에 입원하고 있는 중이라고 했다. 그는 니나에게 그날 퇴원하기로 되어 있다는 연락을 받았는데 자신은 갈 데가 없다고 말했다. 그가 약을 잘 먹지 못했던 것은 거주지가 없고 수입이 없었기 때문이었다며 자신이 거처를 마련하거나 최소한 쉼터에 갈 수 있을 때까지만이라도 퇴원을 연기하고 싶지만 병원의 퇴원담당자(린다)는 협조적이지 않다고 말했다. 제임스는 린다가 자신을 길거리로 내몰려고 한다며 병원에서 퇴원한 이후의 문제는 자신의 소관이 아니라고 했다고 말했다. 니나는 다른 사람들에게 이 문제에 대해서 말해도 좋다는 허락을 받은 뒤 제임스에게 한 시간 후에 전화를 다시 하라고 말했다. 처음에 니나는 그날 밤에 제임스가 머물 수 있는 쉼터를 알아볼까 하다가 제임스가 장기간으로 지낼 수 있는 곳을 마련할 때까지 병원에 머물 수 있는 기간을 연장하는 것이 더 현명한 방법이라는 판단을 내렸다. 니나는 병원의 퇴원담당자인 린다에게 전화를 걸어서 제임스가 자신에게 연락을 하였고 자신의 정신적, 신체적 건강을 전혀 돌볼 수 없는 상황에서 길거리로 내몰리는 것에 대해서 걱정하고 있었기 때문에 연락을 취했다고 말했다. 린다는 제임스의 입원기한이 다 되었기 때문에 자신이 할 수 있는 일은 아무것도 없다고 말했다. 니나는 린다에게 이 계획은 받아들일 수가 없고 그녀가 좀 더 수긍할 수 있는 해결책을 제시하지 않는다면 린다의 지도감독자와 이야기할 수밖에 없다는 것을 명확하게 전달했다. 린다는 화를 내면서 규칙은 규칙이라면서 도와줄 수 없다고 이야기를 하였다. 니나는 정신병원의 원장에게 전화를 걸어 상황을 설명하였다. 병원장은 자신이 직접 린다에게 전화를 걸어 제임스의 입원을 1주일 연장할 수 있도록 하겠다고 약속하였다. 제임스는 한 시간 후에 전화를 걸어 니나에게 "당신이 권투장갑을 끼었다는 소문을 들었어요"라고 웃으면서 말했다.

생각해보기 #42 위의 사례에 대해 생각해 보라.

1. 상황을 받아들이기보다는 상황을 변화시키기 위해 작업하기로 한 니나의 결정에 대해서 어떻게 생각하는가?
2. 니나가 한 것과 비슷한 일을 하는 것에 대해서 편하게 생각할 수 있는가?
3. 제임스의 돌봄을 조정하려는 니나의 노력에 대한 린다의 반응에 대해서 어떻게 생각하는가?

사례관리에서의 문서화

'사례'의 '관리'는 기관 내에서 사람이 작업한 내용에 대해 명확하게 문서화된 자료를 보유하는 것을 포함한다. 대부분의 휴먼서비스 기관들은 지원자들로부터 동의서에 사인을 받는다든지, 전화나 면대면 접촉을 할 때마다 과정기록을 적어놓는다든지, 수혜자의 상황이 변할 때마다 내용을 최근 것들로 교체해 놓는 것처럼 사례기록에 대한 최소한의 기준을 갖고 있고 파일에 포함되어야 할 양식들에 대해서도 일관성있는 체계를 갖추고 있다. 문서화는 나름의 이유로 매우 중요하다:

- **의사소통과 서비스 제공의 일관성** 다른 사례관리자나 스태프가 사례기록을 보고 서비스계획에 대해서 이해할 수 있어서 클라이언트가 방문하거나 전화할 때 도와줄 수 있다.
- **평가보고서나 자금지원을 위한 자료** 기관 행정가는 계약당사자나 자금지원자들에 대해서 서비스에 대한 정확한 자료를 제공할 의무가 있으며 자금지원을 위한 신청서를 작성하기 위해서도 정확한 정보가 필요하다.
- **돌봄의 질적 모니터링** 지도감독자는 직원, 학생, 자원봉사자들이 개인, 커플, 가족들에게 적절하게 반응하고 있는지, 지역사회의 자원이 적절한지 등에 대해 사례관리를 보고 알 수 있다. 이러한 방식으로 실수나 허점을 찾을 수 있고 충족되지 않은 욕구를 발견할 수 있다.
- **과정과 변화의 추적** 사례기록을 읽음으로서 사례관리자, 동료, 지도감독자는 시간이 경과함에 따라 클라이언트가 어떻게 지내고 있는지, 서비스계획의 목표에 도달했는지 등을 알 수 있다.
- **사전고지 체계** 클라이언트에게 언제 방문하고 전화할 지에 대한 계획을 만들어 놓음으로서 사례관리자는 정기적인 접촉을 유지하도록 상기할 수 있다. '사전고지 파일'이라고 불리는, 미리 상기시켜주는 체계를 컴퓨터나 인덱스카드 파일로 만들 수 있다. 중요한 것은 서류작업과 서비스제공의 균형을 맞추는 일이다. 일부 휴먼서비스 전문가들은 사례기록과 양식이 서비스를 받는 개인, 커플, 가족보다 더 중요한 것처럼 행동하는 실수를 저지른다. 사례기록이나 양식은 활동을 기록하고 욕구와 진행 정도를 추적하기 위한 사례관리의 도구에 불과하다. 반면에 기록에 대해서 부주의, 무관심, 태만한 것도 큰 실수이다. 휴먼서비스 기관에서 기록되지 않으면 이루어지지 않은 것이다. 좋은 사례관리자는 개인이나 가족을 위한 시간을 희생하지 않고도 자신이 한 일에 대해서는 정확하고 간결하고 완벽하게 기록하여 문서화한다.

사례관리에 대한 원조기술의 적용

사례관리를 제공하는 데 있어 매우 중요한 원조기술이 있다: (1) 적극적 경청, (2) 역량강화와 자기 결정, (3) 문화적 역량이다. 각각의 기술에 대해 간단한 논의를 제시하였다.

적극적 경청

5장에서 자세히 살펴본 것처럼 비심판적이고 주의 깊은 경청을 통하여 원조전문가는 도움을 요청한 사람들의 필요와 욕구를 알 수 있다. 서비스 지원자나 수혜자가 이야기하는 것에 집중하지 않는다면 효과적인 사례관리자가 되기는 불가능하다. 지금까지 다룬 적극적 경청과 면접 기술 모두가 사례관리 서비스를 제공하는 데 적용된다.

역량강화와 자기 결정

역량강화와 자기 결정의 개념은 효과적인 사례관리 제공의 열쇠이다(Rothman, 1994). 사례관리자는 모든 문제에 대한 해결책을 가지고 있는 기술자가 아니라 계획과 돌봄의 파트너이다. 사례관리자가 클라이언트에게 전달하는 메시지는 "우리는 함께 한다"(Kisthardt & Rapp, 1992, p. 118)이다. 2장에서 살펴 본 것처럼 사례관리자는 서비스계획을 만들 때 개인, 커플, 가족의 선택을 존중하여야 한다. 각자가 서로 다른 강점과 필요를 가져오기 때문에 서비스계획은 각 개인의 특수성을 고려해서 만들어져야 한다(Intagliata, 1992). 원조를 요청한 사람들은 휴먼서비스 기관에 제안하는 서비스를 거부하여 자신이나 사회에 위협을 초래하지 않는다면 그러한 제안을 자유롭게 거부할 수 있다(Kane, 1985).

사람들이 서비스를 받기 위해서나 기관의 혼란스러운 미로를 이해하기 위해서 도움을 요청한다고 해서 개인, 커플, 가족이 스스로의 삶에 대한 통제력이나 결정권을 포기하는 것은 아니다. 자신이 취약하다고 느끼거나 도움을 요청하는 것에 대해 창피함을 느끼는 사람들은 희망, 존엄, 가치의 느낌을 가질 필요가 있다. 사례관리는 가능하면 최대한으로 개인의 독립을 유지하고, 격려하고, 확대하는 방식으로 제공되어야 한다(Intagliata, 1992). 모든 사람들이 온전한 독립을 이루기는 어려울 것이다. 어떤 사람들은 정신적 혹은 신체적인 장애로 인해 지속적인 지원이 필요할 수도 있다. 그러한 상황에 있는 사람들도 자신의 삶에 있어서 최대한의 통제력을 가질 수 있어야 한다(Weil & Karls, 1985).

키스싸트와 랩(1992)은 사례관리자를 개인, 커플, 가족들이 요청하는 것을 듣는 자문가라고 표현한다. 자문가는 그들이 스스로의 강점과 내적 자원을 발견하도록 돕고 장애물과 도전을 다루는 방법을 계획하고 실행하도록 돕는다. 이러한 역할을 하는데 있어서 중요한 것은 자문을 요청한 사람들의 선택과 비전을 지원하는 것이다(Kisthardt & Rapp, 1992).

사례

에시는 그녀의 두 살과 네 살된 딸을 데리고 마리가 일하는 지역센터의 옷장에 자주 왔다. 마리는 에시가 올 때마다 점점 더 피곤해보이고 아파보였기 때문에 이번 방문 시에 그녀의 상황에 대해서 좀 더 알아보기로 했다. 마리는 에시에게 따뜻한 차를 한 잔 내밀면서 잠깐 이야기하면 어떻겠느냐고 질문하였다. 마리는 감사해하면서 차를 받아들고는 소파에 힘없이 앉았다. 대화를 하면서 에시는 마리에게 자신과 자녀들은 우연히 알게 된 다른 사람들과 함께 유기된 건물에서 살고 있다고 말했다. 그들은 모두 마약을 사용하고 있고 마약을 사기 위해서 도둑질을 하거나 성매매를 한다고 했다. 마리가 건강상태에 대해서 질문하자 에시는 자신도 마약에 중독되었지만 이제는 깨끗해지고 싶다고 말했다. 그녀는 자신에게 마약을 제공하는 포주에게 연결이 되어 있으며 여러 번 신체적으로 학대를 당했다고 말했다. 그녀는 울면서 해독센터에 가는 것에 대해서 끊임없이 생각하지만 그동안 자신의 자녀들을 어떻게 돌봐야 할지를 몰라서 망설이고 있다고 했다. 그녀는 이미 세 자녀를 아동보호기관에 빼앗겼기 때문에 남은 자녀들도 빼앗길까봐 두려워하고 있었다. 마리는 에시에게 어떻게 했으면 좋을지 생각해본 적이 있느냐고 물었지만 그녀는 "없다"고 고개를 저었다. 그녀는 상황에 갇혀서 꼼짝도 할 수 없는 것처럼 느끼는 것 같았다.

생각해보기 #43 위의 사례에 대해 생각해 보라.

1. 에시의 강점은 무엇인가?
2. 에시의 도전은 무엇인가?
3. 당신이 마리라면 첫 번째 단계에 무엇을 하겠는가?
4. 어떻게 하면 사례관리자는 에시 스스로가 힘이 있음을 느끼도록 도와줄 수 있는가?

문화적 역량

문화적인 역량을 갖춘 서비스를 제공하는 것에 대해서는 3장에서 다루었다. 서비스계획을 개발하는데 있어서 개개인의 세계관과 문화적 맥락을 인지하는 것은 매우 중요하다. 계획이 아무리 좋아보여도 개인, 커플, 가족의 신념, 역사, 종교, 배경 때문에 실행될 수 없다면 그것은 시간과 에너지 낭비가 아닐 수 없다.

사례

마가렛은 지역정신보건센터의 사례관리자이다. 양극성 장애로 진단을 받고 투약점검을 받기 위해 센터에 다니던 조지가 조증증세가 있어서 갑자기 병원에 입원하게 되었다. 조지는 병원에서 마가렛에게 전화를 걸어 보스니아에서 오신 연로한 어머니에 대한 걱정을 메모로 남겼다. 마가렛은 조지의 사례기록을 보고 동생들이 지역 내에 사는 것을 알았고 조지의 어머니가 일시적으로 다른 형제의 집에 머물면 되겠다고 결정하였다. 그렇게 쉬운 해결책이 있는 것에 대해 흐뭇해하며 병원에 조시를 방문하러 갔다. 마가렛은 인사를 하면서 "어머니 때문에 전화하셨죠? 걱정할 것 하나도 없어요. 어머니를 당장 남동생 댁으로 모시도록 준비할께요."라고 말했으나 조지의 얼굴에 나타난 두려움과 혼란스러움 때문에 의아해했다. 그녀는 "무슨 문제라도 있나요? 어머니께서 여동생 집으로 가시는 것이 좋겠어요?"라고 물었다. 조지는 충격적이라는 듯이 "이해를 잘 못하시는군요. 우리는 부모님을 그렇게 이리저리 옮겨 다니시게 하지 않아요. 저는 장남이라구요. 어머니에 대한 책임이 있어요. 제 집을 떠나신다면 어머니께서 모욕감을 느끼실 거예요." 마가렛은 "조지, 죄송해요. 그런 제안을 하기 전에 당신과 먼저 이야기를 했어야 하는데... 저와 같은 아프리카계 가족들은 이런 경우에 연로한 친척들이 다른 사람의 집에 머무는 것이 일반적이거든요. 저는 보스니아 가족들은 어떤 기대를 갖고 있는지 몰랐어요."라고 사과하였다. 조지는 그와 가족들이 이미 이 일에 대해서 상의를 하였고 조지가 퇴원할 때까지 동생들이 돌아가면서 조지의 집에서 어머니와 지내기로 결정했다고 전했다. 그는 자신이 전화를 해서 어머니에 대해 걱정한 것은 어머니가 혼자 계실 것에 대한 걱정이 아니라 어머니가 계시는 동안에 자신이 입원한 것이 창피하다는 것에 대해서 이야기하고 싶었다고 했다.

생각해보기 #44 위의 사례에 대해 생각해 보라.

1. 마가렛이 한 일 중에서 문화적으로 능숙하지 못한 점은 무엇인가?
2. 자신의 실수를 만회하기 위해서 마가렛이 한 일은 무엇인가?

사례관리 제공의 장애물

사례관리자들은 조심하지 않으면 함정에 빠질 수 있다. 다음은 사례관리자가 주의해야 할 몇 가지들이다.

- **편향된 서비스 계획** 한 가지 함정은 사례관리자가 자신에게 익숙하거나 자신의 기관에서 제공하는 서비스만으로 연결하려고 하는 경향이다. 원조전문가는 가능한 모든 서비스와 혜택을 제시하고 개인과 가족이 자신이 원하는 것을 선택하도록 해야 한다. 어떤 경우 사례관리자는 기관에 대한 자신의 느낌에 의해 서비스 계획을 세우기도 하는데 그것은 잘못된 정보에 의한 것일 수도 있기 때문에 조심해야 한다.
- **편애** 두 번째 실수는 자신이 좋아하거나 가깝게 느끼는 사람들에게 좀 더 많은 시간을 할애하고 어렵거나 부담스러운 사람들을 무시하는 것이다. 접촉의 빈도는 좋아하는 순서가 아니라 그 사람의 필요 정도에 의해 결정되어야 한다. 좋은 사례관리자는 실무자의 편의나 선호보다는 클라이언트의 필요를 고려하여 모든 사람을 공평하게 대한다.
- **영역주의** 세 번째 장애는 영역과 관련된 기관 간 갈등에 연루되거나 '영역주의'로 인해 필요한 프로그램에 접근하는 것이 방해를 받는 것이다. 분야 간에 혹은 기관 간에 발생하는 영역갈등은 서비스 조정에 방해가 된다(Kane, 1985). 다른 기관과의 경쟁이 발생하면서 다른 기관의 실무자들이 해당 기관의 서비스를 의뢰하거나 함께 일하기를 꺼려할 수도 있다. 효과적인 사례관리자들은 이러한 문제를 넘어서 개인과 가족에게 가장 좋은 서비스 계획을 만들어 내고 서비스를 전달한다(이전에 논의된 외부 사례관리 참조).
- **투기** '투기'라는 것은 개인의 필요나 욕구를 좀 더 잘 충족시켜 줄 만한 다른 기관과의 연결을 준비하지 않고 돌려보내거나, 특정 개인과 일하고 싶지 않아서 다른 곳에 의뢰를 한다거나, 다른 사람을 아무 준비없이 다른 곳으로 보내거나 하는 것을 말한다. 투기는 윤리적인 실천이 아니다. 서비스 지원자나 방문객이 다른 곳으로부터 필요한 원조를 받도록 확실하게 조치를 취할 때까지 지속적으로 관심을 가져야 한다. 마찬가지로 다른 기관이 원조를 요청한 사람들에게 도움을 줄 자원과 책임이 있는 사람을 자신의 기관에 투기하도록 해서도 안 된다.
- **도움을 요청한 사람을 배제하는 것** **사례관리자**가 개인이나 가족의 온전한 참여나

인지없이 문제를 해결하려고 하거나 서비스를 시작하려고 하는 것은 재난과 마찬가지이다. 상호협조없이 서비스 계획이 세워지거나 운영된다면 사례관리자는 시간을 낭비하게 되고 서비스 수혜자에게는 큰 좌절감을 안겨주게 된다.

사례관리 능력의 증진

다음의 지침서는 더 나은 사례관리와 서비스 조정 기술을 개발하는 데 도움이 될 것이다.

1. **자원.** 소속 기관의 자원정보를 최신 것으로 유지함으로서 개개인의 욕구를 현존하는 지역의 서비스와 연결할 수 있도록 한다.
2. **네트워크.** 다른 기관의 서비스에 대한 접근을 용이하게 해주고 장애를 비껴갈 수 있게 해 줄 주요 인물들과의 관계를 만들고 유지한다.
3. **의뢰.** 지역 기반의 서비스와 프로그램을 이용할 수 있는 자격 기준에 대해 알고 있어야 정확한 의뢰를 할 수 있다. 개인과 가족들이 좀 더 쉽게 타 기관의 지원서를 얻을 수 있도록 기관에 비치해두는 것도 필요하다. 이러한 지원서 양식을 잘 알고 있어서 작성하는 데 도움을 줄 수 있어야 한다.
4. **통합적인 사정.** 현재 이용가능한 서비스가 무엇인지를 생각하지 말고 지원자의 충족되지 않은 욕구를 파악하는 습관을 들인다. 가능하거나 자신이 알고 있거나 기관에서 제공하는 서비스만 염두에 두고 계획을 세운다면 사례관리 계획은 클라이언트의 욕구에 세원진 것이 아니고 지역 자원의 한계에 의해 세워진 것이다(Rose, 1992). 현재의 자원으로는 해결할 수 없지만 지속적으로 제기되는 요청과 욕구를 문서화하여 새로운 서비스를 개발하거나 자금을 지원해줄 수 있는 정책입안자나 기관행정가에게 자료로 제시할 수 있다.

요약

서비스를 준비하고 조정하고 점검하는 적극적이고 지속적인 일련의 작업이라고 할 수 있는 사례관리는 원조의 중심적인 활동이다. 휴먼서비스 전문가들은 케이스워커나 사례관리자의 역할을 하기 위해 고용된다. 아프고 문제가 많고 취약한 사람들에게 좋은 사례관리자는 하늘과 땅의 차이를 보여 줄 수 있다. 사례관리의 목적은 역량강화, 옹호, 질높은 서비스에 대한 접근이다. 접수, 등록, 사정, 서비스계획개발, 다양한 서비스의 조정, 의뢰, 서비스 적정성의 점검, 옹호, 사후관리, 재사정, 종결의 주요 요소들은 관심과 기술로 이루어져야 한다. 사례관리와 사례옹호가 잘 이루어졌을 때 다음과 같은 결과를 얻을 수 있다:

- 효율적이고 믿음직한 휴먼서비스 전문가가 사례관리자로 활동할 때 그는 필요한 서비스 전달을 촉진함으로 서비스 수혜자의 의료 및 사회 서비스 행정이나 서류작업과 관련된 좌절감을 없앨 수 있다.

- 훌륭한 휴먼서비스 전문가는 미래의 어려움을 예견하고 개인과 가족이 이에 대비할 수 있도록 하여 원조를 요청하는 사람들의 삶에서 위기를 줄여주고 발생하는 위기의 영향력을 축소할 수 있다.
- 사례관리자는 다른 기관의 실무자와 서비스와 돌봄을 조정하기 때문에 원조노력의 불필요한 중복을 피할 수 있다.
- 개인이나 가족이 한 사람이 휴먼서비스 전문가에게 의존하게 되면 복잡한 서비스 네트워크에 대한 접근점을 한 곳으로 모을 수 있다.

휴먼서비스에서의 가족 접근

CHAPTER 9

휴먼서비스 전문가들은 개인을 대상으로 일하지 않는다. 대부분은 가족들과 일을 한다; 때때로 가족 전체가 '내담자 체계(client system)' 혹은 '표적체계(target system)'가 된다. 예로 원조전문가가 아동을 대상으로 일한다고 하자. 아동 주변에는 부모, 형제자매, 조부모, 이모, 삼촌 등이 있고 아동이 행동하는 방식과 특정 대상에 대해 생각하고 느낌을 갖고 신념을 형성하는 데 영향을 준다. 성인도 가족의 영향을 받는다. 성인은 부모, 자녀, 인척들과 함께 생활하며 서로 영향을 주고받는다. 따라서 가족구성원과 가족체계(family system)가 개인의 행동에 어떻게 영향을 주는지를 이해하는 것이 필요하다. 또한 가족이 지역사회와 문화적 맥락 속에서 하위체계로 어떻게 만들어지는지를 이해하는 것이 도움이 된다. 이 장은 **가족체계 접근**에 대해 알아본다.

무엇이 가족인가?

누가 한 사람의 가족을 구성하는가? **사회복지사전**에 따르면(Barker, 2003), 가족은 '구성원들이 서로에게 책무를 지고 대체적으로 같은 거주지에서 살아가는 기본 집단'(p. 154)이라고 본다. 이것은 정의의 한 가지에 불과하다. 국세청, 보험사, 다양한 종교공동체, 상속법, 학교 혹은 병원에서 자문을 구할 때 각각 다른 정의를 들을 것이다. 예로 일부 보험사에서는 법적으로 결혼이 인정되어야 상대배우자도 보험 혜택을 받을 거라고 한다; 다른 보험사는 다른 상대에게도 조건 없이 보험 혜택을 부여한다. 소득세를 부과할 때 가족으로 인정하는 자세한 규정이 있다. 가족은 스스로를 가족이라고 인정하고, 건강한 가족 발달에 필요한 아동 양육과 사회화, 경제적 후원, 보호와 양육, 기타 기능들을 책임지는 사람들과 같은 포괄적인 방식으로 정의될 수도 있다. 가족이 정의되는 방식은 상황과 사람 혹은 실체의 맥락에 따라 달라질 수 있다.

일반적으로 **핵가족**은 어른들과 자녀들을 말한다. 때때로 핵가족은 **원가족** 혹은 태어났거나 **입양된 가족**들로 이루어진다. 가족의 근원은 당신, 당신 부모와 당신 형제자매들이다. 핵가족의 성인들은 **생식가족(生殖家族)**이라고 할 수 있다. 생식가족은 당신의 성인 파트너와 자녀들이다. **확대가족**은 결혼, 입양 혹은 핵가족과 유전적으로 관계가 있는 사람들을 말한다. 미국에서 이것은 조부모, 사촌, 이모와 삼촌 그리고 인척들을 말한다. 미국에서 가족의 개념은 변하고 있다. 한부모 가정에서 양육되는 아동들이 증가되는 추세이다. 많은 아동들은 조부 혹은 입양부모와 함께 살고 있다. 다른 아동들은 두 어머니, 두 아버지, 계부모 혹은 지역사회 구성원들과 비공식적 주선 형태에 맞춰서 살고 있다. 중요하게 고려되어야 할 사항은 가족이란 용어는 인생 전반에 걸쳐 '강력하고, 지속력있는 호혜적 정서 애착과 충실'에 토대를 둔 관계를 형성한 사람들을 말한다(Goldenberg & Goldenberg, 2004, p. 3). 사람들은 가족의 구성원을 정의하기 위해 가족에 대한 법적 정의들은 자주 사용하지 않는다.

가족을 구성하는 구성원들이 누구인지 이해하는 것이 왜 중요한가? 가족을 지원할 수 있는 잠재적인 자원들에 대해 관심이 있을 수 있다. 이것이 목표라면, 당신은 가족구성원이라고 생각되는 사람들을 모두 확인하기를 원할 것이다. 가족구성원들은 계부모, 조부모, 입양부모, 사촌 혹은 가상친척(fictive kin)이 될 수 있다. 가상친척은 출생으로나 결혼으로 맺어진 관계는 아니나 가족관계인 성격을 지닌 사람들과 정서적으로 중요한 관계가 있는 사람들을 언급하는 용어다. 가상친척의 예로는 아동들이 '이모(혹은 고모)' 혹은 유모로 불리는 가족 친구들일 수 있다. 만일 집 밖에서 자녀들을 돌봐 줄 곳을 찾아야 하고 기관입장에서도 친족 보호에 가치를 두고 있다면, 자녀를 돌볼 능력과 동기가 있는 가족구성원을 확인하기를 원할 것이다. 다양성을 존중하고 문화적으로 중요한 측면은 원조요청자들의 '가족'의 정의가 무엇이든 간에 받아들여주는 것이다. 서비스 관련 일을 하면서 매우 자주 특정인의 중요한 지원자들을 무시하게 된다. 왜냐하면 그들이 전통적 혹은 '친척' 혹은 '가족'의 정의에 포함되지 않기 때문이다. 우리가 '가족'이란 단어를 사용할 때 우리는 '선택된 가족(family of choice)'을 의미한다. 우리는 '일가친척'은 물론 '최근친'을 의미한다.

기억해야 할 점은 '가족'은 다른 사람들을 매우 다르게 하는 것을 의미한다. 사람 혹은 가족이 자신의 가족을 정의하는 방법을 발견하는 탁월한 방법은 직접 그들에 물어보는 것이다. "당신은 누구를 당신의 가족으로 생각하고 있나요?" 폭넓게 많은 사람들과 애완동물들이 언급되었다고 놀라지 말고 당신이 가족이라고 여기는 사람들이 가족으로 언급되지 않았다고 해서 놀라서는 안 된다.

생각해보기 #45

1. 국세청, 보험사와 기타 공식기관에서는 가족을 어떤 식으로 정의하는지 알아보라. 당신의 개인적 정의와 일치되는가?
2. 당신이 가족이라고 생각하는 사람들을 모두 적어보라. 당신은 특정 인물을 제외시켜 다른 사람들을 놀라게 했는가? 예로 학대엄마 혹은 '실종'된 남자형제? 예외의 인물을 가족으로 포함시켜 다른 사람들을 놀라게 했는가? 예로 출생 시에 죽은 아기 혹은 파트너?
3. 가족구성원을 정의내릴 기회를 사람들이 가지게 함으로써 올 수 있는 휴먼서비스 제공에서의 이점은 무엇인가?

무엇이 '건강한' 가족인가?

'건강한' 가족의 특성이 무엇인지 생각해보는 것이 도움이 된다. 대중 매체와 일상 대화는 대부분 가족들이 '역기능'을 하고 있다고 믿도록 유도하고 있을지 모른다. 이 흐름 속에서 '건강한 가족'과 '역기능 가족'을 정의하려는 시도가 이루어진다. 실제로 많은 서적과 논문들은 '역기능 가족'에 대해 논하고 있다. 한 부모 가족은 역기능 혹은 건강한 가족인가? 가난한 가족은 역기능 혹은 건강한가? 얼마 전 정신건강전문가들은 정신분열증과 자폐증은 역기능 가족의 역동적 관계 속에서 생긴다고 확인하였다. 현재 이것은 사실이 아니라는 것을 알고 있고 대부분의 경우 원인은 생물학적인 것으로 여겨지고 있다. 원조전문가에게 있어서 '건강한', '역기능' 혹은 '상호의존' 같은 용어 그리고 유행하는 기타 용어들을 이해하는 것은 매우 중요하다. 일부 사람들은 이 용어들이 애매하거나 지나치게 판단을 유도하고 있기 때문에 사용하지 않아야 한다고 주장할 수 있다.

가족들에 대한 많은 근거없는 믿음들이 있다. 가족들은 독립적이거나 독립적이어야만하고 자급자족적이어야 한다는 근거없는 믿음이 있다. 건강한 가족들은 문제가 없어야 한다는 근거없는 믿음도 있다. 전통적으로 이상가족은 가족이 건강하게 되는 유일한 방법이라는 잘못된 믿음도 있다. '일반적'인 미국가족에 대한 아이디어를 주의 깊게 살펴보는 것이 이 아이디어들이 정확하게 당신의 경험과 관찰들을 반영시키고 있는지 결정하기 위해 필요하다.

역기능 가족은 갈등이 극단적이고 만성적인 가족을 묘사하기 위해 사용되는 용어다. 마약과 알콜중독으로 가족구성원들의 기본적 요구 해결을 방해하는 가족을 예로 들 수 있다. 가족 내 갈등을 가족구성원의 잠재력을 완선하게 발휘하는 것을 방해하는 행동 혹은 폭력으로 해결하는 가족도 예가 될 수 있다. **역기능 가족**이란 용어 사용보다 오히려 우리는 이 가족을 위험 속에 있는 가족이라고 생각하는 것을 선호한다. 즉 자신 혹은 가족구성원에게 해로운 방식으로 행동하는 구성원이 있는 가족들이다. 모든 가족체계는 기능적이다, 가족들은 다른 방식, 다른 목표와 결과를 보이며 기능한다. 일부 가족들은 예민하고 갑작스런 가족 고통(이혼 혹은 죽음의 과정 속에서 지난 후)과 다른 만성적 고통(장기적인 빈곤 혹은 무주택)에 직면한다. 강점관점을 적용하는 것은 가족들이 도전과 생활 환경을 극복할 수 있는 방법들을 찾는 데 도움이 된다. 적극적이면서도 긍정적 적용이 지원될 수 있다. 가족이 경험하게 되는 위험은 이 장의 마지막 부분에서 추가로 논의될 것이다.

건강한 가족의 특성을 확인하는 것은 여러 가지 이유에서 필요하다. 첫째, 가족이 성공적이고 구성원의 요구를 충족시키고 있는지를 결정하기 위해 필요할 수 있다. 우리는 가족이 아동을 입양하거나 양육할 능력, 자원, 기술들을 보유하고 있는지 결정할 필요가 있기 때문이다. 둘째, 긍정적 가족 특성을 확인하는 것은 **가족 목표**를 조율하도록 가족을 도울 수 있다. 예로 많은 사람들에게 효과적인 소통은 건강한 가족 기능의 중요한 속성이다. 가족구성원들은 '가족구성원들 간의 소통을 향상'시키기를 가족 목표로 정하기를 원할 수 있다. 이 경우 원조전문가는 이 목표를 달성할 수 있도록 지도할 수도 있다.

카디스와 매클렌턴(1998)은 건강한 가족체계는 다음과 같은 특성을 지닌다고 주장한다:

1. 가족문제들을 조기에 확인하고 배려하고 개방하는 방식으로 빠르게 해결한다.
2. 가족구성원들은 적극적이며 서로에게 관련되어 있다.
3. 가족팀으로 일하고, 함께 협력하고, 배우고, 일하도록 격려한다.
4. 개별적인 관심과 성취에 대한 지원이 있다.
5. 칭찬하고 배려하는 행동들을 자주 밖으로 표현하고 서로 나눈다.
6. 변화는 환영되고 지지된다.
7. 재미있고 흥미진진하고 열성적이다.
8. 가족은 긍정적인 것에 초점을 맞춘다.
9. 가족구성원들은 사람이 무엇보다 더 중요하다고 믿는다.

생각해보기 #46

1. 당신이 '건강한' 가족의 특성으로 포함시켜야 한다고 생각하는 것들은 무엇인가? 왜 특성이라고 혹은 아니라고 생각하는가?

서로를 신뢰한다.	서로의 사생활을 존중한다.
함께 TV를 시청한다.	지역사회에서 존중받는다.
갈등을 공손하게 처리한다.	자신의 집을 소유한다.
옳고 그름에 대한 판단기준을 가르친다.	함께 기도한다.
근면에 가치를 둔다.	다른 사람에게 도움을 주는데 가치를 둔다.
가족전통을 귀중히 여긴다.	경제적으로 안정되어 있다.

2. 당신이 건강한 가족의 특성이라고 생각하는 것이 있다면 무엇인가? 이 특성들이 건강하다고 생각하는 이유는 무엇인가?

개인 발달

다른 사람들을 인식하고 진가를 알아보는 중요한 방법들 중 하나는 가족체계와 상호작용할 때 인간 생활주기의 단계 혹은 기(期)에 대해 아는 것이다. 개인, 부부, 가족들은 많은 방식 안에서 다르다는 것을 이해하는 것이 중요하다. 그러나 우리는 '발달 단계'의 개념을 고려해야 한다. 사람들은 인생 과정을 따라가고 시간에 걸쳐 변한다는 것을 의미한다. 사람들의 요구와 인식은 연령과 단계에 따라 다르다. 예로 미국에서 자라고 세계대전을 경험하지 못한 십대는 1차세계대전에 참전하였고 2차세계대전에서 아들이 부상당했고 베트남전에서 손자가 죽임을 당한 노인과는 다른 관점을 가진다.

개인은 많은 방법에서 시간에 걸쳐 성장하고 발달한다: 신체적으로, 정서적으로, 사회적으로, 심리적으로(Erikson, 1963), 지적으로(Piaget, 1970), 도덕적으로(Gilligan, 1982; Kohlberg, 1981), 영적으로(Fowler, 1981). 다양한 이론들이 인간이 생활주기에서 거쳐가는 발달 단계들을 설명하는데 다른 용어들을 사용한다. 일반적으로 확인된 개인 발달 단계들은 출생 전, 유유아기, 영아기, 유아기, 학령기, 청소년기, 성인기, 중년과 노년이다. 일반적으로 개인 발달의 초기 단계는 개인이 직면하고 완수해야 하는 도전들로 특징이 부각된다. 이 도전들은 일반적으로 '발달 과제'라고 불린다.

발달 이론에 따르면, 개인이 발달 과제를 완수하지 못할 때 다음 발달 과제와 발달 단계를 완수하는 데 어려움을 가질 수 있다. 개인 생애기에 걸쳐 전형적 발달에서 다음과 같은 여러 가지 장애들이 있을 수 있다: 정신적 외상을 경험하기, 만성질환, 심각한 빈곤, 정신건강장애, 적절한 양육 혹은 다른 사람들과의 관계 기회의 부족 혹은 폭력 혹은 전쟁. 예로 청소년기의 발달 과제 혹은 도전들 중의 하나는 부모 혹은 보호자와 분리시켜 정체성을 수립하는 것이다. 청소년이 이 발달 과제를 성공적으로 완수하였다면, 다음 발달 단계의 발달 과제 즉 청년기에 이성과 사적 관계를 맺는 과제를 잘 완수하게 될 것으로 여겨진다. 그러나 십대들이 질병 혹은 장애, 위협받거나 적대적 환경으로 인한 의존경향 때문에 자신의 권리와 권위를 확고히 하지 못했다면, 성인기에 만족스런 이성과 사적 관계를 맺는 것이 어려워질 수 있다.

발달 단계와 발달 과제의 개념들은 많은 사람들이 생애에서 단계마다 직면하게 되는 유사한 도전들을 가늠해보기 위한 지침일 뿐이다; 단계들은 결코 엄격하거나 보편적이지 않다. 이 개념들은 우리에게 특정 도전의 숙달이 방해되었을 때, 어려운 시간이 뒤따라올 수 있다는 사실을 다시 확인시켜준다. 발달 단계들은 전형적인 표시로써 생활연령으로 확인될 수 있지만, 각 단계의 연령들은 유동적이다. 주위환경은 특정 발달 단계의 성취 혹은 그 단계를 경험하는 생활연령을 달라지게 한다. 예로 11세 때 나타난 근육위축증 같은 장기적인 만성질환은 아동기에 걸쳐 이어지고 청소년기 시작점까지 지연된다.

휴먼서비스 원조전문가로써 당신은 인생에서 도전을 받고 있는 아동, 청소년, 성인들을 도와주어야 한다. 발달 과제 완수를 방해하는 도전들은 개인들이 정서적이고 발달적 위험에 있게 한다. 예로 자신의 아기를 갖고 싶어하는 여성이 임신에 어려움이 있을 때 자아개념이 흔들리고, 자신의 초년과 중년의 계획에 차질이 있는 것에 대해 화가 날 것이다. 어떤 남성이 장기적으로 낭만적인 관계를 맺기 원하나 상대방을 구하지 못했을 때 좌절하고 실망하고 미래에 대해 낙담할 수 있다. 60세의 할머니는 부모가 HIV 관련 합병증으로 사망하여 손자를 길러야 함으로 인해 자신의 삶을 되돌아보고 은퇴계획을 세워야 하는 노년기에 일반적인 발달 과제를 하지 못할 수 있다. 15세 여성이 임신하여 아이가 생겼을 때 이 여성은 정체성을 확립하고 독립 같은 청소년기에 기대되는 발달 과제를 하지 못하게 된다. 기대된 발달시기에 따르는 것이 방해된 상황에서 개인들은 발달 과제를 완수하기 위한 창의적인 방법을 발견하기 위한 문제해결과정에서 도움이 필요하다. 실망이란 용어로 와 있는 것들은 새롭게 지게 된 책임을 맡으면서 하게 된다.

생각해보기 #47

1. 상술된 개별 단계를 검토하고 단계를 거쳐 나아가면서 방해받거나 어려워졌던 상황에 대해 생각해보라.
2. 이 발달 단계들은 우세한 문화에서 일반적으로 고려되는 단계들이다. 각 단계마다 당신의 문화적 규준들이 이 모형과 맞는지, 맞지 않는지 생각해보라.
3. 발달 단계는 물론 그들이 경험한 방식에서의 문화적 차이들이 휴먼서비스 원조에 어떻게 영향을 주는지 생각해보라.

가족 특성: 가족에 대해 생각하는 방식

가족에 대해 생각해 보는 데에는 많은 방식들이 있다. 가족 역학은 가족체계 경계선의 특성, 가족 내 개인의 특성, 가족의 규칙, 가족의 생활주기 단계, 가족이 당면하는 발달 과제, 가족이 직면하고 있는 다양한 스트레스와 지원으로 영향을 받는다. 여기서는 가족을 이해하는 몇 가지 방법에 대해 소개할 것이다. 문화, 성, 계급과 가족의 환경이 가족 규칙, 가족생활의 발달 단계, 가족구조와 스트레스가 영향을 어떻게 미치는지에 대해 특별한 관심을 가지고 알아본다. 이 개념들은 가족의 역할에 대한 감각을 가지도록 당신을 도와줄 것이고, 당신은 가족과 가족구성원들이 성공하는 데 필요한 지원을 제공할 수 있게 된다.

경계

가족체계 용어들에서 '경계(boundaries)'란 용어는 특정한 방법으로 확인되는 혹은 정의되어질 수 있는 사람들의 집단에 둘려진 눈에 보이지 않는 원이라고 한다. 골덴베르그는 경계를 "체계 사이 혹은 체계의 부분들 사이의 추상적 묘사(식별)로, 참여할 수 있는 사람들 혹은 어떤 방식으로 하는지에 대해 암시되었거나 명시된 규칙으로 정의된다"(Goldenberg & Goldenberg, 2004, p. 505). 대개 경계는 공동으로 무언가를 나누는 사람들의 집단을 포함한다. 예로 사람들은 함께 살 수도 있다. 혹은 같은 이름을 공유하고 있지 않을 수 있다.

사례

제이크 웰스와 엘레나 가르시아는 결혼하여 세 자녀를 두었다. 움베르토는 8세, 칼라는 4세, 발레리는 8개월이다. 가르시아-웰스 가족은 뉴욕시에서 제이크 가족과 가까이 산다. 웰스 가족은 영국, 스코틀랜드와 리투아니아 출신 조상들을 둔, 다윤리적 배경으로 가진다. 엘레나의 가족은 페루 출신이고 모든 확대 가족들은 아직 리마에 산다. 단지 언니 루시아 베가스만은 뉴욕에 남편 호세 베가스와 딸 올리비아와 함께 산다. 엘레나는 뉴욕대학교에 공부하러 왔고 행정학 석사를 취득하였고 그곳에서 제이크를 만났다. 엘레나는 신규 이민자와 피난민들에게 서비스를 제공하는 지역사회 재단에서 전임으로 일하고 있다. 제이크는 지역사회 구성원들에게 문해 서비스를 제공하는 비영리 기관에서 자원봉사자를 관리하고 있다. 움베르토는 스페인계 공립학교 3학년에 다니고 있다. 칼라는 헤드 스타트 프로그램에 참여하고 있고, 발레리는 가족 친구집에서 돌봐주고 있다. 웰스 가족은 뉴욕주 북부에서 태어났고 제이크가 고등학교 때 뉴욕시로 이사왔다. 제이크와 엘레나는 제이크의 부모인 톰과 메리 웰스, 23세 여동생 키미와 가깝게 지낸다. 가족은 엘레나의 언니, 남편과 딸과 시간을 잘 보낸다.

전술된 예에서 제이크, 엘레나와 세 자녀들은 자신들 둘레에 비가시적인 경계를 갖는다. 가르시아-웰스 가족은 공동으로 많은 것들을 가지는 사람 집단으로 정의내려질 수 있고, 이것은 '가족체계'로 언급된다. 이들은 같이 살고—서로를 돌봐주고, 함께 축하하고, 서로 정서적으로 밀착되어 있다. 경계는 가르시아－웰스 가족을 외부 사람들과 구분시켜 준다. 그들은 별개의 집단이다. 외부인들은 가족으로 인정하고 별개의 집단으로 인정하고 관계를 맺는다. 다른 사람들에게서 가족 단위로 구분시키는 경계를 대개 '외부 경계'라고 언급한다. 외부 경계는 환경 속에서 가족을 분리시킨다.

생각해보기 #48

1. 당신이 '경계'를 그리게 하는 가족이 누구인지 확인하라. 자주 외부 경계(outer boundary)에 있는 것은 사람들이 가족으로써 정의한 사람들이다.
2. 친구 혹은 동료 한 명 이상과 인터뷰를 해보라. 가족을 구성하는 사람들이 누구인지 먼저 물어본다. 가족들을 대상으로 '외부 경계'를 그리라고 하라. 가족구성원들이 일반적으로 무엇을 하는지 물어보라.

톰과 마리아 웰스 또한 그들 주변에 경계가 있다. 같은 성을 쓰고, 같은 집에서 살고, 30년 동안 서로에 대한 기억을 공유한다. 키미 웰스는 23살이고 세 마리의 개와 함께 산다. 키미와 개들은 다른 두 가구와 구분되는 외부 경계를 지닌다. 엘레나의 확대 가족은 또한 웰스 가구와 구분되는 여러 가구들과 경계를 지닌다.

일부 사람들은 둘 이상의 사람들의 집단들이다. 예로 가르시아－웰스 가족에서 여성들은 함께 시간을 보낸다. 엘레나, 루시아, 키미, 칼라와 올리비아는 매주 수요일 저녁에 공원에서 만나 저녁으로 피자를 먹는다. 그들은 이것을 '걸스 나잇 아웃'이라고 부른다. 그들에게 아주 특별한 시간이다. 경계는 가족 안에서 이 여성들의 집단 둘레에 그려질 수 있다. 그들은 공동 관심사를 나누게 된다. 이 집단은 가족 안에서 남자들에게서 그들을 분리시키는 경계와 하위체계로 언급한다. 이것을 '내부 경계'라고 한다. 가르시아－웰스 가족 내 다른 하위체계들은 다음 사람들의 집단들을 포함한다.

- **스페인어에 능통한 사람들:** 엘레나, 제이크, 자녀들, 루시아, 호세, 올리비아, 페루에 사는 엘레나와 루시아 가족
- **가족들 중 남자들:** 제이크, 톰, 호세, 움베르토
- **배구를 함께 하는 사람들:** 제이크, 엘레나, 올리비아, 호세
- **아이들(사촌들):** 움베르토, 칼라, 발레리, 올리비아(아이들은 두 하위체계, 즉 나이든 사촌들과 어린 사촌들로 나눌 수 있음을 고려해야 한다)

가족 하위체계들은 관심, 성, 나이, 재능 혹은 신체적 특성에 따라 많은 방법들을 통해 확인될 수 있음을 이해할 수 있을 것이다. 하위체계의 사람들이 당신을 도와줄 수 있는 방법에 대해 생각하는 것은 사람들이 핵가족과 확대가족 안에서 가지는 관계들을 이해하게 도와준다. 예로 키미는 위에 언급된 대부분의 하위체계에서 빠져 있다는 것을 알아차렸는가? 당신은 키미가 가족으로 연관을 맺고 있는지에 대해 의심이 생길 것이다. 키미가 가족과 연관되지 않는 것을 선택한 것인가? 아니면 어떤 이유로 가족구성원이 키미를 제외시키고 있는 것인가? 이 질문에 대한 답들은 가족이 키미와 가족들의 요구를 충족시키도록 도와줄 수 있을 것이다.

생각해보기 #49 당신은 다발성 경화증(MS) 환자들을 위한 집단을 지원하는 지역사회센터의 원조전문가로써 키미와 일한다고 상상하라. 키미는 1년 전에 MS로 진단되었다고 말했다. 톰과 마리아 웰스는 키미를 걱정하며 돌보아주겠다고 하면서 집으로 돌아올 것을 권유하고 있다. 키미는 새롭게 자신이 독립한 생활을 포기하고 싶지 않아 한다.

1. 웰스 가족과 확대가족이 가지고 있는 고충이 무엇인지 적어보라.
2. 키미는 가족과 연계를 가지면서 지원을 받고 동시에 독립생활을 어떻게 유지할 수 있는가?

가족체계에서의 경계의 특성

앞에서 당신이 배운 것처럼, 경계들은 가족체계 안에서 사람들의 집단에 대해 생각해보는 방법이다. 그들은 가족체계/하위체계 밖의 사람들에서 가족체계/하위체계 안의 사람들을 분리시킨다. 예로 키미는 가르시아－웰스 가족의 여성 하위체계 안에 있으나 배구 하위체계에는 들지 않는다. 경계들은 또한 체계 안과 체계 밖의 사람들을 구별하는 본질을 보여주는 특성을 가진다. 경계들을 특성화시키는 한 가지 방법은 경계가 **투과성**의 정도에 의한 것이다. 과학 수업 시간에 '투과성'이란 용어에 대해 들었을 것이다. 예로 생물학에서 생물체를 구성하는 덩어리인 '세포'에 대해 배웠을 것이다. 각 세포는 외부 환경에서 세포 안의 물질과 분리시키는 막으로 정해진다(세포막의 개념은 가족체계 경계의 개념과 비슷하다). 세포의 유형과 세포막의 유형에 따라 세포막들은 특정 물질의 통과를 허락한다. 다른 물질들은 세포막을 투과하지 못한다. 어떤 물질이 세포막을 통해 통과할 수 있거나 할 수 없는지의 정도는 투과성(삼투성)으로 언급된다.

콘택트렌즈를 낀다면, 당신은 투과성의 특성에 대해 쉽게 알 수 있다. '가스 투과' 콘택트렌즈들은 눈 밖의 공기를 콘택트렌즈를 통해서 눈 안으로 투과하게 하여 산소를 공급받도록 한다. 산소가 콘택트렌즈를 통해 들어올 때 눈은 충분한 산소를 공급받아 편안함을 느끼게 된다. 이것은 좋은 일이다. 구식인 '하드 렌즈'는 투과성이 없는 렌즈로 산소 투과가 가능하지 않다. 이러한 하드렌즈는 공기 중의 산소를 눈으로 전달하지 않는 산소 '비투과성'이다.

세 가지 유형의 세포막이 있다.

- **선택적 투과성의 세포막:** 특정 물질만 투과를 시키는 세포막
- **투과성의 세포막:** 모든 물질을 투과시키는 세포막
- **비투과성 세포막:** 어떤 물질도 투과시키지 않는 세포막(Geary, 발행년도 없음)

가족체계 경계들을 같은 방식으로 생각해보자. 가족들을 생각해볼 때, 투과성은 "가족구성원들이 체계 경계들을 통과할 수 있는 용이함 혹은 유연성(탄력성)이다"(Goldenberg & Goldenberg, 2004, p. 510). 대부분의 가족들은 '선택적 투과성'을 지닌 경계를 가진다. 다른 사람, 정보 혹은 개념들은 가족 안에서 허락되지 않는다. 예로 대개 조부모, 성인 가족구성원의 친구, 자녀의 친구들은 특정 시간에 가족의 일부가 될 수 있다. 가족은 신문이나 잡지

를 구독할 수 있고 텔레비전 프로그램을 시청할 수 있다. 가족은 어떤 DVD를 집에서 볼 수 있는지 결정할 수 있다. 그러나 모든 사람 혹은 모든 것이 가족에게 허락되지는 않는다. 크리스탈 메스암페타민(일종의 마약)을 복용하는 청소년 친구는 집에서 환영받지 못할 수 있다. 특정 영화나 텔레비전 프로그램도 가족구성원에게 금지될 수 있다(가족 경계 안에서는 허락되지 않는다). 선택적 투과성은 내부 경계로 언급될 수 있다. 예로 알코올은 가족의 성인 하위체계 안에 투과될 수 있으나 아동 하위체계 안으로는 투과될 수 없다.

선택적으로 투과성인 가족 경계는 또한 가족구성원들이 가족을 '떠나는' 방식에 의해 특징지어진다. 일반적으로 집을 떠나는 구성원들은 의례적인 일로 가게 된다. 예로 대학을 가고, 결혼을 하고, 입대를 하는 것으로 가족을 떠나는 것은 '수용가능한' 방법들이다. 특정 문화에 속한 가족들에서는 성년 초반의 여성이 독립해서 나가 사는 것을 허락하지 않는다. 이러한 가족의 외부 경계는 여성에게 덜 투과적이라고 할 수 있다. 가족들이 가족 경계의 안팎으로 투과를 허락하고 허락하지 않는 것과 사람들에 대한 선택을 '가족규칙'이라고 부르고, 이 장의 뒷부분에서 논의될 것이다.

완전하게 투과적인 가족 경계는 모든 사람, 정보, 아이디어들을 가족에게 허락한다. 실제로 가족 환경에 있는 사람들에게서 분리시켜 가족체계의 구성원들을 확인하는 것조차 어려울 수 있다. 친구, 친분이 있는 사람, 낯선 사람들은 가족 활동, 집에서 밤을 보내기, 아동 훈육에 참여할 수 있다. 때때로 가족구성원들은 누가 언제라도 가족에 포함될 수 있는지조차 알지 못한다(지나치게 투과적인 경계를 지닌 가족들은 때때로 '확산된 경계'를 가졌다고 언급된다). 가족으로 포함되는 지침이 없을 때 아이들은 착취당하거나 방치될 위험에 처한다. 공동체 혹은 집단생활상황은 때때로 경계가 너무 투과적이어서 위험에 처하고 구성원들이 폭넓게 들어옴으로써 안전하지 못하거나 위험한 사람들이 가족의 구성원이 될 수 있다. 완전하게 투과적인 경계를 지닌 가족체계에서는 가족구성원들이 쉽게 가족을 떠날 수 있거나 가족을 벗어나는 것조차 알아차리지 못한다는 특성을 지닌다. 매우 분산된 외부 경계를 지닌 가족들의 두 가지 예로 부모 혹은 책임있는 성인들이 그들의 청소년 아들이 여러 날 집에 들어오지 않은 것을 알아차리지 못하는 가족과 4세 아이가 이웃을 배회하며 음식을 얻어먹는 것을 알지 못하는 가족을 들 수 있다.

'비투과적인 경계'로 특징지어진 가족체계들은 가족이 아닌 구성원, 아이디어 혹은 정보를 가족체계로 들어오는 것을 제한하는 사람들의 집단이다. 즉, 가족구성원들은 집에 친구들 데려오는 것을 허락하지 않는다(때때로 이 개념은 가족이 '경직된(견고한) 경계'를 가진 것으로 언급한다). 뉴스 혹은 정보는 엄격하게 점검된다. 비투과적인 경계를 지닌 가족들은 가족들의 아이디어만이 허락되기 때문에 전화, TV 혹은 라디오를 보유하지 않고 혹은 신문도 받아보지 않을 수 있다. 많은 종교집단들은 경직된 비투과적인 경계들을 지닌다. 종교집단 밖에서 오는 모든 것들이 엄격하게 통제된다. 일부 종교집단에서는 구성원들이 자신들의 가족과 관계를 끊도록 요구한다. 비투과적 경계를 지닌 가족체계의 구성원들은 자주 가족을 떠나 다른 사회체계에 참여하는 것을 허락하지 않는다. 때때로 아동은 학교 혹은 교회에 가는 것이 허락되지 않고, 부모는 친구를 갖지 말라고 하고, 성인들은 외부 직업을 갖지 말라고 한다.

이 시점에서 당신은 가족의 경계의 투과성의 분석을 토대로 가족을 '판단'하는 유혹에 빠질 수 있다. 당신의 가족을 '평가'하는 기술들을 사용하기 원하는 유혹이다. 그러나 '완벽한' 가족은 없다. **브래디 번치*** 혹은 **코스비쇼*** 가족들은 이상적인 가족판을 보여준다. 실제 생활에서, 가족체계 경계들은 드물게 완전하게 투과적이거나 완전하게 비투과적이다. 일반적으로 가족 경계의 투과 정도가 있다. 가족의 생애 과정에서 가족이 밀접하게 가까워져 건강해지는 시간들이 있다(위기 전보다 더 견고한 경계). 예는 가족구성원의 죽음에 대한 반응이 될 수 있다. 이 상황에서 가족은 함께 머물러 있기를 원하고 서로 슬픔을 나누면서 지지해 줄 수 있다. 외부사람들, 심지어 가까운 가족 친구들과의 상호작용은 제한된 정서적 자원들로 국한된다. 다른 한편으로, 열려 있는 가족 경계들은 가족건강을 조장하는 시간들이 있다. 자연 재해 예로 허리케인 카트리나에 의해 최근에 집을 잃은 가족은 생존 지원체계를 확대시켜 제공하는 것이 도움이 된다(위기 전보다 더 확장된 경계). 가족이 '건강'한지 혹은 아닌지에 대해 고려하는 최선의 방법들 중 하나는 가족구성원들이 안전하고 기본적인 신체적, 지적, 정서적 요구를 충족시킬 수 있는지로 평가된다. 대부분 가족들은 가족구성원의 요구를 충족할 정도로 "충분히 좋다". 당신은 *Malcolm in the Middle**, *Family Guy**, 또는 *Rosanne**과 같은 텔레비전 프로그램을 보고 싶어할 수 있다. 이 가족들은 '완벽'하다고 할 수 있는가? 그들은 '충분히 좋은' 상태에 있다고 생각하는가? 전반적으로 가족들은 구성원들의 요구를 충족시키고 있는가?

생각해보기 #50 가르시아-웰스 가족에 대해 생각해보자.

1. 당신은 이 가족이 선택적으로 투과가 가능한 경계들을 가지고 있다고 생각하는가? 투과가 가능한 경계들? 혹은 투과가 가능하지 않는 경계들? 당신의 답변에 대한 근거를 제시하라.
2. 투과 가능하지 않는 경계를 가진 가족의 장점과 단점은 무엇인가? 가족의 생활 과정 중 특정 시기에 어떤 투과가능하지 않은 혹은 엄격한 경계들이 긍정적인 가족 건강을 촉진시킬 수 있는지 상상해 볼 수 있는가?
3. 가족이 매우 개방되어, 투과가능한 경계들을 가지고 있는 경우 가족이 가지는 장점과 단점들은 무엇인가? 가족의 생활 과정 중 다른 시기에서 투과가능한 경계들이 긍정적인 가족 건강을 촉진시킬 수 있는지 상상해볼 수 있는가?
4. 당신이 12살이었을 때 함께 살던 가족을 기억해보라. 당시 가족 간에 있었던 경계들에 대해 그려보라. 이 경계는 어떤 특성이 있는가? 선택적으로 투과 가능한 것이었는가? 아니면 투과가능하지 않는 것이었는가? 당신의 답변을 지지할 수 있는 증거가 있는가?

가족규칙

대부분의 가족들은 행동에 대한 '규칙'을 가진다. 가족규칙들은 본질적으로 합의되었거

* 미국의 가족시트콤(역자 주)

나 혹은 '이해'된 것이다. 예로 당신이 14살이었을 때 친구가 저녁식사에 오기 전에 당신에게 기대되어지는 것은 무엇인가? 친구를 저녁식사에 초대하는 것과 관련된 '가족규칙'은 다음 중 한 가지가 될 수 있을 것이다:

"친구가 저녁식사에 오기 전 적어도 하루 전에 어머니에게 허락을 받아야 한다."
"친구 앞에서가 아니라 어머니에게 개인적으로 여쭈어봐야 한다."
"저녁에 친구들을 초대하는 것은 허락되지 않는다."
"친구는 시간에 관계없이 저녁에 올 수 있으나 어머니는 친구의 부모와 얘기를 해야 한다."
"아버지만이 저녁에 친구의 초대를 허락할 수 있는 유일한 사람이다."

당신이 알 수 있는 것처럼, 때때로 규칙들은 가족의 경계에 대한 것이다: 누가 언제 가족 안으로 혹은 밖으로 갈 수 있는지. 다른 시간에, 규칙들은 개인 행동에 대한 것일 수 있다. "아동들은 적어도 저녁 음식을 두 입 이상은 먹어야 한다", "투정부리지 말기!"

가족규칙들은 '직접 표현된 것'이거나 '암시된' 것이다. 직접 명시된 규칙들은 직접적으로 의사소통된 것들이고 아마도 가족 안에서 협상되어진 것일 수 있다. 예로 통행금지 시간에 대한 명시된 규칙은 청소년기가 됐을 때 가족 안에서 제시된다. "통행금지 시간은 주중에는 오후 10시고, 금요일과 토요일 밤은 자정이다." 특별한 날에는 이 통금 시간에 대해 가족 토론이 있을 수 있고 십대들은 통금시간을 조정해주기를 원한다. 직접 명시된 규칙의 예는 이것이다: "사람들 때리지 않는다. 가족 안에서 상대방을 때리지 않는다."

암시된 가족규칙들은 말로 명확하게 제안된 것은 아니다. 규칙들은 가족이 오랜 시간에 걸쳐 특정 패턴을 반복해 온 결과다. 암시된 가족규칙의 예는 성별에 따른 역할들을 토대로한 행동과 관련될 수 있다: 가족 안에서 여자는 음식을 만들고 남자는 스포츠 경기를 본다. 당신이 상상할 때, 암시된 규칙들은 말로 제시된 것이 아니기 때문에 파악하기 어렵다. 12세의 아들이 요리하는 것을 배우겠다고 하면 결과적으로 어떤 일이 생길까? 만일 가족 중 딸이 고등학교 풋볼팀에서 플레이스 키커가 되겠다고 하면 무슨 일이 생길까? 암시적인 규칙들이 깨졌기 때문에 개인이 보여주는 선호는 가족 안에서 일시적 혹은 장기적인 갈등으로 긴장을 유발시킨다. 가족구성원들이 규칙이 진정으로 가족의 가치를 반영하고 가족의 요구를 충족시키는지 평가할 때 암시적인 가족규칙을 직접 표현하여 명시화시키는 것이 도움이 된다. **융통성**이란 가족 특성에 대해 생각해보아야 하는 좋은 때다. 융통성 있는 가족은 가족구성원의 변하는 요구에 적응한다(즉, 아동이 커가면서): 가족 구조(즉 새로운 가족구성원이 생겼을 때), 그리고 환경(즉, 가족이 도시에서 시골로 이사 갔을 때).

가족들은 또한 서로 소통하는데 규칙을 가진다. 가족 안에서는 의사소통하는 방법에 대한 규칙이 있다. 예로 "우리는 가족 안에서 화가 났더라도 목소리를 높이지 않는다." 특정 주제를 가족 안에서 이야기하는 것이 적절한지에 대한 가족규칙도 있다. 예로 "가족 안에서 우리가 슬프다는 것을 보이지 않아야 한다." 혹은 "우리는 아버지가 전에 한 번 결혼한 적이 있다는 사실에 대해 말하지 않는다." 일부 가족들은 특정 주제가 언제 혹은 어디서 논의되어져야 하는지에 대한 규칙을 가진다. 예로 "신의 존재에 대한 질문은 우리 가족 안에서는 해도 좋다; 그러나 우리는 조부모에게는 말하지 않는다."

특정 규칙이 변화하면 가족들은 규칙의 수, 규칙의 유형, 규칙이 강요되는 정도에 따라 변한다. 예로 일부 가족들은 폭넓은 행동을 포함하는 어느 정도의 규칙들만을 가진다. 이 규칙들은 다음과 같은 것들이다.

- 가족구성원들은 존경심을 가지고 대한다; 이것에는 소유물과 사생활을 포함한다.
- 모든 가족구성원들은 몇 가지 방법으로 가족에게 기여한다; 직업을 갖고, 집안일을 하고, 학교에 다닌다.
- 가족 중 모든 사람은 자신의 의견을 표현할 권리가 있다.
- 가족구성원들은 서로를 돌보고 다른 사람의 감정을 고의적으로 상하지 않게 한다.
- 신체적 혹은 정서적 폭력은 결코 용납되지 않는다.
- 가족의 신체적, 정서적, 지적과 심리적 건강은 매우 중요하다.

다른 가족들은 다음과 같은 많은 매우 특별한 규칙들을 분명히 표현하는 것을 선호한다:

- 아이들은 오후 8시에 자러 갈 준비를 한다.
- 가족 모두 오후 6시에 저녁식사 시간에 맞춰 귀가한다.
- 전화 통화는 10분 안에 끝낸다.
- 가족들은 서로에게 자러 가기 전에 매일 밤 다른 가족들의 뺨에 입맞춤을 한다.

생각해보기 #51 가족규칙을 만드는 두 가지 전략들의 장점과 단점을 생각해보라. 2 혹은 3명인 가족은 규칙이 일반적이어야 하는 상황에서 잘 해나갈 수 있다. 10명의 자녀, 2명의 부모, 조부모인 대가족은 가족 행동에 대한 기대를 명확하게 소통하는 특정 규칙이 필요할 수 있다.

가족들은 또한 '규칙이 깨졌을 때' 처리하는 방법에 대해 변경한다. 다르게 표현하면, 규칙들은 얼마나 강요되는가? 규칙을 어겼을 때 어떤 결과가 뒤따르는가? 일부 가족들에서의 위반은 무시된다("우리 가족구성원들은 서로에게 노골적으로 화를 내지 않는다. 잘못된 행동이 일어나지 않은 것처럼 무시한다"). 다른 가족에서의 위반은 모든 가족이 모여 논의한다("우리는 가족회의를 하여 무엇이 잘못되었고, 무엇을 해야 하는지를 논의할 필요가 있다.") 다른 가족에서 결과는 권리 박탈, 신체적 체벌, 당연한 결과, 창피줌 혹은 '냉대'가 있으며, 일부 아동들은 부모의 '눈길(look)'을 필요로 하고 가족규칙이 따라온다.

생각해보기 #52

1. 당신의 가족이 지닌 명백한 규칙 한 가지를 생각해보라. 일반적 혹은 특별한 규칙인가? 규칙이 깨질 경우 가족구성원에게 오는 결과는 무엇인가? 당신은 이 규칙을 변화시키거나 수정하기 위하여 가족구성원과 협상할 수 있는가?
2. 당신의 가족이 지닌 암묵적인 규칙 한 가지를 생각해보라. 일반적 혹은 특별한 규칙인가? 규칙이 깨질 경우 가족구성원에 오는 결과는 무엇인가? 이 규칙에 대해 논의하고 소통해본 적이 있는가?

대부분 가족들에서 규칙은 일관성을 제공하고 가족구성원은 편안하게 해주는 유익한 지침이다. 규칙은 논의되고 시간이 흐르면 가족구성원의 발달이 이루어지고 요구에 의해 변한다. 예로 아동이 '잠자리'에 드는 시간은 연령에 따라 여러 차례에 걸쳐 변한다. 가족규칙들은 가족의 **구조**가 변하면 변할 수 있다. 확대가족의 구성원이 가족으로 들어오고, 가족구성원의 죽음이나 가족구성원에게 지적 혹은 신체장애가 있는지에 따라, 부모가 일하는 일정에 따라 가족규칙들이 다르게 요구될 수 있다고 상상할 수 있다. 이와 같은 변화들은 가족 전체와 개별 구성원들의 가족의 요구를 재평가하는 것을 요구한다.

가족들과 일할 때, 가족구성원들의 행동에 대한 규칙을 생각해보는 것이 도움이 된다. 때때로 가족들이 암시적 규칙들을 직접적으로 명시하는 것이 도움이 된다. 때때로 가족들은 가족구성원이 규칙을 어겼을 때 그 결과를 명확하게 하는 것이 도움이 됨을 알게 된다.

가족생활주기

가족들은 시간이 흘러가면서 존재한다. 사람들은 가족 속에서 태어나서 가족의 일원으로 죽는다. 가족들이 시간이 흐름에 따라 당면하는 도전들과 흥미진진한 일들을 생각해보는 것이 도움이 될 수 있다. 가족들의 요구와 책임들은 또한 시간이 흐름에 따라 달라진다. 가족의 생활은 연속적으로 이어지는 '단계들'로 그려질 수 있다. 가족생활 단계를 경험하는 동안, 가족구성원들은 전형적으로 특별한 책임 혹은 과제를 지닌다. 각각 다른 가족들이 생활 단계에서 완수해야 할 책임과 과제들은 약간 다를 수 있다(표 9.1). 새롭게 탄생한 부부는 함께 살아가고, 친밀한 관계를 형성하고, 파트너십 안에서 개별적인 요구를 만족시킬 방법을 찾고, 새로운 가족체계 둘레에 '경계'를 만드는 방법들을 배우게 된다. 자녀가 있는 부부는 부부중심에서 '가족중심'으로 초점을 바꾼다. 부모들은 자녀를 양육하고 훈육하고 먹이고 입히고 건강하게 하는데 자신의 시간과 에너지를 쏟는다. 부모의 하위체계는 현저하게 두드러지고 부부 하위체계에 대한 관심은 줄어든다. 카터와 맥골드릭(1999)은 가족생활주기를 여섯 단계로 제시한다. 이에 따른 과제와 과성들은 달라진다.

표 9.1 • 가족생활주기와 이에 따른 가족 발달 과제와 과정

가족생활주기 단계	과제와 정서적 과정
집을 떠나기: 미혼 청년	자신에 대해 정서적, 경제적 책임지기
파트너십을 통한 가족 결성: 새 커플	새로운 체계에 대한 헌신
어린 자녀를 둔 가족	체계에 새 구성원을 받아들이기
청소년기 자녀를 둔 가족	아동의 독립과 조부모의 노쇠를 받아들이며 가족 경계에 대한 유연성을 높이기
가족을 만들어 이사하기	가족체계를 벗어나고 다시 들어가는 식의 다수 행동들을 수용하기
만년기의 가족	세대 간의 역할들을 받아들이고 이양하기

가족 발달 과제를 이해하는 것은 휴먼서비스에서 중요하다. 이 지식은 자주 휴먼서비스 전문가, 학생 혹은 자원봉사자가 혼돈이 일 것 같은 반응, 감정 혹은 행동들에 대한 이해를 돕는다. 예로 왜 심한 발달장애 아들을 돌보는 가족은 능숙하고, 침착하고, 조용하고, 갑자기 불안해지고, 힘들어지고, 21세가 된 후에도 능력이 없다고 느끼는가? 가족들은 자신의 아들이 성인이 되어 부모를 떠나 독립하는지를 기대하고 있는지와 그들의 생애 나머지도 보호자가 되어야 할지 모르는 사실에 직면해야 한다는 것이다.

부부와 가족들은 또한 별개의 발달 과제들이 부여된 발달 단계들을 경험하는 것으로 생각한다. 부부 혹은 가족의 발달 단계 인식은 휴먼서비스 원조전문가에게 매우 도움이 될 수 있다. 물론 오늘날 우리 사회에서 '가족'의 폭넓은 변동을 고려해야 한다. 최근 그림 자료에 의하면, 2004년에 0~17세 아동의 68%는 두 부모와 살고 있다. 1980년에는 77%였었다. 이것은 친부모 혹은 입양부모, 계부모와 살고 있는 아동들을 포함한 것이다. 2004년에는 1/4 (23%)에 해당하는 아동들이 아버지와 살고, 4%는 어떤 부모와도 살고 있지 않았다(America's Children, 2005).

가족들은 모든 변형된 모습들로 구성된다: 미혼인, 자녀를 둔 한 부모, 동성 부부, 여러 조합에서 온 아동들과 다양한 관계를 맺어 얽힌 사람들, 그리고 다세대 가구. 문화 차이는 개인, 부부와 가족 발달의 단계에 영향을 준다. 가족 발달 단계는 폭넓게 변할 수 있다. 앵글로-색슨 프로테스탄트 가족에게 일반적인 것은 파키스탄에서 온 이슬람가족에게 일반적이 되지 못한다. 추가로 사람 혹은 가족의 연령은 상황에 대한 반응에 영향을 줄 수 있다. 예로 그들의 연령이 다르고 다른 발달 단계에 있기 때문에 30대 후반에 부부는 20대 후반의 부부보다 출산 경험에 대해 매우 다르게 반응할 수 있다. 65세의 할머니는 28세의 이모보다 이분척추를 지닌 유아 손녀의 양육자로서의 역할에 대해 다르게 반응할 수 있다.

전통적인 가족 발달 단계들은 전통적, 이성애자들, 핵가족에 바탕을 두고 있다. 그럼에도 불구하고, 부부와 가족들은 가족구성이 다름에도 불구하고 시간대와 목표를 가진다고 고려하는 것이 필요하다. 가족 발달 단계들은 여섯 가지로 구분되고 여기서 간략하게

설명할 것이다: (1) 소속되지 않은 청소년, (2) 새로운 부부, (3) 어린 자녀를 둔 가족, (4) 청소년을 둔 가족, (5) 자녀를 내보내기, (6) 생애 만년기의 가족. 부부와 가족은 다른 속도로 이 단계들을 경험하고, 일부 부부와 가족은 한꺼번에 여러 단계들에 있을 수 있다.

- **소속되지 않은 청년** 청년은 자신의 출신 가족에서 떨어져 목표를 세우고 자신감을 키운다. 청소년은 친밀한 친구 관계를 맺고 경제적이고 정서적인 독립을 추구한다. 청소년과 부모들은 독립에 대해 뜻이 맞지 않을 수도 있거나 모두 성인이기 때문에 가족체계가 변해야 한다고 인식하지 못하는 혼란의 시기가 될 수 있다.
- **새로운 부부** 이 단계의 주요 과제는 새로운 가족체계에 대한 책무를 형성하는 것이다. 다른 과제들은 파트너의 출신 가족과 친구들과 관계를 형성하고, 함께 생활할 환경을 만들고, 자신보다 다른 사람을 배려하는 책임을 지는 것이다.
- **어린 자녀를 둔 가족** 이 단계에서 개별 파트너 혹은 부부는 아동의 기본 음식, 휴식처, 의복과 사랑에 대한 요구를 성공적으로 충족시키기 위해 노력한다. 이 과제의 구분과 할당은 어린 자녀를 둔 가족들에게 문제가 될 수 있다. 특히 양부모가 일을 하게 되는 가정에서 높은 비율로 나타난다. 이 단계에서 가장 높은 이혼이 나타난다는 것은 놀라운 일이 아니다. 몇 부부들은 자녀를 두지 않기로 하거나 직접 출산한 자녀 혹은 입양한 자녀들로 인한 어려움들에 직면한다. 자녀를 두지 않은 성인들의 과제들은 자신들의 필요를 충족하기 위한 다른 방법들을 찾고 다른 사람들의 비판 혹은 압박을 성공적으로 처리하는 것이다.
- **청소년을 둔 가족** 여기서 가족체계는 또 다른 뚜렷한 변화를 겪는다. 아동은 한 명의 개인으로 역할하고 가족 안에서 변화가 극적으로 일어난다. 청소년기의 자녀들이 변화를 겪을 뿐만 아니라 부모들도 개인적인 발달에서 중요한 단계다. 경력을 쌓아가거나 결혼 상태 변화가 있을 수 있다. 유동적이고 적응력이 있는 가족체계는 이 단계를 쉽게 지나갈 수 있을 것이다. 청소년기는 성숙된 십대가 되어가는 시기이지만 부모에게는 매우 스트레스를 받는 시기가 된다.
- **자녀를 내보내 정착시키기** 모두가 성인이기 때문에 부모와 자녀들은 자신들의 관계에 대해 재협상한다. 여기서는 아동에게 초점을 두지 말고 다시 부부 관계로 관심을 돌리는 것이다. 더 길게 생활하는 사람들에게 있어서 많은 부부들은 자신들의 노화를 관리하거나 병든 부모들을 돌본다.
- **생애 만년기의 가족** 은퇴를 맞는 부모로서의 부부 혹은 조부모가 되는 것으로 또 다른 역할이 바뀐다. 부부는 연령 관련 건강 요구를 가지게 될 수 있다. 파트너의 상실은 친구들로 가족을 만들어 생활하기, 자녀에게 경제적, 정서적 지원받기, 혹은 만년기에 재혼하여 새로운 가족생활주기를 시작하기로 이어질 수 있다.

가족생활주기 단계에 따라, 가족구성원들은 다른 활동과 관련되어질 것이고 자주 다른 우선 사항을 선택한다. 문화 요인은 또한 가족이 가족생활주기에서 거쳐가는 방법에 대해 생각할 때 고려되어야 한다. 예로 저자들 중 한 사람은 대한민국에서 6주 동안 가족과 일하는 사회복지사들을 자문한 적이 있다. 많은 대한민국 사회복지사들은 미국에서 온 사람들이 제시한 5단계의 가족생활주기를 이해하지 못했다. 이것은 한국인들이 가치를 두고 있지 않는 방식으로, 미국 문화는 '독립'과 '자족'에 가치를 두었다는 것이 명백함을 알 수 있었다. 사회복지사들은 또한 고령인들은 성인 아들과 딸들과 손주들과 살아야 한다고 하면서 미국에서는 왜 많은 고령인들이 지원 생활시설과 양로원에서 살고 있는지에 대해 의문을 품었다.

생각해보기 #53 이 장의 처음에 소개된 가르시아-웰스 가족에 대해 다시 생각해보자.

1. 제이크와 엘레나가 경험하고 있는 가족생활주기단계는 어떤 것인가? 그들이 매일 겪는 가족생활이 어떨지를 상상하면서 급우와 논의해보라.
2. 톰과 마리아가 경험하고 있는 가족생활주기단계는 어떤 것인가? 매일 겪는 가족생활 경험이 어떨 거라고 생각하는가?
3. 가르시아-웰스 가족은 다문화 맥락 속에서 가족생활을 하고 있다. 가르시아-웰스 가족은 카터와 맥골드릭이 설명한 바와 다른 가족단계에 있다고 생각하는가? 왜 그런가? 이러한 질문에 대해 대답하기 위해서 페루문화에 대해 연구해보는 것을 고려하라.

카터와 맥골드릭이 설명한 여섯 가지 발달 단계들은 현 시대의 가족 구조를 정확하게 반영하고 있지 못하다. 가족의 구조는 지난 몇 십 년 동안 극적으로 변하고 있다. 더 많은 아동들이 적어도 한 부모 가구 혹은 계부모와 함께 아동기의 일부분을 보낸다. 더 많은 아동들이 같은 성별인 부모들에 양육되고, 조부모가 길러주는 아이들도 늘어나고 있다. 추가해, 노인들이 더 오래 살게 되면서 3, 4, 심지어 5세대까지 돌보는 것이 가능해졌다. 이 복잡성은 전통적 가족생활주기 도식으로 설명되지 않는다. 그러나 발달 단계와 과제 습득에 대한 아이디어는 가족이 시간이 흐르면서 번창하고 생존하는 방법에 대해 생각하는 유용한 틀을 제공한다. 가족들이 시간이 흐르면서 살아가면서 가족의 중요성을 완전하게 이해하기 위해서 당신은 자신의 출신 가족에 대해 수평선을 긋고 출생에서 지금까지의 일들을 적어볼 수 있다. 선 밑에 생활연대기 순으로 사건들을 적어보자. 선 위에 가족규칙, 중요한 행동과 감정들을 적어보자.

생각해보기 #54 가족생활발달의 체계를 사용해서, 우리가 상상하는 '보통(typical)'가족의 변화에 대해 생각해보라. 각 단계에서 가족들이 직면하게 되는 '과제와 정서적 과정'에 대한 당신의 생각을 적어보라.

과제와 정서적 과정

집을 떠나기: 미혼인 장애청년
파트너십으로 가족 결성: 동성부부
입양된 어린아이 혹은 수양아동이 있는 가족
위험한 이웃들과 함께 살고 지원이 부족한 학교에 다니는 청소년이 있는 가족
가족을 만들고 알츠하이머병을 앓고 있는 고령부모를 돌보기 위해 이사하기
만년기의 밀입국한 이민가족들

가족 스트레스

이 장에서는 지금까지 가족 내 역학과 가족이 환경과 상호작용하는 것을 고려하는 방법을 소개하였다. 불행하게도 미국에서 많은 사람들은 가족들은 가족 스스로 자족해야 한다는 의견을 가진다. 가족 스스로 자신을 잘 돌보아야 하고 다른 사람들에게 의존하지 않아야 한다고 믿는다. 그러나 이것은 잘못된 믿음이다. 대부분 가족들은 가족의 경계 밖에 있는 많은 자원들에 의존한다(그림 9.1). 예로 대부분 아동들은 연방, 주와 지역정부의 보조를 받는 공립학교에 다닌다. 그 외에 몇 가지 이름을 대보자면 가족들은 아동 혹은 고령자를 위한 주간 보호센터, 보호 생활시설, 대중교통 서비스, 길과 고속도로, 대중 시설, 음식과 수질 검사 서비스, 종교사회와 도서관에 참여하거나 이용한다. 다른 사람 혹은 기관에 의존하는 것은 약점이 아니다. 가족들은 번창하고 생존하기 위해 다른 사람의 도움이 필요하다. 선택적으로 투과성이 있는 경계들은 가족 성장과 변화에 필요하다.

그러나 많은 가족들은 전체적으로 가족과 가족구성원들의 필요를 충족시키는 능력에 도전이 되는 스트레스 요인들과 직면한다. 가족 스트레스의 개념과 스트레스 결과(가족 고통의 '증상')들이 나타날 것이다. 때때로 가족들은 기본적, 신체적, 정서적, 심리적,

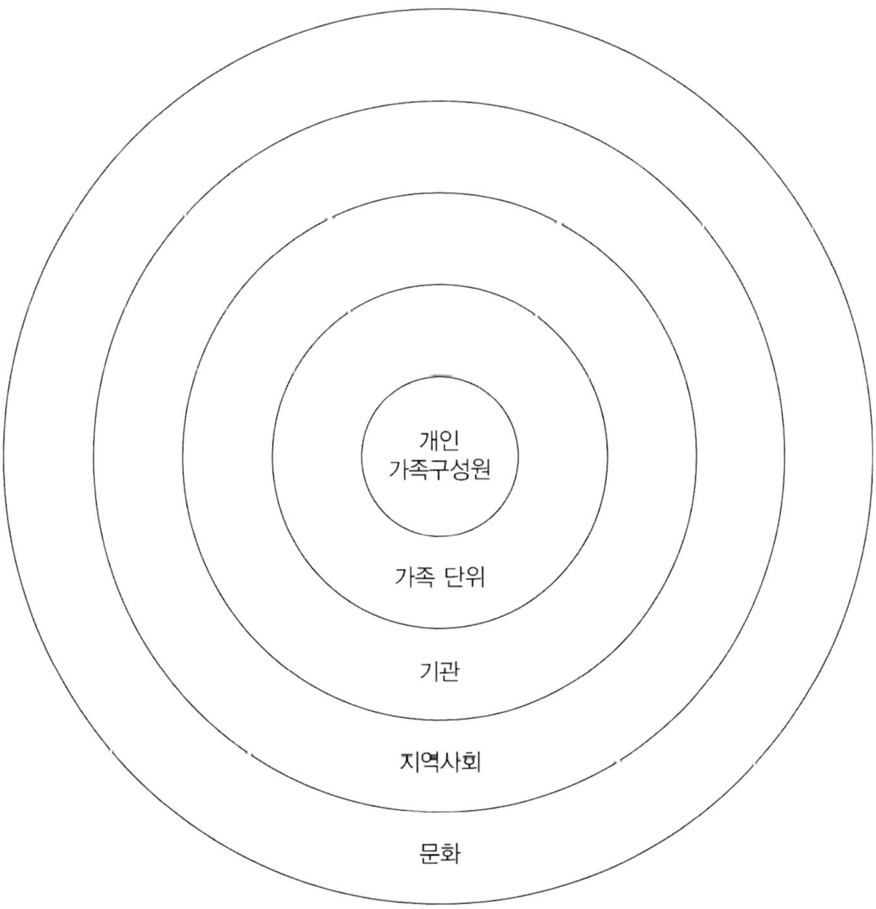

그림 9.1 • 생태학적 맥락에서 본 개인과 가족들

지적 혹은 가족의 다른 요구를 만족시키지 못한다. 때때로 가족의 생존을 위협하는 환경에서 오는 비정상적인 압박을 받을 수 있다(예: 증오 범죄). 불행하게도 가족구성원의 행동이 가족의 생존을 위협하는 상황이 있다(예: 성적 학대와 가정폭력). "스트레스는 실제로 발생되는 것(스트레스 요인)과 가족구성원이 처리할 수 있는 능력이 있다고 느끼는 것 사이에 불균형이 있을 때 일어난다"(Carter & McGoldrick, 1999, p. 385). 가족 스트레스 요인들은 예민하고 일시적으로 나타나거나 장기간 가족에게 영향을 주는 만성적일 수 있다. 일반적인 가족 스트레스 요인들은 경제적 불안정(빈곤, 무주택); 건강과 정신건강 이슈(식이장애가 있는 가족구성원); 가족구성원의 자살; 투옥에 해당하는 행동(폭행); 군입대와 배치; 최근 이민; 별거, 이혼과 파경; 재혼; 혹은 가족이 사는 지역사회에서의 과도한 범죄를 포함한다. 가족체계는 가족을 온전하게 지키나 가족 혹은 구성원들의 최적 기능을 지원하지 못하는 소통의 패턴, 구조, 규칙 혹은 경계를 개발하고 유지하는 것으로 스트레스 요인들에 반응할 수 있다. 가족들은 구성원들의 필요를 충족하지 못하는 많은 이유들이 있을 수 있다. 가족 스트레스 혹은 고통의 원인들은 어떤 체계 수준에서 올 수 있다. 가족 스트레스에 기여할 수 있는 다섯 가지 체계들에 대해 논의될 수 있다: 문화, 지역사회와 이웃, 기관, 가족 자체와 개별 가족구성원의 특성. 이 방법으로 가족 고통에 대해 생각하기는 원조에 대한 '가족체계' 혹은 '생태적' 접근을 사용한다. 다음의 예는 가족 스트레스에 대한 다양한 자원들을 생각하게 한다.

사례

앤디 스트라우스는 8세 백인 남아로 시카고 외곽에 있는 초등학교 2학년생이다. 앤디는 자리에 앉아 있지를 못하고 교사인 최 선생님의 지시를 듣지 않는다. 최 선생님은 학교사회복지사 제이슨 싱어에게 지난 2주 동안 앤디가 교실에서 뛰어다니고, 학급활동을 방해하는 소리를 내고, 친구들을 방해했다고 말했다. 최 선생님은 앤디가 이런 행동들을 하면 배우는 것이 가능하지 않다고 말했다. 여러 친구들은 쉬는 시간에 자신들을 앤디가 때리거나 찼다고 불평했다. 최 선생님은 앤디의 행동을 관리하고 싶다고 한다. 제이슨은 앤디가 이런 행동을 하는 이유를 생각하기 시작했다. 바로 결론을 내리기보다는 모든 가능성에 대해 생각하기 위해 체계 관점(systems perspective)을 사용한다. 제이슨은 체계 관점을 사용해서 요인들을 가능한 한 브레인스토밍하였다.

가능성 있는 개인 요인:

- 학교는 매우 도전이 되는 장소로 만드는 특별한 학습 요구를 가질 수 있다.
- 앤디는 지루할 수 있다.
- 앤디는 주의력 결핍/과다행동 장애를 가질 수 있다.
- 앤디는 시각 혹은 청각에 어려움이 있다.

가능성 있는 가족 요인:

- 앤디의 가족 구조가 변할 수 있다(이혼, 별거, 새 형제 등).
- 앤디의 가족은 가족 간 폭력을 경험할 수 있다.
- 앤디의 가족은 경제적 문제를 경험할 수 있다.

• 앤디의 가족은 최근 죽음 혹은 병을 경험할 수 있다.

가능성 있는 기관 요인:
• 앤디가 출석하고 있는 학교는 너무 혼잡할 수 있다.
• 담임교사는 적극적인 학생을 다루는 기술을 가지고 있지 못할 수 있다.
• 앤디아버지가 저녁 교대로 일하고 과민해서 귀가하게 되므로 직업을 바꿨을 수 있다.
• 빈곤가족한시부조(TANF) 혹은 기타 혜택 제공이 중단되었을 수 있다.

가능성 있는 지역사회와 이웃 요인:
• 앤디는 매우 폭력적인 이웃들과 살 수 있다.
• 앤디는 집이 없어 버스에서 살 수 있다.
• 앤디는 조모와 살고 있는데 주변에 노인들이 많아 항상 조용하기를 요구받는다.
• 앤디는 아동을 위한 레크리에이션 활동을 지원하지 않는 지역사회에서 살고 있다.

가능성 있는 문화 요인:
• 앤디는 학교에서 유일한 백인학생이고 이웃들은 한국인과 한국계 미국인들이다.
• 앤디는 최근에 뉴욕 시내로 이사했다.
• 앤디의 가족문화는 남아의 교육성취에 가치를 두지 않는다.
• 최 선생님의 문화는 아동이 성인을 존중하는 방식으로 행동해야 한다고 강조한다.

가능성에 대해 브레인스토밍 후에, 제이슨은 추가 정보를 수집하고 가능성들을 제외시키면서 하나의 가설을 세운다. 예로 제이슨은 교실에 가서 공부할 때의 앤디를 관찰한다. 제이슨은 기관과 문화적 요인들을 제외시킬 수 있다. 앤디의 어머니 실비아와 할머니 알디스에게 담임선생님이 앤디가 학교에서 행복하지 않아 학습능력을 방해받을 수 있다는 것을 알려준다. 제이슨은 앤디가 자리에 앉아있지 않고 수업 동안 소리를 내고 다닌다고 알려준다. 그는 또한 앤디가 친구들에게 공격성을 보인다는 것도 알려준다. 제이슨은 실비와 알디스에게 앤디가 왜 이런 행동을 하는지에 대한 원인을 물어볼 수 있나. 실비아는 날뛰면서 앤디의 아버지 사무엘이 이라크 파병 군인이었으나 여러 달 전에 전사했다고 말한다. 가족은 슬퍼하고 있고, 작은 아파트로 이사해야 하고, 실비아는 가족을 부양하기 위해 일자리를 찾아야 한다고 한다. 알디스는 이사를 왔고 실비아를 도와주고 학교가기 전후로 앤디를 돌보고 있다.

앞에서 설명된대로, 학교에서 앤디의 행동은 최근의 아버지의 죽음과 이에 따른 가족 스트레스를 반영한 것이라고 할 수 있다. 가족의 구성원으로 앤디는 다음과 같은 스트레스 요인들에 당면해 있는 것이다:

- 아버지의 죽음
- 경제력 상실과 불안정
- 새로운 곳의 작은 집으로 이사
- 슬프고 괴로워 하는 어머니
- 새 가족 구조(사무엘은 없고, 실비아는 밖에 나가 일한다)

- 권위적인 위치로 가족으로 영입된 노령세대(할머니)
- 새로운 가족규칙
- 새로운 소통 패턴
- 대체된 경계

앤디가 가족에서 오는 모든 변화들 때문에 학교수업에 집중하지 못하고, 공격적이고 충동적인 방식으로 행동하는 것으로 반응한다고 보는 것이 공정하다. 스트라우스 가족에게 있어서, 가족 고통은 '날카로울' 수 있다. 지원과 회복력을 가지고 가족은 구성원들의 요구를 충족하는 새로운 방법을 발견할 것이다. 가족이 위기에 직면한 어려운 시기를 경험하고 고생하게 될 때 날카로운 가족 고통은 일반적으로 나타난다. 대개 고통은 일시적이고 가족은 성장과 배우는 경험을 하게 된다.

일부 가족들은 위기에서 "다시 회복하기" 위한 환경적 지원 혹은 기술을 가지지 못한다. 대신에 가족은 '만성적인' 고통을 경험한다. 만성적 고통은 장기적인 어려움과 부족한 가족관계로 특징지어진다. 이 만성적 고통은 가족의 여러 세대에 걸쳐 나타난다. 좌절, 슬픔, 불안을 표출하게 만드는 폭력은 세대 간에 일어나고 만성적 고통으로 두드러질 수 있다. 만성적 고통을 경험하는 가족 중 한 명 이상은 '증상'을 보인다. 이 '증상'이란 개념은 잠재적인 장애, 문제 혹은 질병을 표현하는 행동 혹은 표시를 말한다. 예로 102도의 열병은 잠재적인 감염의 증상일 수 있다. 같은 방식으로, 유치원에 온 첫날에 5세 여아가 대중 앞에서 자위를 하는 것은 잠재적인 가족 역기능(아마도 성적 학대)의 증상이 될 수 있다. 그러나 대부분의 경우 잠재적인 장애가 있는 것인지 명백하지 않다는 것을 기억해 두어야 한다.

가족 원조 전략

가족들이 지원을 받고 힘을 기를 수 있는 방법들은 많다. 가족구성원들의 필요들을 충족시켜 가는 일을 잘 해나가는 일부 가족들은 가족생활을 좀 더 향상시켜 나가길 원할 수 있다. 이 가족들은 가족생활이 더 풍요로워지기 원할 수 있다. 일부 가족들은 가족 위기로 힘겨워하고 있을 수 있다. 앤디 아버지의 죽음을 극복하려는 스트라우스 가족과 같이 가족의 죽음과 관련되었을 수 있다. 이 가족은 가족치료, 슬픔 극복 지지집단으로부터의 정서적 지원 혹은 긴급 재정 지원으로 도움을 받을 수 있다. 다른 가족들은 가난 혹은 만성질환가족을 돌봄으로 인해 지속적으로 스트레스를 경험할 수 있다. 이 가족들은 일시적 위탁 혹은 가족이 함께 하도록 돕기 위한 TANF의 형태로 지속적인 지원이 필요할 수 있다. 가족이 경험하는 고통을 가장 잘 도와줄 수 있는 방법 중 한 가지는 가족의 강점 혹은 **회복력**에 초점을 맞추는 것이다. 이것에 대해 월시(1998)는 스트레스를 갖게 되었을 때 가족들이 지닌 강점과 잠재성을 확인하는 것이라고 믿었다. 월시는 회복력을 "더 지략이 있고 힘을 길러 역경에서 다시 일어나는 능력이다. 이것은 인내, 자기 복원력, 위기와 도전 대응력을 신장시키는 적극적 과정이다"(p. 4). 가족회복력이란 용어는 긍정적으로 '모든 가족구성원을 위하고 가족의 안녕과 존속을 위한 즉각적이고 장기적인 적응'(p. 14)에 영향을 끼치는 방식으로 가족을 재구조화하고 적극 생활에 임하면서 위기와 스트레스에 대처하는 가족의 능력을 말한다.

원조전문가는 여러 방법으로 위기에 처한 가족들을 도울 수 있다. 한 가지 방법은 스트레스를 인정하고 가족이 이미 위기를 극복한 방법을 확인하는 것이다. 원조전문가는 또한 가족 고통을 '정상화'시킬 수 있다. 이는 원조전문가가 가족이 특정 스트레스 요인을 직면하는 가족에게 일반적인 감정과 행동들을 알아내도록 도와주는 것을 의미한다. 또 다른 의미로 가족이 위기 상황을 이해할 수 있도록 돕는 것이다. 예로 발달장애 자녀가 출생하는 경우 많은 가족들이 위기에 처한다. 원조전문가는 이 어려움을 승인하고, 아이에 대한 부모의 사랑을 확인하고, 지원을 요청한 가족을 지원하고, 유사한 상황에 있는 새로운 가족을 도와준다. 추가해, 원조전문가는 가족회복력 접근을 사용할 때 주변 환경에서 자원 찾아내기, 희망과 낙천적 사고를 하도록 격려하기, 가족의 강점에 초점을 맞추도록 해야 한다.

여러 가지 형태의 가족 지원과 중재를 여기에 설명한다. 원조전문가는 스스로 몇 가지 서비스는 전달할 수 있다. 다른 가족 중재는 광범위한 훈련과 기술을 요구한다. 가족에게 필요한 서비스가 있다면, 원조전문가는 필요한 훈련을 시켜 줄 전문가들에게 가족을 소개시켜 줄 필요가 있다.

- **심리교육**은 병의 특성, 원인, 예후, 치료를 이해하도록 정신질환인의 가족구성원들을 돕는 과정이다. 정신건강 전문가들과 가족구성원들은 심리교육 서비스를 가족들에게 제공할 수 있다.
- **가족회의**는 아동 복지 혹은 청소년 사법제도에 포함된 가족들을 돕기 위해 고안된 전략이다. 또한 그들의 삶을 책임지는 것을 돕기 위한 것이다. 일반적으로 전문가는 아동 혹은 아동들의 안녕을 위한 실행가능한 계획을 작성하도록 전 가족구성원들과 친척들 모임을 요청한다. 복원 재판 맥락으로 열리는 가족회의 과정과 기술에 대한 훈련은 이 가족 중재 전략을 수행하라고 요구한다.
- **가족지지집단**에는 공통 문제를 나누고 조언, 정서적 효용, 다른 사람의 수용으로 이익을 보려는 사람들이 참여한다. 가족지지집단의 예로 알츠하이머환자의 보호자 지지집단, 발달장애 아동의 형제를 위한 지지집단, 자녀의 죽음을 경험한 부모들을 위한 지지집단을 들 수 있다. 전문가들 혹은 구성원 지지집단들은 지지집단을 도와준다. 지역사회 신문에 지지집단들이 소개되어 있다.
- **중재 혹은 분쟁 해결**은 중재자가 양자 간의 분쟁을 해결하기 위해 공동 관심사를 발견하고, 공정하고 만족스러운 합일점에 도달하고 협상을 시도하는 과정이다. 중재는 이혼(이혼 중재) 혹은 자녀 양육권 분쟁을 법정 체계 밖에서 해결하기 위해 이루어진다. 자격을 부여받기 위해 중재자는 최소 40시간 훈련을 받아야 한다.

- **부모 교육 혹은 부모 훈련**은 출산 부모, 입양 부모와 양부모들의 효과적인 아동 양육 행동들을 높이는 지식과 기술들을 제공하기 위한 것이다. 부모 교육은 가족 혹은 집단 형태로 이루어질 수 있다. 다양한 부모 교육과정이 활용 가능하다.
- **부부 상담과 결혼 치료**는 친밀한 파트너 간에 문제를 교정하기 위해 고안된 중재 전략에 능숙한 자격증 보유 전문가에 의해 이루어지는 활동과 과정을 언급한다. 가족 중재 센터와 정신건강 센터는 자주 이 서비스를 제공한다. 일부 개인 치료사가 부부 상담을 제공한다.
- **가족치료**는 기본적으로 가족 전체에 관심을 둔 전문가에 의해 제공되는 중재다. 일반적으로 가족치료사는 가족 역학을 평가하고 고통을 일으키는 역학을 가족구성원의 필요를 더 충족시키고 가족 '증상'을 경감시킬 수 있는 소통, 역할 혹은 행동들로 변화시키는 방법으로 중재한다. 많은 가족치료 유형들이 있다. 자격증이 있는 전문가들만이 가족치료를 제공한다.
- **가족생활교육**은 특히 가족 전환(transition) 시기 동안 가족 관계를 개선하고 강화시키는데 필요한 지식과 기술들을 제공하는 것이다. 많은 가족생활교육자들은 자녀 출산 혹은 은퇴같은 전환시점에 초점을 맞춰 교육을 제공한다.
- **알콜중독자 익명집단(AA)과 마약중독자 익명집단(NA)**은 알코올 혹은 마약에 중독된 사람들을 위한 자조 집단들(12단계 집단이라고 불림)이다. AA와 NA집단들은 전 세계적으로 이용 가능하다. 이 자조집단들은 중독된 배우자, 아동들과 다른 가족구성원들도 지원한다. 추가 정보는 AA 웹사이트 http://www.alcoholicsanonymous.org와 NA 웹사이트 http://www.na.org에서 구할 수 있다.
- **일시적 위탁**은 부모 혹은 다른 가족구성원이 간호할 책임에서 벗어나 쉴 수 있도록 특정인이 일시적으로 가족구성원을 돌봐주는 것이다. 일시적 위탁(respite care)은 간호책임이 있는 가족이 스트레스를 풀 수 있고 다른 일들을 처리할 시간을 주기 위한 것이다.

가족의 조직과 지역사회 체제와의 관계

가족들은 따로따로 있을 수 없음을 기억하는 것이 중요하다. 가족들 간 그리고 구성원들은 기관과 지역사회 체계와 매일 상호작용한다. 예로 대부분의 가족들은 건강 관리 체계에서 지원과 서비스를 받는다. 건강 관리 제공자는 공공 혹은 개인일 수 있다. 자녀들이 있는 대부분 가족들은 교육 체계에 참여한다. 학교 체계는 공립 혹은 사립이기도 하다. 때때로 기관 혹은 지역사회 서비스와의 가족의 상호작용은 자발적이다; 때때로 가족 참여가 비자발적이다. 예로 아동 복지 체계는 가족 안에서 학대 받거나 홀대받은 아이를 확인할 수 있다. 가족은 아동의 안전을 보장하기 위해 협력해야 한다. 원조전문가로서, 당신이 지원하려는 사람이 자발적으로 혹은 비자발적으로 기관에 참여하게 되는 것인지를 확인하는 것은 당신이 진행하려는 최선의 원조 방법을 결정하는 데 도움이 될 것이다.

생각해보기 #55 다음의 영화들 중 한편을 선택해서 보라. 영화 속에서 한 가족을 선택하라. 가족체계 개념들을 사용하여 영화 속의 가족에 대해 기술해보라.

Spanglish(스팽글리쉬) *My Big Fat Greek Wedding*(나의 그리스식 웨딩)
Whale Rider(웨일 라이더) *Bend it like Beckham*(슈팅 라이크 베컴)
Philadelphia(필라델피아) *The Prince of Tides*(사랑과 추억)
Lemony Snicket's A Series of Unfortunate Events(레모니 스니켓의 위험한 대결)
Forrest Gump(포레스트 검프) *Ordinary People*(보통 사람들)
Monsoon Wedding(몬순 웨딩) *My Flesh and Blood*(나의 사랑, 나의 아이들)

요약

개인, 지역사회에 그리고 우리 문화에서 가족의 중요성을 인식하는 것이 중요하다. 가족들이 개인들의 태도, 행동, 인지, 신념에 강력한 영향을 준다는 점을 이해하는 것은 가족체계의 중요성을 인정하는 것이다. 가족관계의 역동을 관찰하는 것은 가족의 고충의 근원과 회복력에 기여하는 요인들에 대한 단서를 제공한다. 발달 단계는 인간이 다양함을 알려주는 의미있는 수단이다. 휴먼서비스 전문가는 개인, 부부와 가족의 인생과정은 물론 기대된 중대 시점과 사건에 대한 문화적 차이를 알아볼 의무가 있다. 가족들은 또한 환경에 의해 영향을 받는다: 조직, 이웃과 문화. 때때로 가족들은 개별 가족구성원과 함께 작업하면서 도움을 받을 수 있다. 매우 자주 가족들은 가족체계 전체에 초점을 맞추면서나 가족 환경에서 중재를 받으면서 도움을 받는다.

10 CHAPTER 휴먼서비스에 대한 집단 접근법

휴먼서비스 전문가들은 거의 언제나 일터에서 집단의 구성원이며 흔히 집단을 기획하거나 촉진하는 책임을 가지므로 집단의 본질을 아는 것이 중요하다. 집단의 한 구성원으로 참여하는 것은 단독으로 문제를 해결하고 목표를 성취하는 것에 대한 대안이다. 집단작업은 개인치료나 상담에 대한 대안이다. 사람은 사회적 동물이므로 집단 접근법은 효과적이다. 개개인은 집단 내의 다른 이들로부터 배울 수 있는 기회를 가지며, 자신들이 외롭거나 다르다는 느낌을 다른 이들과 그들의 경험을 나눔으로써 느끼지 않을 수 있다. 사람들이 모인 집단은 개개인이 혼자 작업했을 때보다 자주 함께 문제를 더 잘 해결할 수 있다. 실제로 사회적 상호작용은 신체적 그리고 심리적 건강의 지표들과 긍정적인 관계를 가진다.

집단작업은 과제실행을 촉진시키고 집단구성원들의 개별적인 요구를 충족시키는 것을 돕기 위해 대부분의 휴먼서비스 기관과 조직에서 이용되고 있다. 이 장의 목적은 당신에게 집단의 개념을 소개함으로써 당신이 효과적인 집단원이 되게 하고자 함이다. 또한 이 장은 당신에게 실제 원조의 현장에서 집단이 활용되고 있는 다양한 방법을 소개할 것이다. 또한 당신에게 집단실천에서 공통적인 중요한 개념이 소개될 것이다. 집단지도자나 촉진자가 되고자 하는 사람들에게 여러 기초적인 기술들이 소개될 것이다.

집단이란 무엇인가?

집단은 "공동의 관심에 의해 모인 사람들로서 지속적이고 일관된 행동을 할 수 있는 사람들의 집합체이다"(Barker, 2003, p. 185). 집단들은 일차적이거나 이차적일 수 있다. **일차적 집단**이란 오랜 기간 동안 서로 매우 밀접하게 접촉하는 사람들을 말한다. 일차적 집단의 구성원들은 서로에게 막대한 영향력을 가진다. 일차적 집단의 보기로서 가족이 있다. 9장에서 우리는 가족체계 역동에 대해 논의하였다. 가족은 집단의 한 형태이기 때문에 당신이 가족에서 배운 지식을 집단에 적용할 수 있다. 예를 들어 집단들도 경계, 상호작용의 역동, 규칙들이 있다. **이차적 집단**은 일차적 집단보다 개인적인 차원에서 상호작용이 덜하다. 그들 간의 관계는 전형적으로 지속적이기보다는 일시적이다. 이차적 집단들은 기능을 수행하기 위해 만들어지며 그래서 사람들의 역할은 더욱 서로 바뀔 수 있다. 미국에 거주하는 대부분의 사람들은 여러 집단들에 속해있다. 예컨대 당신은 두 개의 일차적 집단에 속할 것이다: 당신의 가족(태생적이거나 선택했거나) 그리고 가까운 개인적인 친구들 집단. 당신은 또한 여러 이차적 집단들에 속할 수 있다: 당신의 직장의 인사위원회, 당신 자녀 학교의 학부모－교사회, 한동네 범죄 감시집단, 원예교실, 당뇨병 환자를 위한 지지집단, 우울증 환자를 위한 치료 집단. 집단들은 어디에나 있다. 당신이 직장이나 팀 스포츠의 구성원이라면 당신은 집단경험을 가지고 있는 것이다. 이 장은 당신에게 집단에 대해 생각하는 방법과 휴먼서비스에서 가장 흔히 발견되는 두 가지 집단 유형(과제집단과 치료집단)을 소개해줄 것이다.

과제집단 대 치료집단

과제집단들은 특별한 활동이나 임무들을 완수하기 위해 생기고 유지된다. 과제집단의 보기로서 위원회가 있다. 치료집단은 그 반면에 각 구성원들의 개인적인 요구에 부응하기 위해 존재한다. 치료집단의 보기로서 지지집단이 있다. 이 두 가지 유형의 집단이 가지는 몇몇 뚜렷한 특성들을 아래에서 논의한다.

과제집단

과제집단 즉 작업집단은 임무를 완성하거나 지속적인 조언이나 감시를 제공하기 위해서 계획된 것이다. 임무가 완수되면 집단 구성원들은 해산하거나 완수해야 할 새로운 과제와 새로운 목표를 선택할 수 있다. 예컨대 지역사회가 지역 공원에 놀이터를 설치하는 데 관심이 있기 때문에 이웃 특별대책위원회가 생겨날 수 있다. 완수되어야 할 목표 혹은 과제는 놀이터 건설이다. 특별대책위원회의 구성원들은 이러한 목표와 관련된 여러 가지 주제를 토의하기 위해 모인다. 몇 개의 하위 목표들은 다음과 같은 것들이 될 것이다: (1) 자금조달, (2) 건설 허가 획득, (3) 어떤 놀이기구들이 설치될 것인지 결정하기, (4) 놀이터 바닥을 잔디, 모래, 혹은 자갈로 깔 것인지 결정하기, (5) 놀이터에 담장을 쳐서 공중으로부터 격리할 것인지 혹은 담장 없이 공중에 개방할 것인지 결정하기. 특별대책위원회의 성공은 쉽게 결정될 수 있다: 놀이터가 세워졌는가? 전형적으로 과제집단의 구성원들은 자신들의 감정적 요구를 충족하기 위해 모임에 참석하지 않는다. 초점은 바로 가까이에 있는 일에 있다. 각 사람들은 그들이 특별한 재능, 숙련, 재정적인 자원, 정치적인 연줄들이 있기 때문에 특별대책위원회에 참여하도록 초대되었을 것이다.

사례 사라는 아동학대와 관련된 아동사망자 수가 지난 2년 동안 극적으로 증가한 주의 아동보호소 단위 조직에서 일하는 원조전문가이다. 사라는 이 기관에서 부모 보조자로서 7년간 일해 왔다. 서비스팀의 일원으로서 사라의 의견과 통찰력은 사회사업가, 생활환경조사원,

지도감독자들로부터 언제나 가치 있게 받아들여졌다. 어린이 사망의 증가를 더욱 더 잘 이해하기 위한 노력으로서 사라는 그 주의 아동사망 재조사위원회에 합류하도록 요구되었다. 이 집단은 9명의 전문가들(소아과 의사, 지방검사, 사회사업가, 사회사업 교수, 아동심리학자, 부모 보조자, 아동보호서비스 단위조직의 지도감독자, 가정법원 판사, 가정건강 간호사)로 이루어졌으며 아동학대나 유기의 결과로 사망한 모든 어린이의 상황을 철저히 재조사하기 위하여 매달 한 번씩 만났다. 이 아동사망 재조사위원회의 목표는 2가지로 (1) 아동학대의 결과로 사망한 모든 어린의 사망원인을 이해하는 것과 (2) 향후 실천과 정책을 위한 건의를 포함하는 연간 보고서를 주정부의 휴먼서비스 부서에 제공하는 것이다.

사라가 이 위원회의 위원으로써 지낸 첫 1년 동안에, 위원회는 자동차 충돌이 연관된 31건의 사망 중 9건이 부모가 중독된 상태에서 운전하다 생겼다고 결론지었다. 운전자가 중독 중 운전으로 기소되고 이때 아이가 차에 타고 있었다면 경찰관은 추적관찰을 위해 아동보호소에 아동학대를 의무적으로 보고해야 한다는 것을 위원회는 주정부에 권고하였다.

과제집단은 프로그램 요구와 효용성에 대해 지도감독자들과 실천가들에게 조언하는데 유용하고, 그리고 계획하거나 감시하는데, 재정을 감독하거나 자금을 조달하는데, 혹은 특별프로젝트를 관리하는 데 유용할 수 있다. 어떤 과제집단들은 협동과 문제해결을 증진시키기 위하여 여러 다른 조직의 구성원들을 포함한다. 과제집단은 흔히 주장을 위한 방편, 즉 정책이나 실천에서 변화를 밀어붙이기 위한 방편으로서 유용한 수단이다. 과제집단의 보기로서 위원회, 이사회, 참모개발집단, 연합, 팀, 평의회 등이 있다.

과제집단 구성원들 간의 상호작용은 공식적인 경향이 있다. 로버트의 서열규칙(Robert's Rules of Order)[1]을 많은 과제집단이 따른다. 전형적으로 임명되거나 선출된 공식적인 지도자(이사회 의장이나 학생위원회 위원장)가 있다. 비영리 휴먼서비스 기관은 전형적으로 휴먼서비스 기관이 봉사하고 있는 지역사회로부터 이사회를 가지고 있다. 이사회 구성원들은 조직이 봉사하여야 할 다양한 구성요소들을 반영하여야 하므로 필요한 능력과 전문기술을 가진 사람들이 있어야 하고, 조직의 재정 건강성을 감독하는 일, 조직의 전략적 계획과 비전을 개발하는 일, 조직의 정책을 만드는 일에 열심히 임해야 한다.

위의 사례를 보면, 사라는 적어도 두 개의 과제집단의 구성원이다. 그녀는 작업팀의 구성원이고 또한 아동사망 재조사위원회의 구성원이다. 작업팀의 지도자는 단위조직 지도감독자이다. 아동사망 재조사위원회의 전 지도자는 위원회 구성원들에 의해 선출된 검사이다.

과제집단의 촉진자는 반드시 과제성취와 집단역동이 균형을 맞추도록 일해야 한다. 즉, 과정이 수렁에 빠져들지 않도록 하면서 집단이 전진하도록 해야 한다. 과제집단을 움직이기 위해서는 훌륭한 조직기술, 주제를 계획하고 이에 집중하는 것, 회합의 목표를 분명히 하는 것, 투명한 의사결정과정을 지속하는 것, 결과물의 문서화가 필요하다(Hardcastle & Powers, 2004).

---

1) 1876년 헨리 마틴이 쓴 회의주제에 대한 책에 나오는 의사진행절차내용(역자 주).

생각해보기 #56 당신의 지역사회에 있는 휴먼서비스 기관을 골라보라. 조직의 장, 이사회 의장 혹은 다른 위원회 임원과 이야기할 수 있도록 약속을 잡아라. 그리고 면접하는 사람에게 다음과 같은 질문을 하라.

1. 조직의 사명과 목표는 무엇인가?
2. 위원회 회원자격은 무엇인가? 성이나 인종, 민족성, 나이, 장애, 계층, 그리고 연관된 다른 요인들에 의해 대표되는 것이 있는가? 위원회 서비스의 '소비자'가 있는가?
3. 위원회 구조를 설명해주십시오: 임원들, 구성원 수, 위원회에 얼마나 많은 새로운 구성원이 참여할 수 있는가? 임원의 임기가 있는가?
4. 위원회 모임이 공중에 개방되어 있는가? 그렇다면 관찰자로서 위원회 모임에 내가 참석할 수 있는가?
5. 위원회의 일차적인 '과제'를 기술하라.
6. 위원회의 결정은 어떻게 이뤄지는가?(투표를 이용한 다수에 의한 결정, 의견일치)

면접이 끝나면, 인터뷰한 사람에게 감사의 편지를 보내는 것을 잊지 마시오.

치료 또는 돌봄 집단

치료 또는 돌봄 집단은 구성원들의 정서적, 심리적, 사회적 혹은 개인적인 요구를 충족시켜주기 위해 만들어진다. 수많은 휴먼서비스 조직들이 다양한 치료집단을 제공한다. 일반적인 치료집단은 진료집단(입원환자와 외래환자 모두), 지지집단, 자조 집단, 교육 집단, 심리교육 집단, 사회화 집단, 그리고 성장 집단이 있다. 치료 집단의 목표는 전형적으로 (1) 사람들이 대처하도록 돕기, (2) 사회적 기술을 가르치기, (3) 행동을 변화시키기, (4) 삭성을 빌달시기고 가능성에 도달하기, (5) 대인기술을 증진시키기, (6) 문제해결하기 등과 같은 개인적인 요구들이다.

치료집단의 지도자 유형은 집단유형에 따라 다르다. 진료집단 지도자들은 전형적으로 **집단 치료사**라고 불리는데, 집단역동, 치료, 상담 영역에서 훈련과 교육을 받은 전문가들이다. 예컨대 집단 작업에 대한 훈련을 받은 정신과 의사, 성신과 간호사, 임상사회복지사, 임상심리사들은 근친상간의 생존자인 남성들로 이루어진 진료 집단에서 지도자 역할을 제공할 수 있다. 지지집단의 지도자는 흔히 **촉진자**라고 불리는데 전형적으로 사회사업, 심리학, 또는 상담에 대한 전문가로서의 배경을 가지고 있다. 지지집단의 예로서 자비로운 친구들(아이를 잃은 부모들을 위한 집단), RESOLVE(불임부부 지지집단), 혹은 과부들, 섬유근육통 환자들, 혹은 심장질환 환자들을 위한 지지집단들이 있다. 교육집단의 지도자는 **강사** 혹은 **교사**로 불리는 데 집단에서 다루어지는 내용에 대한 전문가들이다. 예를 들어 부모교육집단은 일반적으로 양육 기술의 전문가인 사람에 의해 인도된다. 자조집단은 집단이 중점적으로 나무는 주제나 관심사를 공유하는 사람들에 의해 인도된다. 자조집단의 지도자들은 간혹 **아마추어 지도자** 혹은 **동료지도자**라고 불린다. 알콜중독자 익명집단(AA), 마약중독자 익명집단(NA), 한 부모 모임, 폭식자 모임들이 자조집단의 예들이다. 이 집단에 관여한 전문가들 역시 문제를 공유할 수 있다. 사회화 집단은 전형적으로 구성원들에게 사회적 관계기술과 개인 간 관계 기술을 가르치려는 목표를 가지고 구조화된 게임과 활동을 사용한다. 성장 집단은 구성원들이 현재 가지고 있는 장점에 초점이 맞추어져 있다. 성장 집단은 문제를 극복하는 것보다는 구성원들의 삶의 질을 향상시키는 데 목표가 있다. 이미 관계가 공고한 상태이지만 더욱 좋은 관계를 만들기 원하는 부부를 위한 결혼 향상 집단이 성장 집단의 예이다. 사회화 집단과 성장 집단은 전문가 또는 아마추어 도우미들에 의해 촉진될 수 있다.

사례

신시아는 지역에 있는 강간위기센터의 훈련된 자원봉사자였다. 그녀는 성폭력피해자가 병원에 들어왔을 때 그 피해자에게 지지를 제공할 수 있도록 40시간의 예비교육을 받았다. 그녀는 또한 성폭력을 겪은 사람들을 위해 법정소송이 진행되는 동안 전화로 지지하고 격려했다. 신시아는 자격증을 가진 사회사업가가 지도하는 성폭력피해자 지지집단에서 공동촉진자를 함으로써 그녀의 자원봉사 경험을 심도있게 하고 싶었다. 이 지지집단은 성폭력피해자이면 어떤 성인여성에게도 개방되어 있었다. 이 집단은 지역병원의 방에서 매달 한 번씩 2시간 동안 저녁에 만났다. 공동촉진자들은 구성원들이 자신들의 느낌과 생각을 이야기하고, 서로를 지지하고 용기를 북돋아주며, 강간과 성폭력에 관련된 지역사회 활동에 참여하도록 격려하였다. 신시아는 이 지지집단이 구성원들에게 주는 이득에는 다음과 같은 것들이 포함된다고 깨닫게 되었다.

1. 구성원들은 자신들이 성폭력을 겪고 감정적인 고통에 시달리는 유일한 사람이라고 느꼈으나 혼자가 아니라고 느끼게 되었다.
2. 구성원들은 서로에게서 대처전략을 배웠다.
3. 구성원들은 서로를 격려하고 지지하는 그들의 능력에 대해 좋게 느꼈다.

다른 많은 치료집단들이 일반적으로 대부분의 지역사회에서 발견된다. 예를 들어 몇몇 지역사회는 신문에 명칭, 목표, 회합에 대한 정보를 목록화하여 제시한다. 그 예로서 콜로라도 포트 콜린스에서 일간신문인 콜로라도안(*Coloradoan*)의 2005년 9월 26일자 생활면에 다음과 같은 두 치료집단이 고지되었다(p. Bl).

> **자살자 자력센터**가 우울증이나 조울증으로 고통을 받는 사람의 가족과 친구들에게 지지 교실을 제공합니다. 이 교실은 10월 25일부터 4주 동안 화요일 오후 6시 30분에 만납니다. 가격은 가족 당 40불입니다.
> **도박자를 위한 지지 모임**이 마운틴 크레스트(Mountain Crest)병원에서 일요일 오후 7시와 루터교회에서 목요일 7시에 있습니다. 자세한 정보: www.gamblersanonymous.org.

당신이 지역사회의 치료집단과 친숙해지면 당신이 돕는 사람을 적절한 곳으로 전원할 수 있게 하는 정보를 얻을 수 있다.

생각해보기 #57

1. 일주일간 지역신문을 매일 읽어보라. 당신의 지역사회에서 사람들에게 이용 가능한 치료집단에 관한 이야기들과 안내를 찾아보라. 치료집단의 명단을 만들고 각 집단의 치료 유형을 분류하라. 안내가 명확하지 않으면 연락처에 물어보라.
2. *Coloradoan*지에 실린 두 치료집단에 대해 생각해보라. 어떤 유형의 치료집단이 기술되어 있는가?

중요한 집단개념들

휴먼서비스에서 집단적 접근에는 독특한 특성들이 있다. 다음과 같은 개념들이 소개될 것이다: 집단목적, 집단구조, 집단구성, 집단 작업에서의 집단규칙.

집단목적

어떠한 집단이라도 목표는 주의 깊고 명확히 서술되어져야 한다. 이것은 과제집단과 치료집단 모두에 해당한다. 집단의 지도자와 구성원들은 목표의 목적이 과제를 성취하기 위함인지 혹은 심리적, 정서적, 또는 대인 간의 요구에 대응하기 위함인지 결정할 수 있어야 한다. 더욱이 지도자들과 구성원들은 집단의 목표들이 무엇인지 명확히 서술할 수 있어야 한다. 이러한 근본적인 초점이 없다면 집단은 비틀거리기 쉽다. 구성원들은 초점과 목표가 분명하지 않으면 간혹 함께 일할 수 없다. 예를 들어 아동사망 재조사위원회의 구성원과 사라가 처음에 묘사한 바와 같은 명확한 집단목적 의식을 가지고 있지 않다면 어떻게 되겠는가? 그 하나의 가능성은 집단의 구성원들은 단지 아동사망의 상황만을 읽고 토론할 뿐일 것이다. 권고안을 만들어야 한다는 직접적인 책무가 없다면 구성원들은 집단을 희망이 없고 효과적이지 않으며 쓸모없다고 느끼면서 떠날 것이다. 구성원들이 집단의 목적과 공헌이 분명하다고 믿지 않으면 집단에 참석하는 것도 거부할 것이다.

모든 구성원들이 그 집단의 목적을 이해한다는 것을 명확히 하는 한 가지 방법은 집단의 매번 모임 전에 목적을 말하게 하는 것이다. 집단 관리자나 경험이 있는 집단 구성원이 목적을 묘사할 수 있다. 목적을 훌륭히 말하려면 다음과 같은 3가지 요소가 있어야 한다:

1. 집단의 목표(들)
2. 구성원들의 역할(구성원들이 할 것으로 기대되는 것)
3. 촉진자들의 역할들(집단지도자가 할 것으로 기대되는 것)

예를 들어 아동사망 재조사위원회의 위원장은 이 집단의 목적을 다음과 같이 말할 수 있다:

> 이 위원회의 목적은 아동학대와 방임의 결과인, 우리 주에서 발생하는 아동 사망의 상황을 더욱 잘 이해하고자 하는 것이다. 여기에 더해져서 올해 말에는 주의 휴먼서비스 부서에 우리가 발견한 내용들과 권고안을 문서화하여 보고서를 제공할 것이다. 위원회 구성원들은 매달 열리는 위원회에 참석하기로 되어있다. 사례에 관한 자료들은 만나기전 5일 동안 재검토를 위해 제공될 것이다. 모든 위원회 구성원들은 각각의 사례를 재검토하고 각 아동의 사망에 대한 상황에 대해 토론할 준비를 해오도록 되어있다. 집단의 지도자로서 나는 사례에 관한 자료들이 틀림없이 제공되도록 할 것이다. 나는 또한 우리의 목표들에 맞추어 각각의 위원회 모임을 위한 구조를 제공할 것이다. 다른 위원회 구성원들과 함께 주정부에 제출할 문서화된 연간 보고서를 작성할 것이다.

생각해보기 #58 강간위기 지지집단을 다시 읽어보라.

1. 집단의 목표는 무엇인가? 당신이 집단의 촉진자라고 상상하라. 이 치료집단에 대한 집단목표 진술을 어떻게 잘 표현할 것인가?
2. 당신이 생각하기에 집단 구성원들이 집단의 목적을 이해하도록 돕는 여러 방법을 밝혀라.

집단구조

일단 집단의 유형과 집단목적이 결정되면 집단의 구조를 반드시 고려해야 한다. 집단구조란 집단 모임의 상세한 계획을 말한다. 얼마나 자주 만날지, 몇 시에 만날지, 무슨 요일에 만날지, 어디에서 만날지가 목표 성취, 회원자격, 참석 모두에 영향을 준다. 집단목표를 달성할 가능성을 높이기 위하여 집단구조에 대한 실제적인 면을 고려하는 것은 매우 중요하다. 이 절에서는 여러 구조적 항목들이 논의될 것이다. 여기에는 집단이 개방되어 있는지 혹은 폐쇄되어 있는지와 종결시점이 있는지 혹은 없는지 등이 포함된다.

개방집단 대 폐쇄집단 집단은 시간이 지남에 따라 새로운 집단 구성원에게 개방될 수도 있고 혹은 폐쇄될 수도 있다. 예를 들어 앞에서 얘기된 강간피해자 지지집단은 '개방형 집단'이다. 즉 이 지지집단은 매달 만나고 어떤 성인 여성이어도 성폭력피해자라면 참여할 수 있다. 어느 집단모임에서는 과거 집단에 참석했던 사람과 처음 참석한 사람들과 섞일 수 있다. 간혹 이러한 집단유형을 '집합소' 집단이라고 불린다. 몇몇 피해자들은 아마도 매달 정기적인 지지가 필요할 수 있어서 매 집단 회기마다 참여할 것이다. 이런 여자들은 흔히 개인적인 치료를 병행하여 받는다. 몇몇 강간피해자들은 폭력의 초기 충격을 다룰 때 지지가 가장 필요하다. 몇몇 여성들은 강간피해자 지지집단의 도움이 주기적으로 찾아온다는 것을 깨닫는다. 몇몇 여성들은 자신들이 특별히 상처를 입기 쉽다고 느낄 때만(즉, 새로운 연인과 낭만적인 관계가 되었을 때) 참석하거나 혹은 압박을 느낄 것으로 예상될 때(즉, 강간을 당한 그 날)만 참석한다. 개방형 집단의 첫 번째 장점은 집단 구성원이 집단을 가장 필요로 할 때 이용 가능하다는 것이다. 개방형 집단은 참석여부에 대한 집단구성원의 자기 결정권을 존중한다.

폐쇄집단은 집단의 수명이 다할 때까지 같은 구성원을 유지하는 집단이다. 있더라도 아주 드물게 새로운 구성원을 폐쇄집단에 참여시킨다. 대부분의 치료집단은 폐쇄집단으로 운영된다. 즉, 집단 치료사가 주의 깊게 집단의 구성원을 고르고 집단의 구성원은 집단이 지속되는 동안 함께 만나는 것이다. 집단 구성원이 탈퇴했을 때만 새로운 구성원이 고려된다. 폐쇄집단에서 구성원들은 모든 회합에 참석하도록 되어 있다. 폐쇄집단의 큰 장점 중 하나는 집단응집력이 형성된다는 것이다. 탁월한 집단 작업 학자이며 실천가인 얄롬(1995)에 의하면 집단응집력은 집단목표를 성취하는데 있어서 기본적인 치료요소이다. 얄롬에 의하면 집단응집력은 집단이 경험하는 '우리라는 느낌' 혹은 '집단소속감'을 말한다. 그것은 구성원들이 느끼는 집단에 대한 매력을 말한다. 집단응집력의 전통적 특성 중에는 집단

구성원들이 집단에 대해서 갖는 소속감과 편안한 느낌, 높은 출석률, 높은 신뢰 수준 등이 포함된다.

과제집단도 역시 강한 응집력을 가질 수 있다. 예를 들어 '사랑의 집짓기 운동본부'에서 집을 새로 짓거나 수리를 하는데 자원봉사자로 참여하는 사람은 종종 높은 수준의 만족감을 보고하는데 그 원인의 일부는 중요한 과제를 남과 함께 완수함으로써 일어나는 따뜻한 느낌 때문이다. 응집력의 수준이 있는 과제집단은 양질의 결과를 기대할 수 있다.

시간제한 대 시간제한 없는 개방형 혹은 폐쇄형에 더하여 집단은 종결시점이 정해져 있을 수도 혹은 정해지지 않았을 수도 있다. 시간제한 집단은 특정 주수 혹은 달수 동안 일정한 회기 수만큼 만난다. 예를 들어 폴트콜린스(Fort Collins) 신문에 공고된 자살 자원센터에 의해서 제공된 자살기도자 지지집단는 시간제한 집단이다. 집단은 10월 25일부터 11월 22일 사이에 매주 4회기 동안 만난다. 11월 22일에 집단은 종료되며 구성원들의 의무는 끝난다. 가장 흔한 시간제한 집단은 전통적인 교육 집단이다. 대학교 학과는 예를 들어 전형적으로 한 학기 동안 지속되며 15주 동안 매주 만난다.

시간제한이 없는 집단은 시간이 지나도 지속적으로 만난다. 이 집단에서는 종결시점이 정해져 있지 않다. 집단 구성원들은 시간제한이 없는 집단이 가까운 장래에 쓸모 있기를 기대한다. 예를 들어 알콜중독자 익명집단(AA)과 같은 자조 집단들은 시간제한이 없는 집단이다. 알콜중독자 익명집단은 연중 매일 지역사회의 구성원들에게 활용 가능할 것이다.

생각해보기 #59 아래에 4가지 집단구조가 있나. 집단목직의 성취와 집단 구성원들의 요구를 고려하면서 각 집단구조의 장단점을 토의하라. 각각의 구조에 맞게 집단의 예를 제공한다.

집단구조	치료집단	장점	단점	과제집단	장점	단점
시간제한 폐쇄형	새 부모를 위한 교육집단 (6회기)			배심원(재판기간)		
시간제한 개방형	발달장애를 가진 사람들을 대상으로 HIV 예방을 위한 심리교육집단(3회기)			10대를 위해 지역사회 레크레이션 센터 설립을 위한 위원회		
시간제한 없는 폐쇄형	성인 성폭력가해자를 대상으로 한 치료집단			지역사회 집단가정에서 살고 있는 정신질환을 가진 사람들을 위한 다학문적 치료팀		
시간제한 없는 개방형	강박장애를 가진 사람의 가족들을 위한 지지집단			학교에서 체형의 사용을 없애기 위한 연합		

집단구성

집단구성은 집단의 구성원들을 말한다. 집단 구성원들은 일정한 개인적 특성을 가지고 있다. 구성원의 특성은 성, 인종, 민족성, 나이, 기술, 재능과 같은 특성을 가지고 있다. 집단의 유형과 집단의 목적에 따라 어떤 특성들은 다른 것들보다 현저하다. 예를 들어 앞에서 기술한 강간피해자 지지집단은 강간을 당한 성인 여성에 국한된다. 적어도 다음과 같은 세 가지 특성, 즉 성인, 여성, 성폭력피해자란 점에서 모든 집단 구성원들은 **동질적**이다. 효과적인 집단은 집단목적의 중심이 되는 공통점을 적어도 한 가지는 가지고 있는 구성원들로 구성된다. 강간피해자 지지집단의 경우 모든 구성원들은 성폭력을 경험하였다. 아동사망 재조사위원회의 경우는 모든 이들이 아동방임, 학대와 아동사망을 줄이기를 위해 전념하고 있다. 집단의 동질성은 집단 구성원들이 서로 같은 것을 말한다.

강간피해자 지지집단의 구성원들은 어떤 특성들에서 보면 또한 **이질적**이다. 성인 구성원들의 나이는 19세에서 72세까지 걸쳐있다. 자신을 백인이라고 밝히는 여성 이외에, 다른 구성원들은 자신들을 아프리카계, 라틴계, 라오스계 미국인이라 밝혔다. 구성원들은 고용상태, 가족구성, 그리고 학력 정도에 또한 다르다. 즉, 강간피해자 지지집단은 나이, 인종과 민족성, 고용상태, 가족구성, 그리고 교육에 관해서 이질적이었다. 집단의 이질성은 집단 구성원들이 각자 서로 다른 것을 말하게 한다.

생각해보기 #60

1. 간혹 특정한 특성에 있어서 집단의 이질성은 집단과정과 집단목표 달성을 방해할 수 있다. 예를 들어 강간피해자 지지집단이 성별에서 이질적이라면 똑같이 효과적이라고 생각하는가? 만약에 남자 성폭력피해자가 집단에 포함되어 있다면 상호작용 패턴이 어떻게 바뀔 것이라고 생각하는가? 집단이 응집력을 가질 것이라고 생각하는가? 당신의 반응을 토론하라.
2. 간혹 특정한 특성에 있어서 집단의 이질성은 집단과정과 집단목표 달성을 촉진할 수 있다. 예를 들어 아동사망 재조사위원회가 인종과 민족성에 관해서 동질적이라면 효과적일 것이라 생각하는가?

집단구성은 구성원들이 집단참여를 위해 선택되는 방법을 말한다. 몇몇 구성원들은 **자발적**으로 참여한다. 다른 집단 구성원들은 **비자발적**인 참여자일 수 있다. 자발적 참여자는 스스로 참여하기를 선택하고 치료집단이나 과제집단에 참가한 개인들을 말한다. 예를 들어 릭과 쇼나는 정신분열증을 앓는 성인 아들을 가진 부모이다. 그들은 정신병을 앓는 사람과 사는 가족구성원을 위한 지지집단에 참여하기로 선택했을 것이다. 그들은 또한 전국정신병자연합(National Alliance of the Mentally Ill: NAMI)의 지방 조직에 참여하기로 결정했을 것이며 정신병에 대해 일반 대중을 교육하는 것을 목표로 하는 위원회에 참여하기로 결정했을 것이다. 이러한 두 가지 상황에서 볼 때 부모들은 자발적인 집단 구성원들이다. 반면에 다니엘은 체포당하고 아내를 폭행한 이유로 유죄판결을 받았다. 법정에서 그는 가정폭력의 범인을 위한 심리교육집단에 참가하도록 명령을 받았다. 그는 또한 대인 간 갈등을 해결하고자 폭력을 사용한 결과에 대해 일반 대중에게 교육하는 것을 목적으로 하는 위원회에 참여함으로서 지역사회 봉사 50시간을 명령받았다. 두 가지 경우 모두에서 다니엘은 비자발적인 집단 구성원이다.

사례

학교 상담사는 근교의 작은 초등학교에서 여러 명의 4학년 남학생들이 매우 공격적으로 놀고 있었고 더 어린 아이들을 괴롭혀서 징계를 받았다는 연락을 받았다. 상담사는 두 명의 4학년 교사, 학급 보조자, 학교 행정팀과 협의하였다. 교사들은 그들 학생들 중 여러 명이 특히 호전적이고 빨리 화를 낸다고 하였다. 학급 보조자는 언어적, 신체적으로 다른 학생들을 비웃는 행동을 포함하여 구내식당에서의 행동을 설명했다. 교감선생님은 남학생 중 여러 명의 부모들에게 그들의 호전적인 행동에 대해 말하였다고 했다. 팀은 6명의 4학년 남학생들을 분노관리집단에 참여하도록 결정하였다. 집단은 학교상담사와 한 명의 학급 보조자에 의해 인도될 것이다. 집단은 점심 식사 후에 다른 학생들이 자유 시간을 가지는 동안 일주일에 두 번 30분간 만날 것이다. 상담사는 20회기에 걸쳐 아이들과 만나도록 고안된 분노관리과정을 실시하였다. 그래서 집단은 총 10주를 만날 것이다. 집단의 목적은 남학생들이 자신의 분노를 알아차리고 그들의 분노를 어떻게 표현할 것인가를 잘 선택하도록 돕는 것이다. 구성원들은 모든 회기에 참석하고 집단 활동에 참여하기로 되어 있다. 집단지도자는 각 회기의 주제를 결정하고 집단이 구성원들에게 안전하도록 하는 책임이 있다. 상담사와 학급 보조자는 구성원들의 공격적 행동으로 인해 교감실에 보내지는 횟수를 조사함으로써 집단이 효과적인지 판단하고, 그리고 4학년 교사들에게 부탁하여 남학생들이 호전성과 괴롭히는 행동을 표현하는 정도를 평가하도록 결정하였다.

우리는 연구를 통해 높은 집단응집력이 소속감과 목표성취를 촉진한다는 것을 배웠다. 집단구성을 생각할 때 어떤 개인적 특성이 응집력을 조장하는지 고려하는 것은 중요하다. 어떤 집단에서는 구성원을 한 인종으로 제한하는 것이 중요하다. 다른 집단에서는 인종은 나이나 부모의 상태보다 덜 연관된다.

생각해보기 #61

1. 앞에서 사례로 든 아동사망 재조사위원회의 집단구성을 기술하라. 어떤 특성들에서 구성원들은 동질적인가? 이질적인가? 구성원들은 자발적인가 혹은 비자발적인가? 집단구성이 과제집단의 목표에 적당하다고 생각하는가?
2. 앞에서 사례로 든 강간피해자 지지집단의 집단구성을 기술하라. 어떤 특성들에서 구성원들은 동질적인가? 이질적인가? 구성원들은 자발적인가 혹은 비자발적인가? 집단구성이 주어진 치료집단의 목표에 적당하다고 생각하는가?
3. 앞에서 사례로 든 분노조절집단의 집단구성을 기술하라. 어떤 특성들에서 구성원들은 동질적인가? 이질적인가? 구성원들은 자발적인가 혹은 비자발적인가? 집단구성이 치료집단의 목표에 적당하다고 생각하는가?

집단규칙들

집단규칙들은 집단 구성원들이 반드시 따라야 하는 행동지침들을 만들어준다. 집단 규칙들은 마음에 둔 집단의 목표들을 고려하며 함께 만들어진다. 대부분의 집단들은 예절의 기본적인 규칙들에 좌우된다. 그래서 구성원들은 다른 이들의 말을 듣고, 방해하지 않고, 충분히 참여하고, 욕이나 폭력의 사용 없이 갈등을 해결하도록 기대된다. 많은 집단에서 규칙들을 진술하지 않는다. 대부분의 과제집단 구성원들은 기초적인 대인기술을 활용하고 협조적인 행동을 이해한다. 그러나 일부 과제집단은 강렬한 감정들을 일으키고 신념들을 강하게 주장한다. 이러한 경우에, 일련의 행동적 지침들이 사용된다. 때때로 이것은 의사진행절차의 규칙들이다. 의사진행절차 혹은 로버트의 서열규칙은 누가 언제 말하고 결정은 어떻게 되는지에 대해 엄격한 규칙들을 제공한다.

치료집단의 규칙들 역시 언급되지 않을 수 있지만, 때때로 집단지도자는 그것들을 명백하게 한다. 규칙의 본질과 명백함은 집단목적과 집단구성에 따라 달라진다. 예를 들어 학교상담자와 수업보조자는 분노조절집단의 구성원들을 위해 폭력적인 행동에 관한 몇 가지 분명한 규칙들을 세우고 싶어 할 것이다. 또 집단의 목적을 반복하는 것에 덧붙여서, 촉진자들은 역시 각 집단을 시작할 때 집단 규칙들을 언급하고 싶어 할 수 있다.

비밀보장의 문제는 집단 실행에 대해 특별한 시사점을 가진다. 휴먼서비스 원조전문가는 2장에서 논의된 것처럼 반드시 비밀보장을 유지해야 한다(주목할 만한 예외들과 함께). 그러나 다른 집단 구성원들은 같은 윤리적 기준에 얽매이지 않는다. 집단 구성원들은 다른 구성원들의 숨김없는 이야기를 들을 것이다. 만일 구성원들이 자신들이 말한 내용이 집단 밖에서 반복될 것을 걱정한다면 집단과정은 효과적이지 않을 것이다. 이런 이유 때문에, 집단의 비밀보장 규칙을 세우는 것이 중요하다. 비밀보장에 관한 규칙을 고수하도록 합의를 이끌어 내는 것은 치료집단들의 응집력과 효율성을 위해 중요하다.

생각해보기 #62

1. 만일 당신이 4학년 남학생들을 위한 분노관리집단의 공동촉진자 중 하나라면, 당신이 고려하고 싶은 집단 규칙들은 무엇인가? 왜 그러한가? 당신은 반드시 집단의 목적과 집단의 구성을 고려하라.
2. 웹사이트 http://www.robertsrules.org/로 가서 로버트의 서열규칙*의 소개를 읽어보라. 집단 과정을 안내하기 위해 이러한 규칙들을 사용하는 것의 장단점을 토론하라.

집단지도력

원조전문가들이 개인들과 작업할 때 사용하는 자질과 기술들 중 많은 것은 집단을 촉진할 때 역시 효과적이다. 이런 자질들 중 일부는 정직, 신뢰성, 온정, 인내, 그리고 감수성이다. 의사소통의 기술, 관계 형성, 경청, 재진술, 그리고 개방형 질문들은 역시 효과적인 집단지도력 기술들이다. 그러나 집단지도력은 일부 추가적인 기술들이 필요하다. 예를 들어 집단지도자는 집단 구성원들 각각과 전체로서의 집단에 동시에 초점을 맞출 수 있는 능력을 가져야만 한다. 각 구성원은 집단에 참여하는 목적을 갖고 있고, 실재로서 집단은

* 1876년 헨리 마틴이 쓴 회의주제에 관한 책(역자 주).

분명하게 정의된 목적을 가지고 있다. 집단지도자들은 반드시 개인의 목표와 집단의 목표 둘 다 성취하도록 도와야 한다. 만일 집단지도자가 집단 구성원들의 개별적 만족을 무시한다면, 참석률이 저하될 수 있고 회원수가 줄 수 있다. 만일 지도자가 집단의 목표를 무시한다면, 집단은 방향성 없이 버둥거릴 것이고, 목표는 성취되지 않을 것이다. 집단지도자의 이중 초점은 기술과 연습을 필요로 한다.

두 번째 집단 지도력 기술은 개인내적 문제들보다 대인역동에 우선적으로 초점을 맞추는 능력이다. 즉 집단의 힘은 구성원들 간의 관계에 있다는 것이다. 구성원 각각의 요구와 관심에 우선적으로 초점을 맞추는 것은 집단과정의 효과가 나타나는 것을 막는다. 이전에 기술한 분노관리집단을 생각해보자. 개인내적 관점을 지닌 집단지도자는 4학년 남학생 각각의 특이하고, 개인적인 경험과 동기에 초점을 맞출 것이다. 이건 개인 작업과 매우 많이 유사하다. 다른 구성원들이 보는 동안에 각각의 남학생들은 도움을 받았을 것이다. 관찰하는 구성원들은 그 경험으로부터 이득을 얻을 수도 있고 그렇지 않을 수도 있다. 일부 구성원들은 지루할 수 있다. 반면에 대인적으로 지향된 집단지도자는 남학생들 사이의 관계에 집중할 것이다. 집단 지도자는 구성원들이 서로에게 대하는 행동 방식에 흥미를 가질 것이고 이런 사건들을 '교육기회'로 사용할 것이다. 예를 들어 어느 집단 회기에 집단 구성원들 중 하나인 로니가 다른 집단 구성원인 스텐리를 '뚱보 돼지'라고 불렀다. 스텐리는 즉시 로니를 끌어내려 올라타는 것으로 반응했다. 개인 내적으로 지향된 원조전문가는 각 남학생들과 개별적으로 작업할 것이다. 로니와는 아마 별명 부르기가 초점일 것이다. 스텐리와는 아마 충동적인 공격적 행동이 초점이 될 것이다. 대인적으로 지향된 원조전문가는 다르게 진행할 것이다. 이 원조전문가는 두 남학생들 사이의 상호작용에 초점을 맞출 것이고, 각 행동 이전 사건들과 결과들을 탐구할 것이다. 집단의 다른 구성원들은 다른 사람의 별명 부르기의 효과에 대해 토론하도록 장려될 것이다. 모든 구성원들은 다른 기술들을 배우지 않는다면 분노의 결과로서 어떻게 폭력이 나타나는지 토론하도록 요청될 것이다.

그러나 어떤 때는, 집단 구성원 하나의 행동이 집단목표를 향해 나아가는 집단의 능력을 심각하게 위협한다. 이런 상황에서 집단지도자는 이 구성원이 계속 참여해야 할지 결정해야 할 것이다. 효과적인 집단촉진자는 반드시 각 구성원들과 전체로서의 집단 모두에 신경을 써야 한다는 것을 기억하라. 만일 집단이 목표를 달성하는 것을 집단 구성원이 방해한다면, 구성원에게 떠나도록 요구해야만 할 수도 있다. 한 예로서, HIV 예방에 초점을 맞춘 집단으로서 발달장애를 가진 사람들을 위한 심리교육집단에 참여하는 한 여성이 성서를 인용하고, 하느님이 간음자들과 동성애자들을 벌하실 거라고 외치면서 계속해서 집단을 방해했다. 집단지도자는 이러한 방해들로 인해 집단의 예방적 목표 달성이 방해받는 것으로 판단했다. 집단지도자는 구성원이 개별적인 관심을 받을 수 있게 집단을 떠나도록 부드럽게 구성원에게 부탁했다.

효과적인 집단촉진자가 되기 위해서는 기술, 재능, 그리고 경험이 필요하다. 추가적인 교육과 훈련 이외에 공동지도력은 집단역동과 다른 사람의 지도력을 관찰하는 방안일 수 있다. 집단은 매우 강력한 변화의 기제이며 집단지도자들은 집단역동의 영향력을 존중해야만 한다.

요 약

휴먼서비스 원조전문가들은 목표달성을 위한 집단 접근법들을 경험할 것이다. 집단이 과제집단이든 치료집단이든, 원조전문가가 집단의 구성원이든, 집단의 지도자이든 제대로 작동하는 집단의 힘과 효율성은 무시할 수 없다. 집단규칙, 집단구성, 그리고 집단구조가 집단목표 달성에 미치는 영향력에 대해 인식하는 것은 효과적인 집단 실행에 있어서 매우 중요하다.

계층 옹호와 지역 조직

CHAPTER **11**

이 장에서는 계층 옹호와 지역 조직의 개념과 활동에 대해서 알아보고 휴먼서비스 원조 전문가가 기관, 지역사회, 정부기구와 같이 상이한 차원에서 사회문제에 어떻게 개입할 수 있는지에 대해서 살펴본다.

계층 옹호 소개

기관과 지역사회에서 계획된 변화라는 목표를 위해 일을 하거나, 집단적 욕구를 다루거나, 힘이 없다고 느끼는 사람들이 조직화하도록 돕는 것과 같은 활동을 '옹호'라고 부른다. 8장의 사례관리에서 설명한 것과 같이 옹호에는 사례옹호와 계층 옹호의 두 가지 유형이 있다. 효과적인 휴먼서비스 원조는 이중초점이 필요하다: (1) 개인, 커플, 가족에게 질높은 서비스를 전달하겠다는 헌신('사례옹호'라고 한다)과 (2) 현재의 사회적 혹은 의료적 서비스 체계에 의해 필요한 서비스를 충분히 받지 못하는 인구집단을 위해 옹호하겠다는 헌신('계층 옹호'라고 한다)(Rose, 1992).

옹호는 사회적 서비스나 의료적 체계를 변화시키거나 아니면 좀 더 반응적이 되도록 하는 것이다. 이는 서비스 전달체계가 사람들의 요구에 비교적 반응적일 때 하는 기관 간 조정과는 다른 활동이다. 변화를 위한 계층 옹호는 원조전문가가 역기능적인 체계를 좀 더 기능적으로 변화시켜 사람들이 좀 더 공정한 대우를 받도록 하는 것을 의미한다. 사회적 혹은 의료적 서비스가 특정 문제나 인구집단의 욕구를 충족시키기 위해 존재한다고 하더라도 그러한 프로그램을 적정성, 적절성, 접근성(Rose, 1992)의 관점에서 살펴보는 것은 매우 유용하다. 각각의 개념에 대해서 좀 더 살펴보자.

- **적정성** 이용가능한 서비스가 있다면, 그러한 서비스가 적합하고 문화적으로 예민한 방식으로 제공되는가? 예를 들어서 이주노동자의 어린 자녀를 위한 주간보호센터가 있다면 그곳에 스페인어를 하는 직원이나 자원봉사자가 있는가?
- **적절성** 필요한 욕구를 모두 충족시킬 만큼 충분한 서비스가 존재하는가? 아니면 긴 대기자 명단이 있거나 혜택이 불공평하게 제공되는가? 예를 들어서 HIV에 감염된 사

람들을 위해 비싼 약품을 지원해주는 프로그램이 있는데 그 도움을 받기 위해서는 2년 간 기다려야 한다.

- **접근성** 사람들이 실제로 기관이나 서비스에 대해서 잘 알고 있어서 쉽게 접할 수 있는가? 실제로 어떤 지역에서는 학교가 끝날 때에도 부모가 직장에서 돌아오지 않아 지도감독이 필요한 아이들을 돌봐 줄 프로그램이 있지만, 홍보가 제대로 이루어지지 않아 그러한 기회에 대해서 알고 있는 부모가 거의 없는 경우가 있다. 또 다른 지역에서는 보험이 없는 사람을 위한 의료시설이 있지만 휠체어 길이나 엘리베이터가 없는 건물 2층에 위치하고 있다. 예를 들어 저자 중 한 사람이 다른 도시에 살고 있는 친구를 위해 사례관리 서비스를 알아보려고 전화했는데 6군데에서 자동응답기를 사용하고 있었다. 내선번호나 사례관리자의 이름을 모르는 상태에서 중요한 개인정보를 남겨두고 싶지 않았기 때문에 기관의 서비스에 대해서 어떠한 정보도 얻을 수가 없었다. 여러 번의 시도 끝에 그녀는 기계가 아닌 사람과 통화할 수 있었다. 서비스가 있더라도 접근하기가 어려우면 옹호의 주제가 될 수 있다.

옹호자들은 사회서비스체계가 지역사회의 욕구에 부응하는지에 대한 관심뿐만 아니라 개인, 커플, 가족의 환경과 맥락에도 관심을 갖는다. 사람들이 경험하는 장애나 어려움이 사회적 압박의 결과로 나타날 수도 있고 기관이나 정부의 민감성이 약하기 때문에 나타날 수도 있다. 가끔은 사회문제를 다루기 위해서 사회변화에 대한 노력이 필요할 때도 있다. 그러므로 휴먼서비스 원조전문가는 필요한 자원에 접근하기 어려워하는 사람이나 지역사회를 위해서, 지역사회의 정치적 결정에 대표성을 갖지 못하는 사람들을 위해서, 권리가 침해되거나 존중받지 못하는 사람들을 위해서 자신들의 노력을 집중하기도 한다.

휴먼서비스 영역에서 문제에 직면하는 방법은 그 주제의 원인이나 근원에 따라 다르다. 사실 대부분의 문제는 하나 이상의 원인을 갖고 있기 때문에 해결책을 찾는 방법도 하나 이상이 될 수 있다. 어려운 상황의 원인이나 근원은 배우 복잡하고 다양할 수 있기 때문에 그것에 영향을 받는 사람의 입장에서는 해결책이 쉽게 보이지 않을 수 있다. 광범위한 사회문제는 더 큰 사회적 해결책이 필요할 수 있다. 그러므로 개인, 커플, 가족을 위한 지원을 제공하는 것도 매우 중요한 일이지만, 에너지와 노력이 단지 그 수준에서 일하는 데 제한되어 있어서는 안 된다. 더 큰 문제에 대한 개입은 정부조직, 휴먼서비스 기관, 법집행 기관, 혹은 의회를 포함하기도 하는데 그 이유는 사회문제를 해결하기 위해서는 이러한 기관의 반응이 필요하기 때문이다. 예를 들자면 폭력적인 파트너로부터 피신하기를 원하는 가정폭력피해 여성에게 쉼터를 제공하는 것은 매우 중요한 일이지만, 지역의 인식을 제고하고 법집행 기관의 반응을 높이고, 관계폭력을 경험하는 모든 사람들을 보호하도록 법을 바꾸는 것 또한 중요한 일이다.

옹호에서의 역량강화

지역사회 내에는 빈곤, 폭력단, 경제적 혹은 사회적 자원의 부재, 실업, 약물 혹은 알코올 남용, 십대 미혼부모, 주거문제 등의 거대한 장애물과 어려움이 존재한다. 이러한 문제는 실제적인 것이기 때문에 반드시 다뤄져야 한다. 그러나 이러한 상황에서 많은 사람들은 강점을 찾고 인지하기보다는 문제만 집중해서 다루는 실수를 한다. 지역을 대상으로 하는 일에서 '역량강화'와 '강점관점'의 원칙들은 매우 중요하다.

역량강화의 기본적인 철학은 (1) 사람들은 각자 자신을 위한 결정을 할 권리가 있고, (2) 다른 사람들의 지원으로 스스로의 삶을 운영할 능력이 있다는 것이다. 지역조직은 전통적으로 힘이 약한 사람들의 힘을 키워줌으로서 지역사회의 현재와 미래의 상황에 긍정적인 영향을 미친다. 옹호자들이 아니라 사회문제에 직접적으로 영향을 받는 사람들이 권리와 능력을 가진다. 옹호자는 자신의 도움이 없이도 사람들이 잘 살아갈 수 있도록 도와주는 역할을 하는 파트너이다.

기관이나 집단이 자신들이 갖고 있는 힘을 갖도록 돕기 위해서는 기존에 존재하는 능력, 강점, 성공 등을 확인하고 인정해야 한다. 강점관점은 집단의 목적을 확인하고 그들이 갖고 있는 성공의 잠재력을 믿는다. 이는 옹호자가 문제나 도전을 무시하는 것이 아니라 원조전문가가 부정적인 측면을 파악하는 것과 동시에 긍정적인 측면도 확인하면서 그들의 관점에 균형을 가져야 한다는 것을 의미한다. 강점은 문제를 해결하기 위해 사용된다. 사람들이 무기력하고 실패자라는 느낌을 갖는데 일조하는 것이 아니라 작은 승리 하나라도 축하하면서 성공을 쌓아가는 것이 중요하다.

지역사회 내에서 다뤄야하는 상황을 파악할 때에는 다른 원조와 마찬가지로 파트너 정신으로 해야 한다. 원조전문가는 지역사회에 '힘을 주거나' 그들에게 역량강화를 입힐 수가 없다. 휴먼서비스 전문가는 서비스 체계의 도움을 받아 지역사회 내에서 다루고자 하는 어려움을 파악한 집단의 도움요청을 받을 때가 있다. 일을 처음 시작할 때부터 지역사회의 온전한 참여없이 지역사회의 문제를 해결하려는 것은 전혀 효과적이지 않다. 또한 문화적 역량의 가치와 기술은 지역사회활동에 있어서 필수적이다. 문화와 지역사회는 추가적으로 덧붙여진 것이 아니라 원조가 이루어지는 맥락이며 도구이다.

사례

브리지빌 유나이티드 웨이의 직원 몇 명은 브리지빌 시내 근처에 위치한 라틴계 사람들의 밀집지역인 리틀턴지역에 대해 관심을 가지게 되었다. 몇 달에 걸쳐 리틀턴의 문제에 대해서 연구하고 고민한 결과 그 문제를 다룰 통합적인 계획을 만들어 냈다. 유나이티드 웨이는 지역개선을 위해서 마련된 자금에 대한 공청회가 리틀턴지역센터에서 열릴 것이라고 공지하였다. 공청회 저녁에 센터의 체육관에는 관심있는 지역주민으로 꽉 찼다. 유나이티드 웨이의 위원이 30여분 동안 십대임신, 갱활동, 불법약물남용, 실업, 성병확산, HIV 전염 등의 문제를 다룰 계획을 설명하였다. 그 위원이 열심히 설명하는 동안 청중들은 침묵으로 일관하였다. 그 후 한 사람이 일어나서 질문하였다. "당신들 중에 라틴계 사람이 하나라도 있나요? 스페인어를 할 줄 아는 사람이 한 사람이라도 있나요? 우리가 어떤 사람들인지 알기는 하나요? 그 돈으로 우리가 무엇을 하고 싶은지 우리 이웃들에게 물어 본 적이 있나요?" 질문을 마치자 사람들을 우레와 같은 박수를 보내면서 동의를 표하였다. 원조와 자원을 제안한 계획가들은 너무 놀라면서 리틀턴사람들은 감사할 줄 모르고 협조적이지 않다고 주장하였다.

생각해보기 #63

1. 당신이 소속된 문화적 집단이나 지리적 지역사회를 떠올리면서 좋은 의도를 가진 외부 사람이 우리 집단이나 지역사회에 들어와서 문제를 지적하면서 들고 온 해결책을 제시한다면 어떤 느낌이 들 것이고 어떻게 반응할지를 생각해보라.
2. 선한 의도를 가진 외부인이 택할 수 있는 적절한 접근은 무엇인가?

원조와 옹호의 연결

원조의 두 영역인 '실천'과 '정책'은 전통적으로 구분되어져 왔다. 휴먼서비스 기관의 정책은 지역, 지자체, 국가의 법과 마찬가지로 휴먼서비스 전달에 직접적인 영향을 미친다. 경제, 정치, 사회적 환경은 원조를 요청한 사람들의 삶과 그들에게 서비스를 제공하는 기관에 직접적으로 작용한다. 역으로 서비스 수혜자와 원조 행위로부터 배운 것들이 정책 개발에 영향을 끼친다. 그러므로 서비스 제공과 옹호의 문제는 같이 엮여져 있다.

휴먼서비스 전문가에게 옹호기술은 이 책에서 다룬 적극적 경청, 위기 개입, 사례관리 등의 다른 기술들과 마찬가지로 중요한 것이다. 개인, 커플, 가족들과 일할 때 적용되는 기본적인 원칙은 옹호에서도 마찬가지로 적용되는데, 사람들의 눈높이를 맞추는 것, 강점을 찾고 확인하는 것, 고지된 선택을 존중하는 것, 문화적 역량을 갖추는 것, 도움이 필요한 지역을 위해서라기보다는 함께 계획하는 것 등이 그것이다. 오랫동안 있어왔던 체계, 정책, 관습 등을 바꾸는 것은 쉬운 일이 아니기 때문에 옹호에는 용기, 믿음, 인내, 낙관주의가 필수이다.

사례

아카디아 지역에는 영주할 곳이 없는 사람들을 위한 긴급쉼터가 몇 개 있다. 그러나 이 모든 쉼터는 모든 이용자가 매일 아침 6시 30분에 그곳을 나가게 되어 있고, 오후 5시 30분 이전에는 들어갈 수가 없다. 이는 일자리가 없는 사람들이나 어린 아이들이 하루 종일 따뜻한 곳이 별로 없는 길거리에서 지내야 한다는 것을 의미한다. 이들은 대부분 시내 주차건물, 우체국, 도서관 등에서 하루를 보낸다. 지역 내 정보 및 의뢰 서비스를 제공하는 사례관리자인 쉴라는 개인이나 가족이 쉼터에서 지낼 수 있도록 도와주었다. 그녀는 이들이 하루 동안 길에서 지내야 한다는 이야기를 듣고 지역 내 쉼터의 정책에 대해서 관심을 갖게 되었다. 그녀는 지도감독자의 도움으로 아카디아 지역의 모든 휴먼서비스 기관에 이 문제에 대해 토론회를 개최하니 기관의 대표자가 와주기를 바란다는 서신을 보냈다. 이 문제에 대한 토론을 마친 후 참가자들은 다음과 같은 행동계획에 동의했다: (1) 쉼터의 운영자를 접촉해서 낮 시간 동안에 쉼터가 필요한 사람을 위해 시설의 일부를 개방하는 것을 요청하는 것과, (2) 지역 내의 재단이나 협회 등에 집없는 사람들을 위한 낮시설을 개설하는 데 필요한 자금지원에 대한 의도를 확인하는 것이다. 그들은 또한 이 문제에 대한 해결책이 실행에 옮겨질 때까지 두 주에 한 번씩 만나기로 동의하였다.

생각해보기 #64

1. 옹호를 통해서 다뤄지는 것이 좋았을 것 같은 문제, 이슈, 상황을 경험한 적이 있는가? 어떤 상황이었고 그것이 어떻게 옹호노력을 통해서 다루어질 수 있었는가?
2. 쉴라의 옹호노력에 대해 어떻게 생각하는가? 위에서 제시한 것과 같은 상황에서의 옹호노력에 대한 당신의 생각과 느낌은 무엇인가?

옹호활동

휴먼서비스 원조전문가들은 다양한 단계에서 사회문제에 개입하도록 요청되는데, 집단이나 지역사회 주민을 위한 옹호나 새로운 프로그램의 개발이나 기관의 정책 변화나 특정 주제에 관한 주민교육이나 정책이나 법률에 영향을 행사하는 등의 일이 포함된다(Rothman, 1994). 이 과정에서 공동의 관심을 가진 사람들을 함께 모아 조직화함으로서 변화를 유발하는데 좀 더 효과적일 수 있다. 이러한 형태의 옹호를 '지역조직'이라고 부른다. 이 용어는 동네, 도시, 관심집단 등의 사람들이 자신들이 가진 가장 중요한 강점을 찾아서 문제상황을 다루는 계획을 수립하도록 돕는 것을 의미한다.

많은 활동들이 휴먼서비스 옹호에 해당된다. 즉 사회변화를 그 목적으로 갖는 행동이라면 무엇이든지 옹호로 간주될 수 있다. 아래의 활동들이 휴먼서비스 전문가들이 관여하는 옹호노력의 대표적인 예이다:

- 재정 지원기관에 지역사회와 주민들의 필요에 대해서 증언한다.
- 주 의회에 지역의 거주민들에게 치명적인 계류법안에 대해 증언하거나 성명서를 제출한다.
- 대규모의 주정부 기관의 로비스트들과 활동하며 법률을 제정하거나 개정하기 위한 노력을 한다.
- 의원들과 직접 접촉을 하던지 보좌관들을 만나서 서비스 수혜자들과 직접 연관을 가진 법률에 대해서 이야기한다.
- 자신이 일하는 기관이나 서비스를 제공하는 클라이언트들에 대해서 의원에게 정보를 제공하거나 기술적인 지원을 한다.
- 사회변화에 영향을 미치기 위해 구성된 연합을 개발하거나 조직에 참여한다.
- 기관의 서비스 수혜자들이나 가족들과 함께 선거인명부참여 캠페인에 참여하여 기관이나 관심집단이 정치적 과정에서 더 큰 목소리를 낼 수 있게 한다.
- 복지개혁과 같은 국가적 이슈에 대해 자신의 관점, 걱정, 제안 등을 국회의원이나 대통령에게 편지로 알린다.
- 특별히 중요한 이슈에 대해서 편지로 국회의원에게 알리는 캠페인을 시작하기 위한 집단이나 기관을 도와준다.

- 특정 이슈에 대한 관심을 불러일으키거나 특정 정책에 반대하기 위한 시위를 조직하거나 이에 참여한다.

사례

샐리는 카운티 사회복지부서의 휴먼서비스 전문가이다. 그녀는 자신이 살고 있는 지역사회에 관심이 매우 많아서 다양한 방식으로 참여한다. 그녀는 자신이 할 수 있을 때와 장소에서 자신의 목소리를 냄으로서 지역주민의 삶에 질 향상에 작게나마 일조한다고 생각한다. 예를 들어 올해에는 성폭력에 대항하는 "밤 되찾기"운동에 참여했고, 게이프라이드 행진에 함께 하였으며, 관계폭력의 희상자를 추모하는 촛불집회에 참여하였고, 마치 오브 다임 모금행사에 참여하였고, 마틴 루터 킹 목사의 기념행사에도 참여하였으며, 세계에이즈의 날 행사에도 참여하였다. 그녀는 버스비 인상이 빈민들의 생활에 해를 끼친다고 생각하여 시청에 이를 반대하는 편지를 쓰기도 하였다. 또한 방과후에 청소년들이 갈 곳이 많지 않다는 것에 대해 몇 명의 시청 직원들에게 편지를 썼다. 그녀는 자신이 담당하는 교회학교의 학생들에게 한 달에 한 번씩 무료급식소에서 봉사하도록 권했다.

옹호와 지역조직 준비하기

휴먼서비스 전문가들은 몇 가지 이유에서 옹호활동에 참여하기를 꺼려한다. (1) 옹호활동이 진정한 원조에서 벗어난다고 생각한다. (2) 자신들이 정보가 없고 효과적이지 않을 것이라고 생각한다. (3) 복잡한 기관이나 정치적 과정에 대해 좌절감을 느낀다. (4) 다른 유형의 집단이나 실무자들보다 스스로를 힘이 없고 영향력이 적다고 생각한다(Brieland, 1982). 아마도 당신 중의 일부는 계층 옹호에 대해서 불안하게 느끼면서 "난 절대 할 수 없을거야"라고 생각할 수 있다. 다양한 방법으로 옹호자가 되기 위한 능력을 개발할 수 있다. 첫 번째는 옹호가 어떻게 이루어지는지를 알아서 자신의 능력에 대해 확신을 갖고 기회가 왔을 때 옹호활동에 참여할 준비를 갖추는 것이다. 두 번째 준비는 지도감독자에게 옹호기회에 참여할 수 있도록 요청하여 효과적인 옹호자가 되기 위한 실제적인 기술을 배우는 것이다. 세 번째는 옹호에 참여하는 목적을 항상 염두에 두는 것이다. 많은 수혜자들이 아프고, 낙인이 찍히고, 어리고, 학대를 당하고, 교육을 받지 못하고, 두려워하기 때문에 취약하고 힘이 없어서 당신을 자신들을 정당하게 대변할 수 있도록 도와 줄 사람으로 생각한다는 것을 항상 기억해야 한다. 그들을 옹호해주지 않는다면 누가할 수 있을까? 법이나 정책 결정에 대한 목소리를 전혀 낼 수 없는 방임의 위험에 처한 사람들을 대변한다는 사실에 용기를 내야 한다.

사례

가브리엘라는 지역영양프로그램의 실무자이다. 몇 명의 이주농장노동자들이 차를 얻어타고 사무실에 와서 자신들과 가족들을 위한 긴급식량지원을 요청하였다. 가브리엘라는 상황파악을 위한 질문을 통해 그들이 플로리다주 홈스테드에서 노동계약자에 의해 모집이 되었고 이 지역에는 딸기수확을 위해 오게 되었다는 것을 알았다. 그들은 써니슬롭농장에 의해 운영되는 캠프에서 살고 있었다. 그들은 이 지역에서 한 달 동안 머물렀지만 최근에 내린 서리로 인해 딸기가 다 상하는 바람에 일이 없이 지내고 있었다. 노동계약자는 그들에게 음식을 제공하기는 하지만 가격이 너무나 비싸서 그들 모두는 큰 빚을 지고 있으며, 일자리에 대한 희망도 없이 지내고 있었다. 가브리엘라는 이주캠프의 위치를 확인하고 그 다음날 방문을 하였는데 30명의 남녀와 아이들이 음식도 거의 없이 지내고 있었고 그중 몇 명은 아픈 상태였다. 그녀는 노동계약자와 상담을 하려고 하였지만 그는 화를 내면서 그녀에게 그곳에서 나가라고 명령하였다.

생각해보기 #65 위의 사례에 대해 생각해 보라.

1. 가브리엘라가 취할 수 있는 다음 단계에 대해서 브레인스토밍을 해보라.
2. 가브리엘라는 누구와 이야기 하는 것이 좋은가?
3. 누구에게 도움을 요청할 수 있는가?
4. 어떤 기관이나 민간 조직이 그녀를 도울 수 있는가?

옹호 시작하기

옹호와 지역조직 기술을 증진하기 위해 무엇을 먼저 해야 할까? 자신의 기관이나 지역사회에 이미 중요한 이슈들이 있을 것이다. 어디에서 시작하는 것이 좋을까?

1. 이웃이나 지역사회에 있는 사람들을 알아야 한다. 그 문제에 의해 영향을 받고 있는 사람들과 이야기를 나누면서 현 상황이 어떻게 시작되었는지와 미래에 대해서 어떻게 생각하고 있는지를 알아야 한다. 그 문제에 대해서 그들의 관점을 잘 알고 있다고 추정하거나 그들에게 직합한 해결책을 선택할 수 있다고 생각하지 말라.

2. 문제의 본질과 규모에 대해서 상세히 조사하고 문서화해야 한다(뒤의 "자료 수집하기" 참고). 상황을 충분히 이해해서 다른 휴먼서비스 전문가, 지역주민이나 이용자, 잠재적 재정지원처, 시군 의원들에게 문제에 대해서 의사소통할 수 있어야 한다. 지역사회의 구성원을 옹호활동에 항상 포함하여야 한다. 자신들의 문제에 대해서 스스로가 표현하도록 지역의 구성원들을 초대해야 한다. 필요하다면 특정 상황에 대해 지역주민을 대신해서 이야기할 수 있도록 철저하게 준비해야 한다. 상황에 대해서 설명할 때는 문제를 명확하게 제시하고 최소한 한 가지 이상의 해결책을 제안하며 상황을 현실적으로 보여주기 위한 자료나 사례로 자신의 주장을 뒷받침해야 한다.

3. 관심있는 사람들의 네트워크를 이용하거나 가능한 해결책을 구성하기 위해서 연합체를 형성한다. 이 문제로 가장 영향을 받는 사람들의 대표자를 모든 단계에 포함해야 한다는 것을 잊어서는 안 된다.

4. 지역사회의 위치나 변화를 위한 제인을 홍보하기 위해서 대중매체의 활용을 고려한다. 그렇게 하기 위해서는 잘 알아야 하고 잘 준비해야 한다는 것을 명심해

야 한다.

5. 특정 집단, 지역사회, 기관을 대표한다면 그러한 체계에 속한 사람들로부터 허가를 받아야 한다. 자신의 기관을 대변한다면 지도감독자의 승인을 얻어야 한다. 정책입안자들에게 당신이 누구를 대변하는지와 그들이 당신을 대변인으로 지정했다는 사실 확실하게 알려야 한다.
6. 만일 의회에 법안을 제안하거나 제지하는 것과 같은 법적옹호를 하려고 한다면 법제정과정을 공부해서 관심을 갖고 있는 지역사회나 인구집단에 영향을 미치는 제안, 법안, 규칙 등을 알고 있어야 하고 영향력을 가진 사람이 누구인지를 알아야 한다.

옹호를 위한 자료 수집하기

동료들과 법제정자들을 교육하기 위해서 어떻게 해야 지역사회 내의 사회 문제에 대해 좀 더 잘 알 수 있을까? 처음에는 시간의 흐름에 따른 추이를 보여주는(예: 80세 이상의 인구증가) 인구보고서를 참고하는 것이 좋다. 또한 경찰서로부터 범죄보고서(예: 음주운전, 관계폭력, 강도, 갱활동)를 받아 볼 수 있다. 질병예방관리본부로부터 전염병 관련 자료를 받아 건강문제(예: HIV, 임질, 폐렴 등의 증가)에 관한 정보를 볼 수 있다. 지역의 주민이나 기관을 대상으로 설문조사를 실시하여 지역 내 가장 중요한 사회문제에 대한 의견을 구할 수도 있고, 주제와 관련된 학술연구논문을 찾아볼 수도 있으며, 현 상황에 대한 가장 최근의 미디어 보고를 볼 수도 있으며, 비슷한 지역사회에서 일어난 일들에 대해서 알아볼 수도 있고, 그 이슈를 지지하는 의원이나 유명인의 주장을 활용할 수도 있다. 사회문제에 대한 자료를 수집하는 데는 두 가지 이유가 있다. (1) 문제에 대한 이해를 높여 제안된 해결책이 적합한지를 알아보는 것과 (2) 재정지원자, 정치가, 일반대중들에게 그 문제에 대한 관심이 필요하다는 것을 납득시키는 것이다(Netting, Kettner, & McMurtry, 1993).

문제에 대한 자료를 수집하면서 주의를 기울여야 하는 부분은 다음과 같다:

- 현 상황을 변화시키는 것이 왜 힘들었는가?
- 이 상황이 과거에는 어떻게 보여지고 정의되었는가?
- 왜 상황이 지속되고 혹은 악화되는가?
- 이 상황의 원인과 근원에 대한 이론은 무엇인가?
- 이 상황과 영향을 받은 사람들에 대한 일반인들의 태도는 어떠한가?
- 이 문제 때문에 가장 큰 영향을 받은 사람들이 갖는 생각은 어떠한가?
- 도움이 될 만한 기존자원은 무엇인가?
- 이전에 시도했던 해결책은 무엇이고 가능한 문제해결의 방법에는 무엇이 있는가?
- 일반인들과 정치인들이 이 어려움에 대해서 관심을 갖고 있는가?
- 이 상황에 대한 주의를 상기시킬 필요가 있는가?(Netting et al., 1993)

정치적으로 연관된 원조전문가를 위한 과제

자신이 속한 지역사회나 서비스를 제공하는 사람들에게 영향을 미치는 정부나 정치적 과정에 다양한 방식으로 참여하는 경우가 있을 수 있다. 그런 경우에 어떻게 효과적으로 시작할지에 대한 방법을 아래에 제시하였다:

- 자신이 정보를 가지고 있는 문제에 대해서 해결책을 모색하려는 사람들에게 전문성, 자료, 경험 등의 도움을 제공한다.
- 의원보좌관이나 지역 혹은 국회의 의원사무실에서 근무하는 실무자들과 관계를 만들어서 특정한 이슈에 대한 관심을 알려줄 수 있다.
- 중요한 법률의 전체 과정을 살펴서 실행단계에 있는지를 알아야 한다. 이 정보는 국회에 전화를 해보면 쉽게 알 수 있다.
- 특정 주제에 대해서 비슷한 관심을 가진 다른 집단과 연합을 맺는다.
- 서비스 수혜자나 다른 기관 관계자들에게 전화번호나 주소, 기타 다른 정보를 제공하여 필요하면 정책개발자들에게 의견을 제시하도록 한다.
- 관심있는 이슈에 대한 공청회 등에 관심을 갖고 있다가 참여하여 다양한 의견을 듣고 필요한 경우 자신의 의견도 제시할 수 있다.

사례

조는 지역의 노인협회의 교통지원실무자로 일하고 있다. 최근 그가 노인들을 센터나 병원등으로 송영하기 위해서 좀 더 안전한 승합차가 필요하다고 제안할 때마다 그의 상관은 카운티와 주정부에서 예산을 삭감하는 바람에 새로운 승합차를 살 수 없다고 답하였다. 기관장의 지원과 허락 하에 조는 여러 군데의 기관에 좀 더 안전한 승합차의 필요성에 대해서 진술하였다. 그는 수성부의 노인위원회가 공청회를 할 때 간단한 브리핑을 했다. 사회서비스그래트의 사용에 대한 요청을 문서로 제안하기도 했고 주 교통과에 재정지원을 요청하는 프로포절에 지원하기도 하였다. 지역의 미디어가 그들의 문제에 관심을 표했을 때 조는 서비스를 이용하는 노인들을 조직하여 그들이 신문기사와 텔레비전 인터뷰에서 자신들의 이야기를 할 수 있도록 도와주었다. 조의 열정적인 도움으로 기관은 다양한 자원으로부터 기금을 모집하여 네 대의 새 차를 구입하고 이전 것들을 수리할 수 있게 되었다.

다른 체계의 변화를 위한 옹호

다른 기관이나 체계 내의 변화를 위해 옹호를 시도할 때는 그 기관의 규칙과 운영 방법에 대해서 최대한으로 많이 알아야 한다. 무엇을 변화시킬 수 있고, 무엇을 변화시킬 수 없는지를 결정하고 자신의 네트워크와 기존의 자원을 활용하여 가능한 해결책을 모색하여야 한다. 도움이 필요한 사람들에게 기관이 좀 더 반응적이 되도록 만들겠다는 목적 안에서 융통성있고 타협가능하게 움직여야 한다.

사례

로리는 여성노숙자를 위한 쉼터의 휴먼서비스 학생인턴이다. 리는 몇 마일을 걸어 다닌 후에 일시보호를 요청하기 위해 사무실에 들렀다. 리는 아프리카계 미국인으로 보였다. 그녀는 친구도 가족도 없고, 돈도 음식도 없으며, 갈 곳도 없다고 하였다. 그녀는 시내에 있는 공원에서 지난밤을 지냈다고 했다. 리는 자신이 교도소에서 석방되었다고 했는데 그녀가 말한 교도소는 남성수감자를 위한 곳이었다. 로리가 이 부분에 대해서 말하자 자신은 성전환자이고 지난 몇 년간 여성으로 살아왔다고 쉽게 이야기를 하였다. 그녀는 호르몬치료를 시작하였으나 성전환수술은 하지 않았기 때문에 가슴과 남성생식기를 동시에 가지고 있다고 하였다. 로리는 지도감독자에게 결정을 요청하였고 리가 엄밀히 따지면 남성이기 때문에 여성쉼터에 머물 수는 없다는 통보를 받았다. 로리는 옆 건물에 있는 남성쉼터에 가서 두 명의 스태프에게 상황을 설명하였다. 그 사람들은 리를 앞에 두고 웃었으며 그녀에 대해서 불편해하고 두려워하는 듯 했다. 로리는 리와 함께 다시 여성쉼터로 돌아와 몇 군데 다른 쉼터에 전화를 하였지만 그녀가 성전환자라는 얘기를 듣고는 모두 거절하였다. 마침내 리는 로리와 악수를 하며 "당신이 한 모든 일에 감사한다. 그러나 정직이 결코 좋은 방법은 아닌 것 같다"라고 하면서 쉼터를 떠났다.

생각해보기 #66 위의 사례에 대해 생각해 보라. 리의 상황에 대해 옹호자로서 무엇을 할 수 있겠는가? 어디에서부터 시작할 수 있겠는가? 원조요청자가 서비스체계의 '사각지대'에 있는 이러한 상황을 어떻게 다루어야 하는가?

자신의 체계 내 변화를 위한 옹호

자신이 일하는 기관 내부의 변화를 가져오기 위한 옹호활동은 휴먼서비스 전문가를 윤리적 딜레마에 빠뜨릴 위험이 있다. 옹호자의 충성심은 사회나 서비스 시스템에 의해 방치된 사람들에게 있으며 자신을 고용하고 있는 기관에 온전한 충성심을 가질 수 없다. 이러한 가치의 갈등은 목적과 미션에 대한 강한 신념과 휴먼서비스 옹호자로서의 강력한 정체성을 가져야만 해결할 수 있다. 원조전문가들이 직면하는 딜레마는 종종 내가 서비스를 제공하는 사람들을 위해 너무 많이 주장하면 내가 일자리를 잃지는 않을까? 기관 내에서 잡음을 일으키는 것이 안전한 것일까?와 같은 질문을 하게 한다. 병원이나 교도소, 공공기관 등 규모가 큰 기관에서 일하는 사람들은 역량강화를 하거나 적합한 서비스제공을 방해하는 매우 경직된 규칙과 금지조항에 직면한 자신을 발견하게 된다. 그러한 경우 실무자들은 자신의 서비스전달체계 내에서 가장 효과적으로 도움을 제공할 수 있는 방법이 무엇인지에 대해 결정해야 한다.

사례

질은 지역의 공공기관에서 일하는 입양실무자이다. 입양을 원하는 부모를 인터뷰하고 그들의 지원서를 일차적으로 거르는 것이 그녀의 업무이다. 신생아 입양에 관한 주의 규정은 양부모의 나이가 40세 미만이어야 한다는 것이다. 질은 홀츠부부를 집과 사무실에서 두 번 만났다. 그녀는 이 두 사람이 일차관문을 통과해서 다음 단계로 가도 된다고 생각하지만 두 사람의 나이가 42세라는 점이 걸린다. 그들은 두 사람 다 대학교수이고 결혼한 지는 20년이 되었다. 그들은 경제적으로나 정서적으로나 매우 안정되어 보였다. 그들은 지난 10년간 임신을 하려고 애를 썼지만 성공하지 못했고 이제 신생아를 입양하고 싶어 한다. 질은 그들의 지원서를 거절하든지 주사무실에 규정면제를 요청할 수 있다는 것을 알았다.

생각해보기 #67

1. 당신은 서비스를 요청하는 사람을 위해 가장 좋은 방법이 아니라는 이유로 당신이 속한 기관의 정책에 동의하지 않은 상황을 경험해본 적이 있는가? 만약 있다면 어떻게 하였는가?
2. 학우들과 함께 서비스 수혜자의 요구와 기관의 정책이 상충되는 상황에 대해서 생각해보라. (예: 병원 운영자와 의사가 퇴원담당자에게 특정인을 퇴원시키라고 하였으나 실무자와 환자는 퇴원이 너무 이르다고 생각하는 경우) 휴먼서비스 원조전문가에게 어떠한 어려움을 야기할까?

자신의 체계 내에서 옹호자의 역할을 하는 경우 가장 중요한 과제는 무엇이 바뀔 수 있는가를 결정하는 것이다. 예를 들어 당신이 주정부의 지침에 의해 제한을 받는다면 그 범위 내에서 움직여야 한다. 그러나 특정 정책에 대한 결정이 지역적으로 이루어졌다면 지금처럼 진행되는 관행을 바꾸는데 성공할 수도 있다.

휴먼서비스 전문가는 서비스수혜자와 그 가족들에게 반응적인 체계를 만드는데 최선을 다해야 한다. 그러나 만약 상관에게 말하는 것이 너무 위험하다면 옹호를 위한 다른 대안을 생각해야 한다. 사용할 수 있는 대안에는 다음과 같은 것이 있다:

- 당신이 속한 기관의 과정에 저항하고 그것에 대한 관심을 불러일으킬 수 있는 외부의 옹호자를 찾는다(사회복지사, 변호사, 성직자나 취약인구 옹호 집단의 실무자 등).
- 사람들에게 불만을 접수하거나 의원들에게 알리도록 격려하다.
- 기관의 정책을 못견디겠다면 직업을 바꾼다.

사례

토니는 자신의 지역사회 내 HIV확산이 매우 걱정이 되어 이 문제에 대해 영향력을 행사할 수 있는 직업을 찾았다. 그녀는 지역 내 보건국에서 전후테스트 상담을 하는 일을 맡게 되었을 때 매우 기뻤다. 그녀는 이 직업을 통해서 HIV 테스트를 의뢰한 사람들을 만나서 그들의 질문에 대답하고 그들의 걱정과 두려움을 듣고 그들에게 자원과 안전교육을 지원할 수 있었다. 그러나 1년 뒤 커다란 정책변화가 있을 것이라는 소식에 토니는 매우 실망했다. 주의회는 익명테스트정책을 완전히 없애고 HIV 테스트를 받고자하는 사람은 누구든지 이름과 주소 및 주민번호를 제시하여야 한다는 것이다. 이 법이 시행되고 몇 주가 지나지 않아서 토니는 보건국에 HIV 테스트를 의뢰하는 사람의 수가 현저히 줄어들었음을 알 수 있었다. 지역의 AIDS Hotline에서 일하는 자원봉사를 통해서 많은 사람들이 익명으로 HIV 테스트를 받기 위해서 이웃 주의 번호를 알고 싶어한다는 것을 파악했다. 또한 지역의 HIV 지원기관의 옹호자를 통해서 경제적으로 어려워 교통수단이나 보험이 없는 사람들은 전혀 테스트를 받지 않고 있다는 것을 알게 되었다. 토니는 그녀의 지도감독자, 기관 운영자, 국회의원에 대항해서 정책 변화를 촉구하는 캠페인을 시작하였다. 몇 달 동안 자신의 관심에 대해서 목소리를 높이자, 그녀의 부서장이 테스트상담가의 직업을 유지하려면 조용히 하는 것이 좋을 것이라고 말했다. 토니는 보건국에 있으면서 조용히 새 정책에 대항하는 것이 옳은지, 다른 직장을 찾는 것이 좋은지 고민이 되었다.

생각해보기 #68

1. 토니의 딜레마에 대한 당신의 반응은 무엇인가?
2. 그녀와 같은 상황에 처한다면 어떻게 할 것인가?
3. 토니의 지도감독자가 제시한 최후통첩에 대해서 어떻게 생각하는가?
4. 토니가 외부의 옹호자를 영입하여 자신의 기관을 변화시키도록 요청할 방법이 있는가?

요약

휴먼서비스 원조전문가가 기관 내에 근무하면서 지역사회 내에 뿌리를 내리는 것은 매우 일상적인 일이다. 따라서 기관과 지역 내에서의 옹호에 대한 기본적인 지식을 갖는 것은 매우 중요하다. 실천은 정책과 분리될 수 없다. 휴먼서비스 원조전문가가 억압받고 취약하고 문제에 처한 집단을 위해 옹호할 수 있다는 것은 매우 의미 있는 일이다. 적합하고 적절하고 접근성있는 서비스를 위해 노력하는 것은 휴먼서비스에서 필수적이다. 휴먼서비스 원조전문가가 권리나 자원을 확보하기 위해서 도움을 요청하는 지역사회를 위해 일하는 것도 일반적인 것이다. 전문가가 자신의 체계 내부 혹은 외부의 변화를 위해 노력하는 옹호는 원조전문직의 초석 중의 하나라고 볼 수 있다.

휴먼서비스 관리와 지도감독

CHAPTER 12

우리가 휴먼서비스 교재에서 관리자 혹은 지도감독자에 대한 내용을 다루는 이유는 무엇일까? 한 가지 이유는 우리 중 많은 사람들이 앞으로 다른 휴먼서비스 전문가를 위한 프로그램 관리자나 지도감독자가 될 것이기 때문이다. 또 다른 이유는 당신이 임상적인 '직접 실천' 업무를 주로 담당한다고 할지라도 전체 업무 속에서 다양한 관리 업무들도 어느 정도 수행해야 할 것이기 때문이다. 담당하게 될 관리 업무의 예로는 회의 진행, 기금이나 자원의 관리, 프로그램 및 인사 평가, 자원봉사자 및 직원에 대한 지도감독 제공, 기관 체계 내·외부 간의 효율적인 의사소통, 기관 정책에 대한 평가 및 수정 등이 있다(Thompson, Menefee, & Marely, 1999). 관리는 휴먼서비스 분야에 있어 주변적 영역이 아닌 중심부에 속하는 것으로, 프로그램이 목표를 잘 달성할 수 있도록 하는데 있어 관리가 미치는 영향은 매우 크다.

휴먼서비스 프로그램 관리

휴먼서비스 관리자로서의 관리 기법과 원칙은 경제계로부터 간단히 배워올 수 있는 것이 아니다. 휴먼서비스 기관은 이익창출을 목표로 하여 조직된 것이 아니기 때문이다. 경제계의 원칙들은 다음과 같은 사명을 갖고 있는 조직에게 적용시키기에는 한계가 있다: 취약하거나 문제 상황에 처해 있는 사람의 인생들의 인생을 좋은 방향으로 향상시키고자 하는 사명; 혜택과 서비스에 대해 공정한 접근권을 보장하고자 하는 사명; 인간의 권리를 보호하고자 하는 사명 등. 휴먼서비스 관리자는 원조의 목표와 가치를 바탕으로 업무에 임하며, 그를 통해 사회정의의 실현이라는 목표를 달성하고자 노력한다.

휴먼서비스를 관리한다는 것은 힘들고 도전적인 것이 되었다. 관리의료체계로 인해 많은 기관과 서비스 제공자들이 스트레스에 짓눌리게 되었으며, 원조를 제공하는 관계보다도 생산성을 우선시하게 되었다. 사회적 서비스 기금의 감소로 인해 많은 기관들이 그들의 사명을 중심으로 기금을 운용하지 못하고, 오히려 그들의 사명을 주어진 예산에 끼워 맞추도록 강요받고 있다. 가장 취약한 계층에 대한 사회적 지원이라기보다는 좀 더 개인주의적인 관점으로 이데올로기가 변화하고 있다. 서비스의 질을 희생시키면서까지 (전문가 집단에 의한) 책임체제 접근만을 너무 강조하고 있는 것은 아닌지, 사회정의와 옹호보다 비용문제가 더 중요해진 것은 아닌지 등에 대한 의문이 제기되고 있다. 전문가들은 세부적으로 더욱 더 전문화되고 있고, 기관들은 점점 더 관료화되고 있으며, 종교적인 기관들이 서비스 제공과 관련하여 공공기금을 더 자주 받게 되었고, 서비스를 제공하는 민간단체들이 점차 증가하고 있는 추세이다. 휴먼서비스 관리자는 이러한 상황들과 기관의 당면과제 수행을 잘 조율해 나가야 한다. 당면과제라 함은, 취약하거나 문제상황에 처해 있는 사람들에게 적절하고도 접근가능한 질적인 서비스를 제공하는 것과 그러한 서비스를 제공 시에 클라이언트 참여, 존중, 그리고 적극적인 수용을 강조하는 방법으로 제공하는 것을 뜻한다.

휴먼서비스에서는 관리와 임상적 서비스 분야를 종종 구분하곤 한다. 이러한 관행의 위험한 점으로는 프로그램을 기획, 집행, 관리하는 사람들과 서비스 이용자, 원조전문가가 지역사회로부터 너무 멀어지게끔 만들어, 관리자들이 해결하고자 하는 문제상황에 대해 충분히 파악하지 못하게 만든다는 점이다.

관리 기술

좋은 관리자가 되기 위한 기술은 좋은 임상적 원조전문가가 되기 위한 기술과 같은 선상에 있다. 다음의 기술들은 사례관리자나 프로그램 관리자 모두에게 필요한 것들이다(Simons, 1988; Wolk, Sullivan, & Hartmann, 1994):

- 신뢰를 쌓는 능력
- 함께 일하기 위한 상호 '계약'을 체결하는 능력
- 쓰기 및 말하기를 통해 효율적인 의사소통을 할 수 있는 능력
- 적극적인 경청 능력
- 휴먼서비스 가치와 부합하도록 행동하는 능력
- 다양한 관점을 수용하고 이해하는 능력
- 정보를 수집하고 상황을 사정하는 능력
- 자원을 개발, 수집, 활용하는 능력
- 상황을 평가하고 대안을 개발하는 능력
- 서로 다른 의제가 있을 때 이에 대해 직면하고 조정하는 능력
- 교육하고 정보를 제공하는 능력
- 자발적으로 생각하고 행동하는 능력
- 팀의 일원으로서 효과적으로 일하는 능력
- 계획단계에서부터 실무자들과 함께 작업하는 능력
- 클라이언트의 장점을 활용하고 강점관점을 사용하는 능력

변화를 직시하기 '변화형 리더십'이라는 관리 모델의 유형은, 관리자의 개인적인 특성이

나 대인관계보다는 관리자가 수행하였던 업무의 성취도와 결과에 더 초점을 두고 있다(Lewis, Lewis, Packard, & Souflee, 2001). 관리자는 긍정적이고 의미 있는 변화를 추구할 수 있으며, 직원들을 고무하고 격려하여 그들이 기관을 더 윤리적이고 효과적인 곳으로 변화시키는데 협력할 수 있도록 도울 수 있다. 이 모델유형에 속하는 관리자는 자신이 단순히 현 상태를 유지하는 사람이 아니라, 변화와 향상을 야기하는 주체라고 인식한다. 변화형 관리자는 자기 자신뿐만 아니라 자신이 지도감독을 제공하고 있는 직원들의 자기성찰과 성장에 집중하여야 한다. 관리자는 변화형 리더십을 통해 협력과 팀워크를 이끌어내어 모든 사람들이 자신들과 같은 목표를 향해 나아가고 있다는 사실을 느끼도록 할 수 있다. 리더십이라는 것은 '관리자' 혹은 '지도감독자'에게만 적용되는 것이 아니다. 리더십은 모든 사람들이 가질 수 있는 것으로서, 누구나 프로젝트와 관련해 교육을 제공하고, 방향을 제시하며, 다른 사람들을 격려하는 역할을 담당할 수 있다.

계획하기 관리자는 부서와 직원들의 단기, 장기 계획에 참여해야 한다. 이때 기관의 목표, 정치적인 여건, 주변 환경의 도전과 기회를 고려하여야 한다. 계획이란 중요한 관리의 도구이다. 계획은 기관의 존재를 유지하고, 조직문화를 발달시키며, 사회적 변화와 시대흐름에 대한 대응력을 높이기 위해 일련의 개념, 기술, 그리고 과정들을 통합하는 것이다(Bryson, 1995).

관리자들은 불가피하게 일상적인 업무나 스트레스에 얽매이게 되는 경우가 많으며, 그로인해 계획이라는 것을 사치스럽다고 느끼게 되기도 한다. 그에 따라 적극적으로 미래를 직시하거나, 부서와 직원들을 원하는 방향으로 지도하는 데 실패하게 된다. 이러한 경우 업무의 할당이 무작위로 이루어지거나 긴급사항에 내처하는 데 급급하게 될 것이다. 계획의 실행이 충분한 고려를 통한 전략이나 청사진 또는 의제에 의해 이루어지지 못하는 것이다. 휴먼서비스 조직은 통상적으로 긴박한 정치적 (혹은 재정적) 상황, 심각한 사회문제, 급격한 변화, 감소하는 기금 등의 상황 속에 놓여 있기 때문에, 휴먼서비스 조직에게 있어 계획은 결코 사치스러운 것이 될 수 없다.

좋은 계획은 일관성과 융통성 간의 균형을 유지하여야 한다. 관리자는 최악의 경우와 최선의 경우에 대한 계획을 가지고 있어야 한다. 좋은 계획은 예상했던 일이건 예상하지 못했던 일이건 간에 항상 변동사항이 생길 수 있다는 것을 가정하고 있어야 한다. 계획은 상부하달의 방식이나 하부상달의 방식, 또는 상부와 하부의 상호작용 방식을 통해 수립될 수 있다. 성공적인 계획이란 그것과 관련되어 있는 모든 계층의 이해당사자들로부터 의견을 수렴한 이후 형성된 것으로, 상호가 합의하고 동의한 비전에 기초한 것이다. 계획단계에서는 다음 사항들에 대한 답이 제시되어야 한다: (1) 동향의 변화나 변동사항(예상하였던 일이건 못했던 일이건 간에)이 발생할 경우, 어떻게 대응할 것인가? (2) 우리의 우선순위, 철학, 사명, 그리고 비전을 어떻게 행동으로 반영하여 실천할 것인가? (3) 조직의 내부와 외적인 환경 모두를 어떻게 관리할 것인가? (4) 우리 기관이 이해관계자들에게 적절하게 대응하고 책임감있게 행동하도록 하기 위해 무엇을 할 수 있는가?

비전(vision)에 대한 성명은 목표달성으로 이끌어주는 표상이 된다. 비전은 희망, 꿈, 소망 등을 포함하고 있다. 사명(mission)이란 기관이 하고자 하는 것을 간결하면서도 직접적으로 제시하고, 직원들의 동기부여를 도우며, 기억하기 쉬우면서도 명확하게 기관이 나아갈 방향을 제시하는 것이다. 목적(goals)이란 바라고 있는 결과에 대한 서술이다; 즉 목적은 주어진 미션을 기관이 어떻게 완수할 것인지 설명하고, 그 결과가 무엇일지에 대한 진술이다. 목표는 목적을 이루기 위한 것으로서, 측정가능하고, 수행 완료시점이 설정되어 있는 구체적인 지표이다; 목표(objectives)는 계획의 성공여부를 평가하는 데 사용된다. 앞에서 제시하였던 비전, 사명, 목적, 목표에 대한 설명을 보면, 하위항목으로 갈수록 진술이 더욱 구체화되어야 한다는 점을 알 수 있다.

사례

다음은 지역사회 내의 AIDS 서비스 조직에서 활용할 수 있는 비전, 사명, 목표, 목적에 대한 예시이다:

비전: 우리는 HIV에 감염된 사람과 그의 가족들의 목소리를 대변하고자 한다; 지역사회—중심이면서도 개인—중심으로 서비스를 운영하고자 한다; 팀워크 형성과 지지 제공을 통해 자원봉사자와 직원들의 성장을 돕고자 한다; 그리고 HIV 질병을 박멸하기 위해 일하고자 한다.

사명: HIV에 감염되었거나 HIV의 영향을 받고 있는 어른, 청소년, 어린이들에게 실제적인 지원 서비스와 감정적인 지지를 제공한다.

목적:

- 도움을 필요로 하는 사람이라면 그의 소득, 주거지역 혹은 병의 상태가 어떠하든지 간에 모든 사람에게 서비스를 제공한다. 도움을 요청하는 사람에게 비밀보장이 되고, 시기적절하며, 사전대책적인 성격의 사례관리 서비스(의뢰 서비스와 서비스 혜택에 대한 옹호활동 포함)를 제공한다.
- 지역사회 자원에 대한 정보와 다른 기관으로의 의뢰를 요청하는 모든 사람에게 필요한 정보를 제공한다.
- HIV 정보, 위기 개입, 그리고 의뢰와 관련해 24시간 상담이 가능한 전화상담 시스템을 운영한다.
- 자원봉사자와 직원에 대하여 양질의 상담지원 서비스를 효과적으로 제공한다.
- 질높은 지지집단이나 심리상담교육을 제공한다.

목표:

- HIV에 감염된 200명의 성인 혹은 아동들에게 7월 1일부터 다음해 6월 30일까지의 기간 동안 포괄적인 사례관리 서비스를 제공한다.
- 전화상담을 통해 2,000명에게 7월 1일부터 다음해 6월 30일까지의 기간 동안 HIV 예방교육과 위기 개입을 제공한다.
- 100명의 성인 혹은 아동을 위해 7월 1일부터 다음해 6월 30일까지의 기간 동안 그들의 서비스혜택에 관한 옹호활동을 시행한다.
- HIV에 감염된 60명의 사람들에게 7월 1일부터 다음해 6월 30일까지의 기간 동안 심리상담교육을 제공한다.

생각해보기 #69 당신이 잘 알고 있는 조직에 대해 그 조직의 비전, 사명, 목적, 그리고 측정가능한 목표를 작성해 보는 연습을 개인적으로, 혹은 집단으로 해보라. 이 때 각각의 항목별로 논의를 구체적으로 제시하는 정도가 어떻게 다른지, 그리고 각 항목의 내용들이 서로 어떤 연관성을 가지고 연결되는지 주의를 기울여 살펴보도록 하라.

계획은 가능한 한 많은 이해당사자들 및 대표자들 간의 협력을 통해서 이루어져야 하며, 그 과정에서 휴먼서비스의 가치와 윤리에 대해 항상 유념하여야 한다. 계획에는 다음과 같은 작업들이 포함된다:

- 기관, 지역사회, 현재 및 미래의 서비스 사용자들의 강점과 욕구에 대한 평가
- 정치적, 경제적, 문화적 환경에 존재하는 위험요인과 기회에 대한 평가
- 기관의 전반적인 비전과 사명에 대한 재검토 및 개발
- 기관의 비전과 사명에 기반하여 목적과 목표의 설정
- 현재의 수요와 재편된 사명에 기초하여 기관의 서비스와 정책에 대한 재검토
- 실행을 위해 필요한 경제적·인적 자원이 무엇인지에 대한 결정과 개발
- 새롭게 수립된 (혹은 수정된) 정책, 과정, 절차, 프로그램, 그리고 예산 등의 집행
- 계획과 실행의 결과에 대한 평가

계획은 책상선반 위에서 먼지만 쌓여가는 서류로서 끝나서는 안 된다. 계획이 가치가 있기 위해서는 그것이 실행으로 이어져야 한다. 계획은 즉각적으로 전면시행될 수도 있고, 단계적인 절차에 따라 시행될 수도 있다. 계획을 수행하는 과정에서 우선순위가 바뀌게 되거나, 자원이 고갈되거나, 환경이 변하거나, 의도와 다른 결과가 나왔거나, 또는 정치적인 이유로 인해서 계획이 잘못된 방향으로 흐르게 되기도 한다. 또한 초기의 실행단계에서는 우선 계획을 실행하여 보고, 그 이후에 접근방식을 수정해나가는 방식을 사용하는 경우도 있다.

조직의 문화를 이해하고 변화시키기 모든 조직(특정 목표를 달성하기 위해 결성된 사람들의 집합)은 각각 고유한 '문화'를 가지고 있다. 문화란 관습, 전통, 유물, 언어, 그 외 여러 가지 요소들로 구성된 것으로 사람들 사이에서 학습되고, 공유되는 잘 구축되어 있는 시스템이다. 조직문화에는 기준, 신념, 가치, 철학, 언어, 역사, 역동성, 구조, 의례, 상징, 암묵적이거나 명시적인 규칙과 의제, 의사소통방식, 그리고 경계 등이 포함되어 있다. 조직문화는 휴먼서비스 기관의 모든 구성원들을 둘러싸고 있다. 문화는 상호작용, 대화, 기록, 의사결정, 상황적 변수 등을 통해 끊임없이 규정되고 만들어진다.

조직은 수많은 하부구조와 하위요소로 구성되어 있다. 그러나 조직의 구조와 규칙이 '원조'라는 가치에 일관성 있게 부합되지 못하는 경우도 있다. 만약 조직에서 지나치게 융통성이 없거나 비인간적인 방식으로 원조서비스를 제공한다면, 서비스 사용자들이나 지역사회가 갖고 있는 실제적인 욕구들을 충족시키는 데 있어서 문제가 발생할 수 있다 (Schein, 1992).

생각해보기 #70 당신이 속해 있는 조직의 문화를 나타낼 수 있는 예(상징, 물건)를 들어보라. 조직은 휴먼서비스 기관, 기업체, 자원봉사단체, 공공기관 혹은 종교단체일 수도 있다. 조직의 문화를 보여주는 것의 예로서 기관 전다지, 로고, 명함, 혹은 초기접수(intake) 용지 등이 있다. 내가 선택한 예시물에 대해서, 그리고 그것을 선택한 이유에 대해서 잘 생각해 보라.

1. 그것은 어떤 의미를 담고 있는가?
2. 그것은 어떠한 가치를 전달하고 있는가?
3. 그것은 어떤 서비스나 정책을 대변하고 있는가?
4. 그것이 조직에 대해서 말해주고 있는 것은 정확히 무엇인가?
5. 그것이 보여주는 것 중에 싫어하는 부분이 있는가? 조직의 문화가 어떠한 방향으로 바뀌기를 원하는가?

조직문화는 관리자, 직원, 자원봉사자, 그리고 서비스 이용자 모두에게 막대한 영향을 끼친다. 직원들이 출근하는 것을 두렵게 만들거나, 서비스 이용자들이 기관과 상호작용하는 것을 꺼려하도록 만드는 것은, 조직문화의 영향이 배후에 깔려있기 때문인 경우가 많다. 조직문화를 자세히 관찰해보고, 문화의 좋은 점은 더욱 육성하고, 나쁜 점은 변화시킬 수 있도록 하는 것이 매우 중요하다.

조직문화는 조직에서 리더 직책을 맡고 있는 사람들과 상호적인 관계가 있다. 리더십은 일정 범위 내에서 조직문화를 형성하고, 영향을 끼치고, 유지시키거나, 변화시킬 수 있다. 또한 조직문화도 관리 직책의 사람들의 모습을 형성하고 변화시킬 수 있다. 관리자는 이러한 상호작용에 대한 이해를 기반으로 하여, 자신이 서비스 전달체계 속에서 단지 무기력한 존재가 되지 않도록 하여야 한다. 즉 '원조'라는 가치와 사명이 체계 내에서 잘 수행되고 있는지, 수행되지 않고 있는지에 대해 늘 평가해 보아야 한다.

관리자가 그 조직의 문화를 더 잘 이해하고 있는 만큼 무기력감, 혼란, 좌절감, 불안감을 느낄 가능성은 그만큼 줄어들게 될 것이다. 관리자가 조직문화를 부하 직원들에게 잘 전수할 수 있다면, 필요한 정보를 잘 갖추고, 더 효과적으로 주어진 기준 내에서 업무를 수행할 수 있게 된다. 관리자가 조직문화를 적절하게 조정하는 역할을 하지 못한다면, 조직문화가 그 관리자를 조정하게 될 것이다(Schein, 1992).

조직의 문화는 기관의 서비스나 특성을 통해 드러난다. 예를 들면 다음과 같은 사항들을 통해 조직 문화의 일부분을 엿볼 수 있다:

- 서비스 이용자나 지역사회 주민들이 전화상으로(혹은 대기실에 있을 때), 어떤 대우를 받는지 여부
- 대기실에 전시되어 있는 포스터와 전단지의 종류
- 시간엄수를 얼마나 중요하게 간주하는지 여부
- 서비스의 초점이 어디에 맞춰져 있는지 여부(개인, 가족, 혹은 지역사회)
- 전문성이라는 것이 비인간적이고 거리가 먼 것인 것처럼 간주되고 있는지 여부
- 조직이 유연하고 변화에 대처할 수 있는지 여부(조직이 전통과 엄격한 규칙에만

얽매여 있는가?)

- 조직에서 문화적 역량이 중요시되고 있는지 이를 어떻게 실천하고 있는지 여부
- 의사결정(인사, 서비스, 예산 등과 관련)이 누구에 의해서 어떻게 결정되고 있는지 여부
- 권위와 권력이 어떻게 인식되고 사용되고 있는지 여부
- 채용, 해고, 처벌, 보상이 어떻게 다루어지고 있는지 여부
- 의견 불일치나 반대에 대해 어떻게 다루고 있는지 여부

사례

포시아는 폭력의 희생자인 여성과 자녀에게 서비스를 제공하는 조직에서 일하고 있으며, 사례관리자이자 옹호자의 역할을 담당하고 있다. 포시아는 자신의 일이 굉장히 의미가 있고 자신에게 성취감을 주는 일이라고 생각하고 있다. 포시아는 그녀 스스로가 학대를 당하고 극복했던 경험이 있었기에, 자신의 직업에 대해 전문가적인 사명뿐만 아니라 개인적으로도 사명감을 갖고 있다. 그녀는 직원들과 자원봉사자들 사이의 팀워크와 헌신을 알고 감사한 마음을 갖고 있다. 그렇기 때문에 업무와 관련하여 감정적 스트레스를 겪어야 하고, 야근을 하거나 응급상황이 발생하는 경우가 있고, 임금수준이 낮은 것에 대해서 개의치 않았다. 그러나 한편으로 포시아와 그녀의 많은 동료들은 그 기관의 부장이 지나치게 비판적이고, 가혹하며, 악의적으로 사람들을 대한다고 느끼고 있었다. 그 부장은 거의 언어폭력과 같은 수준으로 불같이 분노를 폭발시키기도 하고, 직원들의 편을 가르는 경우가 종종 있었으며, 업무를 할당해 주었다가도 사전에 알림이나 피드백도 없이 화를 내면서 다시 일을 철회해 버리기도 했다. 포시아는 그녀가 좋아하는 일을 하기 위해서, 그녀를 학대했었던 예전 가해자를 떠올리게 하는 상사와의 관계를 겪어야만 한다는 것이 참 아이러니하고도 슬펐다.

생각해보기 #71 위의 사례에 대해 생각해 보라.

1. 포시아가 업무를 하는데 있어서 조직의 문화가 어떠한 식으로 힘이 되어 주는가?
2. 포시아가 업무를 하는데 있어서 조직의 문화가 어떠한 식으로 방해가 되고 있는가?
3. 나 자신이 속해있는 조직에 대해 생각해 보라. 조직문화의 순기능과 역기능으로는 무엇이 있는가?

지도감독

휴먼서비스 분야에서 지도감독의 뿌리는 교육과 마찬가지로, 자선조직협회에서 찾을 수 있다. 그 당시 협회의 리더들도 '우애방문원'이라고 불러 지던 자원봉사자들에게 적절한 훈련과 지원을 제공할 필요가 있다고 느꼈던 것이다(Kadushin & Harkness, 2002). 휴먼서비스 전문가들이 훈련과 지도감독을 통해서 구체적인 지식 기반, 가치, 행동양식을 익힐 수 있도록 과정을 거쳐야 한다는 점은 모두가 알고 있는 부분이다. 효과적인 훈련과 지도감독을 통해 원조서비스 기준을 충족시키는 양질의 서비스를 시행하는 것이 매우 중

요하다. 왜냐하면 휴먼서비스 전문가들은 사람들의 현재와 미래의 인생에 직접적으로 영향을 끼치게 되고, 서비스과정이 외부 공개되지 않는 상황에서 진행되는 특성이 있고, 서비스 신청자와 사용자들이 선택의 여지가 없이 특정기관에서 서비스를 받아야만 하는 경우가 자주 발생하기 때문이다(Kaiser, 1997).

휴먼서비스 분야에서 지도감독의 목적은 사회정의를 최대화하고; 적절하고 이용가능한 서비스를 제공할 수 있도록 직원들을 지원하고 프로그램을 운용하는 데 있다(Abels & Murphy, 1981). 휴먼서비스 지도감독자가 행하는 역할은 다음과 같다:

- 리더십을 가지고 비전을 제시
- 직원을 교육하고, 격려하며, 동기를 부여
- 서비스 제공 분야에 대한 연구와 사회적 발달의 변화추이를 지속적으로 살핌
- 효과적이고 효율적인 서비스 제공을 촉진
- 이해관계자들과의 관계에서는 책임감 있게 주어진 업무를 충실히 수행
- 필요한 서비스를 파악하고 이를 제공할 수 있도록 지원
- 팀워크를 향상시킴
- 협력적으로 일하는 관계를 형성하고, 충돌은 중재
- 본인과 타인의 업무를 관리
- 직원들의 성과를 모니터링하고 평가
- 문화적으로 역량 있는 서비스를 지향
- 기관의 상하 계층 간의 관계를 조율(Dolgoff, 2005; Perlmutter, Bailey, and Netting, 2001)

휴먼서비스 지도감독은 다음과 같은 세 가지 업무 영역으로 구분할 수 있다:

1. 행정적 지도감독: 프로그램과 직원에 대한 관리, 모니터링과 평가
2. 임상적 지도감독: 자원봉사자, 실습생, 직원들의 서비스 시행, 독립성, 그리고 성장에 대한 지원
3. 직원 개발 지도감독: 자원봉사자, 실습생, 직원에 대한 교육, 멘토링과 훈련

지도감독자는 여러 다양한 체계와 이해관계자들 간의 관계 속에서 책임있는 위치에 있다. 지도감독자는 다양한 이해관계자들(기관과 프로그램 임원, 지도감독하고 있는 직원으로부터 여러 가지 요구사항을 들어야 하는 역할을 담당하게 된다. 기관과 프로그램의 디렉터, 관리대상인 직원들, 기관에 도움을 청하는 사람들, 프로그램의 기금을 제공하는 사람들, 인증/승인 단체들, 그리고 거시적인 지역사회 등)이 제시하는 여러 가지 요구를 듣고 감당하여야 하는 것이다.

휴먼서비스에서의 지도감독은 대인관계 속에서 이루어진다. 지도감독이 지도감독자와 직원의 1:1 관계에서 이루어지건(가장 흔한 지도감독의 방식), 또는 상호협력하는 동

료 간이나 팀 내부에서 이루어지건 간에 대인관계를 바탕으로 시행이 된다. 지도감독의 관계는 그간 직장에서 함께한 이력, 조직 내에서의 정황, 협력과 조정, 대인관계에서의 역동성, 문화적 유사점과 차이점 등에 따라 달라진다. 신뢰할 수 있는 지도감독자를 갖게 된다는 것은 휴먼서비스 원조전문가로서 성장하는데 핵심이 되는 열쇠를 얻은 것이라고 볼 수 있다. 왜냐하면 긍정적인 지도감독 관계를 통해 자기 성찰, 자기 개선, 성장, 향상 등이 촉진될 수 있기 때문이다. 가장 훌륭한 지도감독자는 좋은 관찰자, 관리자, 선생님, 그리고 경청자로서의 역할을 잘 하는 사람이라고 할 수 있다.

생각해보기 #72

1. 당신이 지도감독을 받았던 경험을 통해 배우게 된 것들 중에서 가장 중요한 것 세 가지는 무엇인가?
2. 가장 최고의 지도감독 관계였다고 생각하는 것은 어떤 것인가? 그 이유는 무엇인가?
3. 휴먼서비스 지도감독자로서 가장 필요한 특성이 무엇일지 나열하여 보라. 그러한 특성들이 왜 중요하다고 생각하는지에 대해서도 논의해보도록 하라.

지도감독자와 지도감독을 받는 직원 간의 솔직한 의사소통과 상호 간 신뢰는 매우 중요하다. 상사는 자신의 직원들을 믿을 수 있어야 하며, 직원들은 그들의 상사에 대한 믿음이 있어야 한다. 만약 직원이 수치심, 불안, 비웃음에 대한 두려움 등으로 자신의 실수를 인정하지 못하거나, 질문하지 못하거나, 자신의 잘못을 내보이지 못한다면, 지도감독자는 그의 업무수행 진척도를 알 수 없고 그가 향상될 수 있도록 도울 수도 없다. 직원들은 자신들의 지도감독자가 진실하고, 존경할 부분이 있으며, 공정하고, 문화적 역량이 있으며, 업무에 대한 요구사항과 평가기준이 명확하며, 지지적이고, 다가갈 수 있으며, 직원들로부터 피드백 받는 것을 주저하지 않기를 바란다.

카두신과 하크네스(2002)는 직원들에게 두 가지 유형의 지원을 제공하여야 한다고 하였다: 수단적 (또는 실세적) 지원(의사결정하고 일을 수행하는 데 필요한 자원과 정보를 제공하는 것)과 의사표현적 (또는 감정적) 지원(직원들의 편안함, 자신감, 만족, 복지를 극대화하는 것)이 그것이다. 지지적인 지도감독은 문제를 겪고 있는 사람들과 일하는 환경에서 직원들이 받게 되는 스트레스, 소진, 의욕상실 등을 예방하거나 극복할 수 있게 만들 수 있다. 그러나 지지적이지 않은 지도감독은 업무의 스트레스를 더욱 가중시키게 될 것이다.

생각해보기 #73

1. 어떠한 경우에 지도감독이 지지의 원천이 되었는가? 어떠한 경우에 지도감독의 스트레스의 근원이 되었는가?
2. 자기 자신을 돌보는 것이나 스트레스를 관리하는 것과 관련해 직원들은 무엇을 책임져야 하는가?

지도감독자는 서비스 받는 사람에게 초점을 맞춰야 하고, 원조 서비스의 질과 공평한 서비스 접근권에 주된 관심을 기울여야 한다. 직원들의 요구사항이 최우선이 되어서

는 안 된다. 그러나 직원들의 복지와 전문가로서의 성장, 안전과 존엄성에 관심을 기울이는 지도감독자가 가장 효과적으로 업무를 수행할 수 있다. 서비스 이용자 중심이 되는 가장 좋은 방법은 직원에 대해 주의를 기울이는 것이다. 행복하지 않은 직원은 절대로 최고의 서비스 제공자가 될 수 없다. 좋은 지도감독자는 직원들이 겪고 있는 어려움이나 문제가 서비스 이용자들에 대한 서비스를 침범하지 않도록 구분을 짓는다. 그리고 직원들의 만족도와 서비스의 질적 수준을 동시에 최대화할 수 있는 방법을 강구한다. 지도감독자는 직원들이 계약서(직원들이 업무를 완수하고 성장, 학습할 수 있도록 지원)에 명시된 사항에 따르도록 하는 동시에, 직원들이 업무에서 현실적으로 겪고 있는 어려움과 개인적 삶에서의 고충에 대해 고려하여야 한다. 직원이 일, 건강, 학업, 가족의 문제 사이에서 균형을 잡기위해 고민하고 있다면, 지도감독이 중요한 중재역할(지지 제공과 조정)을 할 수 있다. 아벨스와 머피(1981)는 '존중을 바탕으로 한 행정'에 대해 논의하였는데, 이는 존중과 공정한 처우의 철학을 바탕으로 기관의 정책과 서비스 제공절차를 운영하는 것을 의미한다. 접근성, 공정성, 지지, 윤리, 그리고 서비스의 보장에 헌신하는 기관이 내부적으로는 직원들을 조종하고, 존중하지 않으며, 직원들의 권한을 빼앗고, 잘못 대우한다면 윤리적으로 문제가 많은 것이다(Petrick & Quinn, 1997; Reamer, 2000).

생각해보기 #74

1. 지도감독자가 직원들을 통제하는 것과 직원들에게 권한을 부여해주는 것 중 어느 것이 더 중요하다고 생각하는가? 그렇게 생각하는 이유는 무엇인가? 직원들에 대한 통제(관리)가 더 중요한 상황은 어떠한 것이 있을 수 있는가? 직원들에게 권한을 위임해 주는 것이 더 중요한 상황은 어떠한 것이 있을 수 있는가?
2. 나는 어떤 유형의 지도감독을 받았을 때 가장 효과적으로 업무를 수행하는 원조전문가가 될 수 있는가? 당신은 어느 정도의 지시와 관리를 원하는가? 그리고 어떠한 상황에서 그러한 관리를 필요로 하는가? 또한 당신이 지도감독자의 관리를 받기보다 자율적으로 일처리를 하는 것이 더 좋은 상황은 어떤 때인지 생각해 보라.

카이저(1997)는 좋은 지도감독자의 특징으로 다음과 같은 것을 제안하였다:

- 통찰력, 관찰력, 정보 수집과 평가능력
- 적극적인 경청 기술의 능숙한 활용
- 다양한 모델과 개입방법에 대한 지식
- 협상 능력
- 적절한 한계선을 설정하고 유지하는 능력
- 특정 행동을 언제 묵인해야 하고 언제 대응하여야 하는지에 대해서 판단하는 능력
- 문제에 대한 중재 능력
- 교육하고, 역할상이 되어주고, 변화시키고, 지시하고, 명확화하는 능력
- 어려운 상황에서 결정을 내리는 능력
- 자기 노출이 필요한 시기를 알고 선택하는 능력

- 스트레스 상황에서도 전문성을 유지하는 능력
- 지도감독 관계에서 적절한 경계를 유지하는 능력(지도감독자는 치료자나 친구가 아님)
- 자기를 인식하고 모니터링하는 능력
- 공정함, 일관성, 신뢰성, 진정성, 윤리성
- 지도감독 때 직원에게 수치심을 부여하기보다는 존중의 태도로 임하는 능력

생각해보기 #75

1. 이러한 특성 중에서 당신이 향상시키고 싶은 특성은 어떠한 것인가?
2. 당신은 언젠가는 휴먼서비스 지도감독자가 되고 싶다고 생각하는가? 되고 싶은 이유는 무엇인가? 되고 싶지 않은 이유는 무엇인가?

지도감독의 유형

직원을 모니터링하고 의사결정하는 것과 관련해 지도감독에도 다양한 유형이 있다. 권위적이거나 독재적인 경향의 지도감독자("내가 지시하는 대로 하세요")는 혼자 결정을 내리고 그것을 명령처럼 직원들에게 전달하는 모습을 보인다. 지도감독자가 홀로 신속하게 결정을 내리는 것은 시간이 절약되고 빠르게 의사결정을 할 수 있다는 장점이 있다. 반면 단점으로는 직원들이 스스로가 하찮게 느껴지거나, 적대감을 갖게 되거나, 소외감을 느끼게 될 수 있으며, 지도감독자에 대한 의존성이 높아질 수 있고, 창의력이나 동기부여가 결여될 수 있다.

'권한 이양적'인 경향의 지도감독자는 직원들에게 완전한 자유를 부여해 주기 때문에 지도감독자로서 존재자체가 없거나 눈에 보이지 않는 것처럼 느껴지기도 한다. 장점은 직원들의 자율성이 향상된다는 점이지만, 단점은 직원들이 필요한 지원이나 지도를 받지 못한다고 느낄 수 있고, 업무 성과가 나빠지거나 일을 덜하게 될 수 있다.

참여, 의견 수렴, 합의 등에 기초한 의사결정을 강조하는 지도감독자는 직원들의 지지를 쉽게 얻을 수 있는 정책과 서비스를 수립할 수 있다. 왜냐하면 그 지도감독자 밑의 직원들은 스스로가 기관 운영에 참여하고 있다는 주인의식을 느끼고 있기 때문이다. 이러한 유형의 지도감독은 공식적인 지도감독자뿐만 아니라 집단 내부의 팀원들로부터 리더십이 자생하도록 허용한다. 이러한 경우 직원들은 좀 더 동기부여가 되고, 활기차며, 권한을 부여 받았으며, 만족스럽다고 느낄 수 있기 때문에, 업무의 생산성이 향상될 수 있다. 그러나 이 유형의 지도감독이 갖는 단점으로는 시간이 오래 걸린다는 것이다. 특히 팀이 이러한 유형의 지도감독 스타일과 과정을 배우기 시작하는 단계라면 더욱 그렇다.

당신은 아마도 상황에 적절하게 지도감독의 여러 유형들을 통합하는 것이 필요하다는 생각을 하게 되었을 것이다. 직원들의 참여를 독려하고 직원들에게 권한을 부여해주는 지도감독 유형에 속하는 지도감독자라 할지라도, 때로는 독자적으로 빠른 의사결정을 하고 이후에 결정된 사항에 대해 직원들에게 통보해야 하는 상황도 생길 수 있다. 또한

어떠한 경우에는 지도감독자가 업무를 직원들에게 전적으로 맡겨놓고 그들이 스스로 결정을 내리도록 해야 하는 상황도 생길 수 있다.

신임 지도감독자가 갖는 어려움

신임 지도감독자는 새로운 업무와 기관의 정책, 그리고 새로운 역할에 대해서 파악하여야 하는 동시에 행정력과 대인관계적 기술에 대해서도 배워나가는 단계에 있다. 그렇기 때문에 다음과 같은 어려움에 직면할 수 있다. 자신이 고립되어 있거나, 더 이상 팀의 일부가 아니라는 느낌, 조직의 위계구조상 이전의 동료(친구)들보다 상위에 있다는 어색함, 모든 사람들과 새로이 관례정립을 하여야 한다는 점 등이다. 그리고 또한 지도감독자로서 서비스 이용자의 욕구와 직원들의 욕구 사이에서 균형점을 찾아야 한다는 것, 공정함이란 무엇인지에 대해 배워야 한다는 점, 직원에게 업무를 책임지도록 맡기고 그에 대해 사후관리를 해야 한다는 점, 대인관계에서 적절한 경계를 유지해야 한다는 점, 그리고 언제 어떻게 의사결정을 하여야 하는지(또는 언제 어떻게 도움을 요청하여야 하는지) 등을 알아가야 하는 어려움이 있을 것이다(Mordock, 1990). 신임 지도감독자들은 다음과 같은 실수를 하게 될 수 있다. 즉 필요한 경우에도 적절한 대응을 하지 못하거나 의사표현을 하지 못하는 것, 개인적 호불호에 기반하여 의사결정하는 것, 적절하지 않게 자기 노출하는 것, 직원이 정직하지 않거나 속임수를 쓰고 있는 경우에도 지나치게 신뢰하는 것, 직원들로부터의 존중이나 업무의 효율성을 높이는 것보다는 직원들로부터 인기를 얻는 것에 더 집착하는 것 등이다.

생각해보기 #76 당신이 좋은 휴먼서비스 지도감독자가 될 수 있을 것인지에 대해 생각해 보라. 자신을 돌아보는데 있어 다음의 질문들이 도움이 될 것이다.

1. 나는 명확한 목표, 사명, 철학을 견지하며 이를 전달할 수 있는가?
2. 나는 그 목표와 사명을 실천에 옮길 수 있는가?
3. 나는 그 목표와 사명을 다른 사람들에게 교육할 수 있는가?
4. 나는 자신의 장점과 단점을 인지하고 있는가?
5. 나는 협동과 참여를 바탕으로 하는 관리 방식을 실천하고 있는가?
6. 나는 사람들에게 동기부여를 할 수 있는가?
7. 나는 동료들의 존엄성과 권리에 대해 가치를 부여하는가?
8. 나는 질적인 서비스를 위해 질적인 직원들을 만드는 데 전념하고 있는가?
9. 나는 예측된 위험요소와 기회에 대해 대비할 수 있는가? 이에 대한 용기가 있는가?
10. 나는 나의 업무에 대해 열정이 있고 자신감이 있는가?

지도감독에 대한 '계약' 체결하기 지도감독에 대한 계약(contract)을 하기 위해서는 직원(또는 자원봉사자)들과 다음의 사항에 대해 명확히 해야 한다:

- 수행할 업무의 내용
- 기관의 사명이라는 큰 그림에 비추어볼 때 그 직원(또는 자원봉사자)의 역할
- 일정계획과 업무의 능숙도(업무에서 기대하고 있는 수준)
- 업무에 있어 직원(또는 자원봉사자)이 이해하고 있는 부분과 이해하지 못하고 있는 부분이 무엇인지에 대해 파악
- 직원(또는 자원봉사자)이 직접 수행할 수 있는 업무(또는 혼자서 결정할 수 있는 업무)의 범위와 상황
- 지도감독자에게 알려야 하는 상황과 승인을 받아야 하는 상황
- 직원(또는 자원봉사자)이 어떠한 기준에 의해서 평가를 받을 것이며, 구체적으로 무엇을 평가할 것인지에 대한 안내
- 평가근거를 집계하는 방법

직원 모니터링과 피드백 제공하기 **지도감독자**는 여러 가지 방법으로 직원들의 행동을 관찰하고 변화시킬 수 있다. 즉 직원의 사례기록을 검토하거나, 직원이 겪고 있는 어려운 상황에 대해 대화를 나누거나, 공식적인 교육이나 학습을 제공하거나, 전화 응대나 인터뷰를 참관하거나, 동료나 서비스 이용자로부터의 피드백을 요청하거나, 역할극을 활용하거나, 직원에게 시범을 보여주거나, 또는 이메일, 채팅, 화상회의 등을 활용하는 방법이 있다.

지도감독의 중요한 부분 중의 하나는 직원, 실습생, 혹은 자원봉사자에게 피드백을 제공하는 것이다. 피드백을 주는 것이 지도감독에 있어 필수적임에도 불구하고, 그것에 대해 불편하게 느끼고 있는 지도감독자들이 많이 있다. 피드백의 목적은 적절한 업무 행동양식을 교육하고 강화시키기 위한 것에 있다는 점을 명심하여야 한다. 그러므로 피드백에서는 직원의 잘못뿐만 아니라, 직원이 잘 하고 있는 점에 대해서도 다루어야 한다! 만약 늘 부정적인 비판만 듣고 칭찬이나 감사의 말을 듣지 못하는 직원이 있다면, 그는 곧 지도감독자를 몹시 두려워하게 되거나 피하게 될 것이다. 직원들은 자신들이 존중받고 있고 준비되어 있는 상태라고 느낄 때, 좀 더 개방적이고 덜 방어적으로 피드백을 수용할 수 있게 된다.

피드백은 업무 성과나 원조서비스의 질에 직접적으로 영향을 끼치는 사항에 대해서만 이루어져야 한다. 업무와 관련된 피드백은 짧은 시간 동안 자주 제공되는 것이 좋으며, 문제행동이 발생한 이후에 최대한 빨리 주어지는 것이 좋다. 피드백은 직원의 행동에 초점을 맞추어야 하며, 그의 개인적인 성격에 대해 피드백을 제공하는 것이 아니다. 또한 피드백은 직원들이 스스로 변화시키는 것이 가능한 사항에 대해서만 다루어야 한다. 피드백은 언제나 구체적이고 명확하여야 하며, 실제로 발생한 일에 근거하여야 한다. 피드백은 직원의 말이나 행동에 대해 의견을 제시하는 것이지, 그 직원이 어떤 사람이라고 규정 짓는 것이 아니다.

당신이 직원에게 부정적인 피드백을 준 이후에는 그 직원에게 감정이 어떤지 질문하고 답변을 잘 들어주어야 한다. 당신이 상황을 오해하거나 잘못 해석했을 가능성도 있다

는 사실을 받아들 수 있어야 한다. 만약 직원의 행동이 바뀌어야만 한다고 생각한다면, 자기주장적이면서도 분명하게 당신의 입장을 고수하여야 한다(자기주장적인 표현과 관련해서는 13장 참조). 직원과 면담약속을 잡아, 적당한 시간이 지난 이후에 직원과 다시 만나 개선사항에 대한 대화를 나누는 것이 좋다.

직원의 잘못을 수정하기 직원이 심각한 실수를 하였을 때에는 직원의 잘못을 수정하기 위한 피드백이 필요하게 된다. 만약 직원의 문제행동과 관련해 직원과 맞서거나 잘못을 지적해야 한다면, 위기 상황으로 인해 안전이 위협받고 있는 경우가 아니라면, 다른 사람들 앞에서 피드백을 제공하는 것은 도움이 되지 않는다. 만일 한 개인의 행동으로 인해 어떤 문제가 발생하고 있다면, 그 개인을 조용히 불러 다른 사람이 없는 곳에서 피드백을 제공하여야 한다. 그러나 만약 문제행동을 보이는 사람이 많은 경우라면, 직원 회의시간에 모든 사람들과 같이 이에 대해 논의하는 것이 좋을 것이다. 어떤 한 사람의 실수 때문에 집단 전체를 교정하려고 한다거나, 집단문제의 해결에 대한 책임을 어떤 한 사람에게 부과하는 것은 적절하지 않다. 이러한 내용들이 논리적으로 간단한 것처럼 보이지만, 다른 사람들을 교육하거나 지도하는 것에 대해 불편하게 느끼고 이를 잘 실천하지 못하는 지도감독자들이 많이 있다.

문제가 있는 상황이나 행동에 대해 직원에게 직접 피드백을 줄 때에는, 그것이 염려사항에 대해 다루기 위한 지도감독 회의임을 처음부터 분명히 하는 것이 좋다. 직원의 그러한 행동이 서비스 이용자, 동료, 혹은 기관과 관련해 어떤 문제를 일으키고 있는지에 대해서 구체적으로 언급하여야 한다. 비록 그것을 직원에게 말하는 것이 어렵고 화가 나거나 불만스러울 수 있으나 정중하게 이야기하고, 직원의 원래 의도가 좋은 것이었음이 분명하다면 그에 대해 인정해주는 것이 필요하다. 그 사람의 관점을 경청하도록 하여야 한다. 그렇지만 논쟁이나 힘겨루기 식으로 대화가 변질되지 않도록 주의하여야 한다. 직원이 방어적으로 대응하고 있는지 살펴보고, 이에 대해 지적하는 것이 필요하다. 직원에게 피드백에 대해 적극적으로 잘 경청해 줄 것을 요청하고, 직원의 행동이 어떤 잘못된 결과를 불러오게 되는지에 대한 요점을 다시 분명하게 강조하는 것이 좋다. 지도감독자로서 직원이 갖고 있는 고충에 대해 잘 알고 있긴 하지만, 기관과 서비스 이용자를 돌보아야 하는 것도 지도감독자의 책무임을 명확하게 제시하여야 한다. 지도감독을 받고 있는 직원이 어떤 제안이나 해결책을 제시하고 싶은지에 대해 질문하는 것이 정중하고도 효과적인 접근일 수 있다. 만약 가능하다면 몇 가지 대안을 제시해 주거나 상황을 바꾸기 위한 방안에 대해 협상해 보는 것이 좋다. 직원이 자존감과 힘을 더 많이 갖고 있을수록, 협력적이고 밝은 분위기에서 문제가 해결될 가능성이 높아진다. 만약 상황이 악화되고 있다면 용납할 수 없는 행동, 언어, 어투에 대한 선을 제시하여야 한다. 소리를 지르거나, 언어폭력을 사용하거나, 무례한 발언을 하는 것을 허용하지 않아야 한다. 만약 자신의 안전에 대해 염려가 된다면, 동료에게 곁에서 가까이 대기하고 있으면서 당신이 위험신호를 보냈을 때 도와 달라고 요청하는 것이 좋다.

사례

제리는 최근에 중독치료 생활시설에서 지도감독자로 승진을 하였다. 사례관리자나 상담자들의 거의 절반은, 과거에 약물중독의 문제를 겪었었다가 지금은 회복된 사람들이다. 제리가 승진하였기 때문에, 예전에는 동료나 친구였던 사람들에게 지도감독을 제공해줘야 되는 위치가 되었다. 제리는 루즈벨트가 다시 약물을 사용하고 있는 것은 아닌지에 대해 몹시 염려가 되었다. 루즈벨트는 제리가 많이 좋아하고 존경하는 직원이다. 최근 들어 루즈벨트는 직장으로 전화를 걸어 병결을 신청하는 경우가 많았고(주로 월요일에), 업무시간에 지각도 자주 하였다. 또한 루즈벨트는 성격이 급해졌고, 계속 체중이 줄고 있었다. 기관의 정책에 의하면, 약물을 남용하고 있는 사람은 고용할 수 없게 되어 있었다(그 사람이 해독치료를 끝마치고 몇 달간 회복과정을 거치지 않는 한 고용할 수 없다). 제리는 약물남용 문제와 관련해 루즈벨트와 직면하는 것이 망설여졌다. 왜냐하면 제리는 친구로서 루즈벨트를 잃게 될까 두려웠고, 만약에 루즈벨트가 해고된다면 그가 겪을 경제적/감정적 타격이 매우 클 것이라 생각했기 때문이다.

생각해보기 #77 위의 사례에 대해 생각해 보라.

1. 루즈벨트가 왜 그런 행동을 하고 있는지 설명할 수 있는 다른 대안들로 무엇이 있는가? 몇 가지 대안적 설명들을 제시하여 보라.
2. 제리가 루즈벨트에 대해 염려하고 있는 사항을 다루기 위해 무엇을 시행하는 것이 좋은가? 몇 가지 단계에 대해 나열하여 보라.
3. 제리와 같은 직업적 위치에 있는 사람이 시행하여야 할 행동계획을 만들어 보라.

직원에 대한 평가 평가는 기록을 남기기 위해 공식적으로 작성하는 연말 보고서만을 뜻하지 않는다. 직원에 대한 평가는 지속적으로 진행되어야 한다. 지도감독자와 원조전문가(직원)는 계약서를 작성하고, 계약서에 기관에서의 업무(상호합의된 업무)내용, 전문가로서의 목표, 업무수행에 있어서의 역할 등을 제시하여야 한다. 계약서의 내용은 주기적으로 수정/보완되어야 한다(Fox & Zischka, 1982). 직원 평가는 계약서에 제시되어 있는 업무와 역할에 대해 이루어져야 한다. 이전에 한 번도 논의되지 않았던 사항에 대해 연말 평가 때 갑자기 피드백을 받거나 부정적인 언급을 듣게 되는 것을 좋아하는 직원은 아무도 없을 것이다. 연말 보고서는 직원이 그동안 수행해 왔던 모든 업무에 대해 종합적으로 정리하는 것으로, 업무의 특정 부분만 집중적으로 제시하는 것이 아니다. 연말 평가의 한 부분으로서 직원, 자원봉사자, 실습생 등이 자신에 대해 자체평가를 해보도록 하는 것이 도움이 될 수 있다. 이를 통해 자신의 강점뿐만 아니라 개선이나 보완이 필요한 부분에 대해서도 솔직한 평가가 이루어질 수 있을 것이다.

관리와 지도감독에서의 윤리적 행위

윤리적인 관리자나 지도감독자는 모든 업무의 수행에 있어 휴먼서비스 윤리지침을 준수하고자 노력한다. 즉 직원의 고용이나 해고, 업무 양이나 업무시간의 할당, 모금활동, 예산 편성, 직원 포상, 훈육, 평가 등의 업무를 윤리적으로 수행하는 것이다. 윤리적인 관리자는 프로그램에 대한 조사, 계획, 개발, 수행, 그리고 평가의 과정에 있어 윤리적인 지침을 따르는 것에 노력을 아끼지 않는다. 윤리적인 관리자는 자신의 자존심, 감정, 또는 선호에 따라 결정을 내리기보다는 전문적인 윤리 원칙과 기준에 의거해 의사결정을 한다. 관리자는 사회정의와 서비스 접근권의 보장이라는 윤리적 목표를 해치지 않으면서, 기관과 자금 제공자 모두를 유지시키기 위해 신중하게 행동하여야만 한다. 윤리적인 관리자나 지도감독자는 의사결정을 할 때 고려하여야 할 윤리적 체계에 대해 직원들을 교육하여, 모두가 그러한 윤리지침에 따를 수 있도록 돕는 역할을 하여야 한다. 마지막으로(앞서 논의하였던 것들과 마찬가지로 중요한 것은), 윤리적인 관리자나 지도감독자는 대중이나, 지역사회, 기관 직원 또는 서비스 이용자들의 신뢰를 져버리는 행동을 하지 않도록 노력하여야 한다(Congress & Gummer, 1997; McCurdy, 1998; Mitzen, 1998).

관리자의 책임 중 하나는 권력을 공정하고도 윤리적인 방식으로 사용하는 것이다. 권력은 다른 사람들에게 영향력을 행사하고, 그들을 평가하며, 보상을 지급하고, 요구하고, 통제할 수 있는 능력이다. 지도감독자나 관리자가 위계구조상 하위에 있는 직원들보다 많은 권력을 갖고 있다는 것은 당연한 사실이다. 윤리적인 관리자나 지도감독자는 이러한 권력의 차이에 대해 인정하고 받아들이지만, 직원들을 지나치게 통제하거나 힘들게 하지 않는 선에서 권력을 사용하고자 노력한다. 매니저나 지도감독자가 자신의 자존감이나 지배력을 과시하기 위해 권력을 남용하고 있는가? 또는 매니저나 지도감독자가 원조전문가와 서비스 이용자가 처한 상황을 돕기 위해 자신의 권력을 사용하고 있는가? 관리자나 지도감독자는 가능한 한 관계를 상호관계적이고, 협력적이며, 공정하고, 상호작용적으로 이끌어 나가도록 노력하는 것이 필요하다.

리머(2000)는 관리자가 '윤리 감사(ethics audit)'를 시행하여 기관의 기록, 서비스 과정, 정책, 서비스 활동 등을 평가하여 휴먼서비스 윤리지침이 최대한 잘 지켜질 수 있도록 하여야 한다고 제안하였다. 기관이 서비스 이용자의 권리와 비밀보장을 보호하기 위한 체계를 갖추고 있는가? 서비스를 받지 못하게 되거나 다른 기관으로 보내지게 된 사람들을 위한 고충처리 서비스가 쉽게 이용 가능하도록 되어 있는가? 계약서에 싸인을 받는 과정에 대하여 규정이 잘 정리되어 있고, 기관의 계약서가 서비스 이용자들의 모국어에 맞춰 여러 나라의 언어로 마련되어 있는가? 기관은 사람들 간에 경계 문제나 이익의 충돌 문제가 발생하지 않도록 지속적으로 주의를 기울이고 있는가? 기관의 서비스가 공정하고도, 존중적이며, 문화적으로도 역량이 있으며, 편견이나 고정관념이 반영되어 있지 않은 상태로 제공되고, 전달되며, 모니터링되고, 종결되고 있는가? 기관의 모든 자원봉사자들과 직원들은 적절한 수준의 훈련을 받았는가? 기관의 의사결정 과정이 윤리적인 지침에 맞춰 일관성 있게 이루어지고 있는가?

생각해보기 #78 자신의 개인적 경험에 비추어 볼 때, 윤리적인 관리나 의사결정이 필요하였던 상황이 언제였는지 예를 들어보라. 어떤 상황이었는가? 그 당시를 지금 회상해 볼 때, 그 상황의 결과에 대해 어떻게 생각하는가? 더 좋은 결과를 불러올 수 있었던 방법이 있었는가? 그랬다면 어떤 방법이었는가?

요약

휴먼서비스 전문가로서 당신이 하고 있는 업무가 직원에 대한 지도감독 제공이거나, 프로그램을 집행하는 것이거나, 또는 관리업무를 수행하는 것이건 간에 당신은 관리의 기본적인 개념에 대해 완벽하게 숙지하고 있어야 할 것이다. 그 외에도 업무의 기획, 기관의 문화에 대한 영향력 행사, 자원봉사자들과 직원들에 대한 피드백의 제공과 같은 중요한 업무들을 수행할 수 있어야 한다. 모든 원조활동 안에 내재되어 있는 가치는, 지도감독과 관리에 있어서도 마찬가지로 중요하게 적용된다. 휴먼서비스의 중심을 차지하고 있는 것은 효과적이고 윤리적인 지도감독과 관리이다.

원조전문가 돌보기

PART 3

마지막 부분에서는 휴먼서비스 현장에서 일을 하는데 있어 중요한 부분에 대한 논의로 결론을 맺는다. 13장에서는 원조전문가들이 스스로를 위해서 관심을 가져야 할 자기 돌봄, 자기 주장, 어려운 상황 다루기, 개인적 안전에 집중하기, 기대를 명확하게 하기 등에 대해 다룬다. 또한 원조전문가가 지도감독, 지지, 자문, 의뢰가 필요할 때 어떻게 해야하는지에 대한 논의도 제시한다. 14장은 원조에 대한 주요 항목에 대해서 다시 한 번 제시하면서 결론을 맺는다.

13 CHAPTER 자신에 대한 관심 갖기

만약 원조전문가가 정신적, 감정적, 그리고 신체적으로 건강하다면 다른 사람들에게 보다 쉽게 도움을 제공할 수 있을 것이다. 만약 당신이 스스로 감당할 수 있는 한계를 넘는 일들로 인해 힘이 다 빠진 상황이라면, 다른 사람들에게 제공해 줄 수 있는 것이 아무것도 없을 것이다. 이와 유사하게, 만약 당신이 특정한 상황에 대해 원조를 제공하기 위한 훈련이나 준비과정을 거치지 못했다면, 해당 클라이언트를 적절한 원조전문가에게 의뢰하고, 자기 자신을 개발하기 위해 지도감독과 상담을 받아야 한다. 이 장에서는 자기 스스로를 관리하는 방법(소진 또는 스트레스에 대하여 인식하고 대응하는 방법 포함)과 '자신의 능력을 넘어서는 일'을 다루는 방법에 대하여 제시할 것이다.

소진과 스트레스에 대한 관리

만약 휴먼서비스 원조전문가들이 자신의 기본적인 욕구도 충족시키지 못하고 있다면, 그들이 다른 사람들의 욕구를 효과적으로 충족시켜 줄 수 있는 가능성도 떨어지게 될 것이다. 그러므로 원조전문가가 자신의 감정적, 신체적, 심리적, 사회적, 그리고 여가(취미)생활적 욕구가 무엇인지 파악하고 그러한 욕구들이 제대로 충족되고 있는지 점검하는 것이 매우 중요하다. 자신에게 힘을 제공해주는 원천이 있을 때, 원조전문가로서 더 오래, 효과적으로 일할 수 있으며 소진이 오지 않도록 방지할 수 있다.

소진(*burnout*)은 자신에게 주어진 어려움이 자신의 한계를 넘어선다고 느끼는 감정을 뜻하는 일반적인 용어이다. 스트레스는 우리가 감당할 준비가 잘 되어있지 않은 압박이나 부담을 의미한다. 만약 당신이 소진되었거나 스트레스의 정도가 지나치게 높은 상황이라면, 당신은 기분이 우울하거나, 통제력을 잃거나, 짜증이 나거나, 또는 극도로 피곤하다고 느낄 것이다. 그리고 당신은 자신에게 의지하고 있는 사람들을 매우 엄격하게 대하게 되거나 그들의 이야기를 듣는 것이 상당히 힘들어지게 될 것이다.

무엇이 소진을 불러 오는가?

휴먼서비스 전문가와 자원봉사자들은 여러 가지 이유로 인해 자신이 고갈되었다고 느낄

수 있다. 다음 상황들이 소진의 계기가 될 수 있다:

1. 자신을 양육하고 돌보기 위한 활동에 충분한 시간과 관심을 기울이지 못하고 있을 때
2. 개인의 위기, 삶에서의 스트레스, 상실의 경험이 스스로를 압도하고 있는 상황일 때
3. 자신이 하고 있는 일에 대해 충분한 격려나 인정을 받지 못하고 있을 때
4. 자신에게 도움을 요청하는 사람들이 겪고 있는 문제의 상태나 정도가 너무나 심각하여 무력감을 느끼거나 감당하기 어렵다고 느낄 때(또는 해당 클라이언트를 돕기 위한 자원이 기관이나 지역사회에 부족하다고 느낄 때)
5. 고통스럽거나, 심각하거나, 속상한 상황과 맞닥뜨리게 되었거나 앞으로 그러한 상황에 직면하여야 할 때(예를 들어 어린이의 사망과 같은 문제)
6. 자신의 업무를 효과적으로 관리하는데 어려움을 겪고 있을 때. 자신의 업무가 무질서하다고 느끼거나 너무 많은 일을 너무 빨리 처리해야 한다고 느낄 때
7. 자신의 능력을 과대평가했거나, 자신의 역량에 비해 기대치나 기준을 지나치게 높게 책정했을 때. 예를 든다면, 당신은 자신이 모든 상황에 대해 문제를 해결할 수 있을 것이라 생각하는가? 자신이 기울인 노력의 결과가 모두 성공적일 것이라 생각하는가? 자신이 절대 실수하지 않을 것이라 생각하는가?

생각해보기 #79 자신이 소진되고 있다고 느끼고 있는지 점검하기 위해 다음의 체크리스트를 작성하여 보라. 만약 다음의 질문에 대해 대부분 "예"라고 응답한다면, 당신은 스트레스 관리와 관련해 도움이 필요한 상황이다.

- 이유 없이 기분이 울적하거나, 적대적인 감정이 생기거나, 냉소적이 되거나, 분노가 치밀거나, 불만이 생기거나, 짜증이 나는 경우가 자주 있는가?
- 주의력이 떨어지거나, 사고를 치게 되거나, 건망증이 생기는 경우가 자주 있는가? 단기 기억상실이나 주의력 결핍의 증상이 심상치 않게 나타나는가? 예를 들어 내려야 할 지하철역을 놓친다거나, 빨간불을 무시하고 주행한다거나, 알람시계 맞추는 것을 깜빡하거나, 약속을 잊어버리거나, 다리미 코드를 뽑지 않은 채 그대로 두는 경우가 있는가?
- 자신의 삶에 있어 중요한 사람들과의 인간관계를 끊고 있는가?
- 자신의 상황에 대해 한계를 넘었거나, 너무 깊이 들어갔다거나, 감당하기 어렵다고 느끼는가?
- 신체적으로 피곤하고 정신적으로 고갈되었다고 느끼는 경우가 자주 있는가?
- 자신의 감정이 모두 표면적으로 그대로 드러나고 있어, 스스로에 대해 놀라는 경우가 있는가? 급격히거나 또는 이유가 없는 감정기복이 생기는가?
- 자신이 원하는 것에 비해 휴식이나 여가를 위한 시간이 부족한가?
- 자신의 균형감각을 잃고 있는가? 비교적 작은 사건도 과장해서 말하는가?
- 두통, 불면증, 소화불량, 발작, 피부병, 잦은 감기 등의 신체적인 증상으로 고통스러운가? 수면이나 식욕, 또는 체중에 있어 급격한 변화가 있는가?
- 자신에게 비현실적인 기준이나 목표를 제시하고 있는가?

- 직장에 일을 하러 가거나 클라이언트(혹은 직장 동료)를 만나는 것이 두려워지는가?
- 대부분의 경우 기분이 슬프거나 울적한가?
- 일을 더 열심히 하고 있는데도 이루어지는 것은 적다고 느끼는가?
- 자신의 상황이나 일에 대해 웃어넘기지 못하는가?
- 과거에 즐기던 활동들이 더 이상 예전만큼 즐겁지 않은가?

소진은 휴먼서비스 기관 내에서의 스트레스로부터 발생하기도 한다. 예를 들어 예산의 부족, 개인적 역량의 부족, 부적절한 서비스, 동료나 지도감독자와의 대인관계의 어려움, 인정을 받지 못하고 있다는 느낌, 업무를 신속하게 처리하기가 어려움 등의 스트레스가 있을 수 있다. 스트레스는 다른 기관이나 서비스 시스템과 협력해 나가는 과정에서 발생하기도 한다. 원조전문가가 클라이언트를 다른 기관의 서비스와 연결시키는 과정에서 지속적으로 장애물이나 비협력적인 담당자들을 만나게 된다면, 좌절되기도 하고 화가 나기도 할 것이다.

스트레스 관리

원조전문가로서 자신의 욕구에 대해 잘 알고 관리하는 것은 특별히 중요하다. 왜냐하면 우리가 만나게 될 많은 개인이나 가족들은 자기 스스로를 적절하게 잘 돌보지 못하고 있는 사람들이기 때문이다. 예를 들어 외상성 뇌손상으로 치료받고 있는 자녀를 둔 부모는 자신의 건강을 위해 병원이나 치과에 갈 시간을 내기가 어려울 것이다. 또한 만약 연로하고 병약한 어머니를 돌보고 있는 딸이 있다면, 그녀는 자신의 건강을 위해 정기적으로 운동하는 것이 거의 불가능할 것이며, 자신을 위해 운동한다는 것은 그녀의 우선순위에서 뒤로 밀릴 수밖에 없을 것이다. 원조전문가가 다른 사람들의 욕구를 충족시켜주기 위해서는 스스로가 감정적으로, 심리적으로, 사회적으로, 그리고 신체적으로 건강해지기 위한 노력을 들여야 한다. 그럴 때에 원조전문가가 더 효과적으로 일할 수 있게 되고, 다른 사람들에게도 '스스로를 돌보는 것'의 중요성에 대한 역할상이 되어줄 수 있다.

다음에서는 자신의 스트레스 반응을 관리하고 당신의 앞에 떨어지는 일이 무엇이든간에 잘 극복할 수 있도록 도와주는 전략에 대해 논의할 것이다.

자신에 대해 알기 자신의 감정, 습관, 한계, 강점과 단점에 대해 통찰력을 갖는 것은 큰 도움이 된다. 자신의 개인적인 욕구와 스트레스 요인이 무엇인지 잘 관찰하고 내적으로 성찰해 보아야 한다. 예를 든다면 나는 다른 사람들이 어떤 행동을 할 때 불편해지는가? 하루 중에서 업무가 너무 과도하다고 느끼는 특정한 시간이 있는가? 지금 현재 시간 관리를 잘 못하고 있는가? 나를 분노하게 만드는 어떤 상황이 있는가? 괴로움에 소리를 지르고 싶게 만드는 직장 업무가 있는가? 스트레스를 유발하는 요인이 무엇인지 파악한 이후에는, 다가올 어려움에 대해 대비할 수 있다. 휴식기를 갖거나, 업무를 다른 방식으로 처리하거나, 동료(또는 지도감독자, 친구, 가족 등)에게 도움을 요청할 수 있을 것이다.

적절한 도움 받기 유능하고 효과적인 원조전문가가 되는데 있어, 자신을 위해 적절한 사회적 지지를 받는 것은 매우 중요한 사항이 된다. 사회적 지지는 한 개인이 삶에서의 위기와 어려움을 잘 다루고 극복하도록 하는데 있어 강력하고도 긍정적인 도움이 된다. 또한 부담감을 나누는 데에도 도움이 된다. 다른 사람들을 돕는 원조전문가로서 자기 스스로에게 필요한 지지를 꼭 받도록 하여야 한다. 원조전문가도 자신이 지지를 받고 있으며, 가치가 있고, 의미가 있다고 느껴야 한다. 만약 당신이 주변의 지도감독자, 동료, 친구, 연인, 그리고 가족들이 자신을 지지해주지 않고 있다고 느낀다면, 에너지가 고갈될 가능성이 더욱 커진다. 만약 특정 집단으로부터 지지를 받지 못하고 있다고 느낀다면, 다른 집단을 통해 더 많은 지지를 받아 보고자 노력하는 것이 필요하다. 예를 든다면 원조전문가들을 위한 자조집단을 찾아보거나, 전문적 상담을 받아보거나, 나의 이야기를 들어주고 지지해줄 수 있는 사람들을 모아서 새로운 자조집단을 형성해보는 것이다.

현실적으로 생각하기 자신이 갖고 있는 기대나 기준이 현실적인지 평가해 보아야 한다. 자신이 갖고 있는 '슈퍼 직원(super worker)' 콤플렉스나 '구세주(savior)' 콤플렉스를 버리도록 노력하여야 한다! 최선을 다하는 것은 맞지만 나 자신도, 내가 돕고 있는 사람들도, 그리고 기관도 한계점을 갖고 있다는 점을 분명히 인식하여야 한다. 자신도 하나의 인간임을 인정하고, 우리 모두가 실수를 하거나 지치는 순간이 생기기 마련이라는 점을 받아 들여야 한다. 자기 스스로에 대해서나, 지도감독자, 가족이나 친구, 그리고 내가 돕고 있는 사람들 모두에 대해 현실적인 선을 제시하여야 한다. 당신이 모든 사람들을 위해서 모든 일들을 다 할 수는 없다는 점을 인식하여야 한다.

자신을 재충전하기 자신에게 맞는 스트레스 관리기법을 찾아 그것을 자신의 삶 속에서 실천하기를 시작해야 한다. 그러한 기법들은 역기능적이거나 자기 파괴적이지 않아야 한다. 스트레스 관리기법은 거창한 것이 아니어도 된다; 따뜻한 허브차 마시기, 샤워나 목욕하기, 거리를 산책하기, 잡지나 단편소설 읽기, 영화 보기, 기도하거나 명상하기, 사랑하는 사람을 꼭 안아주기, 고양이나 개를 쓰다듬기, 나를 웃게 만드는 친구에게 전화하기 등과 같이 간단한 것이어도 좋다. 장기적으로 보았을 때, 나의 스트레스 지수를 높일 수 있는 활동을 피하도록 노력하여야 한다. 피해야 할 활동들로는 알코올이나 약물의 남용, 과식, 도박, 과도하게 쇼핑하기 등이 있을 것이다.

변화를 유도하기 기관과 관련된 스트레스에 대한 최고의 해독제는 장애물과 어려움에 대해 표명하는 것이다. 당신의 부서나 다른 부서에서 뜻을 같이 할 수 있는 동맹자들을 찾아보아야 한다. 동맹자들 역시 의뢰나 서비스 전달과정을 보다 원활하게 운영하는 것에 대해 관심이 많을 것이다. 당신의 지도감독자, 동료들, 또는 동맹자들과 함께 업무의 어떤 부분을 어떻게 바꿀 수 있는지 찾아보고, 업무를 더 효과적으로 처리할 수 있는 새로운 대안에 대한 의견을 모아 보아야 한다. 만약 새로운 제안 사항이 있다면, 조직을 변화시킬 수 있는 사람들에게 (정중하면서도 협력적인 태도로) 그러한 제안을 제시하는 것이 좋다. 조직 내부와 외부에서의 옹호활동에 대한 논의는 11장을 참조하면 좋을 것이다.

연습

자신의 행동방식이 건강한지 파악하기 위해, 다음에 나오는 '돌보는 사람(caregiver)을 위한 체크리스트'와 '개인적 스트레스 관리 행동계획'을 작성하여 보라.

1부. 돌보는 사람을 위한 체크리스트(Bass, 1990)

1. 규칙적으로 운동을 하는가? 예/아니오
만약 그렇다면, 얼마나 자주 하는가? ____________________

2. 자신에게 기쁨을 주는 자원봉사 활동을 정기적으로 하고 있는가? 예/아니오

3. 정기적으로 즐기는 취미나 여가활동이 있는가? 예/아니오
만약 있다면, 얼마나 자주 즐기는가? ____________________

4. 흡연을 하는가? 예/아니오
만약 한다면, 하루에 몇 갑을 피우는가? 그리고 최근 몇 달간 흡연량이 늘었는가?
____

5. 술을 마시는가? 예/아니오
만약 마신다면, 하루에 몇 잔을 마시는가? 그리고 최근 음주량이 늘었는가?
____

6. 최근 몇 달간 5 kg 혹은 그 이상의 체중이 늘거나 줄었는가? 예/아니오

7. 하루에 세 끼 영양적으로 균형 잡힌 식단으로 식사하는가? 예/아니오
만약 그렇지 않다면, 얼마나 자주 영양적으로 균형 잡힌 식단으로 식사하는가?
____

8. 불면증이나 불안을 자주 경험하는가? 예/아니오
만약 그렇다면, 그것에 대해 어떻게 대처하고 있는가? ____________________

9. 좋은 일이나 나쁜 일이 있을 때 그것을 함께 나누는 사람이 있는가? 예/아니오
만약 없다면, 원조전문가와 상담을 하는가? 예/아니오

10. 건강진단을 받고 있는가? ____________________
그렇지 않다면, 어떻게 하면 건강진단을 받을 수 있겠는가?
____

11. 당신의 목표는 무엇이며, 그것을 달성하기 위해 무엇을 하고 있는가?
____

2부. 개인적 스트레스 관리 행동계획

1. 나는 이것을 시작해보고 싶다: ____________________

2. 나는 이것을 그만두고 싶다: ____________________

3. 나는 이것을 계속 하고 싶다: ____________________

4. 이것이 나에게 도움이 될 것이다: ____________________

5. 이것이 나를 방해할 것이다: ____________________

6. 나의 성공률을 높이기 위해 나는 이것을 할 것이다: ____________________

자기주장적 의사소통하기와 한계 설정하기

자기주장적(assertive)으로 의사소통을 할 수 있는 (필요할 때 거절하는 것을 포함) 원조 전문가는 자기 스스로를 돌보는 능력을 향상시킬 수 있다. 자기주장적인 의사소통은 두 가지 중요한 역할을 한다: 다른 사람들의 감정에 대해 민감하게 이해하면서도, 자신의 감정을 솔직하고 직접적으로 표현하는 것이다. 자기주장적이라는 것은 다른 사람들에게 자신의 생각, 욕구와 감정을 자신감 있게, 적절하게, 그러면서도 부드럽게 전달할 수 있는 능력을 뜻한다.

많은 사람들이 '자기주장적'인 것과 '공격적(aggressive)'인 것을 혼동하고 있다. 그러나 이 둘은 사람들을 대하는 태도에 있어 전혀 같지 않다. 공격적인 행동을 표출하는 사람들은 다른 사람들의 감정이나 권리에 대해 무심하며 주로 자기 자신에 대해서만 초점을 맞추고 있는 경우이다. 수동적(passive)인 행동을 보이는 사람들 역시 자기주장적이지 않다. 이러한 사람들은 자신의 권리나 감정을 무시하고, 자신을 책임지고 돌보지 않는 모습을 보인다. 자기주장적인 의사소통을 하는 사람들은 자신을 포함하여 모든 사람들의 감정과 권리에 대해 고려하고 그를 바탕으로 대화한다. 표 13.1에서 이러한 세 가지 행동의 연속선에 대해 제시하고 있다.

표 13.1 • 수동적–공격적 행동의 연속선

수동적	자기주장적	공격적인
다른 사람들이 나보다 더 중요하다. 내가 하고 싶은 말이나 내가 느끼는 감정은 별로 중요하지 않다.	나의 욕구와 감정은 다른 사람들의 그것과 마찬가지로 중요하다.	다른 사람들보다 내가 더 중요하다. 나의 욕구와 감정에 우선권이 주어져야 한다.

사례

다음의 가족 사례에서는 어떤 요청이 들어왔을 때 사람들이 보이는 반응에 대해 각기 다른 유형의 예시를 보여줄 것이다: 은퇴한 부부인 샘과 질은 함께 주말에 떠날 여행에 대해 고대하면서 준비하고 있었다. 그런데 그때 아들 부부로부터 다급한 목소리의 전화를 받았다. 아들은 샘과 질 부부에게 자신이 아내와 특별할인 스키여행을 가야하니 세 아이들을 주말 동안 돌봐 달라고 부탁하였다. 아들과 며느리는 이렇게 좋은 조건으로 다른 친구가족들과 함께 스키여행을 갈 수 있게 되었다는 것에 매우 흥분하고 들떠 있는 상태였으며, 샘과 질이 당연히 아이들을 봐 줄 것이라고 생각하고 있었다. 아들은 "아버지와 어머니가 이번 주말에 계획이 있으신 것은 알고 있어요. 그래도 두 분 다 은퇴하셔서 시간이 많으시니까 이번 주말여행을 다른 때로 옮기시고 애들 봐주셔도 괜찮으시잖아요"라고 말했다.

공격적 반응: 샘은 화가 나서 "너 정말 용기가 대단하구나! 어쩜 그렇게 배려심이 없니? 난 네가 나와 네 엄마를 대하는 태도가 납득이 안 된다. 우리가 예전에 도와줬을 때에도 한 번도 우리에게 감사하다고 말하지 않았잖아. 우리는, 너도 알다시피 네 하인이 아니야. 꿈도 꾸지마!"라고 소리치고 전화를 끊어 버렸다. 샘은 화가 나고 기분이 상했다. 그러나 자신의 말이 아들에게 어떤 영향을 끼쳤을 지에 대해서는 생각하지 못하였다.

수동적 반응: 샘은 "그럼 당연하지, 아무 문제 없단다. 내 생각에도 괜찮을 것 같아. 엄마한테는 내가 말할 테니 애들을 데리고 오렴"이라고 말하고 전화를 끊었고, 아내는 무척 실망한 얼굴표정을 지었다. 부부는 서로 아들이 남의 기분도 몰라주고 이기적이라고 불평을 주고받았지만, 나중에 아들이 아이들을 데리고 도착했을 때에는 전혀 내색도 못하고 아무 문제가 없는 것처럼 행동하였다.

자기주장적 반응: 샘은 "아들아, 우리는 손주들을 정말 사랑하고 손주들과 함께 지내는 것을 아주 좋아한단다. 우리가 도와줄 수 있을 때에는 너희 부부를 언제든지 도와주고 싶단다. 그런데 이번에는 좀 어렵겠구나. 네 엄마랑 내가 주말여행을 계획했는데, 이것을 취소해야 하면 정말 실망스러울 것 같구나. 너희 부부가 우리만 믿고 있었는데, 도와주지 못해서 미안하다. 다음에 우리가 아무 일 없을 때 애들을 우리한테 맡기렴. 그때 기쁜 마음으로 사랑스러운 손주들을 돌봐주마"라고 말했다.

대부분의 사람들이 자기주장적으로 의사표현하는 것이 어려운 상황들이 있다. 예를 든다면 제안에 대해 거절해야 할 때, 한계를 설정할 때, 격한 감정을 표현할 때, 자신을 방어할 때 등이다. 자신의 욕구를 부정하고 다른 사람들의 욕구에 부응하는 것에 워낙 익숙하기 때문에 제안이 들어왔을 때 거절하지 못하는 사람들도 있을 것이다. 다른 모든 사람들이 나에 대해 호감을 갖기를 원하는 마음에 들어오는 모든 제안(요청)에 대해 긍정적으로 응답하게 되는 경우도 있을 것이다. 또한 대개의 경우 제안이나 요청은 간곡하게 도움을 요청하는 것이므로, 그러한 제안을 거절해서는 안 된다고 느끼게 되기도 한다.

자신이 하루 24시간, 일주일에 7일간 항상 도움을 줄 수 있는 사람이 되어야 한다면 그 누구라도 금세 에너지가 소진될 것이다. 그렇게 되지 않기 위해 무엇을 할 수 있을까? 원조전문가로서 당신의 역할은 문제를 겪고 있는 사람들이 자신의 문제를 스스로 잘 해결할 수 있도록 지원해주는 것이지, 실제로 그들의 문제를 직접 해결해주는 것이 아니다. 적절한 의사소통기술을 배우는 것은 우리 스스로를 보호하기 위해서도 중요하지만, 다른 사람들에게 건강한 의사소통의 모델을 보여주기 위해서도 필요하다(타인의 감정을 상하게 하지 않으면서도 자신의 욕구를 충족시키는 것이 가능하다는 것을 보여주는 것이다).

제안(요청)을 거절할 것인지 결정하기 위한 단계

- 개별적인 사안의 성격, 자신의 개인적 욕구, 기관의 지침, 그리고 지원을 요청하고 있는 사람의 상황을 고려할 때, 제안을 거절하는 것이 적절한지 결정한다.
- 제안사항에 대하여 받아들일 것인지, 거절할 것인지 분명하지 않다면, 답변을 하기 이전에 그 제안에 대해 생각해 볼 시간을 달라고 요청한다. 그 시간 동안 다른 사람들과 그 제안사항에 대해 상의해 볼 수 있으므로 결정을 내리는 데 도움을 얻을 수 있다. 결정이 내려지면 되도록 빨리, 지원을 요청하였던 사람에게 결정된 사항을 알려주어야 한다.
- 만약 상황에 대하여 고려해보고, 지도감독자와도 상의해 본 이후에도 제안을 수

락하고 싶다는 마음이 생긴다면, 그대로 진행하여도 좋다. 만약 지금 현재 상황으로서는 그 제안을 수락하기 어렵다면, 그대로 전달하면 된다.

제안(요청)을 거절하기 당신이 원조전문가로서 어떤 제안을 거절해야 할 상황에 처하게 될 경우에, 다음의 지침들이 도움이 될 것이다:

- 단어사용과 어조가 중요하다. 당신이 갖고 있는 어려움을 표현하기 위해 문장을 '저는(I)'이라는 단어로 시작하는 것이 '당신은(You)'이라고 시작하는 것보다 좋다. 대화의 시작을 '당신은 절대' 혹은 '당신이 하지 않은 것은'이라고 하기보다는, "저는 지금 당장으로서는 할 수가 없습니다" 또는 "제가 지금은 할 수가 없다고 말씀 드립니다"와 같은 형태가 좋다. 만약 제안에 대하여 거절해야 한다면, 단호하지만 부드러운 어투와 태도로 전하는 것이 좋다. 고함을 지르거나 징징거리며 불평하지 않아야 한다.
- 만약 제안을 거절한 이유에 대해 설명을 하고 싶다면, 그래도 좋다. 그러나 너무 장황하게 거절한 이유에 대해 설명하지는 않는 것이 바람직하다. 예를 든다면 "저는 당신을 매우 아끼고 있기 때문에 실망시키고 싶진 않지만, 함께 장례식장에 가진 못하겠어요. 최근 제 친구가 사망한 것 때문에 심리적으로 너무 힘든 상황이어서, 제가 지금 당장 또 다른 장례식장에 가야 할 이유는 없을 것 같아요"라고까지 이야기하지 않아도 된다.
- 자신의 감정뿐만 아니라 다른 사람의 감정에 대해서도 민감하게 인지하여야 한다. 다른 사람의 감정, 상황, 또는 의도에 대해 모든 것을 알고 있다고 절대로 확신해서는 안 된다. 그 사람이 어떤 생각을 갖고 있는지 관심을 갖고 부드럽게 질문하여야 한다. 예를 든다면: "이번 오후에 꼭 처리해야 할 개인적 업무가 있어서, 당신과 같이 갈 수가 없어 죄송해요. 저에 대해 실망하지 않으셨기를 바래요. 어떻게 생각하고 계시는지요?"와 같이 질문할 수 있다.
- 그 사람이 그러한 제안을 한 것에 대해 비난하거나 화를 내는 것처럼 말하지 않도록 주의하여야 한다. 우리가 제안을 거절할 권리를 갖고 있는 것처럼, 우리 모두는 다른 사람에게 어떤 제안을 할 권리도 갖고 있다. 만약 당신이 자기주장적으로 응답한다면, 당신은 제안을 한 사람을 추궁하거나 비난하지 않을 것이다. 그 대신에 그 사람에게 정직하고도 정중한 태도로 대화를 건낼 것이다. 예를 들어 나에게 도움을 요청하는 사람에게 화를 내면서 "저한테 그런 부탁을 하다니 믿을 수가 없네요. 제가 얼마나 바쁘지 안 보이세요? 제가 얼마나 많은 사람들을 챙겨야 하는지 모르세요?"라고 응답한다면, 서로 간의 관계에 악영향을 미치게 될 것이다. 그보다는 "제가 오늘 도와드릴 수 있으면 정말 좋을 텐데, 오늘은 너무 바빠서 여유시간이 없어요"와 같이 응답하는 것이 훨씬 효과적이고 정중한 접근이다.
- 요청사항에 대해 상대방에게 다른 대안을 제안해줄 수도 있다. 경우에 따라 제안(요청)을 한 사람이 문제를 해결하기 위한 다른 대안에 대해 관심이 없을 수도 있

다. 만약 관심이 없다면, 그대로 마무리하면 된다. 그러나 만약 상대방이 다른 대안에도 관심을 보인다면, 생각을 정리하여 다른 대안을 제시해주는 것도 좋다. 우리가 제안할 수 있는 다른 대안은, 다른 시간에 혹은 다른 역할로 도움을 줄 수 있다고 제시하는 것이다. 예를 든다면 어떤 사람이 식사시간에 전화를 걸어 자신의 문제에 대한 조언을 요청한다면, "제가 지금은 전화하기가 어려워요. 제가 저녁 9시 이후에, 애들 재우고 난 다음에 전화 드려도 될까요?"라고 응답하는 것이다. 또 다른 예를 든다면 "제가 오늘은 당신을 뵈러 병원에 가지 못해요. 하지만 제가 내일 저녁 때 뵈러 갈께요. 그러면 어떨까요?"라고 대답하는 것이다. 경우에 따라서는, 어떤 제안을 받았을 때 그것이 당신 자신보다는 기간 내부의 (혹은 다른 기관의) 다른 사람과 연결시켜 주는 것이 더 적절한 경우도 있을 것이다. 그런 경우, 가능하다면 직접 연결시켜주면 더 좋을 것이다. 예를 들면 다음과 같은 경우이다:

- "저희 기관에는 당신이 법원에 갈 때 함께 동반할 사람을 보내주는 프로그램이 없어요. 그래서 제가 함께 법원에 가 드릴 수는 없어요. 하지만 '성폭력 위기개입센터'는 당신과 같은 상황에 있는 사람들을 위해 법원에서 대변인 역할을 제공해주는 프로그램이 잘되어 있어요. 만약 원하신다면 제가 그 기관과 연결을 도와드릴게요."
- "저는 오늘 당신을 병원에 모시고 가지 못해요. 그런데 혹시 자원봉사자들 가운데 가능한 사람이 있을지도 모르겠어요. 제가 그들에게 전화 걸어서 확인해 볼까요?"

사례

앨리스는 그녀의 남동생이 사망했다는 것과 그녀가 곧 이혼을 통해 결혼생활을 끝내게 되었다는 사실에 대해 감당하기 어려울 정도로 비통한 감정을 느꼈다. 그녀는 그녀의 친구 태미(그녀의 여동생도 최근에 사망했음)에게 죽음과 슬픔에 대한 워크숍에 파트너로서 같이 가달라고 요청하였다. 그 워크숍에서는 파트너가 '슬픔에 잠긴 사람(griever)'이 자신의 다양한 감정이나 생각을 풀어가기 위한 프로그램에 참여할 때에 옆에서 도와주는 역할을 하게끔 되어 있었다. 태미는 자신의 친구인 앨리스를 진심으로 도와주고 싶었지만, 그녀 역시 자신의 여동생이 사망한 것에 대한 충격으로부터 이제 겨우 회복하려고 하는 단계에 있었다. 태미는 격렬한 슬픔의 감정이 자신을 압도하게 될 수도 있는 상황으로부터 자신을 보호하기 위해 그 프로그램에 참여하는 것을 거절하였다.

생각해보기 #80 위의 사례에 대해 생각해 보라.

1. 태미가 앨리스에게 보인 행동에 대해 어떻게 느끼는가?
2. 이와 비슷한 상황이라면, 나는 어떻게 행동했을 것인가?
3. 내가 아끼는 사람이 나에게 부탁을 하였을 때, 어떤 상황이면 거절할 것인가? 어떤 말을 할 것인가?

자기주장적 지도감독 드루어리(1984)는 지도감독에 있어 자기주장적 의사소통기술을 활용하는 것은 리더십이나 협력적인 팀워크를 구축하는 데 도움이 된다고 제시하였다. 자기주장적 표현은 다른 사람들의 감정에 대해서도 배려하면서, 자신의 의견을 분명하면서 부드럽게 제시하는 것이므로 이해와 타협의 분위기를 만들어 낼 수 있다는 것이다. 상대방에 대한 존중을 바탕으로 한 분명한 의사소통(상대방의 제안에 대해 적극적으로 경청해 주지만 받아들일 수 있는 한계선을 분명히 제시해 주는 것)을 활용하는 것은 기관 내에 신뢰와 안정의 분위기를 형성해준다. 이러한 분위기를 통해 기관 직원들은 부서나 기관의 목표달성을 돕기 위해 기꺼이 그들의 노력을 기울이게 될 것이다. 자기주장적 의사소통을 기반으로 한 지도감독은, 지도감독이 상대방을 조종하려는 방향으로 흐르거나, 솔직해지지 않거나, 수동적으로 흐르지 않도록 방지해주는 해독제 역할을 한다. 또한 자기주장적 지도감독은 피드백이나 지시사항을 전달할 때에 상대방에 대해 지나치게 혹독한 표현을 쓰거나, 분노를 표출하거나, 비판을 가하지 않도록 도와준다. 그것 뿐만 아니라, 만약 직원들이 지도감독자가 명확하고도 정직하다는 사실을 인지하게 된다면, 지도감독자가 무엇을 원하고 있고, 어떤 의미로 말을 한 것이고, 어떤 생각을 하고 있고, 또 어떤 감정을 갖고 있는지를 파악하는 데에 직원들이 시간낭비를 할 필요가 없어질 것이다. 또한 직원들은 자신이 실수를 하여도 그것을 숨기려고 하지 않게 될 것이다. 왜냐하면 지도감독자가 자신에게 과도한 비난을 쏟아 붓지 않을 것이란 사실을 알기 때문이다.

어려운 상황 다루기

우리가 만나게 되는 모든 사람들이 우리에게 도움 받는 것을 원하지는 않을 것이다. 또한 우리가 만나게 되는 모든 사람들이 함께 상담하기에 수월한 사람들이진 않을 것이다. 원조전문가가 부딪히게 되는 어려움 중의 하나는, 낯선 사람에게 도움을 요청하거나 서비스를 받는 것에 대해 주저하거나 탐탁지 않게 여기는 사람들을 만나게 되는 것이다.

서비스 수혜자들이 우리가 기대하고 있는 방향과 다르게 행동할 때, 그들에게 다양한 이름표를 붙여 부르는 경우가 있다. 예를 들면 화가 나 있는 사람, 적대적인 사람, 부정하는 사람, 어리석은 사람, 게으른 사람, 저항적인 사람, 까다로운 사람, 다루기 힘든 사람, 공격적인 사람, 규칙을 어기는 사람, 비협조적인 사람, 자발적이지 않은 사람, 부담스러운 사람, 그리고 골치 아픈 사람 등이다. 사람들에게 이름표가 붙여지고 때로는 무시당하게 되기도 하는 상황에 대해 생각해 보아야 한다. 기억해야 할 것은 눈에 보이는 것이 상황의 전부가 아니라는 점이다. 어떤 사람의 행동에 대해 분노하기보다는 그 사람의 그러한 행동 뒤에는 무엇이 감춰져 있는지 찾고자 노력하는 것이 더 바람직하다.

생각해보기 #81 당신이 그동안 살아오면서 만났던 모든 선생님들(초등학교, 중학교, 고등학교 등)에 대해 생각해 보라. 그 중에 가장 최악의 선생님이었다고 느끼는 사람을 떠올려 보고 그 선생님과 교실에서 어떤 경험을 하였는지 머릿속으로 자세히 떠올려 보자.

1. 나는 그 교실에서 어떻게 행동하였고, 그 선생님을 어떻게 대하였는가? 화가 났는가? 어릿광대 같

은 행동을 하였는가? 선생님에게 저항하였는가? 수업을 방해하였는가? 과제나 시험을 제대로 작성하지 못했는가? 수업을 결석하였는가? 학교를 자퇴하였는가?
2. 선생님이나 다른 학교 교직원이 나를 일컬어 '저항하는 학생', '비협조적인 학생', '게으른 학생', 또는 '골치 아픈 학생'과 같이 불렀다고 가정해 보라. 그것을 우연히 듣게 되었다면, 어떤 기분이 들었을 것인가?
3. 교실에서 또는 선생님 주변에서 내가 하였던 행동들은 어떤 의미였는가? 그것에 대해 어떻게 설명하고 싶은가?

원조상황에서 발생하는 '어려움'이란 정확하게 무엇을 의미하는가? 서비스를 신청한 사람들이나 서비스 수혜자들이 까다롭다는 의미인가? 원조전문가들에게 문제가 있다는 의미인가? 상황이 어렵다는 의미인가? 세 가지 문제 모두가 동시에 발생하는 것을 뜻하는가? 세 가지 문제들이 상호작용하면서 생기는 어려움을 뜻하는가?

문제점, 이슈, 그리고 상황뿐 아니라 사람도 어려움을 야기할 수 있다. 원조는 상호관계 속에서 이루어지므로, 대인관계에서의 어려움이 꼭 도움을 요청한 사람의 잘못으로 생겨난다고 단정할 수 없다. 갈등이나 저항이 발생하는 상황에서 우리 자신은 어떤 역할을 하고 있는지 돌아보아야 한다. 다음 질문들에 대해 생각해 보아야 한다: 내가 그의 근심이나 걱정을 잘 들어주지 못하였나? 내가 충분한 관계나 안정감을 형성하지 못한 것인가? 그 사람이 하고자 하는 이야기를 무시하거나 인정해주지 않았던 것은 아닌가? 내가 그에게 개입의 단계나 활동에 대해 충분한 설명하지 않았던 것은 아닌가?

문제를 복잡하게 만드는 상황은 여러 가지가 있을 것이다. 클라이언트의 어떤 특성이나 행동이 원조과정을 더욱 어렵게 만들 수 있을까? 몇 가지 예를 들어보면 다음과 같다:

- 알코올이나 약물을 남용하고 있는 상태이다.
- 분노수준이 매우 높은 상태이다.
- 사람들의 기대대로 행동하지 않는다.
- 위험하거나 자기 파괴적이라고 여겨지는 행동들을 지속적으로 한다.
- 문제의 심각성을 인지하지 못하고 있다.
- 우리가 보기에 현명하지 않은 결정을 내린다(예를 들어 무분별한 성관계를 갖거나 대책 없이 임신을 하는 등).
- 약물을 섭취하거나 의학적 치료를 받는 것을 원하지 않는다.
- 정신질환 문제가 있거나 치매가 있을 것으로 추정된다.

생각해보기 #82 위에서 제시하였던 예시 이외에 어떤 어려운 상황, 행동, 특성들이 있는가? 나에게 있어 어려울 것이라 예상하는 것은 무엇인가? 내가 직접 경험하였던 것은 무엇인가?

도움을 요청하는 사람들이 스스로를 고통이나 수치심, 그리고 비난으로부터 보호하고 방어하려고 하는 것은 자연스러운 현상이다. 원조전문가의 역할은 클라이언트가 점

차 안정감을 느낄 수 있도록 분위기를 조성하여, 그가 자신의 문제를 드러내고 긍정적인 변화를 위해 마음을 열 수 있도록 돕는 것이다. 그동안 자신이 편안하게 일상적으로 해왔던 행동이나 갖고 있던 생각을 누군가가 갑자기 바꾸거나 중단하게 하려고 시도한다면 두려운 마음이 들 것이다. 대부분의 사람들은 자신의 자율성과 존엄성을 유지하기를 원하므로, 낯선 사람으로부터 도움을 받아야 한다는 사실에 대해 기분이 좋지 않다고 느낄 수 있다.

원조관계는 여러 가지 이유들로 인해 제대로 형성되지 못한다. 우리가 도움을 제공해주는 것에 대해 거리끼는 사람이 있다면, 그 사람의 감정에 대해 감정이입적으로 이해해주는 것이 매우 중요하다. 낯선 사람이나 집단으로부터 도움을 받는 것이 싫은 사람들은 그 이유가 무엇일까? 도움을 요청해야 하는 사람의 입장에서 가능한 이유들은 다음과 같다:

- 도움을 받는 것은 내가 약하다는 신호이다.
- 나 자신이나 가족에게 무언가 문제가 있다는 사실을 받아들이기 어렵다.
- 내가 비판을 받거나 웃음거리가 될까봐 두렵다.
- 나의 행동이나 상황에 대해 다른 사람이 흥미를 갖고 들여다보는 것이 싫다.
- 내 문제는 내가 스스로 해결하고 싶다; 나는 나 스스로 결정하는 것을 선호한다; 나는 독립심을 매우 중요하게 생각한다.
- 변화해야 한다는 것은 두렵다.
- 내가 문제가 있다고 생각하고 싶지 않다.
- 나의 사적인 정보에 대한 비밀보장을 잘해줄 것인지에 대해 믿어도 되는지 모르겠다.
- 내 인생을 통제할 수 있는 힘을 당신에게 주는 것이 두렵다.
- 나는 도움을 받고 싶지 않다; 도움을 받아야 한다는 것에 화가 난다.
- 나는 두렵다(질병, 변화, 죽음, 불확실성에 대해; 그리고 사생활, 자유, 존엄성의 침해에 대해).
- 내 이야기를 경청해주지 않는 것 같다. 또는 나를 인정해주지 않는 것 같다.
- 나는 낯선 사람에게 나의 개인적인 감정이나 문제들을 펼쳐놓고 보여주고 싶지 않다.
- 나는 기분이 혼란스럽다; 수치스럽다; 무기력하게 느껴진다; 통제력을 잃은 것 같다; 불안하다; 부적합하게 느껴진다; 또는 당황스럽다.
- 당신이 나를 거절하기 이전에 내가 먼저 당신을 거절해야만 한다.
- 내가 실패자처럼 느껴진다.
- 내가 바보같이 느껴진다.
- 나는 당신(또는 기관)을 믿지 못하겠다.
- 나는 슬프고, 희망이 없고, 울적하다.

- 의학기관이나 사회서비스 기관은 나를 비인간적으로 대한다.
- 나는 피곤하고, 좌절감을 느끼고, 그리고 모든 것이 지긋지긋하다.

생각해보기 #83

1. 위의 상황들 중에 실제로 그럴 수 있겠다고 느껴는 것은 무엇인가?
2. 사람들이 도움을 요청하거나 받는 것에 대해 주저하게 되는 이유로 또 무엇이 있을지 제시하여 보라.
3. 당신이 위기 상황에 처했을 때에 다른 사람들의 도움을 받도록 강요받았던 적이 있는지 생각하여 보라. 다른 사람에게 도움을 요청해야 할 때 어떤 기분이 들었는가? 도움을 요청할 것인지 여부를 고민할 때 위의 목록에 있는 감정들을 느껴본 경험이 있는가?

살펴보기

클라이언트가 원조를 제공받는 것에 대해 주저하고 있거나 까다롭게 행동하고 있을 때에는, 그에게 어떤 문제가 있는지 원조전문가가 살펴보는 것이 매우 중요하다. 클라이언트가 적대적인 반응을 보이는 이유가 무엇인지 사정하고 이해하기 위해 다음 지침들을 활용할 수 있다:

- 클라이언트가 보이는 행동이 현재 상황에서 비롯된 것인지, 아니면 그의 성격적인 특성인지에 대해 살펴보아야 한다.
- 클라이언트가 비협조적인 태도를 보이는 이유가 무엇인지 살펴보아야 한다. 다음과 같은 질문을 시도해볼 수 있다:
  - "저에 대해 마음이 많이 상하신 것처럼 보여요. 무엇이 잘못되었나요?"
  - "제가 할 수 있는 게 없다는 생각이 들어요; 제가 무엇을 해야 할지 모르겠네요. 저를 도와주실 수 있나요?"
  - "제가 어떤 행동을 하건, 어떤 말을 하건 간에 저에 대해 화를 내시는 것처럼 느껴집니다. 저는 당신을 불편하게 하려고 노력하고 있는 것이 아닙니다. 이러한 상황이 저 역시 불편합니다. 제가 다음에 어떻게 하면 좋을지 좀 도와주시겠어요?"
  - "저는 당신의 감정을 존중합니다. 그렇지만 저나 저희 기관을 적대적으로 대하시는 것 때문에 저도 힘이 듭니다. 어떻게 하면 우리가 함께 일을 해나갈 수 있을까요?"

어려운 상황에 대한 원조전문가의 대응

다른 사람들이 쉽게 변하지 못하는 이유에 대해서만 생각하기보다는 원조전문가로서 우리가 해오던 일들을 잘 하지 못하게 되는 이유에 대해서도 생각해 보아야 한다. 원조전문가는 바뀌는 것이 가장 어려운 집단 중의 하나가 되기도 한다: 원조전문가가 직장에서의 업무나 직위, 돕고자 하는 의도, 자신의 경험, 학위 등을 내세우면서 도움을 요청하고 있는 사람들이 전문가의 계획에 따르도록 압박을 가하는 경우도 있다. 원조전문가가 자신의 한계점에 대해 인정하고, 자신이 모든 문제에 대한 해답을 갖고 있지 않다는 사실을 받아들이는 것은 어려운 일이다. 또한 클라이언트가 궁극적으로 그들 스스로의 삶의 방향을 선택하도록 놓아두는 것도 어려운 일이다. 어려운 상황을 겪게 될 때, 원조전문가로서의 목표는 다음과 같아야 한다:

- 서비스 신청자와 수혜자를 주저하게 만들고 있는 원인이 무엇인지 파악하고 사정하여야 한다.
- 다른 사람들이 저항하는 모습을 보일 때 우리가 어떻게 반응하고 있는지에 대해서 깨달아야 한다.
- 원조관계에서 우리가 어떤 부분을 잘못하고 있는지 사정하여야 한다.
- 원조전문가로서 우리가 바뀌지 못하도록 방해하고 있는 것이 무엇인지 파악하는데 있어 스스로 더 솔직해져야 한다.
- 다른 사람들의 시각, 생각, 그리고 경험에 대한 공감능력과 이해력을 향상시켜야 한다.

원조 받기를 꺼려하고 있는 서비스 수혜자에 대해 우리가 보이게 되는 반응으로 어떤 것들이 있을까? 원조전문가는 기분이 상하거나, 울적해지거나, 화가 나거나, 방어적이 되거나, 불평하게 되거나, 당황스러울 것이다. 또한 원조전문가는 자신의 가치가 평가절하되는 듯한 느낌을 받을 수 있다. 서비스 수혜자가 마땅히 표해야 할 감사를 하지 않고 있다는 생각도 들 것이다. 원조전문가는 짜증을 내거나, 고의적으로 서비스를 제공하지 않거나, 클라이언트를 피하거나 비난하고, 전화응답이나 가정방문을 제 때 하지 않을 수 있다. 최악의 경우에는 원조전문가가 클라이언트를 전혀 적절하지 않은 다른 곳으로 의뢰해 버리는 경우가 생길 수도 있다. 또는 클라이언트를 돕는 것을 거부하거나, 비밀보장의 원칙을 깨고 클라이언트에 대한 불평을 지도감독자가 아닌 다른 사람들에게 쏟아 붓는 경우도 있을 수 있다. 원조전문가가 전문적 원조관계 하에 자신이 담당하고 있는 클라이언트에 대해 언짢아지고 화가 날 때, 부적절한 행동을 하지 않도록 주의하는 것이 매우 중요하다.

어려운 상황에서 활용할 수 있는 원칙

나음에서는 이 책의 다른 부분에서 논의했었던 원칙들을 다시금 상기시켜 주도록 할 것이다. 특별히 '저항(resistance)'이라는 문제(클라이언트가 원조를 받는 것에 대하여 저항하는 것)를 객관적으로 바라볼 수 있도록 도와주는 원칙들을 제시할 것이다.

- **자기 결정권, 결정의 존중** 성인은 누구나 자신의 인생에 대해 결정을 내릴 수 있는 권리를 갖고 있다. 원조전문가는 도움을 요청하고 있는 사람들에게 정말 필요

한 것이 무엇이고, 그들이 자신의 상황에 대해 어떻게 생각하고 있으며, 그들에게 맞는 대안이 무엇이 있을지를 파악하기 위해 노력하여야 한다.

- **원조관계의 역동성** 원조관계에서 발생하는 문제들은 도움을 요청하는 사람과 원조전문가 모두의 책임이다. 상호관계 속에서 발생하는 잘잘못은 두 사람 모두에게 책임이 있다.
- **편견을 명확화하기** **원조전문가**는 자신의 반응이나 행동 속에 어떤 편견이 숨어 있는지 평가해 보고 그러한 편견을 긍정적으로 극복할 수 있도록 노력하여야 한다. 치료나 지도감독을 받는 것이 도움이 될 것이다.
- **강점 찾기** **원조전문가**는 자신에게 도움을 요청하고 있는 사람이 그의 위치에서는 최선을 다하고 있고, 나름대로의 장점을 갖고 있으며, 문제를 극복할 수 있는 강력하고도 좋은 비법을 갖고 있다는 점을 인식하여야 한다. 일정 정도의 조절력을 가지려는 투쟁가들이 신체적·정신적 건강을 더 잘 유지한다는 사실을 기억해야 한다.
- **사회 정의와 서비스 접근권** 예의 바르고 흠잡을 데 없는 사람들도 도움을 받을 자격이 있겠지만, 그렇지 않은 모든 사람들도 서비스를 받을 자격이 있다. 원조과정에서 어려운 문제가 발생하거나, 특정 클라이언트가 저항적이고 적대적이라는 이유로 서비스 제공을 거절하거나 뒤로 미룬다면, 이는 원조전문가로서 비윤리적인 행동이다.

원조행위와 관련된 위의 지침들을 고려해 볼 때, 원조전문가로서 클라이언트에게 '까다로운 사람' 또는 '저항적인 사람'이라는 이름표를 붙이면서 그들을 돕지 않으려고 하는 것은 바람직한 행동이 아니다. 원조전문가는 다른 사람의 감정이나 행동에 대해 공감하는 능력을 개발하고, 공정하고도 편견 없는 태도로 서비스를 수행하기 위한 노력을 지속하여야 한다.

당신이 어려운 상황에 부딪히거나 함께 일하기 어려운 사람과 마주하게 되었을 때 유념하여야 할 세 가지 사항은 다음과 같다.

- 어떤 상황을 해결해 보고자 지도감독이나 상담을 받아 보는 등의 노력을 포함하여, 자신이 할 수 있는 최선의 노력을 다 해보기 전에는 절대 클라이언트를 놓아 버리거나 포기해서는 안 된다.
- 만약 당신이 최선의 노력을 기울였는데도 여전히 문제가 해결되지 않는다면, 자신이 모든 사람들을 도울 수는 없고, 모든 것을 고칠 수도 없다는 사실을 다시금 되새겨야 한다. 이러한 과정을 통해 어떠한 때가 클라이언트를 놓아 주어야 하는 때인지 배우게 될 것이다.
- 당신과 함께 일할 준비가 안 되어 있고, 협조할 마음도 전혀 없는 클라이언트가 있다면, 그에 대해 받아들이고 서비스 지원을 중단하여야 한다. 서비스의 중단에 대해 클라이언트에게 설명할 때에는, 그를 비난하는 투로 이야기하지 않도록 주

의해야 한다. 클라이언트에 대한 서비스를 중단하기 이전에 지도감독자에게 이에 대해 알리고 승인을 받는 것이 필요하다. 그 이후에는 클라이언트를 적절한 곳으로 의뢰하는 방안에 대해 고민해 보아야 한다. 클라이언트가 당신 자신이나 당신이 속해 있는 기관이 아닌, 다른 대안적인 기관에서 서비스를 받을 수 있도록 도와야 한다.

자신의 개인적 안전에 대한 관심의 집중

앞으로 당신이 접하게 될 사람이나 상황이 언제나 당신에게 안전하지는 않을 것이다. 당신과 당신의 지도감독자는 서비스 전달과정에서 안전을 보장하는 것에 대해 각별한 주의를 기울여야 한다. 또한 위험요인을 점검하고, 원조전문가의 안전을 보장하기 위한 계획을 수립하는 데에도 관심을 기울일 필요가 있다. 다음의 지침들이 도움이 될 것이다:

- 만약 지속적으로 (반복적으로 또는 심각한 수준으로) 폭력적인 행동을 보이거나, 부적절한 행동을 하거나, 술에 취해 있거나, 약물에 취해 있거나, 위협적이거나, 위험한 클라이언트가 있다면, 허용할 수 없는 행동에 대한 선을 제시하고 엄격하게 대응하여야 한다. 필요한 경우 경찰을 부르는 것이 좋다. 이러한 조치가 필요할 경우, 지도감독자와 기관 사람들에게 되도록 빨리 위험에 대해 알려야 한다.
- 기관이 안전에 대한 대책을 마련하도록 하여야 한다. 위협을 느끼거나 위험한 상황에 처하게 되었을 때 신고할 수 있는 전화번호나 알람 버튼, 취해야 할 구체적인 행동지침 등이 미리 정해져 있다면 도움이 될 것이다.
- 가정방문을 하거나 기관 외부의 현장에서 업무를 수행하게 될 때 주의하여야 한다; 방문지의 전화번호와 주소를 사무실에 미리 알려주어야 하고, 밤에 방문해서는 안 되며, 위험이 느껴지는 즉시 그 현장을 나와야 한다. 현장방문 업무를 하는 직원들의 안전을 위해 핸드폰을 제공해주는 기관들도 있다.
- 사무실 밖 외부에서 업무를 수행하게 될 경우, 만약 서비스 신청자나 그의 거주지역에 대해 잘 모른다면 안전하고 중립적인 장소에서 면담하는 것이 좋다(예를 들면 쉼터, 경찰서, 병원, 다른 기관 등).

기대를 명확히 설정하기

클라이언트가 당신(휴먼서비스 원조전문가)이나 당신의 기관에 대해 무엇을 기대하고 있는지 파악하는 것이 중요하다. 클라이언트가 기관의 프로그램 참여에 대한 자격요건을 잘못 이해하고 있지는 않은가? 그가 기관의 프로그램에 대해 잘못된 정보를 갖고 있지는 않은가? 그가 기관이 자신의 거주지를 마련해 줄 것이라는 기대를 갖고 기관을 찾아왔는가(기관이 그런 서비스를 제공하지 않고 있음에도 불구하고)? 상담이 자신의 기분을 좋아지게 할 것으로 기대하고 있었으나, 상담 이후 기분이 더 나빠지게 된 클라이언트가 있는가? 당신이 자신의 문제를 고쳐주거나 해결방안을 제시해 줄 것으로 기대하고 있는 클라이언트가 있는가?

무엇을 기대하고 있는지에 대해 명확히 하는 것은, 도움을 요청하는 사람과 도움을 제공하는 사람 모두에게 필요하다. 양자 모두가 현실적으로 기대할 수 있는 것이 무엇인지에 대해 명확히 알고 있다면, 원조관계는 보다 더 원활하게 형성될 것이다.

원조전문가는 기관이 제공할 수 있는 서비스와 제공하지 못하는 서비스가 무엇인지, 자격요건은 무엇인지, 서비스 신청과정에서 무엇을 하여야 하는지 등에 대해 가능한 한 빨리 클라이언트에게 설명해 주어야 한다. 만약 그렇지 않고 시간을 많이 보내 버린 다음에, 잘못된 기관에서 도움이 안되는 활동을 하며 시간만 허비 하였다는 사실을 클라이언트가 깨닫게 된다면 극심한 실망감을 느끼게 될 것이다. 클라이언트가 무엇을 기대하고 있는지를 파악할 수 있는 간단한 질문들은 다음과 같다: "우리 기관에 대해 어떤 이야기를 들었나요?", "우리 기관에 오면 어떤 도움을 받을 수 있을 것이라 생각하셨나요?" 또는 "이 프로그램에 대해 다른 사람들에게 어떤 이야기를 들으셨나요?"

서비스의 제공과 관련된 지침을 명확히 하는 것이 좋은 것처럼, 일반적으로 서비스에서 기대할 수 있는 것이 무엇인지에 대해서도 생각해보는 것이 필요하다. 당신의 위치와 관련해 이에 대해 생각해 보는 것이 필요하다. 당신은 원조전문가로서 무엇을 기대하고 있는가? 만나게 되는 모든 이들이 기분 좋은 사람들일 것이라고 기대하고 있는가? 모든 서비스 신청자나 수혜자가 당신에게 감사를 표할 것이라 기대하고 있는가?

도움을 요청하고 있는 사람과의 관계 속에서 원조전문가가 기대할 수 있는 것으로 타당한 것은 무엇일까? 당신은 존중과 정당한 대우를 받을 권리를 갖고 있다. 원조전문가는 클라이언트와의 관계에서 용납할 수 있는 행동의 한계선을 설정하고 필요한 경우에는 클라이언트의 요청을 거절할 수 있어야 한다. 원조전문가는 클라이언트에게 부당한 대우를 받거나 이용당하지 않을 권리가 있다. 한편 원조전문가는 모든 서비스 수혜자들이 서비스에 대해 감사할 것이라고 기대할 권리를 갖고 있지 않다. 또한 원조전문가는 자신이 모든 서비스 수혜자들을 좋아하게 되거나 그들이 모두 자신을 좋아해주기를 기대하지 않아야 한다.

서비스 수혜자가 원조전문가에 대해 기대할 수 있는 것으로 타당한 것은 무엇인가? 수혜자들이 원조전문가가 꼭 보장해줄 것이라고 기대해도 되는 사항들의 예를 든다면 비밀보장, 공정성, 존중, 적극적 경청, 비판적이지 않은 자세, 서비스에 대한 공평한 접근권, 개인의 권리와 서비스 접근권에 대한 옹호, 건설적이고 상호적인 문제해결, 원조전문가의 개인적 편견과 가치가 서비스에 영향을 주지 않는 것, 개인이 한 행동과 별개로 인간으로서의 가치(인간으로서의 존엄성)를 인정해 준다는 점, 원조과정에 자신이 파트너로서 참여하게 된다는 점, 원조과정이 전문적인 지식과 행위, 윤리와 태도로 실천될 것이라는 점이다. 그러나 클라이언트는 원조전문가를 혹사시키거나 규칙을 어기고 행동할 수 있는 권리를 갖고 있지 않다.

지도감독, 상담 그리고 지지 제공받기

어느 누구에게나 "감당하기에 힘에 벅차다"라고 느끼는 순간이 언젠가는 있기 마련이다. 이러한 때에 우리는 도움이 되는 정보나 도움을 줄 수 있는 사람을 필요로 하게 된다. 효과적인 휴먼서비스 전문가나 자원봉사자라면 자신의 한계에 대해 인지하고 있어야 한다. 자신이 준비가 되어 있지 않거나 훈련을 받지도 않은 원조활동에 섣불리 참여하는 것은 윤리적인 행동이라고 볼 수 없다. 그리고 아무리 당신이 수행하고 있는 원조활동이 스스로 편안하게 느끼고 있는 활동이라 할지라도 다른 동료, 지도감독자, 또는 상담자와 함께 상의를 하고 싶은 부분이 생길 것이다. 또한 만약 도움을 요청하는 사람이 갖고 있는 욕구가 당신 자신이나 기관과 맞지 않을 경우에는 그 사람을 적절한 곳으로 의뢰할 수 있어야 한다. 이 단락에서는 당신이 어떤 일을 감당하는 것이 힘에 벅차다고 느끼고 있을 때 어떻게 하여야 하는지에 대한 논의를 할 것이다.

책임감 있고 유능한 휴먼서비스 원조전문가가 되기 위해 중요한 것은 상담(전문적인 지도감독이나 동료로부터의 조언 활용)을 활용하는 것이다. 원조전문가가 다른 사람과 상담하여야 할 상황은 다음과 같다: 원조전문가가 자신의 업무로 인해 격한 감정을 느끼고 있을 때; 원조과정에서 다음 단계로 무엇을 하여야 하는지 혼란스러울 때; 그리고 자신이 훈련받지 않았거나 도울 수 있는 자원이 없는 분야에 대한 원조개입을 요청 받았을 때이다. 휴먼서비스 원조전문가는 상담을 통해 어떤 일이 발생하였고, 자신이 무엇을 계획하고 있으며, 업무에 대해 어떤 감정을 느끼고 있는지에 대해 통찰해볼 수 있게 된다. 이때에 상담자는 상담역할을 해주기로 동의한 다른 휴먼서비스 원조전문가일 수도 있고, 기관에서 원조 서비스를 조정하는 역할을 담당하고 있는 전문가가일 수도 있고, 원조전문가를 지원해주고 피드백을 제공해주도록 계약된 전문가가 될 수도 있다. 그리고 상담자 역할을 맡는 사람은 상담을 구하는 원조전문가보다 꼭 똑똑하거나 현명하여야 할 필요는 없다; 최고의 상담자는 이야기를 잘 경청해주고 문제를 해결하기 위한 기술을 갖추고 있는 사람이라고 할 수 있다.

위기 상황을 겪고 있는 사람들에게 원조를 제공하다보면 원조전문가의 내면에서 강렬한 감정이 솟아나게 되는 경우가 있다. 상담과정에서 원조전문가 자신이 현재 겪고 있거나 과거에 경험했었던 상황들을 떠올리게 되기 때문이다. 예를 들어 어린 시절에 가정폭력을 경험했었던 원조전문가가 가정폭력 피해여성을 상담하는 과정에서, 자신이 과거에 느꼈던 두려움을 다시 느끼게 되고 초긴장 상태가 되거나, 과거 경험에 대한 악몽을 꾸게 되는 것이다. 또 다른 예는 과거에 자녀를 잃은 경험이 있는 원조전문가가 그와 같은 문제를 겪고 있는 클라이언트를 상담하게 될 때, 자신의 과거 기억이 떠올라 기분이 울적해지고 분노가 치밀어 오르게 되는 것이다. 원조전문가가 느끼게 되는 이런 감정들에 대해 자신이 신뢰할 수 있는 상담자와 이야기를 한다면, 그는 자신의 감정이나 반응에 대해 더 잘 이해할 수 있게 될 것이고 앞으로 업무를 수행해 나가기 위한 힘을 재충전하게 될 것이다. 그리고 만약 클라이언트가 도움이 필요하고 매우 취약한 상태임에도 불구하고, 원조전문가가 제공하고자 하는 원조에 대해 반응을 보이지 않는다면 상담자와 상의하여 그 원조활동을 지속할 것인지 또는 중단할 것인지에 대해 결정할 수 있다. 또한 상담자와 상의하면서 원조활동을 지속한다면 앞으로 어떻게 진행하는 것이 좋은지에 대해 아이디어를 얻을 수 있다.

생각해보기 #84 지지적이고 안정적인 상담 또는 지도감독을 제공받는 것은 휴먼서비스 원조전문가에게 있어 매우 중요한 사항이다. 휴먼서비스 원조전문가로서 당신이 자신의 업무에 대한 질문이나 걱정이 있을 때 같이 상담해줄 수 있는 사람이 최소한 1명은 있어야 한다.

1. 상담자로부터 배운 전문지식이나 기술을 최대한 활용할 수 있는 방안은 무엇인가?
2. 상담자와 정기적으로 만날 것인가? 아니면 도움이 필요하다고 느낄 때에만 만날 것인가?
3. 상담자에게 연락하고 그의 조언을 듣는 것이 편안할 것이라 예상하는가? 그렇다면 이유가 무엇인가? 그렇지 않다면 이유가 무엇인가?

사례

마지 챙은 54세의 중국계 미국인으로 5년 전에 남편과 사별하였다. 그녀의 남편은 매우 심한 독감증세를 앓다가 호흡곤란으로 사망하였다. 마지는 지난 3년간 배우자를 잃은 사람들을 위한 지지집단에서 보조진행자로 일을 하였다. 그동안 자신을 통해 슬픔을 극복하는데 도움을 얻은 수많은 여성들을 생각할 때마다 마지는 기분이 뿌듯해졌다. 그녀는 그녀가 많은 여성들의 삶에 좋은 영향을 끼쳤다는 사실을 알고 있었으며, 그로 인해 자신이 가치가 있다고 느꼈다. 대개의 경우, 집단에는 매달 9명 정도의 집단성원들이 참여하였다. 집단성원들 중 3명은 마지가 그 집단에서 일하였던 기간만큼 집단에 참여하고 있었다. 지난 3회기 동안의 집단모임에는 릴리 슈뢰더라는 새로운 집단성원이 함께 참석하고 있었다. 그녀는 남편이 사망한지 아직 6개월도 채 되지 않은 상태였다. 릴리는 매번 집단에서 대화의 주도권을 잡고 이야기하였다. 마지가 보기에 릴리는 그녀가 바라는 것, 그녀의 남편, 그녀의 자녀, 그녀의 취미, 그리고 그녀가 겪고 있는 심리적 갈등 등에 대해 끊임없이 말을 쏟아내고 있는 것처럼 느껴졌다. 또한 릴리는 다른 사람들이 고민하고 있는 모든 문제에 대해 자신이 해답을 갖고 있는 것처럼 말하였다. 마지는 릴리와 함께 집단 활동을 이끌어나가는 것이 매우 어렵다고 느끼게 되었다. 마지는 심지어 단지 릴리와 마주치기 싫다는 이유 하나 때문에 다음 집단회기에 참석하고 싶지 않다는 생각까지 하게 되었다. 마지는 자신이 릴리에 대해 화가 많이 나있음을 느꼈다. 마지는 끊임없이 수다를 이어가는 릴리의 모습을 보면서, 릴리는 자신의 상황에 대해 전혀 슬퍼하고 있지 않다고 느꼈다. 그리고 마지는 집단성원들 서로가 편안하게 대화를 주고받던 예전의 집단모습이 그리워졌다.

생각해보기 #85 위의 사례에 대해 생각해 보라.

1. 마지 챙의 감정에 집중하여 보라. 그녀가 릴리에 대해 어떤 감정을 느끼고 있다고 생각하는가? 그녀가 그런 감정을 느끼고 있는 이유에 대해서는 어떻게 생각하는가?
2. 릴리 슈뢰더의 감정에 집중하여 보라. 그녀가 집단에서 어떤 감정을 느끼고 있다고 생각하는가? 그녀의 행동이 이해가 되는가?
3. 마지가 그녀의 감정에 대해 누군가에게 이야기를 하는 것이 필요하다고 생각하는가? 그렇다면 그

녀는 누구에게 이야기할 수 있겠는가? 만약 그녀가 상담을 받는다면, 어떤 주제에 대해 다루어야 한다고 생각하는가?

4. 만약 당신이 마지를 상담한다면, 어떤 반응을 보일 것이며 또 무슨 말을 할 것인가?

적절한 기관으로 의뢰하기

자신의 인생에 있어서 중대한 변화를 겪고 있는 사람들은 다양한 감정들을 느끼게 되는데 혼란스럽거나, 두렵거나, 화가 나거나, 슬프거나, 상황에 압도되거나, 문제해결을 위해 도움이 필요하다고 느끼게 된다. 그리고 이러한 경우에 휴먼서비스 원조전문가를 찾게 된다. 휴먼서비스 전문가, 실습생, 그리고 자원봉사자들이 도움을 줄 수 있는 중요한 자질과 기술을 갖고 있다고 할지라도, 상황에 따라 다른 전문가들의 개입이 필요한 경우가 발생하게 된다(예를 들어 정신과 의사, 사회복지사, 변호사, 의사, 상담 목사, 치료사, 심리학자, 정신과 간호사). 다른 전문가의 개입이 필요한 상황의 예는 다음과 같다: 클라이언트의 우울증 증상이 나아지지 않을 때; 자살하거나 타인을 해치는 것에 대해 생각하고 있을 때; 두려운 상황을 겪은 이후, 악몽을 계속적으로 꾸거나 발작을 일으킬 때, 알코올이나 약물남용 문제를 겪고 있을 때, 그리고 학대나 방임이 발생하는 것으로 의심될 때이다. 이러한 상황에서 휴먼서비스 원조전문가의 역할은 의뢰가 필요한지 판단하고, 가장 적절한 지역사회 자원이 무엇인지 결정하며, 효과적으로 클라이언트에게 자원을 연결시켜 주는 것이다. 최근 들어 휴먼서비스 원조전문가의 중요성이 매우 커지고 있는데, 그들이 지역사회 자원에 대한 정보를 제공해줄 수 있고, 도움을 요청하는 사람으로부터 동의와 허락을 이끌어낼 수 있고, 클라이언트 개인이나 부부, 또는 가족이 (의뢰를 통하여) 다른 적절한 서비스를 받을 수 있도록 도움을 주는 역할을 하기 때문이다.

경우에 따라 도움을 요청하는 사람이 원하는 서비스가 당신의 기관에는 존재하지 않을 수 있다. 만약 당신이 사례관리를 하고 있다면, 클라이언트가 다양한 기관을 통해 필요한 서비스를 받을 수 있도록 도울 책임이 있다. 다음에서는 당신이 의뢰를 적절하게 잘 할 수 있도록 돕기 위해, 중요한 지침을 제공할 것이다:

- 클라이언트를 어떤 프로그램으로 의뢰하기 이전에 그 기관, 조직, 또는 프로그램에 대해 잘 파악하여야 한다. 그 기관의 접수와 의뢰과정, 비밀보장 및 동의서 작성에 대한 정책, 자격규정 등에 대하여 대강 알고 있어야 한다. 클라이언트 개인이나, 부부, 또는 가족을 어떤 기관에 의뢰하기 이전에 의뢰하는 것이 적절한지 확인하여야 한다. 그 기관에서 당신이 잘 알고 있으며 신뢰하고 있는 특정한 담당자에게 클라이언트를 직접 의뢰하는 것이 좋다.
- 의뢰과정을 보다 쉽게 만들기 위해 할 수 있는 노력을 기울여야 한다. 새로운 지역사회 자원과 원활하게 네트워크를 형성할 수 있도록 노력하여야 한다. 또한 의뢰하고자 하는 클라이언트나, 부부, 가족이 함께 있을 때, 의뢰기관에 먼저 전화를 걸어 연결시켜 주는 것도 도움이 될 것이다.

- 다른 기관에 대해 절대 어떤 것도 약속하거나 장담하지 말아야 한다. 도움을 요청하는 사람들에게 그 기관에서 일반적으로 기대할 수 있는 사항들에 대해 안내하되, 해당 기관에 대해 미리 예측을 하거나 결정을 내리는 식으로 말하지 않아야 한다.
- 의뢰한 클라이언트와 클라이언트를 받은 기관(또는 전문가)에 대해 반드시 사후관리를 하여야 한다. 의뢰가 잘 이루어졌는지, 그리고 그 의뢰가 적절했는지에 대해 확인하여야 한다.
- 만약 당신이 의뢰한 사람을 다른 기관에서 부적절하게 대했을 경우, 당신은 그의 입장과 권리를 옹호하여야 한다. 당신은 그 기관을 방문하여 담당자와 면담할 것을 신청하고, 당신이 의뢰하였던 클라이언트가 부당한 대우를 받은 것에 대해 대응하여야 한다.
- 당신이 의뢰한 클라이언트들에게 서비스를 제공해주고 있는 기관들과 함께 서비스를 협력적으로 조직화하고 의사소통하는 것이 필요하다.
- 당신이 다루고 싶지 않은 사람들을 다른 기관으로 떠넘기는 것은 어떤 경우에도 윤리적이지 않다. 도움받기를 원하고 있는 사람을 다른 기관으로 의뢰해주거나 대안을 제시해주지도 않고, 요청을 거절하여서는 안 된다. 그저 "죄송합니다, 제가 도와드릴 수는 없습니다"라고 말하고 끝내 버리는 것은 절대 바람직하지 않다. 반드시 그 클라이언트가 다른 기관을 통해 도움을 받을 수 있도록 조치를 취하여야 한다.

사례

킴은 지역사회 에이즈(AIDS) 서비스 기관의 사례관리자이다. 빌 컬럼이라는 사람이 기관에 전화를 걸어 현재 기관 내에 그가 활용할 수 있는 서비스가 무엇이 있는지, 그리고 혹시 추천해줄만한 치료가 있는지 문의하였다. 그는 그가 일 년 전에 에이즈 양성판정을 받았으며, 최근 들어 자신의 건강을 잘 챙겨야겠다는 생각이 들었다고 말하였다. 킴은 빌의 욕구에 가장 잘 맞는 자원을 결정하기 위해 빌과 사무실에서 만나기로 약속을 잡았다. 빌이 사무실에 도착하자, 킴은 지역사회에 있는 임상적 체험 프로그램과 전염병 담당 의사의 목록을 제시하고, 다양한 제약회사에서 만든 의약품들에 대한 정보를 제공하였다. 그리고 그녀(킴)는 그(빌)에게 잠깐 앉아서 함께 이야기를 나누겠느냐고 제안하였고, 그는 동의하였다. 킴은 빌과의 대화 중에 빌이 해결하고 싶은 몇 가지 문제들이 있다는 사실을 알게 되었다. 그러나 그녀의 기관에서는 그에 대한 서비스들을 직접 제공하지 않고 있었다. 예를 들어 빌은 상담자를 만나 알코올 중독 문제가 있던 자신의 아버지에 대해 자신이 갖고 있는 분노에 대해 이야기를 해보고 싶다고 했다. 빌은 장래에 자신의 병세가 악화되어 자신이 부모의 도움을 받아야 되는 상황이 오지 않을까 매우 두려워하고 있었다. 왜냐하면 빌의 부모는 늘 그의 곁에 없었고, 그를 돌봐주지 않았으며, 그가 아동기와 청소년기를 보내는 동안 언어적 폭력을 사용했기 때문이다. 또한 빌은 약물중독 치료 프로그램을 통해 크리스탈 메스암페타인(crystal methamphetamine)이라는 마약을 남용하는 것을 끊고 싶어 했다. 마지막으로 빌은 아직 의사를 만나지 않고 있으므로, 앞으로 지속적으로 의학적 치료를 받기 위해 비용이 적당하면서도 좋은 병원을 소개받고 싶어 했다. 지역사회 내에 있는 자원들과 관련하여 빌의 생각과 의견을 듣고, 빌의 경제적인 능력의 수준을 파악한 결과, 킴은 그를 위해 다음과 같은 의뢰계획을 수립하였다: (1) 지역사회 정신보건센터에서의 상담; (2) 약물중독 문제를 해결하기 위한 알코올과 약물중독 기관; (3) 의학적 치료를 위한 에이즈 전문병원(정부기금으로 운영됨). 빌은 이러한 기관들에 스스로 연락할 것에 대하여 동의서를 서면으로 작성하였으며, 킴은 그에게 각 기관의 담당자 이름과 전화번호 정보를 주었다. 그리고 킴은 그러한 서비스들이 빌과 잘 맞는지 점검하기 위해 사후관리를 하기로 하고, 그를 위한 시간 약속을 정하였다. 또한 빌은 앞으로 지속적으로 킴의 사례관리를 받는 것에 동의하였다. 킴은 일주일 뒤에 빌이 그녀에게 전화하지 않을 경우, 자신이 직접 빌에게 전화를 하겠다고 약속하였다.

요약

소진을 피하거나 관리하기 위해서는 자신의 스트레스 신호가 무엇인지 인지하고, 스트레스의 영향을 줄이기 위한 계획을 세우고, 보다 현실적으로 자신의 기대수준을 조정하고, 자신에게 필요한 지원을 챙겨서 받으며, 오랫동안 해오던 자신의 행동습관을 고쳐야 한다. 이를 통해 정신적, 감정적, 내면적, 신체적 힘을 비축할 수 있게 된다. 수동적이거나 공격적인 자세를 취하기보다는 적절하게 자신의 의사를 표현할 수 있도록 연습하여야 한다. 필요한 경우 다른 사람의 제안에 대해 공손하지만 분명하게 거절할 수 있어야 하며, 자신의 평안을 위해 언제 어떻게 선을 그어야 할지에 집중하여야 한다. 원조과정에서 힘든 상황을 겪게 된다면, 자신의 행동과 가치가 그 상황에서 어떤 역할을 하고 있는지 점검해보고, 원조의 가치와 목표에 집중하며, 클라이언트가 어떻게 느끼고 있을지 상상해보거나 그 사람이 왜 그런 행동을 하고 있는지 상상해보고, 겪고 있는 어려움에 대해 분명하게 의사표현을 하고, 상담과 지도감독을 받으며, 클라이언트를 다른 곳으로 의뢰해야 하는 상황은 아닌지 고민해 보아야 한다.

14 CHAPTER 통합하기

이 장에서는 휴먼서비스 원조전문가가 되는 것과 관련 있는 핵심적인 내용들을 요약할 것이다.

휴먼서비스 원조전문가는 누구인가?

휴먼서비스 원조전문가가 된다는 것은 무엇을 의미하는가? 우리는 우리가 그동안 살아오면서 겪었던 경험이나 삶의 위기가 자신에게 지혜를 주었으며, 그러한 지혜를 통해 비슷한 상황에 놓여있는 다른 사람들에게 도움을 줄 수도 있다는 사실을 배우게 되었다. 또한 우리는 다른 사람들에게 돌봄을 제공하는 것이 그들을 치유시켜 주는 것만큼이나 중요한 경우가 많다는 사실을 배우게 되었다. 우리는 휴먼서비스 원조전문가가 위기 상황에 놓여 있거나 삶에 있어서 고통스러운 시점에 놓여있는 사람들에게 힘과 지지를 제공해 줄 수 있는 중요한 원천이 된다는 사실도 배우게 되었다. 그리고 우리는 휴먼서비스 전문가가 다른 전문가들에게 있어 중요한 협력자가 되며, 다른 서비스 영역과도 긴밀한 연결고리를 형성할 수 있다는 사실도 배우게 되었다.

우리는 또한 타인에게 도움을 줄 수 있는 개인적 역량을 지니고 있거나 사람에 대해 깊이 이해하고 있는 사람들이 있을 수 있으나, 보다 효과적이고 전문적인 원조전문가가 되기 위해서는 반드시 익혀야 할 기술, 태도, 능력, 그리고 가이드라인이 있다는 사실도 배웠다. 효과적인 휴먼서비스 원조전문가는 다음과 같이 차별화된 자질을 갖추고 있다.

1. 휴먼서비스 원조전문가는 다른 사람들의 복지를 증진시킬 수 있는 특별한 태도와 신념을 지니고 있다. 예를 들자면 다음과 같다:

- **강점을 우선적으로 본다** 강점을 우선적으로 본다는 것은 사람들이 갖고 있는 한계점이나 부족한 부분에 초점을 맞추기보다 그들이 가지고 있는 능력에 주로 집중한다는 뜻이다.
- **판단을 유보한다 휴먼서비스** 원조전문가는 다른 사람들이 그들의 위기 상황에 대해 대처하고 있는 방법이 자신과 다를지라도 그에 대해 편견 없이, 그리

고 비판 없이 경청해주는 것이 중요하다. 이는 지원을 요청한 사람들이 내린 고지된 선택을 지지하는 것을 포함한다.

- **정직하고 신뢰할 수 있어야 한다** **휴먼서비스** 원조전문가는 대인관계에 있어서 항상 진솔해야만 한다; 휴먼서비스 원조전문가의 신뢰성과 정직성은 전문가와 클라이언트 간의 관계를 탄탄하게 만들 것이며, 그것은 곧 원조과정에서 효과적으로 도움을 줄 수 있는 가능성을 높여주는 효과가 있다. 효과적인 원조전문가는 진실되며, 스스로 더욱 진솔하고 좋은 상담자가 되기 위해 최선의 노력을 기울인다.
- **강점에 대한 확신** 클라이언트들이 자신의 삶에 대해 책임을 지고 서비스 전달과정에서 파트너 관계를 성립할 수 있도록 지원하는 휴먼서비스 원조전문가들은 클라이언트들이 절망적이고 무기력한 감정을 감소시키고 자신감을 키울 수 있도록 돕는다.
- **다양성, 문화, 그리고 억압에 대한 인식** 이것은 다름에 대해 자신이 어떤 태도를 갖고 있는지 인식하는 것을 포함한다. 효과적인 휴먼서비스 원조전문가는 특별히, 자신과 다른 측면이 있다고 느끼는 사람들을 대할 때 자신이 어떤 태도를 취하게 되는지 잘 인식하고 있다. 휴먼서비스 원조전문가는 자신과 다른 인종, 종교, 나이, 성적 취향, 또는 성별과 관련하여 자신이 어떤 고정관념을 갖고 있는지 잘 파악하고 있으며, 그러한 고정관념이 원조전문가로서 역할을 수행하는데 방해가 되지 않도록 노력하는 사람이다.
- **발달 단계에 대한 수용과 존중** 휴먼서비스 원조전문가가 개인 및 가족의 일반적인 발달 단계와 발달 과제에 대해 이해하고 있다면 더 효과적으로 원조과정을 진행할 수 있을 것이다. 휴먼서비스 원조전문가에게 있어, 개인과 가족의 발달을 지원하고 촉진시키는 것은 매우 중요한 책임이다.

2. 휴먼서비스 원조전문가는 타인들의 복지를 증진시키기 위해 전문적인 윤리와 가치체계를 따른다:

- **개인의 감정과 가치에 대한 인식** 개인적인 가치를 다른 사람들에게 강요하는 것인 휴먼서비스 원조전문가의 역할이 아니다. 휴먼서비스 전문가가 자신의 개인적인 가치체계에 대해 인식하고 있다면, 다른 사람들의 선택을 제한하거나 방해하지 않게 될 것이다. 만약 휴먼서비스 원조전문가가 자신의 개인적인 감정이 원조과정을 방해하고 있다는 사실을 깨닫게 된다면, 원조전문가는 그러한 감정에 대해 잘 검토해보고 그것이 원조과정에 지장을 주지 않도록 조치를 취하는 것이 매우 중요하다.
- **비밀보장과 사생활 보호의 원칙** 사람들이 기관을 통해 도움을 요청할 때에는 자신의 개인적인 정보를 제공하는 것에 대해 원조전문가를 신뢰하게 된다. 휴먼서비스 원조전문가는 클라이언트를 보호하기 위해 비밀보장의 원칙을 엄격하게 준수하는 것이 필요하다.

3. 휴먼서비스 전문가는 자기 자신에 대해 자각하고, 자신을 도구로 활용하며, 자기 스스로를 돌보는 것에 대한 책임이 있다. 이는 다음 사항들을 포함하게 된다:
   - **자기 스스로를 돌보기 휴먼서비스** 원조전문가가 다른 사람들에게 도움을 제공할 수 있기 위해서는, 자기 스스로가 적절한 지원을 받고 있으며 자신의 기본적인 욕구들이 충족되어 있는 상태여야 한다. 업무로 인해 소진이 오지 않도록 주의를 기울이고, 스트레스를 효과적으로 관리하는 것이 필요하다.
   - **상담과 지도감독의 활용** 필요할 경우 도움을 요청하고 그러한 도움을 받는 것은, 효과적인 휴먼서비스 원조전문가가 되기 위해 중요한 부분이다. 휴먼서비스 원조전문가는 상담과 지도감독을 받을 수 있어야 하며, 그것이 정기적으로 제공되어야 한다.

4. 휴먼서비스 원조전문가들이 다른 사람들을 돕는 것과 관련하여 다양한 자질과 능력을 이미 갖고 있다고 할지라도, 새로운 원조 기술을 습득하고 연마하는 것이 필요하다:
   - **원조관계를 형성하고 유지하기** 효과적인 원조는 (클라이언트와 원조전문가) 상호 간에 전문적인 원조관계가 형성되어 있을 때 가능하다. 이러한 원조관계는 원조전문가의 행동이나 특성을 바탕으로 형성된다.
   - **정확하게, 감정이입적으로 경청하기 휴먼서비스** 원조전문가는 언어적이고 비언어적인 경청의 기술을 모두 활용하여 다른 사람들의 감정을 파악하고 공감하여야 한다.
   - **감정에 대해 집중하기** 타인의 감정뿐만 아니라 자신의 개인적인 감정에 대해서도 잘 인지할 수 있는 것은 휴먼서비스 원조전문가에게 있어 중요한 기술이다. 클라이언트와 상호작용할 때 적절한 용어를 활용할 수 있으며, 자신이 클라이언트를 잘 이해하고 있음을 전달해 줄 수 있는 기술은 원조에 있어 중요한 부분을 차지하는 것이다.
   - **감정이입을 표현하기** 공감의 감정을 전달하는 것은 원조전문가가 클라이언트의 감정에 대해 지속적으로 관심을 기울이고 정확하게 이해하고 있다는 메시지를 주는 것이다. 휴먼서비스 원조과정에 있어 공감적인 이해는 중요한 부분을 차지한다.
   - **긍정적인 관심과 존중의 전달** 효과적인 원조전문가들은 그들이 서비스를 받는 사람들의 모습을 있는 그대로 수용해주고 있으며, 그들에게 인간적 존엄성과 가치를 부여하고 있다는 사실을 느낄 수 있도록 해준다.
   - **클라이언트가 있는 자리에서 시작하기 원조전문가**는 언제나 원조관계를 형성할 때, 클라이언트의 현재 감정적, 정신적, 종교적, 신체적 상태를 인정하고 시작하여야 한다. 원조전문가는 자신의 개인적인 생각이나 방안이 아니라, 문제에 대한 정의나 해결방안의 제시에 있어 클라이언트의 의견을 따라야 한다.
   - **적절한 정보를 제공하기** 클라이언트가 자신을 괴롭히고 있는 문제나 이슈와

관련하여 어떤 정보나 교육이 필요하다고 한다면, 휴먼서비스 원조전문가는 정보제공자로서 연결고리가 되어 도움을 제공하여야 한다.

- **의뢰하기 휴먼서비스** 원조전문가는 언제 클라이언트를 다른 곳으로 의뢰하는 것이 적절한지 알고 있어야 한다. 의뢰가 필요할 수 있는 문제의 몇 가지 예를 들어 본다면 자살, 정신질환, 알콜이나 약물 중독, 그리고 폭력 문제 등이다.
- **위기에 대하여 대응하기 휴먼서비스** 원조전문가의 중요한 역할 중 하나는 위기 상황에서 어떤 역할을 취해야 하는지 알고 그에 적절히 대응하며, 필요한 경우 클라이언트를 다른 기관으로 의뢰를 하는 것이다. 위기 개입에 있어 중요한 또 다른 사항은 클라이언트가 자살의도를 갖거나 실제로 이를 실행에 옮기려고 할 때 적절하게 대응할 수 있어야 한다는 것이다.
- **문제해결하기** 사람들은 종종 자신의 현재 상황에서 무엇을 해야 할 지 결정하지 못하거나 상황에 압도되는 듯한 기분을 느끼게 된다. 문제해결기술에 대한 교육을 제공하는 것은 사람들이 상황 속에서 자신감과 통제력을 찾을 수 있도록 하는데 도움을 줄 수 있다.
- **자기주장적 의사소통하기 휴먼서비스** 원조전문가로서 자신이 갖고 있는 어려움을 파악하고 그것을 표현할 수 있는 능력은 보다 효과적인 원조전문가가 되기 위해 꼭 필요하다. 전문가가 가질 수 있는 어려움은 시간, 감정적이거나 신체적인 에너지, 또는 심리적인 준비상태와 관련이 있을 수 있다.
- **다양한 모델, 사람 그리고 이슈에 대하여 이해하기 휴먼서비스** 원조전문가는 사례관리, 시례나 계층에 대한 옹호, 집단 활동, 가족치료, 그리고 지역사회 조직에 대하여 이해하고 있어야 한다. 휴먼서비스 원조전문가는 특정한 사회적·개인적 문제를 겪고 있는 사람들을 효과적으로 지원하기 위해 그러한 문제에 대한 지식을 갖추고 있어야 한다. 휴먼서비스 원조전문가들, 실습생들, 그리고 자원봉사자들은 다음과 같은 문제를 겪고 있는 사람들에 대한 지식이 있어야 한다: 예를 들어 큰 상실감과 슬픔에 빠져 있는 사람들; 외상 후 스트레스를 겪고 있는 사람들; 폭력의 피해자들; 나이가 많은 사람들; 에이즈에 걸린 사람들; 발달장애, 정신질환, 중독 등의 문제가 있는 사람들.

생각해보기 #86

1. 휴먼서비스 원조전문가로서의 역량을 강화하기 위해 노력하는 과정에서 자기 자신에 대해서 깨닫게 된 것은 무엇인가? 가장 중요한 점이 무엇이었는가?
2. 자신의 새로운 면을 발견하게 된 것이 더 나은 휴먼서비스 원조전문가가 되도록 하는데 있어 어떤 도움이 되었는가?
3. 자신의 새로운 면을 발견하게 된 것이 자신의 한계점을 파악하는 것과 관련하여 어떤 도움이 되었는가?
4. 휴먼서비스 원조전문가로서 역할을 감당하는 데 있어 자신이 갖고 있는 강점은 무엇인가?
5. 휴먼서비스 원조전문가 역할과 관련하여 더 공부하거나 연습하여야 할 부분은 무엇인가? 앞으로 어떻게 배워나갈 계획인가?

요약

축하한다! 당신은 휴먼서비스 원조전문가로 나아가는 여정의 한 단계를 마치게 되었다. 휴먼서비스 원조에 있어 필수적인 지식, 가치, 그리고 기술에 대해 공부하고 생각해 보았던 과정들을 통해 더 큰 동기와 자신감을 갖게 되었기를 바란다. 이제 당신은 다른 원조전문가들과 함께 네트워크를 형성하게 될 것이다. 이 네트워크를 통해 당신은 교육과 열정을 겸비한 수많은 원조전문가들을 만나게 될 것이며, 그들과 함께 원조에 대한 가치와 기술을 나누며 협력하게 될 것이다. 당신이 이 책을 통해 배웠던 내용들을 활용하여, 실제 현장에서 클라이언트 역량강화와 사회정의를 위해 일하고, 노력하며, 생활할 수 있기를 진심으로 바란다.

참고문헌

Abels, P., & Murphy, M. J. (1981). *Administration in the human services: A normative systems approach.* Englewood Cliffs, NJ: Prentice-Hall.

Adlin, M. (1993). Health issues. In E. Sutton, A. R. Factor, B. A. Hawkins, T. Heller, & G. B. Seltzer (Eds.), *Older adults with developmental disabilities: Optimizing choice and change* (pp. 29–48). Baltimore: Paul Brookes.

Ainlay, S. C., Coleman, L. M., & Becker, G. (1986). Stigma reconsidered. In S. C. Ainlay, G. Becker, L. M. Coleman (Eds.), *The dilemma of difference: A multidisciplinary view of stigma.* New York: Plenum Press.

Alcoholics Anonymous. (1991). *Twelve steps and twelve traditions.* New York: Alcoholics Anonymous World Services.

Alliance National Center. (2005). Minneapolis: author. http://www.taalliance.org/idea/index.htm

Allers, C. T. (1990). AIDS and the older adult. *Gerontologist, 30*(3), 405–407.

Amaro, H. A., & Gornemann, I. (1991). Health care utilization for sexually transmitted diseases: Influence of patient and provider characteristics. In J. Waserheit, S. O. Aral, & K. K. Holmes (Eds.), *Research issues in human behavior and sexually transmitted diseases in the AIDS era.* Washington, DC: American Society of Microbiology.

American Association on Mental Retardation (AAMR). (1992). *Mental retardation: Definitions, classification, and systems of supports,* 9th edition. Washington, DC: Author.

American Health Assistance Foundation. (2006). *The cost of caring.* Retrieved May 2, 2006, from http://www.ahaf.org/afrp/cost.htm

American Hospital Association. (1992). Case management: An aid to quality and continuity of care. In S. M. Rose (Ed.), *Case management and social work practice* (pp. 149–159). New York: Longman.

American Psychological Association (APA). (1994). *Diagnostic and statistical manual of mental disorders,* 4th edition. Washington, DC: Author.

America's Children. (2005). Retrieved May 2, 2006, from http://www.childstats.gov/americaschildren/pop6.asp

Anderson, D., & Polister, B. (1993). Psychotropic medication use among older adults with mental retardation. In E. Sutton, A. R. Factor, B. A. Hawkins, T. Heller, & G. B. Seltzer (Eds.), *Older adults with developmental disabilities: Optimizing choice and change* (pp. 61–76). Baltimore: Paul Brookes.

Anderson, J., Landry, C., & Kerby, J. (1991). *AIDS: Abstracts of the psychological behavioral literature.* Washington, DC: American Psychological Association.

Andrews, A. B. (1990). Interdisciplinary and interorganizational collaboration. In L. Ginsberg, S. Khinduka, J. A. Hall, F. Ross-Sheriff, & A. Hartman (Eds.), *Encyclopedia of social work,* 18th edition, 1990 supplement (pp. 175–188). Silver Spring, MD: NASW Press.

Asch, A., & Mudrick, N. R. (1995). Disabilities. In R. L. Edwards & J. G. Hopps (Eds.), *The encyclopedia of social work*, 19th edition (pp. 752–761). Washington, DC: NASW Press.

Autism Society of America. (2006). *Defining Autism*. Retrieved May 2, 2006, from http://www.autism-society.org/site/PageServer?pagename=WhatisAutism

A woman's guide to coping with disability. (1994). Epilepsy. Lexington, MA: Resources for Rehabilitation.

Baker, L. S. (1992). The perspective of families. In M. L. Stuber (Ed.), *Children with AIDS*. Washington, DC: American Psychiatric Press.

Barker, R. L. (2003). *The social work dictionary*, 5th edition. Washington, DC: NASW Press.

Barnett, A. W., Miller-Perrin, C. L., & Perrin, R. D. (1997). *Family violence across the lifespan*. Thousand Oaks, CA: Sage.

Baroff, G. S. (1991). *Developmental disabilities: Psychosocial aspects*. Austin, TX: Pro-Ed.

Bass, D. S. (1990). *Caring families: Supports and interventions*. Silver Spring, MD: NASW Press.

Becker, C., & L. M. Coleman (Eds.). (1986). *The dilemma of difference: A multidisciplinary view of stigma*. New York: Plenum Press.

Belsky, J. K. (1984). *The psychology of aging: Theory, research, and practice*. Pacific Grove, CA: Brooks/Cole.

Bellos, N. S., & Ruffolo, M. C. (1995). Aging: Services. In R. L. Edwards & J. G. Hopps (Eds.), *Encyclopedia of social work*, 19th edition. Washington, DC: NASW Press.

Benjamin, A. (1969). *The helping interview*, 2nd edition. Boston: Houghton Mifflin.

Berkman, L. F. (1984). Assessing the physical health effects of social networks and social support. *Annual Review of Public Health*, 5, 413–432.

Birdwhistell, R. L. (1970). *Kinesics and context*. Philadelphia: University of Pennsylvania Press.

Blazer, D., & Palmore, E. (1976). Religion and aging in a longitudinal panel. *Gerontologist, 16*(Pt. 1), 82–85.

Bloom, M. L. (1973). Usefulness of the home visit for diagnosis and treatment. *Social Casework, 54*, 67–75.

Boland, M. G., Czamiecki, L., & Haiken, H. J. (1992). Coordination care for children with HIV infection. In M. L. Stuber (Ed.), *Children with AIDS*. Washington, DC: American Psychiatric Press.

Borkman, T. S. (1990). Experiential, professional, and lay frames of reference. In T. J. Powell (Ed.), *Working with self help* (pp. 3–30). Silver Spring, MD: NASW Press.

Bower, B. (1997). Social links may encounter health risks. *Science News, 152*, 135.

Brabant, S. (1994). An overlooked AIDS affected population: The elderly parent as caregiver. *Journal of Gerontological Social Work, 22*(1/2), 131–145.

Brammer, L. M. (1979). *The helping relationship: Process and skills*. Englewood Cliffs, NJ: Prentice-Hall.

Brieland, D. (1982). Introduction. In M. MaHaffey & J. W. Hanks (Eds.), *Practical politics*. Silver Spring, MD: NASW Press.

Bryson, J. (1995). *Strategic Planning For Public and Nonprofit Organizations*. San Francisco: Jossey-Bass.

Burton, L. M. (1992). Black grandparents rearing children of drug-addicted parents: Stressors, outcomes and social service needs. *Gerontologist, 32*, 744–751.

Butler, R. (1969). Ageism: Another form of bigotry. *Gerontologist, 9*, 243–246.

Cadwell, S. (1998). Providing services to gay men. In D. M. Aronstein & B. J. Thompson, *HIV and social work: A practitioner's guide* (pp. 411–430). New York: Haworth.

Cadwell, S. (1994). Twice removed: The stigma suffered by gay men with AIDS. In S. A. Cadwell, R. Burnham, & M. Forstein (Eds.), *Therapists on the front line: Psychotherapy with gay men in the age of AIDS* (pp. 3–24). Washington, DC: American Psychiatric Press.

Caine, L. (1988). *Being a widow*. New York: Penguin.

Caplan, G. (1964). *Principles of preventive psychiatry*. New York: Basic Books.

Carter, B., & McGoldrick, M. (1999). *The expanded family life cycle: Individual, family, and social perspectives*. Boston: Allyn & Bacon.

Cash, T., & Valentine, D. (1987). A decade of adult protective services: Case characteristics. *Journal of Gerontological Social Work, 10*(3/4), 47–60.

Centers for Disease Control (CDC). (2004). *HIV/AIDS surveillance report*. Year-End Edition. Atlanta: Centers for Disease Control and Prevention.

Centers of Disease Control. (1996). State-specific rates of mental retardation–United States, 1993. *MMWR Weekly, 45*(03), 61–65.

Children and Adults with Attention Deficit Disorders (CHADD). (1993). *The disability named ADD: An overview of attention deficit disorders*. Plantation, FL: Author.

Cicero, T. J. (1994). Effects of prenatal exposure to alcohol on offspring development. *Alcohol Health and Research World, 18*(1), 37–41.

Clark, M., & Anderson, B. (1967). *Culture and aging*. Springfield, IL: Charles C. Thomas.

Cohen, F. (1983). Stress, emotion, and illness. In L. Temoshok, C. Van Dyke, & L. S. Zegans (Eds.), *Emotions in health and illness: Theoretical and research foundations* (pp. 31–35). New York: Grune and Stratton.

Cohen, S., & Wills, T. A. (1985). Stress, social support, and the buffering hypothesis. *Psychological Bulletin, 98*(2), 310–357.

Congress, E. P., & Gummer, B. (1997). Is the Code of Ethics as applicable to agency executives as it is to direct service providers? In E. Gambrill & R. Pruger (Eds.). *Controversial issues in social work ethics, values, and obligations* (pp. 137–150). Boston: Allyn & Bacon.

Conway, P., & Valentine, D. (1988). Reproductive losses and grieving. In D. P. Valentine (Ed.), *Infertility and adoption: A guide for social work practice* (pp. 43–64). New York: Haworth.

Cormier, W. H., & Cormier, L. S. (1991). *Interviewing strategies for helpers: Fundamental skills and cognitive behavioral interventions*. Pacific Grove, CA: Brooks/Cole.

Costa, P. T., Jr. (1996). Work and personality: Use of the NEO-PI-R in industrial organizational psychology. *Applied Psychology: An International Review, 45*(3), 225–241.

Cottrell, L. (1942). The adjustment of the individual to his age and sex roles. *American Sociological Review, 7,* 617–620.

Cox, E. O., & Parsons, R. J. (1994). *Empowerment-oriented social work practice with the elderly.* Pacific Grove, CA: Brooks/Cole.

Croen, L. A., Grether, J. K., Hoogstrate, J., & Selvin, S. (2002). The changing prevalence of autism in California. *Journal of Autism and Developmental Disorders, 32*(3), 207–15.

Cross, T., Bazron, B., Dennis, K., & Isaacs, M. (1989). *Towards a culturally competent system of care: A monograph for effective services for minority children who are severely emotionally disturbed.* Washington, DC: CASSP Technical Assistance Center, Georgetown University Child Development Center.

Cumming, E., & Henry, W. (1961). *Growing old: The process of disengagement.* New York: Basic Books.

Dane, B. O. (1991). Anticipatory mourning of middle-aged parents of adult children with AIDS. *Families in Society: The Journal of Contemporary Human Services,* February, 108–115.

Dardick, G. (1993). Access activism: On disabled people and their struggle for rights and respect. *Utne Reader, 56,* 98–110.

Dawson, D., Cynamon, M., & Fitti, J. (1987). AIDS knowledge and attitudes: Provisional data from the National Health Interview Survey. *Vital and Health Statistics for the National Center for Health.* Washington, DC: Department of Health and Human Services (No. 146, Nov. 19).

Developmental Disabilities Assistance and Bill of Rights Act Amendments of 1990. Public Law 101-496, 104 Stat. 1191.

DeWeaver, K. L. (1995). Developmental disabilities: Definitions and policies. In R. L. Edwards & J. G. Hopps (Eds.), *The encyclopedia of social work,* 19th edition (pp. 712–720). Washington, DC: NASW Press.

Doka, J.D. (1989). *Disenfranchised grief.* New York: Lexington.

Dolgoff, R. (2005). *An introduction to supervisory practice in human services.* Boston: Pearson Education.

Dolnick, E. (1993). Deafness as culture. *Atlantic Monthly, 272*(3), 37–53.

Dressel, P. L., & Barnhill, S. K. (1994). Reframing gerontological thought and practice: The case of grandmothers with daughters in prison. *Gerontologist, 34*(5), 685–690.

Drew, C. J., Logan, D. R., & Hardman, M. L. (1988). *Mental retardation: A life cycle approach.* Columbus, OH: Merrill.

Drury, S.S. (1984). *Assertive supervision: Building involved teamwork.* Champaign, IL: Research Press.

Dudley, J. R. (1987). Speaking for themselves: People who are labeled as mentally retarded. *Social Work, 32*(1), 80–82.

Dunst, C. J., Trivette, C. M., Davis, M., & Cornwall, J. (1988). Enabling and empowering families of children with health impairments. *Children's Health Care: Journal of the Association for the Care of Children's Health, 17*(2), 71–81.

Echterling, L. G., & Hartsough, D. M. (1980). Testing a model for the process of telephone crisis intervention. *American Journal of Community Psychology, 8*(6), 715–724.

Echterling, L. G., & Hartsough, D. M. (1989). Phases of helping in successful crisis telephone calls. *Journal of Community Psychology, 17* (July), 249–257.

Education for All Handicapped Children Act of 1975. Public Law 94-142, 89 Stat. 773.

Emlet, C. A. (1993). Service utilization among older people with AIDS: Implications for case management. *Journal of Case Management, 2*(4), 119–124.

Emlet, C. A. (1996). Case managing older people with AIDS: Bridging systems, recognizing diversity. *Journal of Gerontological Social Work, 27*(1/2), 55–71.

Epilepsy Association of America. (1989). *Recognizing the signs of childhood seizures.* Landover, MD: Epilepsy Foundation of America.

Erikson, E. (1950). *Childhood and society.* New York: Norton.

Erikson, E. (1963). *Eight stages of man. Childhood and society.* New York: Norton.

Erikson, E. (1982). *The life cycle completed.* New York: Norton.

Erikson, E., & Erikson, J. M. (1997). *The life cycle completed.* New York: Norton.

Fagan, R. M. (2003). Pioneer network: changing the culture of aging in America. *Journal of Social Work in Long-Term Care, 2*(1/2), 125–140.

Family-Centered Care. (2006). *The key elements of family-centered care.* Retrieved May 2, 2006, from http://communitygateway.org/faq/fcc.htm

Folts, W. E., Rosenberg, E., Muir, K. B., & Baumhover, L. A. (2005). Reassessing the demographic imperative. *Educational Gerontology, 31*(1), 73–82.

Forsyth, B. (1995). A pandemic out of control: The epidemiology of AIDS. In S. Geballe, J. Gruendel, & W. Andiman (Eds.), *Forgotten children of the AIDS epidemic* (pp. 19–31). New Haven, CT: Yale University Press.

Fowler, J. W. (1981). *Stages of faith: The psychology of human development and the quest for meaning.* New York: Harper & Row.

Fox, R., & Zischka, P. (1982). Using goal focused contracts in supervision. *Social Work in Education,* April, 16–27.

Friedan, B. (1986). *The second stage.* New York: Dell.

Friedland, R. B., & Summer, L. (1999). *Demography is not destiny.* Washington, DC: National Academy on an Aging Society, Gerontological Society of America.

Friesan, B. J. (1989). National study of parents whose children have serious emotional disorders. In A. Algarin, R. Friedman, A. Duchnowski, D. Kutash, S. Silver, & M. Johnson (Eds.), *Second annual conference proceedings—Children's mental health services and policy: Building a research base.* Tampa, FL: Research and Training Center for Children's Mental Health, University of South Florida.

Gastel, S. (1994). *Working with your older patient: A clinician's handbook*. Bethesda, MD: National Institute of Aging.

Geary, R. (no date). Concept Development: Selectively Permeable Membrane. Retrieved August 12, 2005 from http://educ.queensu.ca/~science/main/concept/is/i01/I01CDRG1.html

George, L. K., Okun, M. A., & Landerman, R. (1985). Age as a moderator of the determinants of life satisfaction. *Research on Aging, 7*(2), 209–233.

Germain, C. B., & Patterson, S. L. (1988). Teaching about rural natural helpers as environmental resources. *Journal of Teaching in Social Work, 2*(1), 73–90.

Gibbs, L., & Gambrill, E. (1996). *Critical thinking for social workers*. Thousand Oaks: CA: Pine Forge.

Gilligan, C. (1982). *In a different voice: Psychological theory and women's development*. Cambridge, MA: Harvard University Press.

Golan, N. (1978). *Treatment in crisis situations*. New York: Free Press.

Goldenberg, I., & Goldenberg, H. (2004). *Family therapy*. Pacific Grove, CA: Brooks Cole.

Goodwin, F., & Brown, G. (1990). Summary and overview of risk factors in suicide. In L. Davidson & L. Markku (Eds.), *Risk factors for youth suicide*. New York: Hemisphere.

Gottlieb, B. H. (1985). Social networks and social support: An overview of research, practice, and policy implications. *Health Education Quarterly, 12*(1), 5–22.

Grandin, T. (2005). *Animals in translation: using the mysteries of autism to decode animal behavior*. New York: Scribner.

Grandin, T. (1996). *Thinking in pictures and other reports from my life with autism*. New York: Vintage Books.

http://gri.gallaudet.edu/Demographics/factsheet.html

Griffith, M. S. (1977). The influences of race on the psychotherapeutic relationship. *Psychiatry, 40*(1), 27–40.

Grossman, H. J. (1995). At risk, infected and invisible: Older gay men and HIV/AIDS. *Journal of the Association of Nurses in AIDS Care, 6*(6), 13–19.

Grossman, A. J. (Ed.). (1977). *Manual on terminology and classification of mental retardation*. Washington DC: American Association on Mental Deficiency.

Guttierrez, L. M. (1990). Working with women of color: An empowerment perspective. *Social Work, 35*(2), 149–153.

Hackl, K. L., Somlai, A. M., Kelly, J. A., & Kalichman, S. C. (1997). Women living with HIV/AIDS: The dual challenge of being a patient and caregiver. *Health and Social Work, 22*(1), 53–62.

Haddon, M. (2004). *The curious incident of the dog in the night-time*. London: Vintage Books.

Hallowell, N. (1994). *Driven to distraction: Recognizing and coping with attention deficit disorder from childhood through adulthood*. New York: Pantheon.

Hamilton, J. (1988). Child abuse and family violence. In N. Hutchings (Ed.), *The violent family: Victimization of women, children, and elders* (pp. 89–103). New York: Human Sciences Press.

Hardcastle, D. A., & Powers, P. R. (2004). *Community Practice: Theories and Skills for Social Workers*, 2nd edition. New York: Oxford University Press.

Havighurst, R. J. (1963). Successful aging. In R. Williams, C. Tibbits, & W. Donahue (Eds.), *Process of aging* (Vol. 1). New York: Atherton Press.

Health Resources and Services Administration (HRSA). (2004). AIDS and women. *HRSA Care Action*, December, 1.

Heller, T., & Factor, A. (2004). Older adults with mental retardation and their aging caregivers. Chicago: RRTC on Aging with Developmental Disability. Chicago: University of Illinois at Chicago. http://tigger.uic.edu/ ~lisab/facts1.htm

Hepworth, D. H., & Larsen, J. A. (2002). *Direct social work practice*, 6th edition. Belmont, CA: Wadsworth.

Herek, G. M., & Glunt, E. K. (1988). An epidemic of stigma: Public reactions to AIDS. *American Psychologist, 43*(11), 886–891.

Hooyman, N., & Kiyak, H. A. (1996). *Social gerontology: A multidisciplinary perspective*. Boston: Allyn & Bacon.

Ingersoll, B. (1993). *Attention deficit disorder and learning disabilities*. New York: Doubleday.

Intagliata, J. (1992). Improving the quality of community care for the chronically mentally disabled: The role of case management. In S. M. Rose (Ed.), *Case management and social work practice* (pp. 25–55). New York: Longman.

Ivanoff, A., & Riedel, M. (1995). Suicide. In R. L. Edwards & J. G. Hopps (Eds.), *Encyclopedia of social work*, 19th edition. Washington DC: NASW Press.

Jankowski, S., Videka-Sherman, L., & Laquidara-Dickinson, K. (1996). Social support networks of confidants of people with AIDS. *Social Work, 41*(2), 206–312.

Jett, A., & Branch, L. (1981). The Framingham disability study, II: Physical disability among the aging. *American Journal of Public Health, 71*, 1211–1216.

Kadis, L. B., & McClendon, R. (1998). *Marital and family therapy*. Washington, DC: American Psychiatric Press.

Kadushin, A. (1983). *The social work interview*. New York: Columbia University Press.

Kadushin, A., & Harkness, D. (2002). *Supervision in social work*, 4th edition. New York: Columbia University Press.

Kaiser, T. L. (1997). *Supervisory relationships: Exploring the human element*. Pacific Grove, CA: Brooks/Cole.

Kane. R. A. (1985). Case management in health care settings. In M. Weil & J. M. Karls (Eds.), *Case management in human service practice: A systematic approach to mobilizing resources for clients* (pp. 170–203). San Francisco: Jossey-Bass.

Kane, R. A. (1988). Case management: Ethical pitfalls on the road to high quality managed care. *Quality Review Bulletin, 14*, 161–166.

Kane, R. A. (1990). The relevance of case management. In B. S. Fogel, A. Furino, & Gottlieb (Eds.), *Mental health policy for older*

Americans (pp. 201–220). Washington, DC: American Psychiatric Press.

Kennedy, E., & Charles, S. (1990). *On becoming a counselor.* New York: Continuum.

Kirby, B. L. (2005). *What is Asperger's syndrome?* Retrieved May 2, 2006, from http://www.udel.edu/bkirby/asperger/aswhatisit.html

Kisthardt, W. E., & Rapp, C. A. (1992). Bridging the gap between principles and practice: Implementing a strengths perspective in case management. In S. M. Rose (Ed.), *Case management and social work practice* (pp. 112–130). New York: Longman.

Koenig, H., & Blazer, D. (1992). Mood disorders and suicide. In J. E. Birren, R. B. Sloan, & G. Cohen (Eds.), *Handbook of mental health and aging.* San Diego: Academic Press.

Kohlberg, L. (1981). *The philosophy of moral development.* New York: Harper & Row.

Kübler-Ross, E. (1975). *Death: The final stages of growth.* Englewood Cliffs, NJ: Prentice-Hall.

Kushner, H. (1986). *When all you've ever wanted isn't enough.* New York: Simon & Schuster.

Laryea, M., & Gien, L. (1993). The impact of HIV-positive diagnosis on the individual, part 1: Stigma, rejection, and loneliness. *Clinical Nursing Residency,* 2(3), 245–266.

Levine, C. (1990). AIDS and the changing concept of family. *Milbank Quarterly, 68*(1), 33–58.

Levine, C. (Ed). (1993). *Orphans of the HIV epidemic.* New York: United Hospital Fund.

Levine, C. (1995). Today's challenges, tomorrow's dilemmas. In S. Geballe, J. Gruendel, & W. Andiman (Eds.), *Forgotten children of the AIDS epidemic* (pp. 190–204). New Haven, CT: Yale University Press.

Levy, J. A., Ory, M. G., & Crystal, S. (2003). HIV/AIDS interventions for midlife and older adults: Current status and challenges. *Journal of Acquired Immune Deficiency Syndromes, 33* (Supplement 2), S59-S67.

Lewis, J. A., Lewis, M.D., Packard, T., & Souflee, F. (2001). *Management of Human Service Programs.* Belmont, CA: Brooks/Cole.

Lindemann, E. (1979). *Beyond grief: Studies in crisis intervention.* New York: Jason Aronson.

Linsk, N. L. (1994). HIV and the elderly. *Families in Society, 75,* 362–372.

Livneh, H. (1991). On the origins of negative attitudes towards people with disabilities. In R. P. Marinelli & E. Dell (Eds.), *Psychological and social impact of disabilities* (pp. 181–196). New York: Springer.

Longino, C. F. (1988). Who are the oldest Americans? *Gerontologist, 28,* 515–523.

Lott, I. (2006). *Alzheimer's disease and Down syndrome.* Retrieved May 2, 2006, from http://www.ndss.org/content.cfm?fuseaction=InfoRes.HlthArticle &article=33

Lowy, L. (1979). *Social work with the aging: The challenge and promise of the later years.* New York: Longman.

Lyon, G. R. (1996). Special education for students with disabilities: The future children. *Learning Disabilities,* 6(1).

Mack, K. A., & Ory, M. G. (2003). AIDS and older Americans at the end of the twentieth century. *Journal of Acquired Immune Deficiency Syndromes, 33* (Supplement 2), S68–S75.

Maltsberger, J. (1986). *Suicide risk: The formulation of clinical judgment.* New York: New York University Press.

Markides, K. S., & Mindel, C. H. (1987). *Aging and ethnicity.* Newbury Park, CA: Sage.

McConachie, H. (1982). Fathers of mentally handicapped children. In N. Beril & J. McGuire (Eds.), *Fathers: Psychological perspective* (pp. 144–173). London: Junction Books.

McCubbin, H. I., McCubbin, M. A., Patterson, J., Cauble, S., Wilson, L., & Warwick, W. (1983). CHIP: Coping Health Inventory for Parents: An assessment of parental coping patterns in the care of the chronically ill child. *Journal of Marriage and the Family, 45*(2), 359–370.

McCurdy, D. B. (1998). Creating an Ethical Organization. *Generations, 22*(3), 26–31.

McDermott, S., Valentine, D., Anderson, D., Gallup, D., & Thompson, S. (1995). Parents of adults with mental retardation living in-home and out-of-home: Caregiving burdens and gratifications. *American Journal of Orthopsychiatry, 67*(2), 323–329.

McKinlay, J. B., Skinner, K., Riley, J. W., & Zablotsky, D. (1993). On the relevance of social science concepts and perspectives. In M. W. Riley, M. G. Ory, & D. Zablotsky (Eds.), *AIDS in an aging society.* New York: Springer.

McNeil, J. (2001). Americans with disabilities. *Current Population Reports: Household Studies,* no. 1997. Retrieved from http://www.census.gov/prod/2001pubs/p.70–73.pdf

Medvene, L. J. (1990). Family support organization: The functions of similarity. In T. Powell (Ed.), *Working with self help* (pp. 120–140). Silver Spring, MD: NASW Press.

Mellins, C. A., & Ehrhardt, A. A. (1994). Families affected by pediatric acquired immunodeficiency syndrome: Sources of stress and coping. *Journal of Developmental and Behavioral Pediatrics, 15*(3), S54–60.

Melroy. J. R. (1998). *The psychology of stalking: clinical and forensic perspectives.* New York: Academic Press.

Melroy, J. R., & Gothard, S. (1995). Demographic and clinical comparisons of obsessional followers and offenders with mental disorders. *American Journal of Psychiatry, 152*(2), 258–263.

Meredith, N. (1987). Psychotherapy: Everybody's doin' it, but does it work? *Utne Reader,* March/April, 24–33.

Mesibov, G. B., & Bourgondien, M. E. V. (1992). Autism. In S. R. Hooper, G. W. Hynd, & R. E. Mattison (Eds.), *Developmental disorders: Diagnostic criteria and clinical assessment* (pp. 69–95). Hillsdale, NJ: Erlbaum.

Meyers, D. J. (1986). Fathers of handicapped children. In R. R. Fewell & P. F. Vadasy (Eds.), *Families of handicapped children* (pp. 35–74). Austin, TX: PRO-ED.

Minkler, M., & Roe, K.M. (1993). *Grandmothers as caregivers:*

Raising children of the crack cocaine epidemic. Newbury Park, CA: Sage.

Mitzen, P. (1998). Organizational ethics in a nonprofit agency: Changing practice, enduring values. *Generations, 22*(3), 102–104.

Morales, A. T., & Sheafor, B. W. (2002). *The many faces of social work clients.* Boston: Allyn & Bacon.

Mordock, J. (1990). The new supervisor: Awareness of problems experienced and some suggestions for problem resolution through supervisory training. *Clinical Supervisor, 8*(1), 81–92.

Moustakas, C. E. (1961). *Loneliness.* New York: Prentice-Hall.

Muschkin, C. G., & Ellis, M. (1993). Migration in search of family support: Elderly parents as caregivers for persons with AIDS. *Program Abstracts.* New Orleans: Gerontological Society of America.

National Association for Down Syndrome. (2006). Retrieved May 2, 2006, from http://www.nads.org /pages/facts.htm

National Center on Elder Abuse (NCEA). (2006). Retrieved April 20, 2006, from http://www.elderabusecenter.org

National Child Abuse and Neglect Data System (NCANDS). (2004). http://nccanch.acf.hhs.gov/pubs/factsheets/fatality.cfm

National Clearinghouse on Child Abuse and Neglect Information. (2005). http://nccanch.acf.hhs.gov/pubs/factsheets/canstats.cfm

National Institute for Neurological Disorders and Stroke (2005). NIDS Information Page. http://www.ninds.nih.gov/disorders/epilepsy/epilepsy.htm

National Institute on Aging (NIA). (1996). *In search of the secrets of aging.* Bethesda, MD: Author.

National Institutes of Mental Health (NIMH). (2004). Autism spectrum disorders (pervasive developmental disorders). Retrieved June 23, 2005, from http://www.nimh.nih.gov/publicat/autism.cfm

National Resource Center on Supported Living and Choice (2005). Retrieved May 2, 2006, from http://thechp.syr.edu/nrc.html

Netting, F. E., Kettner, P. M., & McMurtry, S. L. (1993). *Social work macro practice.* White Plains, New York: Longman.

Neugarten, B. L. (1974). Age groups in American society and the rise of the young-old. *Annals of the American Academy, September,* 187–198.

Neugarten, B. L., & Hagestad, G. O. (1976). Age and the life course. In R. H. Binstock & E. Shanas (Eds.), *Handbook of aging in the social sciences.* New York: Roster and Reinhold.

Neugarten, B. L., Havighurst, R. J., & Tobin, S. S. (1968). In B. Neugarten (Ed), *Personality and patterns of aging in middle age and aging* (pp. 173–177). Chicago: University of Chicago Press.

Newton, C. J. (2001). Domestic violence: An overview. *TherapistFinder.net/Mental Health Journal.* Retrieved from http://www.therapistfinder.net/domesticviolence/

Norman, A. J. (1985). Applying theory to practice: The impact of organizational structure on programs and providers. In M. Weil, & J. M. Karls (Eds.), *Case management in human service practice: A systematic approach to mobilizing resources for clients* (pp. 72–93). San Francisco: Jossey-Bass.

Nunnally, E., & Moy, C. (1989). *Communication basics for human service professionals.* Newbury Park, CA: Sage.

Ogu, C., & Wolfe, L. R. (1994). *Midlife and older women and HIV/AIDS.* Washington, DC: AARP.

Payne, J. S., & Patton, J. R. (1981). *Mental retardation.* Columbus, OH: Merrill.

Pearlin, L. I. (1985). Social structure and processes of social support. In S. Cohen & S. L. Syme (Eds.), *Social support and health.* Orlando, FL: Academic Press.

Perlman, H. H. (1979). *Relationship: The heart of helping people.* Chicago: University of Chicago Press.

Perlmutter, F. D., Bailey, D., & Netting, F. E. (2001). *Managing human resources in the human services: supervisory challenges.* New York: Oxford University Press.

Petrick, J. A., & Quinn, J. F. (1997). *Management ethics: Integrity at work.* Thousand Oaks, CA: Sage.

Piaget, J. (1970). *Science and education and the psychology of the child.* New York: Viking.

Poindexter, C. (1997). In the aftermath: Serial crisis intervention with persons with HIV. *Health and Social Work, 22*(2), 125–132.

Poindexter, C., & Boyer, N. C. (2003). Strains and gains of grandmothers raising children in the HIV pandemic. In B. Berkman, & L. Harootyan (Eds). *Social work and health care in an aging world: Informing education, policy, practice, and research* (pp. 227–244). New York: Springer.

Pollak, R. 1998. *The creation of Dr. B: A biography of Bruno Bettelheim.* New York: Simon & Schuster.

Powell, T. H., & Ogle, P. A. (1998). *Brothers and sisters—a special part of exceptional families.* Baltimore: Paul Brookes.

Price, R. (1995). *A whole new life: An illness and a healing.* New York: Plume.

Puryear, D. A. (1979). *Helping people in crisis.* San Francisco: Jossey-Bass.

Rapoport, L. (1970). Crisis intervention as a mode of brief treatment. In R. Roberts & R. Nee (Eds.), *Theories of social casework.* Chicago: University of Chicago Press.

Reamer, F. G. (2000). The social work ethics audit: A risk management strategy. *Social Work, 45*(4), 355–366.

Reidy, M., Taggart, M. E., & Asselin, L. (1991). Psychosocial needs expressed by the natural caregivers of HIV infected children. *AIDS Care, 3*(3), 331–343.

Riley, M. W. (1993). AIDS and older people: The overlooked segment of the population. In M. W. Riley, M. G. Ory, & D. Zablotsky (Eds.), *AIDS in an aging society.* New York: Springer.

Roberts, A. R. (1990). *Crisis intervention handbook: Assessment, treatment and research.* Belmont, CA: Wadsworth.

Rockstein, M., & Sussman, M. (1979). *Biology of aging.* Belmont, CA: Wadsworth.

Rogers, C. (1951). *Client-centered therapy.* Boston: Houghton Mifflin.

Rogers, C. (1957). The necessary and sufficient conditions of therapeutic personality change. *Journal of Consulting Psychology, 22,* 95–103.

Rokusek, C. (1995). An introduction to the concept of interdisciplinary practice. In B. A. Thyer & N. P. Kropf (Eds.), *Developmental disabilities: A handbook for interdisciplinary practice* (pp. 1–12). Cambridge, MA: Brookline Books.

Rose, S. M. (1992). Case management: An advocacy/empowerment design. In S. M. Rose (Ed.), *Case management and social work practice* (pp. 271–297). New York: Longman.

Rothman, J. (1994). *Practice with highly vulnerable clients: Case management and community based service.* Upper Saddle River, NJ: Prentice-Hall.

Rowe, J. W., & Kahn, R. L. (1998). *Successful aging.* New York: Pantheon.

Rubin, A. (1992). Case management. In S. M. Rose (Ed.), *Case management and social work practice* (pp. 5–20). New York: Longman.

Saleebey, D. (1996). The strengths perspective in social work practice: Extensions and cautions. *Social Work, 41*(3), 296–305.

Sanders, C. (1989). *Grief: The mourning after.* New York: Wiley.

Sandler, I. N., & Barrera, M. (1984). Toward a multimethod approach to assessing the effects of social support. *American Journal of Community Psychology, 12*(1), 37–52.

Satir, V., Banmen, J., Gerber, J., & Gomori, M. (1991). The transformation process. *The Satir model: Family therapy and beyond.* Palo Alto, CA: Science and Behavior Books.

Schaie, K. W. (1995). The road toward adult intellectual development. *Bollettino di Psicologia Applicata, 42*(214), 3–14.

Scharlach, A. E., Fuller-Thompson, E., & Kramer, B. J. (2002). *Curriculum module on aging and ethnicity* Berkeley, CA. Academic Geriatric Resource Program.

Scheer, J., & Groce, N. (1988). Impairment as a human constant: Cross-cultural and historical perspectives on variation. *Journal of Social Issues, 44,* 173–188.

Schein, E. (1992). *Organizational Culture and Leadership,* 2nd edition, San Francisco: Jossey-Bass.

Schein, J. D., & Delk, M. T. (1974). *The deaf population of the United States.* Silver Spring, MD: National Association of the Deaf.

Schneider, J. (1984). *Stress, loss, and grief.* Baltimore: University Park Press.

Schur, E. M. (1983). *Labeling women deviant: Gender, stigma, and social control.* Philadelphia: Temple University Press.

Self Advocates Becoming Empowered (SABE). (2005). Retrieved May 2, 2006, from http://www.sabeusa.org/

Ship, J. A., Wolff, A., & Selik, R. M. (1991). Epidemiology of acquired immune deficiency syndrome in persons aged 50 and older. *Journal of Acquired Immune Deficiency Syndromes, 4,* 84–88.

Simeonsson, R. J. (1986). *Psychological and developmental assessment of special children.* Newton, MA: Allyn & Bacon.

Simons, R. L. (1988).Generic social work skills in social administration: The example of persuasion. *Administration in Social Work, 11*(3/4), 241–254. Reprinted in J. Rothman, J. L. Erlich, & J. E. Tropman (Eds.) (1995). *Strategies of community intervention* (pp. 163–172). Itasca, IL: F. E. Peacock.

Sloan, W., & Stevens, H. (1976). *A century of concern: A history of the American Association on Mental Deficiency 1876–1976.* Washington, DC: American Association on Mental Deficiency.

Sobsey, D. (1994). Violence in the lives of people with disabilities. Presentation for the Annual Conference of the Center for Child and Family Studies. Columbia: South Carolina.

Sobsey, D. (1997). *Violence and abuse in the lives of people with disabilities: The end of silent acceptance.* Baltimore: Paul Brookes.

Southeast AIDS Education and Training Center. (1991). *Our patients' silent hopes.* Atlanta: Emory University School of Medicine.

Stein, J. B., & Hodge, R. H. (1995). Substance abuse and HIV disease: A multidimensional challenge to caregivers. In V. J. Lynch, G. A. Lloyd, & M. F. Fimbres (Eds.), *The changing face of AIDS: Implications for social work practice* (pp. 199–212). Westport, CT: Auburn House.

Stoller, E. P., & Gibson, R. C. (2000). *Worlds of difference: Inequality in the aging experience.* Thousand Oaks: CA: Pine Forge.

Strobe, W., & Strobe, M. (1987). *Bereavement and health: The psychological and physical consequences of partner loss.* New York: Cambridge University Press.

Sutton, N. (1996). *Bettelheim: A life and a legacy.* New York: Basic Books.

Tarasoff v. Regents of the University of California, 13 Cal. 3d 177 (1974).

Tatara, T. (1993). Understanding the nature and scope of domestic elder abuse with the use of state aggregate data. *Journal of Elder Abuse and Neglect, 5*(4), 35–57.

Tatara, T. (1998). *National Elder Abuse Incidence Study.* Washington, DC: U.S. Department of Health and Human Services.

Taylor-Brown, S. (1998). Talking with Parents about creating a legacy for their children. In D. M. Aronstein & B. J. Thompson, *HIV and social work: A practitioner's guide* (pp. 339–348). New York: Haworth.

Thacker, P. D. (2004). Biological clock ticks for men, too: genetic defects linked to sperm of older father. *Journal of the American Medical Association, 291*(14), 1683–1685.

Thompson, J., Menefee, D., & Marely, M. (1999). A comparative analysis of social workers' macro practice activities: Identifying functions common to direct practice and administration. *Journal of Social Work Education, 35*(1), 115–123.

Thompson, M. (Ed.). (1994). *Long road to freedom: The advocate history of the gay and lesbian movement.* New York: St. Martin's.

Thompson, R. A. (1997). Social support and the prevention of child maltreatment. In G. B. Melton & F. D. Barry (Eds.), *Protecting children from abuse and neglect: Foundations for a new national strategy.* New York: Guilford.

U.S. Bureau of the Census (2000a). Census 2000 summary file (SF1). Washington, DC: Author.

U.S. Bureau of the Census (2000b). *Population projections of the United States by age, sex, race, Hispanic origin and nativity: 1999–2000.* Washington, DC: Author.

U.S. Bureau of the Census. (1999). *Current population reports.* Washington, DC: U.S. government Printing Office.

Valentine, D. (1988). Meeting the basic human needs of developmentally disabled children by empowering parents. *Empowering Families for Better Health.* Proceedings of the bi-regional conference for public health social workers in Regions IV and VI. May. Columbia: University of South Carolina, College of Social Work.

Valentine, D. (1990). Double jeopardy: Child maltreatment and mental retardation. *Child and Adolescent Social Work, 7*(6), 487–499.

Valentine, D. P. (1993). Children with special needs: Sources of support and stress for families. *Journal of Social Work and Human Sexuality, 8*(2), 107–121.

Valentine, D., McDermott, S., & Anderson, D. (1996). Mothers of adult children with mental retardation: An analysis of caregiver experiences. *Family Perspective, 30*(3), 337–351.

Valentine, D., McDermott, S., & Anderson, D. (1998). Is race a factor in the experience of burden and gratification of parents caring for adult children with mental retardation? Unpublished manuscript.

Victoroff, V. (1983). *The suicidal patient: Recognition, intervention, management.* Oradell, NJ: Medical Economics Books.

Viorst, J. (1986). *Necessary Losses.* New York: Simon & Schuster.

Walker, L. E. (1979). *The battered woman.* New York: Harper & Row.

Walker, R. J., Pomeroy, E. C., McNeil, J. S., & Franklin, C. (1996). Anticipatory grief and AIDS: strategies for intervening with caregivers. *Health and Social Work, 21*(1), 49–57.

Walsh, F. (1998). *Strengthening family resilience.* New York: Guilford Press.

Weil, M. (1985). Key components in providing efficient and effective services. In M. Weil & J. M. Karls (Eds.), *Case management in human service practice: A systematic approach to mobilizing resources for clients* (pp. 29–71). San Francisco: Jossey-Bass.

Weil, M., & Karls, J. M. (1985). Historical origins and recent developments. In M. Weil & J. M. Karls (Eds.), *Case management in human service practice: A systematic approach to mobilizing resources for clients* (pp. 1–28). San Francisco: Jossey-Bass.

Weiler, P. G. (1989). AIDS and dementia. *Generations, 13,* 16–18.

Wikler, L. (1981). Chronic stresses of families of mentally retarded children. *Family Relations, 30,* 281–288.

Wikler, L. (1983). Chronic stresses of families of mentally retarded children. In L. Wikler & M. Keenan (Eds.), *Developmental disabilities: No longer a private tragedy* (pp. 102–110). Silver Springs, MD: NASW Press.

Williams, G. (1980). Management and treatment of parental abuse and neglect of children: An overview. In G. Williams & J. Money (Eds.), *Traumatic abuse and neglect of children at home* (pp. 483–491). Baltimore: Johns Hopkins University Press.

Wolk, J. L., Sullivan, W. P., & Hartmann, D. J. (1994). The managerial nature of case management, *Social Work, 39*(2), 152–159.

Woodside, M., & McClam, T. (1998). *Generalist case management: A method of human services delivery.* Pacific Grove, CA: Brooks/Cole.

Yalom, I. (1995). *The theory and practice of group psychotherapy.* New York: Basic Books.

찾아보기